U0563180

中小企业财务

从系统思维到管理升级

杨金芳　邹函宸　杨燕芳　著

机械工业出版社
CHINA MACHINE PRESS

本书聚焦中小企业在复杂商业环境中面临的财务挑战，系统阐述战略财务管理的核心理念与落地方法论。以“战略 – 执行 – 保障”为主线，构建从顶层设计到实操优化的完整框架。第一章剖析中小企业的发展痛点，阐明战略财务管理从“账房先生”到“战略伙伴”的角色转型；第二章至第九章分模块深度解析融资策略、预算体系、投资决策、营运资金管理、成本控制、税务分析、税务规划及风险管理等核心议题，结合数字化工具（如 ERP、数据分析模型）与实战案例（成功 / 失败经验对比），提供可操作的方法论；第十章总结实施路径，强调组织架构、制度流程、人才文化与技术的协同保障。

本书专为处于转型升级关键期的中小企业决策层设计，同时可为财务管理者提供系统化的能力提升方案，帮助企业在 VUCA 时代构建“战略穿透力 – 运营敏捷度 – 风险抵抗力”的新型财务竞争力。通过植入“业务财务化、财务战略化”的双向思维，推动财务管理真正成为企业价值增长的永续引擎。

图书在版编目（CIP）数据

中小企业财务 ：从系统思维到管理升级 / 杨金芳，邹函宸，杨燕芳著. -- 北京 ：机械工业出版社，2025. 8. -- ISBN 978-7-111-78512-5

Ⅰ. F275

中国国家版本馆CIP数据核字第2025T81M04号

机械工业出版社（北京市百万庄大街22号　邮政编码100037）

策划编辑：曹雅君　　责任编辑：曹雅君　蔡欣欣

责任校对：郑　婕　陈　越　　责任印制：单爱军

北京盛通印刷股份有限公司印刷

2025年8月第1版第1次印刷

180mm × 250mm · 24.25印张 · 445千字

标准书号：ISBN 978-7-111-78512-5

定价：80.00元

电话服务　　网络服务

客服电话：010-88361066　　机　工　官　网：www. cmpbook. com

010-88379833　　机　工　官　博：weibo. com/cmp1952

010-68326294　　金　书　网：www. golden-book. com

封底无防伪标均为盗版　　机工教育服务网：www. cmpedu. com

序

在当今风云变幻的商业浪潮中，中小企业作为国民经济的重要支柱，正以前所未有的活力与韧性，书写着属于自己的辉煌篇章。然而，随着市场竞争的日益激烈、商业环境的复杂多变，中小企业在追求成长与突破的道路上，面临着前所未有的财务挑战。财务管理作为企业运营的基石，其重要性愈发凸显，如何构建科学、高效、有前瞻性的财务管理体系，成为中小企业亟待破解的课题。

在此背景下，《中小企业财务：从系统思维到管理升级》一书的问世，无疑为中小企业财务管理领域吹来了一股清新的风，为众多企业家与财务从业者点亮了一盏明灯。本书作者以其近三十载的财务管理实操与咨询经验，深度剖析了中小企业在财务管理中遇到的痛点与难点，并凭借深厚的专业积淀与丰富的实战经验，构建了一套从战略到执行、从理念到工具的完整财务管理体系，为中小企业提供了切实可行的解决方案与路径指引。

本书特色鲜明，内容丰富而深刻。作者通过大量真实案例的剖析，将财务管理咨询的精髓娓娓道来，让读者仿佛置身于实战之中，深刻感受财务管理的魅力与力量。书中不仅阐述了先进的财务管理理念，更提供了具体可操作的方法与工具，实现了理念与实践的无缝对接。值得一提的是，本书将财务战略与企业生命周期、商业模式创新紧密结合，引入前沿工具强化动态管理能力，构建了以风险为导向的韧性管理体系，展现了系统思维与工具赋能的完美融合。

对于中小企业掌舵人而言，本书提供了战略财务转型的路线图与实战案例，助力他们突破发展瓶颈，构建动态竞争优势；对于财务负责人来说，本书则是从核算型向战略型转型的升级指南，助力他们提升专业价值，成为企业战略决策的重要参与者；对于管理咨询顾问而言，本书是经过市场验证的工具包与案例库，为他们的咨询工作提供了坚实的支撑；对于投资者与研究者而言，本书则是解锁企业真实价值的财务密码，助力他们做出更加明智的投资决策与研究判断。

我们作为5A级行业协会，一直致力于推动中小企业的发展与进步，深知财务管理对于中小企业的重要性。因此，我们非常荣幸地为本书作序，并将其强烈推荐给广大中小企业家、财务从业者以及所有关注中小企业发展的人士。相信本书的出版，将为中小企业财务管理领域带来新的启示与思考，助力中小企业在复杂多变的商业环境中稳健前行，实现可持续发展。

在此，我们对作者的辛勤付出与卓越贡献表示衷心的感谢与崇高的敬意。愿本书能够成为中小企业财务管理领域的一座里程碑，引领更多中小企业走向财务管理的辉煌未来！

深圳市会计协会

2025年4月11日

前　言

在财务管理这片充满挑战与机遇的领域中，我沉浸了近三十载。这段时光里，我见证了无数企业的沉浮，也亲历了财务管理咨询如何成为推动企业跨越发展的重要力量。与60后潮汕老板的深入合作，让我深刻体会到财务管理咨询对于中小企业而言，不是数字的游戏，而是开启利润增长新篇章的金钥匙。

团队中李老师的话常常在我耳边回响。他作为财务总监、曾管理过拥有几万名员工的制造企业，他深知我们参与的许多项目，对于大多数财务人员来说，是终其一生都难以触及的宝贵经历。他的勉励，让我们更加珍惜每一次与客户合作的机会，也更加明白自己肩上的责任重大。

我国中小企业众多，财务咨询市场需求庞大，但真正能够为企业提供落地服务的咨询老师却寥寥无几。这让我看到了自己的使命——为这些企业提供切实可行的财务管理解决方案，帮助他们实现跨越式发展。

这些经历与感悟，如同一颗颗璀璨的珍珠，串联起了我写作这本书的初衷。当小儿子告诉我他正在写书时，我灵光一闪，其实我也可以将自己近三十年的财务管理实操与咨询经验，写成一本能够指引企业前行的书。于是，我开始了长达一年多的创作之旅。

本书融合了我近三十年的财务管理实战与咨询实践经验，以实战案例为主线，深入浅出地剖析了企业在发展转型期面临的财务管理难题及解决方案。书中不仅涵盖了战略规划、财务引领、管理精进等核心要素，还通过具体案例，展示了如何将这些理念应用于实际，帮助企业实现快速高质量发展。

本书注重实用性与可操作性，力求让读者在阅读过程中找到适合自己企业的财务管理方法，并立即付诸实践。同时，书中还穿插了我对财务管理咨询行业的深刻思考，以及对未来发展趋势的预判，为读者提供了更为广阔的思考空间。

本书具有以下四个特色：

- **作者经验丰富**：作者近三十年的财务管理实操与咨询经验，保证了书籍的专业性和权威性。
- **实战案例丰富**：书中包含了大量真实的财务管理咨询案例，让读者能够身临其境地感受财务管理咨询的魅力。
- **理念与实践相结合**：不仅阐述了先进的财务管理理念，还提供了具体的操作方法，让读者能够学以致用。
- **前瞻性与实用性并重**：既分析了当前财务管理咨询行业的现状，又预判了未来的发展趋势，为读者提供了前瞻性的指导。

本书适合中小企业老板、财务管理人员、企业管理咨询顾问以及对财务管理感兴趣的投资者阅读。无论你是正在寻求企业转型升级的老板，是希望提升自己专业能力的财务管理人员，还是想要了解财务管理咨询行业的读者，都能从本书中找到你想要的答案。

为持续提升图书内容质量，诚邀您通过电子邮箱 yjf@kingnoer.com 提出建议。

杨金芳

2025 年 3 月

目　录

第二章 中小企业融资战略

第三章 预算管理系统构建与优化

第九章 风险管理与应对策略实施

第十章 战略财务管理的实施与全面保障体系

CHAPTER 01

第一章

战略财务管理导论

引　言

在当前全球化的经济环境下，中小企业作为推动经济增长、创造就业、促进技术创新的重要力量，其财务管理的高效性和战略导向性显得尤为重要。然而，中小企业在财务管理方面常常面临诸多挑战，包括资源有限、市场认知不足、管理经验缺乏、政策执行困难等。在此背景下，以“战略先行”为内核、以“财务引领”为路径、以“管理精进”为抓手的系统性框架，成为破解发展瓶颈的关键。

首先，“战略先行”要求企业将财务管理从传统的核算职能升级为战略决策的核心支撑。通过制定与长期目标相匹配的财务战略规划，中小企业可明确资源配置优先级，在动态市场环境中快速识别机遇与风险。例如，结合数字化转型趋势，将资金优先投入技术研发或供应链优化，以战略导向驱动业务增长。其次，“财务引领”强调以财务数据为决策中枢，构建业财融合的敏捷响应机制。通过建立预算管理、现金流预警和投资回报分析模型，企业能够精准评估市场拓展、产品创新的可行性，确保有限的资源向高价值领域倾斜。最后，“管理精进”聚焦于精细化运营能力的提升，通过优化财务流程、强化内控体系、引入智能化工具（如AI财务分析、区块链账务管理）等举措，破解传统管理模式效率低、风险高的痛点，同时依托数据洞察实现成本控制与绩效优化的动态平衡。

这一三位一体的战略财务管理框架，不仅能够提升企业的财务效率与抗风险能力，更能通过战略定力、财务洞察与管理韧性三者的协同，为中小企业指明可持续发展路径，最终在全球化竞争中构建差异化的核心优势。

第一节　中小企业的现状剖析

一、中小企业的经济贡献与地位

中小企业在国民经济中占据重要地位，数量占全国企业总数的 99% 以上，对 GDP 贡献率超 60%，纳税总额占国家税收的 50%，承担近 70% 的进出口贸易额，创造 80% 左右的城镇就业岗位，为社会发展提供巨大推动力。

二、中小企业的管理现状概览

尽管中小企业在国民经济中贡献突出，但在管理尤其是财务管理方面却面临诸多困境。

（一）管理观念与重视程度

中小企业经营规模相对较小，管理观念往往较为传统。许多中小企业对财务管理的重视不足，未能充分认识到财务管理在企业战略规划、决策支持和风险控制等方面的关键作用。

（二）专业知识与团队

不少中小企业缺乏专业的财务管理知识和高素质的财务管理团队。这导致它们在财务规划、预算编制、成本控制、资金管理等方面存在诸多问题，难以有效地进行财务分析和决策，影响了企业的资源配置效率和经济效益。

（三）综合制约因素

（1）资金短缺：限制了企业扩大生产规模、引进先进设备和技术、进行市场拓展和研发创新等方面的能力，阻碍了企业的发展步伐。

（2）人才匮乏：使得企业在管理、技术创新等关键领域缺乏专业人才的支持，影响了企业的运营效率和创新能力，难以提升企业的核心竞争力。

（3）资源有限：与大型企业相比，中小企业在原材料采购、市场渠道拓展等方面处于劣势，增加了企业的运营成本和市场风险。

（4）技术落后：导致产品和服务质量难以满足市场的高端需求，降低了企业的市场竞争力，限制了企业的市场份额和利润空间。

（5）管理经验不足：造成企业内部管理流程混乱，决策缺乏科学性和规范性，容易出现决策失误和内部矛盾，影响了企业的正常运营和发展的稳定性。

（四）外部环境影响

复杂多变的市场环境和政策变动给中小企业带来了较大的运营风险和不确定性。市场需求的波动、竞争对手的策略调整以及新兴市场的崛起，都要求中小企业具备更强的应变能力，但由于资源和信息的限制，中小企业往往难以快速适应这些变化。政策环境的不确定性，如税收政策、环保政策等的调整，也增加了中小企业的运营成本和合规风险，进一步加大了企业的经营压力。

三、中小企业面临的挑战与分析

中小企业面临的挑战确实复杂且多维，涵盖了从市场认识到内部管理，再到要素获取、产业链融入、技术研发、政策利用、品牌建设以及创新发展等多个方面。以下是对这些挑战的详细分析。

（一）市场认识难

中小企业由于资源和能力的限制，在市场信息收集和分析方面存在较大困难，难以全面、准确地收集宏观经济数据、行业动态信息以及自身的运营数据，导致对市场趋势的把握不够敏锐，对自身存在的问题认识不够清晰。这使得企业在制定战略决策时缺乏充分的依据，难以及时捕捉市场机遇，也无法提前做好应对市场挑战的准备。

例如，某中小型电子产品制造商在市场调研方面投入不足，缺乏专业的市场分析团队，未能及时察觉到消费者对智能家居产品需求的快速增长趋势。当市场潮流转向智能家居产品时，该企业仍大量生产传统电子产品，导致产品库存积压严重，销售业绩下滑，最终被迫调整产品线和市场策略，这一过程不仅浪费了大量的时间和资金，还使企业在市场竞争中处于被动地位，错失了发展的良机。

（二）内部管理难

许多中小企业缺乏系统化的公司治理和内部管理知识体系。在企业管理过程中，组织架构不够合理，职责分工不明确，管理流程不规范，决策机制过于依赖个人经验和直觉，缺乏科学性和规范性。这种管理模式容易导致决策失误频繁发生，严重影响企业的运营效率和发展稳定性。

例如，一家家族式餐饮企业在发展过程中，由于决策机制主要依赖家族成员的个人经验，缺乏现代企业管理理念和科学的决策方法，在菜品研发创新、服务质量提升以及员工激励机制构建等方面遇到了瓶颈。随着市场竞争的日益激烈，企业的菜品无法满足消费者多样化的需求，服务质量也逐渐落后于竞争对手，员工积极性不高，导致企业的业绩面临下滑压力。后来，该企业意识到问题的严重性，适时引入了专业的管理团队，借鉴先进的管理经验，对企业的组织架构、管理流程和决策机制进行了全面优化和改革，逐步建立起科学的管理体系，才使得企业重新焕发出活力，提升了市场竞争力。

（三）要素获取难

资金方面：中小企业信用评级相对较低，缺乏足够的抵押物，这使得它们在融资过程中面临诸多困难，难以从银行等传统金融机构获得足够的贷款支持。资金短缺成为制约中小企业发展的重要因素之一，限制了企业的生产经营规模扩大、技术研发投入和市场拓展能力。

人才方面：由于中小企业的规模和知名度相对较小，对高素质专业人才的吸引力有限。同时，中小企业在人才培养和发展方面的投入相对较少，缺乏完善的人才培养体系和职业发展规划，也使得人才流失问题较为严重。人才匮乏导致企业在管理创新、技术研发等方面缺乏有力的支撑，影响了企业的发展潜力和竞争力。

技术方面：中小企业由于资金不足和人才缺乏的双重限制，在技术引进和研发方面面临较大的挑战。缺乏先进的技术设备和技术人才，使得企业难以进行有效的技术创新和产品升级，无法满足市场对产品质量和性能的不断提高的要求，从而在市场竞争中处于劣势地位。

例如，一家中小型科技创新企业在研发一款具有市场潜力的新产品时，由于资金短缺，无法购买昂贵的研发设备和进行大规模的市场调研，导致研发进度缓慢，产品质量不稳定。为了解决资金问题，该企业积极拓展融资渠道，通过政府补助、风险投资和社会众筹等多种方式筹集资金，最终成功推出了新产品，并在市场上获得了良好的反响。这一案例表明，中小企业在面对要素获取困难时，需要积极创新融资方式，寻求多元化的支持，以突破发展瓶颈。

（四）产业链融入难

产业链主导权缺失：在当前的经济格局中，核心产业链通常被大型企业所主导。大型企业凭借其规模优势、技术优势和品牌优势，在产业链中占据着核心地位，掌握着产业链的关键资源和核心技术，具有较强的话语权和议价能力。中小企业由于自身实力较弱，难以与大型企业竞争，往往在产业链中处于从属地位，缺乏对产业链的主导权和控制权。

边缘化困境：中小企业由于规模较小、技术水平相对较低、品牌影响力较弱等原因，难以满足核心产业链的高标准和严要求，很难融入核心产业链中。这使得中小企业只能在产业链的边缘从事附加值较低的业务，如零部件加工、简单组装等环节，发展空间受到严重限制，盈利能力也相对较弱。

（五）技术研发难

技术研发是中小企业提升核心竞争力、实现可持续发展的关键因素。然而，中小企业在技术研发方面面临着诸多困难和挑战。

资金短缺：技术研发需要大量的资金投入，包括研发设备购置、研发人员薪酬、市场调研费用等。中小企业由于自身规模较小，资金实力有限，难以承担高昂的研发费用。资金短缺使得中小企业无法投入足够的资金进行新技术、新产品的研发，影响了企业的技术创新能力和产品升级换代的速度。

人才不足：技术研发需要高素质的专业人才作为支撑。由于中小企业对人才的吸引力相对较弱，难以吸引优秀的技术研发人才。同时，中小企业在人才培养和发展方面的投入相对较少，缺乏完善的人才培养体系和激励机制，也使得现有人才的技术研发能力难以得到充分发挥。人才不足导致中小企业缺乏创新的思路和技术研发的能力，无法有效地开展技术研发工作。

例如，一家中小型环保设备制造商在研发新型污水处理设备时遇到了技术瓶颈，由于企业缺乏专业的技术研发人才，无法独立解决技术难题。为了突破这一困境，该企业积极与高校、科研机构等开展产学研合作，通过共享研发资源和成果，借助高校和科研机构的人才优势和技术力量，成功研发出了新型污水处理设备，并在市场上获得了广泛的应用和认可。这一案例表明，中小企业在技术研发过程中，可以通过加强与外部机构的合作，整合各方资源，弥补自身人才和技术的不足，提高技术研发的效率和成功率。

（六）政策利用难

国家为了支持中小企业的发展，出台了一系列优惠政策和扶持措施。然而，中小企业在政策落地过程中却面临着诸多困难和问题。

政策了解欠缺：中小企业由于缺乏专门的政策研究和对接人员，对国家出台的支持政策了解不够及时、全面和深入。很多企业不知道可以享受哪些政策，也不清楚政策的具体要求和申请流程，导致无法充分利用政策优惠来促进企业的发展。

执行阻碍：在政策申报和执行过程中，中小企业由于缺乏专业的指导和支持，往往面临着诸多手续烦琐、审核严格等问题。这使得中小企业无法顺利享受政策带来的优惠和扶持，错失了发展的良机。

例如，某地方政府出台了一系列税收减免和资金补助政策以支持中小企业发展。然而，许多中小企业对政策了解不足，无法及时享受到政策优惠。为了改善这一状况，政府部门加大了政策宣传和培训力度，通过举办政策解读会、发放宣传资料等方式，让中小企业更好地了解政策内容和申报流程。同时，政府部门还简化了政策执行流程，加强了各部门之间的协调配合，提高了政策执行的效率和透明度，确保中小企业能够真正受益于政策扶持。这一案例说明，政府在出台支持中小企业发展的政策时，需要加大政策宣传和执行力度，提高政策的操作性和透明度，为中小企业提供更加便捷、高效的政策服务，确保政策能够真正落地生根，发挥应有的作用。

（七）品牌建设难

品牌是企业的核心竞争力之一，对于中小企业的发展具有重要意义。然而，中小企业在品牌建设方面面临着诸多困难和挑战。

质量管理薄弱：有些中小企业在质量管理方面缺乏严格的标准和有效的监控机制，导致产品质量不稳定，容易出现质量问题。产品质量是品牌建设的基础，如果产品质量不过关，就难以树立良好的品牌形象，也无法赢得消费者的信任和认可。

品牌塑造艰辛：品牌塑造需要大量的资金投入和长期的市场培育。中小企业由于资金有限，难以进行大规模的广告宣传和市场推广活动，品牌知名度和美誉度的提升速度较慢。同时，中小企业在品牌策划、品牌传播等方面缺乏专业的人才和经验，也使得品牌塑造工作更加困难。

例如，一家中小型农产品加工企业，虽然其产品质量上乘，但由于品牌知名度不高，市场份额较小。为了提升品牌影响力，该企业通过参加农产品博览会、进驻电商平台等多种渠道进行品牌宣传和推广。同时，该企业注重产品质量和售后服务，不断提升顾客满意度和忠诚度。经过一系列努力，该企业的品牌知名度逐渐提升，并在市场上占据了一席之地。这一案例表明，中小企业在品牌建设过程中，需要结合自身实际情况，制定合理的品牌发展战略，注重产品质量和服务质量的提升，通过多种渠道进行品牌宣传和推广，逐步树立良好的品牌形象，提高品牌的市场竞争力。

（八）创新发展难

在当前快速变化的市场环境下，创新发展是中小企业生存和发展的必然选择。然而，中小企业在创新发展方面面临着诸多困难和挑战。

绿色化挑战严峻：随着人们环保意识的不断提高，绿色发展已成为企业发展的必然趋势。中小企业由于资金和技术的限制，难以投入足够的资源进行环保设备的购置和生产流程的改造，难以满足绿色发展的要求。这不仅增加了企业的运营成本，还导致企业可能面临环保政策的约束，影响企业的可持续发展。

数字化转型滞后：数字化技术的应用已成为企业提升竞争力的重要手段。然而，中小企业由于缺乏数字化转型的意识和能力，难以利用大数据、云计算、人工智能等技术提升企业的运营效率和管理水平。数字化转型需要大量的资金投入和技术人才支持，中小企业在这方面往往面临较大的困难，导致数字化转型滞后，难以适应市场的快速变化和客户的个性化需求。

智能化障碍重重：智能化生产是制造业发展的未来方向。中小企业由于无力承担高昂的智能设备投资和技术研发成本，难以实现生产过程的智能化和自动化。智能化生产需要企业具备较高的技术水平和管理能力，中小企业在这方面的基础相对薄弱，需要加强技术创新和人才培养，逐步提升智能化水平。

例如，一家中小型服装制造企业为应对市场同质化竞争严重的问题，决定进行智能化改造。然而，由于资金不足和技术人才短缺等问题，该企业在智能化改造过程中遇到了诸多困难。为了克服这些困难，该企业积极寻求政府支持和社会合作，通过引入风险投资、与高校科研机构合作等方式筹集资金和技术支持。最终，该企业成功实现了智能化改造，提高了生产效率和产品质量，提升了市场竞争力。这一案例表明，中小企业在创新发展过程中，需要积极应对各种挑战，加强与政府、高校、科研机构等各方的合作，整合资源，共同推动企业的创新发展。

中小企业面临的挑战复杂多样，涵盖多个层面，严重制约发展。应对这些挑战需政府、社会和企业共同努力。政府应加大政策支持力度，完善政策体系，加强宣传执行；社会应加强关注支持，建立服务体系；企业自身应加强管理，提升创新能力并拓展市场渠道，加强合作，提升核心竞争力。

第二节 战略财务管理的概念阐释

一、财务管理的角色定位与常见误解

在企业的经济活动中，财务管理与会计常常被外界误解为同一概念，但实际上它们在职责和目标上存在显著差异。会计的主要职责是对过去已发生的经济活动进

行详细的记录和准确的报告。它通过严谨的财务核算体系，确保每笔经济业务都能以真实、完整、稳健的方式呈现出来，为企业和相关利益者提供关于企业历史财务状况的清晰画像。会计工作的重点在于如实反映企业过去的经营成果和财务状况，为企业的内部管理和外部报告提供可靠的数据支持。

而财务管理则更具前瞻性和战略性。它的核心聚焦于企业的未来发展，致力于通过科学合理地筹措资金以及高效地使用资金，从公司价值最大化的角度出发，制定并执行一系列关键的财务决策。财务管理并非仅仅局限于财务会计所涉及的日常账务处理以及预算管理的简单编制与执行，而是深度融入企业的整体战略规划之中。它将财务策略与企业的宏观战略紧密相连，通过对资金的精准运作和资源的优化配置，旨在实现股东价值的最大化以及企业整体效益的提升。财务管理在企业中扮演着引领战略方向、优化资源配置、把控财务风险等重要角色，是推动企业实现可持续发展的关键动力之一。

二、战略财务管理的定义与核心要素

战略财务管理作为一种先进的管理理念和方法，其核心要义在于将财务决策与企业的长期战略目标进行深度融合。与传统的财务会计和预算管理模式相比，战略财务管理更加注重财务活动对企业整体战略愿景的强力支撑作用。在实际操作中，它要求企业在制定每一项财务决策时，都必须全面且深入地考虑市场动态的变化趋势、激烈的竞争环境以及企业内部所拥有的各类资源状况。通过这种全方位的考量，确保所制定的财务策略与企业预先设定的战略目标高度一致，从而为企业的可持续发展奠定坚实的基础。

战略财务管理不仅仅是对财务数据的简单处理和短期资金的调配，它更是一种基于企业长远发展视角的综合性管理模式。它通过将财务资源与企业的战略方向有机结合，实现了财务活动与企业整体运营的无缝对接。这种对接使得企业在追求经济效益的同时，能够更好地适应市场变化，把握发展机遇，抵御各种风险挑战，最终实现企业的长期稳定发展和价值创造的最大化。

三、战略财务管理的内涵与外延

战略财务管理的内涵丰富而深远，它超越了传统财务管理的范畴，从战略的高度对企业财务活动进行全面规划、组织、协调和控制，以实现企业整体战略目标的财务管理模式。其内涵主要包括以下几个方面。

（一）战略导向

战略导向是战略财务管理的核心。传统的财务管理可能仅仅侧重于短期的财务数据表现，如短期的盈利水平、资金流动性等。然而，战略财务管理则超越了这种局限。它要求深入理解企业的长期发展战略，明确企业未来的发展方向、市场定位和核心竞争力的培育。在此基础上，财务决策不再是孤立的，而是与战略目标紧密相连。例如，企业的战略是通过创新来开拓新市场，那么财务决策就应该支持研发投入、市场调研以及新市场拓展所需的资金分配。确保财务资源的配置符合战略要求，意味着在资源有限的情况下，优先将资金投入与战略重点相关的项目和业务领域，避免资源的分散和浪费。这种战略导向的财务支持能够为企业的战略实施提供坚实的资金基础和资源保障，增加战略成功的可能性。

（二）长远规划

长远规划是战略财务管理的重要特征。它要求企业在制定财务决策时，必须充分考虑未来市场的发展趋势和企业的长期发展需求。传统的财务管理往往聚焦于当下的财务状况和短期的财务成果，如本季度或本年度的利润。而战略财务管理则将目光投向更长远的未来。它考虑的是企业在未来几年甚至十几年的发展前景。这意味着在进行财务决策时，要充分评估当前决策对企业未来竞争力的影响。比如，一项大规模的投资决策可能会在短期内对企业的现金流造成压力，但如果从长远来看，能够提升企业的生产能力、技术水平或者市场份额，从而增强企业在未来市场中的竞争力，那么这样的投资就是具有战略意义的。同时，长远规划还要求考虑未来市场的不确定性和变化，提前做好财务准备，如预留足够的资金储备以应对可能的经济衰退或市场波动。通过这种长远的规划，企业能够在财务决策上更加具有前瞻性和稳定性，为长期的价值创造奠定基础。

（三）全面财务活动管理

全面财务活动管理是战略财务管理的基础，它涵盖了从资金筹集、资金运用、成本控制到收益分配的全方位、全过程的管理。资金筹集是企业获取发展所需资金的重要环节。这包括选择合适的融资渠道，如股权融资、债务融资或内部融资，同时要考虑融资成本、风险和对企业控制权的影响。资金运用则涉及将筹集到的资金合理分配到不同的项目和业务中，确保资金的使用效率和回报率。成本控制不仅包括降低生产和运营成本，还包括优化管理流程、减少浪费和提高资源利用率。收益分配则要平衡股东的回报需求和企业的再投资需求，以实现企业的可持续发展。通过对这些环节的全面统筹和优化，企业能够实现财务资源的最优配置，提高资金的使用效率和回报率，从而提升整体的财务绩效。

（四）关注外部环境

关注外部环境是战略财务管理的基本要求。宏观经济形势的变化，如经济增长、通货膨胀、利率波动等，会直接影响企业的融资成本、市场需求和投资回报率。行业动态包括行业的竞争格局、技术进步、政策法规的变化等，这些因素会改变企业在行业中的地位和发展机会。竞争对手的战略和行动也会对企业的市场份额和盈利能力产生重大影响。战略财务管理要求企业时刻保持对这些外部因素的敏锐洞察力，及时调整财务策略。例如，在经济衰退期，企业可能会采取保守的财务策略，减少投资、降低成本、优化债务结构；而在经济繁荣期，则可能会加大投资、拓展业务、提高杠杆率。通过灵活应对外部环境的变化，企业能够降低风险，抓住机遇，保持在市场中的竞争优势。

第三节　中小企业战略财务管理的关键构成

中小企业战略财务管理的关键要素包括多个方面，这些要素共同构成了企业财务管理的核心框架，帮助企业在激烈的市场竞争中保持稳健发展。

一、财务战略目标的设定与动态管理

财务战略目标是中小企业战略财务管理的核心框架，需与企业整体战略深度协同，并具备动态调整能力。目标设定应遵循 SMART 原则（具体、可衡量、可实现、相关性、时间限制），同时平衡短期收益与长期价值。

（一）核心目标维度

1. 利润导向目标

利润最大化：利润最大化是企业财务战略目标的基础，它驱动企业不断降低成本、提高销售效率，以实现利润的增长。

在追求利润最大化的过程中，企业必须谨慎考虑资金的时间价值和风险因素，确保决策的科学性和合理性。

股东价值提升：企业需要通过合理的分红政策和长期投资策略来满足股东的诉求。分红政策可以激励股东继续持有或增加股份，而长期投资则有助于企业价值的

持续增长。企业需要在分红与投资之间找到平衡点，既要满足股东的短期收益需求，又要确保企业有足够的资金进行长期发展和创新。

2. 可持续发展目标

企业价值最大化：是一个更为全面和长远的财务战略目标，它要求企业在追求经济效益的同时，综合考虑风险、资金时间价值和社会责任等多方面因素。企业价值最大化强调长期价值思维，要求企业在决策时考虑其对企业未来发展的影响。

现金流安全阈值：指企业设定的最低现金净流入标准，用于保障企业的经营韧性和抗风险能力。现金流是企业运营的血液，保持现金流的稳定和安全对于企业的生存和发展至关重要。设定现金流安全阈值可以帮助企业及时发现并应对潜在的财务风险。

（二）目标设定关键要素

目标设定关键要素如表 1–1 所示。

表 1–1　目标设定关键要素

要素	作用机制	实践案例
收入增长目标	驱动市场扩张与客户开发	企业 A 通过展会获客实现 35% 的销售增长
成本控制目标	倒逼运营效率提升	企业 B 通过精准营销将获客成本降低 18%
利润结构优化目标	向高附加值业务倾斜	企业 C 淘汰低毛利产品线
现金流管理目标	预防流动性危机	企业 D 协商供应链账期，匹配销售周期

（三）动态调整机制

在快速变化的市场环境中，企业要想保持竞争力和稳健发展，必须具备灵活应对变化的能力。动态调整机制就是这样一种重要的管理工具，它帮助企业根据市场环境的变化及时调整战略和计划，确保目标的实现。以下是对动态调整机制中的环境扫描、滚动预测和风险对冲三个关键要素的详细阐述。

1. 环境扫描

环境扫描指企业定期（如每季度）对市场环境进行全面、系统的评估，以识别和分析市场变化对实现企业目标可能产生的影响。这包括原材料价格波动、消费趋势变化、政策法规调整、竞争对手动态等。

假设某企业发现原材料价格上升，可能导致生产成本上升，影响产品定价和竞争力。企业可以及时调整采购策略，寻找替代原材料或供应商，以降低成本风险。

2. 滚动预测

滚动预测是指将年度目标分解为季度或月度指标，并根据实际运营数据和市场变化进行动态调整。这种预测方法有助于企业更灵活地应对市场变化，及时调整业务策略。

案例：某零售企业通过周度销售数据修正备货策略。如果发现某款产品销售量超出预期，该企业可以及时调整生产计划，增加备货量，以满足市场需求。

3. 风险对冲

风险对冲是指企业通过保留一定的预算弹性或采取其他措施来应对不确定性带来的风险，一般保留 10%~15% 的预算弹性（如案例中的设备应急维修基金）。这有助于企业在面临突发事件时，能够迅速做出反应，减少损失。

案例：某制造企业设立设备应急维修基金作为风险对冲措施。当设备出现故障需要紧急维修时，企业可以使用该基金迅速解决问题，避免生产中断带来的损失。同时，企业还保留了 10%~15% 的预算弹性，以应对其他不确定性风险。

（四）案例对比分析

企业 A（小型制造企业）主要生产电子零部件，制定了明确的财务战略目标，包括收入、利润、成本控制和现金流目标，并采取了一系列具体措施来实现这些目标；企业 B（小型电商企业）同样设定了涵盖收入、利润、成本控制和现金流的财务战略目标，并通过多种手段努力达成目标，具体如表 1-2 所示。

表 1-2　企业 A（制造业）与企业 B（电商）对比分析

维度	企业A（制造业） 策略与成果	企业B（电商） 策略与成果	共性与差异启示
目标设定	● 收入目标：年销售额增长 30% ● 利润目标：净利润增长 20% ● 成本控制目标：单位成本下降 15% ● 现金流目标：月度净流入稳定	● 收入目标：半年月销售额增长 50% ● 利润目标：季度净利润增长 40% ● 成本控制目标：营销成本占比≤ 20% ● 现金流目标：促销备货资金保障	共性： ● 目标遵循 SMART 原则（具体、量化、相关、时限） ● 四大维度全覆盖（收入、利润、成本、现金流） 差异： 制造业侧重生产优化，电商侧重需求响应

（续）

维度	企业A（制造业）策略与成果	企业B（电商）策略与成果	共性与差异启示
实现路径	● 拓展大客户（电子设备制造商） ● 优化生产流程（工艺改进、废品率降低） ● 缩短应收款周期（信用政策收紧）	● 推出新产品线（精准匹配市场需求） ● 优化广告 ROI（淘汰低效渠道） ● 动态库存管理（JIT 模式 + 供应商账期谈判）	路径选择逻辑： ● 制造业：以供应链优化为核心 ● 电商：以市场需求响应为核心
成果表现	● 销售额增长 35%（超目标） ● 净利润增长 22% ● 单位成本下降 18% ● 现金流稳定（设备维修备用金充足）	● 月销售额增长 55% ● 季度净利润增长 45% ● 营销成本占比 18% ● 库存周转率提升 30%	成功关键： ● 目标与能力匹配（企业 A 工艺改进需技术储备，企业 B 新品开发依赖市场洞察） ● 动态调整机制（滚动预算 + 风险预案）
风险管理	● 设备故障应急基金（占现金储备 20%） ● 大客户依赖度控制（单客户收入≤ 30%）	● 促销备货弹性（安全库存模型） ● 多支付渠道分散风险（避免单一平台依赖）	风控启示： ● 制造业：物理资产风险前置防控 ● 电商：虚拟流量风险动态对冲

1. 企业案例的实践证明

企业 A（小型制造企业）和企业 B（小型电商企业）的例子，生动展示了明确、具体且可衡量的财务战略目标对于引导中小企业财务活动的重要性。通过设定清晰的收入、利润、成本控制和现金流目标，并结合具体的实现策略，这两家企业不仅实现了自身的发展和盈利，还进一步证明了战略财务管理在中小企业中的核心地位。

2. 战略财务管理的三重跃迁

（1）从核算型到价值型。战略财务管理已经超越了传统的财务核算范畴，成为企业价值创造的驱动力。企业 A 通过精细的成本控制，成功释放了利润空间；企业 B 则利用数据驱动的方法，显著提升了资产周转率。这些实践表明，战略财务管理正引领企业从单一的财务核算向全面的价值创造转变。

（2）从静态预算到动态博弈。面对快速变化的市场环境，传统的静态预算已难以适应。企业 B 通过按月修正销售目标，展现了滚动预测在应对市场变化中的灵活性；企业A则通过设备故障推演，运用情景模拟方法降低了生产中断的风险。这些案例表明，滚动预测和情景模拟已成为战略财务管理中的核心能力，帮助企业实现动态博弈，保持竞争优势。

（3）从单点优化到系统重构。战略财务管理不仅关注单个财务指标的优化，更注重整个财务系统的重构和优化。企业A通过优化生产流程，重构了生产价值链，提高了生产效率和产品质量；企业B则通过重构消费生态链，提升了用户体验和营销效率。这些系统重构的努力，使企业在激烈的市场竞争中形成了差异化的竞争优势。

综上所述，战略财务管理在中小企业的发展中扮演着至关重要的角色。它不仅提升了企业的财务效率和决策质量，还推动了企业的价值创造和竞争优势的形成。中小企业应高度重视战略财务管理，构建完整的战略执行支撑体系，确保财务战略目标的顺利实现，从而在激烈的市场竞争中立于不败之地。

二、资金筹措、运用与风险管理

资金筹措与运用是中小企业战略财务管理的两大核心环节。有效的资金筹措策略能够确保企业获得必要的发展资金，而合理的资金运用则能够使资金的使用效益最大化，推动企业的持续增长。同时，风险管理在资金筹措与运用过程中也扮演着至关重要的角色，确保企业在追求发展的同时能够有效应对潜在的财务风险。

（一）资金筹措

资金筹措是中小企业获取发展所需资金的关键活动，通常包括以下关键要素。

1. 多元化筹资渠道

中小企业应积极探索多元化的筹资渠道，以降低筹资成本和风险。除了传统的银行贷款和债券发行，企业还可以考虑政府补助、天使投资、风险投资、众筹等筹资方式。例如，初创科技公司可以通过申请政府的科技创新基金来减轻初期的研发成本压力。通过多元化筹资，企业能够拓宽资金来源，降低对单一融资渠道的依赖，从而增强资金筹措的灵活性和稳定性。

2. 灵活的筹资策略

根据企业的发展阶段和资金需求特点，选择合适的筹资方式。在初创阶段，企业规模较小、风险较高，可能更倾向于权益融资，通过吸引投资者来筹集资金。而在成熟阶段，企业可能更倾向于债务融资，以保持控制权并降低融资成本。例如，初创企业可以通过股权众筹引入大众投资者，快速获取初始启动资金。灵活的筹资策略能够根据企业的实际情况和市场需求进行调整，确保资金筹措的有效性和效率。

3. 资金成本控制

在筹资过程中，企业应密切关注资金成本，选择成本较低的融资方式。资金成本包括贷款利率、债券利率、股权稀释程度等。企业可以通过与银行谈判争取更低的贷款利率，或在债券发行时提供较高的信用评级以吸引投资者，从而降低融资成本。此外，优化资金结构、提高资金使用效率也是降低资金成本的有效手段。

（二）资金运用

在资金运用方面，中小企业需要特别关注现金流管理、债务管理以及战略性投资这三个核心要素。

1. 良好的现金流管理

现金流是中小企业运营和发展的生命线。企业应实时监控现金流状况，确保有足够的现金来支付日常运营和投资活动。为了实现有效的现金流管理，企业可以采取以下措施。

（1）加强应收账款管理，优化账期和信用政策，加快资金回笼。

（2）建立现金流预测机制，密切关注销售收款、采购付款及员工工资等各项收支的时间节点和金额。

（3）在销售旺季合理安排资金，最大化利用现金流；在销售淡季确保有足够的现金支付日常开支，避免资金链断裂的风险。

例如，一家零售企业通过建立精确的现金流预测模型，能够有效应对市场的季节性波动，并在突发情况下准备必要的资金缓冲。

2. 合理的债务管理

债务管理对存在债务的企业至关重要，涉及优化资本结构、降低融资成本及防范财务风险。企业应合理安排长期与短期负债比例，选择低成本融资渠道，设定债务上限并加强现金流管理。同时，建立风险预警机制，通过多元化融资、与债权人保持良好沟通及持续改进策略，确保债务管理的有效性和适应性。

例如，一家企业在筹集资金时，通过精心搭配短期债务和长期债务，使其债务结构更加合理，不仅满足了资金需求，还降低了综合融资成本。同时，企业密切关注市场利率的变化，适时调整债务结构，以减少利息支出并提升资金运用效率。

3. 有效的战略性投资

战略性投资是中小企业实现长期发展和增长的重要途径。企业应将资金投入具有高增长潜力的项目中，以实现长期发展目标。在进行战略性投资时，企业应进行深入的尽职调查，评估项目的潜在回报和风险，确保投资决策的明智和可行。具体措施包括：进行市场研究、技术评估和竞争分析，全面了解投资项目的市场前景、技术可行性和竞争优势。

建立投资决策的评估和监督机制，确保投资决策的科学性和合理性。

例如，一家医药企业通过深入的市场调研和项目评估，发现某一新兴药物领域具有巨大的市场潜力。尽管前期需要投入大量资金进行研发，但如果该药物成功推向市场，将为企业带来丰厚的回报。这种战略性投资不仅有助于企业拓展新的业务领域，还能提升企业的核心竞争力和市场地位。

（三）风险管理

在资金筹措与运用过程中，风险管理是不可忽视的重要环节。企业应建立全面的风险管理体系，识别、评估和应对潜在的财务风险。具体措施包括：

风险识别与评估：定期对企业的财务状况、市场环境、行业趋势等进行全面分析，识别潜在的财务风险。

风险应对策略：制定应对措施，如建立应急资金储备、购买保险、进行套期保值等，以降低风险带来的负面影响。

风险监控与反馈：建立风险监控机制，定期评估风险管理措施的有效性，并根据实际情况进行调整。

（四）案例分析：食品加工企业的资金筹措与运用

以下为一家从事食品加工行业的中小企业的案例。

资金筹措：

企业首先评估了自身的还款能力和风险承受能力，从银行获得了一笔贷款，用于购买新的生产设备，以提高生产效率。

同时，为了筹集更多资金且不影响股权结构，企业发行了一批债券，债券的利率根据当时的市场情况和企业信用状况确定。

资金运用：

企业建立了现金流预测和监控机制，每月对各项收支进行详细预测和分析。例如，根据销售订单和历史数据预测每月的销售收入，并与供应商协商合理的付款周期，以优化现金流出情况。

在债务管理方面，企业结合自身的盈利状况和现金流情况，确定了适当的债务水平，避免过度负债导致财务风险过大，同时充分利用了债务资金的杠杆作用。

在战略性投资方面，企业关注到消费者对健康、有机食品的需求不断增长。经过充分的市场调研和分析，企业决定投入资金用于研发新的有机食品产品线，并对生产工艺进行改进以满足市场需求。此外，企业还与知名电商平台合作，拓展销售渠道，提高产品的市场占有率。

通过合理的资金筹措与运用，该食品加工企业在满足日常运营需求的基础上，实现了生产能力的提升、产品的创新和市场份额的扩大，为企业的长期发展奠定了坚实的基础。

在实际操作中，企业应根据自身的具体情况和市场环境的变化，灵活调整资金筹措和运用策略，以确保企业的财务健康和持续发展。同时，企业应密切关注相关政策法规、市场动态和行业趋势，及时做出科学合理的决策。通过有效的资金筹措、合理的资金运用以及全面的风险管理，中小企业能够在激烈的市场竞争中保持稳健的财务状况，实现可持续发展。

三、财务分析与决策支持体系

在中小企业战略财务管理中，财务分析和决策是两个至关重要的环节。它们不仅为企业提供了方向指导，还帮助企业深入理解自身的财务状况，优化资源配置，并把握市场机遇，以实现战略目标的顺利实施。

（一）财务分析

财务分析是中小企业评估自身财务状况和经营绩效的基础。它主要包括以下几个方面。

1. 盈利能力分析

盈利能力是中小企业生存和发展的关键。通过深入剖析销售收入、成本和利润的关系，企业可以清晰地看到经营策略的成效。例如，一家小型餐饮企业通过对不同菜品的毛利率分析，发现某些热门菜品虽然销量大，但由于食材成本较高，毛利率相对较低。于是，企业对菜单进行了调整，优化了食材采购渠道，从而提高了整体的净利润率。此外，通过对比不同时间段、不同门店的盈利能力，企业可以发现经营中的优势和不足，有针对性地进行改进。

2. 偿债能力分析

中小企业在经营过程中往往需要依赖外部融资，因此偿债能力至关重要。流动比率和速动比率等指标能够直观地反映企业短期偿债能力。例如，一家贸易型中小企业在旺季来临前大量采购货物，导致流动比率下降。此时，企业要评估是否需要临时增加短期借款来补充流动资金，同时也要考虑这可能对未来的偿债压力产生的影响。负债结构分析则帮助企业了解长期负债和短期负债的比例是否合理。如果长期负债过多，可能导致利息支出过高，影响企业的净利润；如果短期负债过多，可能面临短期偿债压力过大的风险。

3. 运营效率分析

资产周转率和库存周转率等指标是衡量企业运营效率的重要标志。对于一家制造型中小企业来说，较低的资产周转率可能意味着设备利用率不足或生产流程存在瓶颈。通过分析，企业可能会发现是某条生产线的设备老化导致生产效率低下，从而决定进行设备更新。库存周转率低则可能意味着库存积压，占用了大量资金。例如，一家电子零部件生产企业通过对库存周转率的分析，发现部分零部件库存过高，及时调整了生产计划和采购策略之后，减少了库存成本，提高了资金使用效率。

（二）财务决策

在财务分析的基础上，中小企业需要做出明智的财务决策，以支持其长期发展战略。这主要包括投资决策、融资决策和运营决策三个方面。

1. 投资决策

投资决策对于中小企业的长期发展具有决定性影响，企业需要对投资项目进行详细评估，包括市场前景、技术可行性、预期回报等。在评估投资项目时，市场前景是首要考虑因素。例如，一家科技型中小企业计划投资开发一款新的软件产品，需要对市场需求、竞争态势、潜在客户群体等进行深入调研。技术可行性也是关键，如果企业自身技术实力不足或需要依赖外部技术合作，可能会增加项目的不确定性和风险。预期回报的评估则需要综合考虑项目的短期收益和长期战略价值。例如，一个新的投资项目可能在短期内无法盈利，但有助于企业进入新的市场领域，为未来的发展奠定基础。通过科学的投资决策，企业可以确保投资能够带来持续的增长动力，并为企业创造长期价值。

2. 融资决策

企业需要对比不同融资方式（如银行贷款、发行债券、股权融资等）的成本、期限、利率和风险。不同的融资方式各有特点，中小企业需要根据自身情况进行权衡，选择最符合企业当前和未来发展的融资组合，以确保融资活动的有效性和经济性。银行贷款通常审批流程相对严格，但利率相对稳定。如果企业信用状况良好，且有足够的抵押物，银行贷款可能是一个可靠的选择。发行债券可以筹集较大规模的资金，但对企业的信用评级和偿债能力要求较高。股权融资则可能会稀释原有股东的股权，但可以引入新的战略投资者和资源。例如，一家成长型的中小企业在扩大生产规模时，综合考虑了自身的财务状况和发展需求，选择了部分银行贷款和股权融资相结合的方式，既满足了资金需求，又保持了合理的资本结构。

3. 运营决策

作为中小企业日常运营中的重要环节，企业要制定和执行运营决策，涉及制定预算、优化生产流程、合理定价等。制定预算可以帮助企业提前规划资金使用，明确各项费用的支出上限。例如，一家服务型中小企业在年初制定预算时，对人员成本、营销费用、办公费用等进行了详细的规划，并在执行过程中严格控制。优化生产流程可以提高生产效率，降低单位成本。例如，一家制造企业通过引入自动化设备和改进生产工艺，降低了人工成本和废品率。合理定价则需要综合考虑成本、市场需求和竞争对手的价格策略。如果定价过高，可能导致市场份额下降；定价过低，则可能影响企业的盈利能力。通过运营决策，企业可以确保日常运营在成本和收入之间找到最佳平衡点，从而实现持续盈利和稳定发展。

（三）决策过程

为了确保财务决策的有效性和适应性，中小企业需要遵循科学的决策过程，包括数据驱动、模拟与预测以及持续监控三个环节。

1. 数据驱动

准确、完整的财务数据是企业决策的基石，企业需要依赖准确、完整的财务信息来支持其决策过程。这些数据不仅包括财务报表中的各项指标，还包括业务部门的相关数据，如销售数据、客户数据等。通过对这些数据的整合和分析，企业能够发现潜在的问题和机会。例如，一家电商企业通过对用户购买行为数据和财务数据的综合分析，发现某些地区的用户购买频率较高但客单价较低，从而针对性地推出了促销活动和个性化推荐，提高了销售额和利润。

2. 模拟与预测

运用财务模型进行预测可以帮助企业在决策前预估不同方案的可能结果。敏感性分析可以让企业了解某个关键因素的变化对决策结果的影响程度。例如，一家房地产中小企业在投资一个新项目时，通过敏感性分析发现项目的盈利能力对土地价格的变化非常敏感。情景模拟则可以构建多种可能的市场情景，评估企业在不同情况下的财务状况和应对能力。比如模拟市场繁荣、平稳和衰退三种情景下项目的投资回报，为决策提供更全面的参考。通过模拟和预测，企业可以降低决策风险，并做出更加明智的选择。

3. 持续监控

决策实施后，企业需要持续跟踪和评估其效果。通过对比实际数据与预测数据的差异，及时发现问题并采取调整措施。例如，一家中小企业实施了一项成本控制决策后，定期对各项费用的实际支出进行监控，如果发现某项费用超出预算，要及时分析原因并采取措施加以控制。同时，市场环境和企业内部情况可能会发生变化，企业需要根据这些变化及时调整决策策略，确保决策的有效性和适应性。

通过财务分析与决策支持体系，中小企业能够更好地理解自身的财务状况，优化资源配置，把握市场机遇，并实现战略目标的顺利实施。这一过程不仅有助于企业的短期稳健运营，还为其长期发展奠定了坚实的基础。在实际操作中，企业应根据自身的具体情况和市场环境的变化，灵活调整财务分析和决策策略，以确保企业的财务健康和持续发展。同时，企业应密切关注相关政策法规、市场动态和行业趋势，及时做出科学合理的决策。通过有效的财务分析和科学的决策支持体系，中小企业能够在激烈的市场竞争中保持稳健的财务状况，实现可持续发展。

四、税务规划与合规管理的实践

税务规划与合规管理对于中小企业而言，是确保企业财务健康、提升竞争力的重要环节。

（一）税务规划

税务规划是在法律允许的范围内，通过合理安排企业的经营活动和财务策略，以达到降低税负、提高经济效益的目的。对于中小企业而言，税务规划尤为重要，因为合理的税务规划可以帮助企业在激烈的市场竞争中获得更多的利润空间。

中小企业应根据自身的经营状况、行业特点和发展战略，选择适合的税务规划策略。在合法合规框架内，利用研发费用加计扣除、小微企业税收优惠等政策，以及采取成本分摊、利润转移、纳税身份选择、利用税收协定和合理安排资产折旧与摊销等策略，提高税后利润。

（二）合规性管理

合规性管理是企业保障财务活动合法合规、防范法律风险的关键。企业应建立健全内部控制体系，确保财务活动规范透明，并加强对财务团队的培训和管理；密切关注税务政策变化，及时调整税务策略，提高全员税务合规意识；建立健全税务风险管理体系，制定应对措施和预案；主动与税务机关沟通合作，争取优惠政策支持，降低税务争议风险。通过这些措施，企业可以确保财务活动的合法合规，降低法律风险，实现稳健发展。

五、财务战略实施、监控与调整

财务战略的实施与监控是企业战略管理过程中的核心环节，涉及将战略转化为具体行动，并通过动态管理确保目标的实现。以下从实施计划、进度控制、关键绩效指标监控、战略调整及反馈机制五个维度展开论述。

（一）实施计划与责任划分：从战略到落地的路径设计

1. 战略目标分解与场景化落地

SMART 原则细化目标：将长期财务战略拆解为可量化、有时限的具体任务。例如，某制造业企业设定“三年内净利润率提升 10%”的目标后，将其分解为：生产部门通过精益管理降低单位成本 5%，销售部门通过客户分层策略提升高毛利产品销量占比 15%。

资源适配与场景匹配：结合行业特性设计执行路径。如电商企业可围绕“现金流优化”目标，制定“库存周转率提升至 6 次 / 年”“应收账款账期缩短至 30 天”等场景化指标。

2. 三维责任矩阵构建

职能维度：建立“战略执行委员会 – 部门负责人 – 项目组”三级管理体系，明确决策层、执行层、操作层的权责边界。

流程维度：绘制战略实施流程图，标注关键审批节点。如新产品研发项目需设置“可行性评审 – 预算审批 – 阶段验收”等控制点。

工具维度：采用 RACI 矩阵（Responsible 负责 /Accountable 问责 /Consulted 咨询 /Informed 知会）明晰跨部门协作规则，避免职责真空。

案例：某生物科技企业推行研发费用管控战略时，建立“研发部提需求 – 财务部成本模拟 – 高管层审批”的三级决策链，配套“研发项目成本控制手册”，实现年度研发成本节约20%。

（二）时间管理与进度控制：构建战略执行节拍器

1. 动态里程碑管理

双轨制节点设计：设置刚性节点（如财报提交截止日）与弹性节点（如市场拓展阶段目标），配套应急预案。例如国际贸易企业针对汇率波动设置“汇率对冲操作窗口期”。

甘特图与关键路径法结合：可视化呈现战略实施时序，识别关键任务链。某基建企业运用Primavera软件优化项目进度，将工程回款周期缩短18%。

2. 敏捷化进度控制机制

滚动式计划修订：按季度刷新三年战略实施路线图，如零售企业根据消费趋势变化动态调整门店拓展节奏。

红黄绿灯预警系统：建立进度偏差分级响应机制，偏差超5%启动黄色预警，超10%触发红色警报并启动专项整改。

3. 复合型激励机制

战略绩效积分制：将战略任务完成度转化为积分，与股权激励、培训资源分配挂钩。

反向问责机制：对系统性进度延误实施“根本原因追溯”，例如，某物流企业曾因仓储自动化项目延误，对采购、技术、人力部门进行交叉责任追溯。

（三）关键绩效指标体系构建：战略执行的数字化罗盘

1. 战略地图驱动指标设计

企业可以采用关键绩效指标体系，它涵盖财务、客户、流程、学习与成长四个维度，为中小企业提供了全面的绩效衡量框架，有助于其战略目标的实现和持续改进。

财务维度：EVA和现金流覆盖率，可帮助中小企业准确评估盈利能力和财务健康状况，确保资金链稳定。

客户维度：CLV和高净值客户占比，能够助力中小企业洞察客户需求，优化客户结构，提升市场竞争力。

流程维度：订单交付周期和合规审计通过率，有利于中小企业提高运营效率，降低风险，增强内部管理的规范性。

学习维度：数字化技能认证率和战略培训完成度，可以促进中小企业员工能力提升，适应市场变化，为长期发展奠定基础。

2. 实时监控技术应用

通过定期收集和分析关键绩效指标数据，企业能实时了解战略执行的成效和潜在问题。利用现代信息技术和数据分析工具，实现对关键绩效指标的实时监控和动态跟踪。

BI 系统深度集成：某快消企业搭建战略指挥舱，整合 ERP、CRM 数据流，关键指标刷新频率达分钟级。

预测性分析模型：应用机器学习预测销售回款趋势，提前识别资金缺口风险。

3. 闭环改进机制

根据关键绩效指标的结果，对战略执行策略进行调整和改进；企业可以采用 PDCA 循环优化和战略校准会议。

PDCA 循环优化：某科技企业建立“月度 KPI 回顾 – 季度根因分析 – 年度战略刷新”机制，通过持续的检查和优化，及时发现问题并采取措施，有效提升了运营效率，将新产品上市周期从 9 个月压缩至 5 个月，快速响应市场变化，增强了企业的竞争力。

战略校准会议：设置战略回顾季会，采用“绿厅会议”（Green Room Meeting）形式进行高管层闭门研讨，为高管们提供了一个私密、开放的交流平台，让他们能够深入讨论战略执行情况，及时调整战略方向，确保企业战略始终与市场环境和企业目标保持一致。

（四）战略调整与适应性：构建组织弹性能力

在当今快速变化的商业环境中，企业必须具备战略动态调适的能力，以灵活应对各种挑战和机遇。以下是通过环境扫描与情景规划、模块化战略架构设计以及组织学习机制升级三个方面来构建组织弹性能力的详细阐述。

1. 环境扫描与情景规划

PESTEL 雷达图监测：市场环境的变化如竞争对手的新策略、行业政策的调整、宏观经济的波动等，以及企业内部的因素如技术创新、人员变动、资源配置变化等，都可能会影响财务战略的执行，企业可采用 PESTEL 雷达图监测政治（Political）、经济（Economic）、社会（Sociocultural）、技术（Technological）、环境（Environmental）和法律（Legal）等六维度的影响。

战争推演（War Gaming）：通过模拟竞争对手的战略变化，如价格战、新产品推出等，评估这些变化对企业自身的影响。如进行价格战情景下的现金流压力测试，帮助企业提前准备应对措施，确保在竞争中保持稳健的财务状况。

2. 模块化战略架构设计

乐高式战略组件：将战略分解为可重组的功能模块，使企业能够根据市场环境的变化快速调整战略。某连锁餐饮企业采用“中央厨房 + 灵活门店”模式，中央厨房负责标准化生产，灵活门店则根据区域市场变化调整菜品和营销策略，快速适应市场需求。

战略期权管理：预留一部分战略调整预算（通常占总预算的 5%~10%），用于捕捉突发的市场机遇或应对突发事件；这部分预算可以作为企业的“战略储备金”，在关键时刻为企业提供灵活应对的能力。

3. 组织学习机制升级

战略复盘工作坊：采用任务后检视方法（After Action Review）工具进行项目复盘，分析项目成功或失败的原因，提炼经验教训。例如，某制药企业通过战略复盘工作坊对临床实验进行深入分析，成功将临床实验失败率降低了 12%，提高了研发效率和成功率。

战略知识图谱：建立企业战略案例库，收集、整理和分析企业过去的战略案例，形成知识库；通过自然语言处理技术实现知识的智能推送，使企业员工能够快速获取相关战略知识和经验，提高决策效率和准确性。

综上所述，通过环境扫描与情景规划、模块化战略架构设计以及组织学习机制升级，企业可以构建出强大的组织弹性能力。这种能力使企业能够灵活应对市场变化，捕捉机遇，应对挑战，保持竞争优势，实现可持续发展。

（五）反馈机制的建立与优化：打造战略执行的神经网络

反馈机制是财务战略执行的核心支撑系统，它如同企业的神经网络，能够实时感知战略执行中的问题与机遇，并通过快速响应和持续优化确保战略目标的实现。以下从开放沟通、问题解决和持续优化三个维度，构建系统化的反馈机制框架。

1. 开放沟通：构建多维度信息流通网络

创建一个开放和透明的沟通环境是有效反馈机制的基础。建立一个畅通的信息反馈渠道，让员工可以提出意见和建议，管理层也应该积极倾听员工的声音，及时回应他们的关切和建议。

（1）全渠道沟通矩阵如表 1–3 所示。

表 1–3 全渠道沟通矩阵

渠道类型	适用场景	典型工具	管理要点
正式渠道	战略宣贯、政策传达	战略发布会、全员邮件	确保信息权威性、一致性
非正式渠道	日常问题反馈、创新建议	茶水间论坛、午餐会	营造轻松氛围，激发创意
数字化平台	实时问题反馈、跨部门协作	企业微信、钉钉、Slack	确保响应时效，建立闭环机制
专项会议	重大问题研讨、战略复盘	季度战略回顾会、专项工作坊	聚焦关键议题，输出行动方案

（2）心理安全机制。

匿名反馈：设立匿名意见箱，保护员工隐私，某制造企业通过匿名渠道收集到生产线安全隐患信息，及时整改，以避免事故发生。

反报复政策：明确禁止对反馈者进行任何形式的打击报复，建立独立调查机制。

反馈激励：设立“金点子奖”，对提出有效建议的员工给予物质和精神奖励。

2. 问题解决：建立敏捷化响应体系

对于发现的问题，及时进行诊断并找出解决方案，确保问题不被忽视或延误，以免影响整体战略的执行和效果。对于员工反馈的问题，企业应建立快速响应和解决机制。成立专门的问题解决小组，对收集的问题进行分类、分析和处理。例如，有员工反映某项成本控制措施导致工作效率下降，问题解决小组应深入调查原因，评估措施的合理性，并及时调整策略，以确保在实现财务目标的同时不影响正常业务运营。

根因分析与解决工具包括：① 5Why 分析法：连续追问“为什么”，直至找到根本原因。②鱼骨图：从人、机、料、法、环多维度分析问题成因。③ PDCA 循环：通过计划 – 执行 – 检查 – 行动持续改进等。

3. 持续优化：构建战略执行的进化引擎

持续优化是确保财务战略高效执行的核心机制，它通过建立闭环的优化循环模型和科学的评估体系，推动组织不断进化，实现战略目标的动态调整与高效达成。

（1）优化循环模型：五步驱动战略进化。

第一步 数据采集：构建战略执行的数字神经网络。

多源数据整合：通过 BI 系统实时采集 ERP、CRM、OA 等系统的运营数据，例如某制造企业通过整合生产、销售、财务数据，实现战略执行全景可视化。

智能数据清洗：应用AI算法自动识别并修复数据异常，确保分析结果的准确性。

动态数据看板：建立战略执行实时监控大屏，关键指标刷新频率达分钟级。

第二步　问题识别：AI赋能异常预警。

机器学习模型：训练异常检测算法，自动识别偏离目标的指标。例如某零售企业通过AI预警发现区域销售异常，及时调整营销策略。

根因分析引擎：应用因果推断技术，定位问题产生的根本原因。

风险评级系统：根据问题严重性和紧急性进行分级，指导资源优先配置。

第三步　方案设计：跨部门协同创新。

敏捷工作坊：组织跨部门头脑风暴，生成优化方案，某科技企业通过"创新冲刺"工作坊，48小时内产出10个优化方案。

方案评估矩阵：从可行性、成本效益、实施难度等维度评估方案优先级。

数字化沙盘：应用模拟技术预测方案实施效果，降低试错成本。

第四步　试点验证：小步快跑，降低风险。

试点选择标准：选择具有代表性的业务单元或区域进行试点。

快速迭代机制：采用"测试－学习－调整"循环，某快消企业通过3轮试点迭代，将新品上市周期缩短30%。

试点评估体系：建立试点效果评估指标，确保方案可复制性。

第五步　全面推广：以标准化赋能规模化。

SOP制定：将验证有效的方案转化为标准化操作流程。

培训体系：通过线上线下结合的方式，确保全员掌握新流程。

推广监控：建立推广进度跟踪机制，确保方案落地效果的持续优化，使反馈机制更加完善，更好地服务于财务战略的实施和企业的发展。

（2）优化效果评估矩阵：量化战略执行效能。优化效果评估矩阵如表1–4所示。

表1–4　优化效果评估矩阵

优化维度	评估指标	目标值	实际值	偏差分析	改进措施
效率	战略任务完成周期	90天	100天	资源调配不足	优化资源调度算法，引入弹性资源池
成本	战略执行成本预算达成率	95%	92%	外部环境变化导致成本上升	建立动态成本预测模型，调整预算分配

（续）

优化维度	评估指标	目标值	实际值	偏差分析	改进措施
质量	战略目标达成率	100%	95%	市场预测偏差	引入 AI 市场预测工具，提高预测精度
满意度	员工对战略执行的满意度	85 分	80 分	沟通机制不够透明	优化沟通渠道，增加反馈透明度

通过以上系统，企业可以打造一个高效、智能的反馈生态系统，确保财务战略的精准执行与动态优化；这一系统不仅能够提升战略执行效率，还能增强组织韧性，为企业在复杂多变的市场环境中持续创造价值提供坚实保障。

六、社会责任与可持续发展的融入

中小企业将社会责任（CSR）与可持续发展融入战略财务管理，不仅是应对全球 ESG（环境、社会、治理）趋势的必然选择，更是构建长期竞争优势的核心路径。具体来说包括以下几个方面。

（一）环境责任：绿色转型的价值创造

在当今社会，环境保护已成为全球关注的焦点，中小企业通过采取措施减少能源消耗、降低废物排放和实施绿色生产，不仅符合环保法规要求，避免可能的罚款和法律风险，还能够塑造企业的环保形象。

1. 绿色财务模型构建

碳足迹成本化：建立产品全生命周期碳核算体系，例如某汽车零部件供应商通过碳定价机制将碳排放成本纳入报价模型，倒逼供应链绿色转型。

环境绩效债券：发行环境绩效债券用于环保技术升级，例如某造纸企业通过发行环境绩效债券融资 1.2 亿元，实现废水回用率提升至 95%。

2. 循环经济价值挖掘

工业共生网络：参与区域产业生态圈建设，例如某化工园区中小企业通过废热共享系统，年节约能源成本 300 万元。

产品即服务（PaaS）模式：转型设备租赁服务商，例如某机床制造企业通过“按使用付费”模式，设备利用率提升 40%，材料消耗降低 25%。

案例：某食品加工企业实施“零废弃工厂”计划，通过生物质发电系统将生产废弃物转化为能源，实现年度碳减排 8000 吨，获得政府补贴及国际 ESG 基金投资。

（二）社会责任：构建利益相关者共赢生态

关注员工福祉、提供健康安全的工作环境以及培训和发展机会，是中小企业履行社会责任的重要方面。这些措施能够提高员工满意度和生产力，进而提升企业的整体绩效。同时，公平对待供应商和合作伙伴、维护社区利益，能够增强企业的社会信誉，建立良好的商业关系，为企业的长期发展创造有利的外部环境。

1. 人力资本增值体系

技能银行制度：建立员工技能认证数据库，例如某智能制造企业通过技能积分兑换培训资源，关键岗位人才保留率提升至92%。

社会绩效期权：将社区服务时长转化为股权激励，例如某社区服务企业设计“公益积分换股权”计划，员工流失率下降60%。

2. 包容性价值链建设

小微供应商赋能计划：例如某零售企业通过建立供应商能力提升中心，帮助200家小微供应商实现数字化升级，采购成本降低18%。

残障人士就业生态链：某包装企业开发适配残障员工的生产线，获得“社会企业认证”，产品进入政府采购优先目录。

（三）经济责任：创新驱动的可持续增长

经济责任是中小企业战略财务管理的核心。中小企业通过创新和高效运营实现可持续增长，确保企业的长期盈利能力和竞争力。

1. 战略研发投资矩阵

战略研发投资矩阵如表1–5所示。

表1–5　战略研发投资矩阵

创新类型	投入占比	评估指标	典型案例
渐进式创新	60%	产品迭代速度	某电子企业年推出20款改进型产品
突破式创新	30%	专利质量指数	生物医药企业获FDA突破性疗法认定
颠覆式创新	10%	新市场开拓率	新能源企业开发氢能物流解决方案

2. 韧性供应链金融

动态保理池：基于区块链的应收账款融资平台，某装备制造企业将DSO（销售未清账期）从90天压缩至45天。

气候弹性保险：投保极端天气供应链中断险，某农业企业成功索赔台风损失 800 万元。

（四）透明度与道德行为：信任资本的积累

透明度与道德行为是企业建立信任的关键，这不仅能够维护良好的企业声誉，还能够增强投资者、消费者和其他利益相关者的信任度，为企业的长期发展提供稳定的支持。

1. 三层审计机制

一级审计：核心供应商现场审查；

二级审计：关键物料溯源验证；

三级审计：第三方道德认证。

某服装企业通过该体系消除雇佣童工风险，进入国际快时尚品牌优选供应商名单。

2. 利益相关者价值仪表盘

利益相关者价值仪表盘如表 1–6 所示。

表 1–6　利益相关者价值仪表盘

利益相关方	核心诉求	价值衡量指标	管理工具
投资者	长期回报	ESG 评级、TCFD 披露完整性	可持续发展债券框架
员工	发展机会	内部晋升率、培训投入强度	职业发展双通道体系
社区	共生发展	社区投入产出比	社会影响评估模型

（五）创新与合作：社会价值的共创

1. 社会创新项目孵化

扶贫产业链：某食品企业通过“公司 + 农户”模式，帮助贫困地区建立农产品供应基地，实现农户增收与企业原料质量提升的双赢。

绿色技术联盟：某制造企业联合高校、科研机构成立绿色技术研发联盟，共享专利技术，降低创新成本。

2. 跨界合作生态圈

政企合作：参与政府主导的环保项目，获得政策支持与资金补贴。

行业协同：与竞争对手共建行业标准，提升整体竞争力。

此框架将社会责任与可持续发展深度融入企业战略基因，形成“责任竞争力 –

财务绩效－价值增长”的良性循环，为中小企业在新经济时代构建可持续竞争优势提供系统化解决方案。

第四节　战略财务管理对中小企业的重要性

中小企业在市场经济中扮演着不可或缺的角色，战略财务管理对于这些企业来说，在资源有限和市场竞争激烈的环境下尤为关键。以下是战略财务管理对中小企业的重要性。

一、提升核心竞争力与市场地位

（一）资源优化配置

战略财务管理通过合理配置有限资源和优化资本结构，确保资金的有效利用，使企业在市场竞争中获得优势。

资本结构优化：据企业的实际情况和市场环境，灵活调整债务和权益资本的比例，旨在降低融资成本并提升资金使用效率。例如，在面临短期资金需求时，我们会考虑债务融资以快速获取资金；而在寻求长期稳定发展时，则会通过股权融资吸引战略投资者，为企业的长远发展提供坚实的资本支持。

资源分配：通过深入的成本效益分析，能够精准识别最具投资回报率的项目，并据此优化资金、人力等关键资源的分配。这种精细化的资源管理方式，确保了企业的每一笔投入都能产生最大的经济效益，从而增强企业的市场竞争力。

（二）长期战略规划

它不仅关注短期财务目标，更注重长期战略规划和价值创造，为企业带来持续的竞争优势。

明确长期目标：通过财务分析和市场调研，制定清晰的长期战略目标，如扩大市场份额、提升利润率、优化资本结构等。

科学决策支持：提供详尽的财务数据和预测，帮助企业领导者做出科学、合理的决策。例如，通过财务模型和市场预测，制订长期的扩张计划和投资策略。

通过合理配置有限资源、优化资本结构、科学规划长期目标，并通过有效的风险管理，中小企业能够在激烈的市场竞争中立于不败之地，实现持续增长和价值创造。

二、制订并实施长远发展计划

（一）市场分析与预测

战略财务管理通过深入的市场调研和精准的财务预测，为企业勾勒出一条清晰、可行的长期发展路径。战略财务管理密切关注市场动态，分析客户需求和竞争态势，确保企业的战略规划与市场需求紧密相连。同时，利用先进的财务预测模型对企业未来的财务状况进行科学预测，为企业的长期发展提供有力的数据支撑和决策依据。

（二）风险防范

在制订长远发展计划的过程中，战略财务管理同样重视风险防范工作。战略财务管理帮助企业全面识别并评估潜在的经营风险，包括市场风险、财务风险等，并制定相应的风险应对策略。通过加强内部控制、优化资源配置等措施，战略财务管理能降低企业的经营风险，增强其对市场波动的抵御能力，确保企业在复杂多变的市场环境中能够稳健发展。

三、为管理层提供决策支持

（一）财务分析与评估

提供详尽的财务分析和评估，为决策者提供科学的决策支持，确保每一项决策都有充分的财务分析和风险评估作为依据。这些分析不仅涵盖了历史数据的回顾，还包括对未来发展趋势的预测。这样全面的分析能够揭示出企业运营中的潜在问题和机遇，为决策者提供有力的数据支持。

（二）提高决策质量

基于详尽的财务分析和评估，决策支持服务能够显著提高决策的科学性和准确性。决策者可以更加清晰地了解企业的财务状况和市场环境，从而做出更加明智的决策。同时，这种基于数据的决策方式也增强了企业内部的信任度和凝聚力。员工们看到决策是基于客观的数据和分析，而非主观的臆断或偏见，会更加愿意支持和执行这些决策。这不仅提高了决策的科学性和准确性，还增强了企业内部的信任度和凝聚力。

四、强化内部沟通与协作机制

战略财务管理作为企业内部沟通的桥梁，通过以下两点强化沟通，推动企业高效运作与价值提升。

（一）信息共享与协作

战略财务管理通过定期的财务报告和会议，促进企业各部门之间的信息共享和沟通协作，确保各项战略和计划得到有效执行。

（二）问题解决与价值创造

战略财务管理能快速响应并解决财务问题，减少运营阻碍；从战略高度出发，通过问题解决提升企业整体价值。

综上所述，战略财务管理不仅是中小企业的生存保障，更是其实现跨越式发展的核心引擎。企业需根据自身特点，逐步构建适配的战略财务管理体系，在动态竞争中持续创造价值。

CHAPTER 02

第二章 中小企业融资战略

引　言

资金管理在中小企业战略层面占据着举足轻重的地位。它不仅涉及日常财务操作，还深度渗透到企业战略规划的各个环节。科学有效的资金管理策略，可助力企业精准洞察市场动态，合理分配有限资源，保障战略目标的顺利达成。同时，通过优化资金配置与削减不必要财务支出，企业能够有效降低财务风险，为长远发展筑牢根基。对于中小企业而言，融资是其生存与扩张的关键命脉。鉴于资源有限和市场环境的复杂性，中小企业常面临资金短缺、融资成本高昂以及融资渠道狭窄等难题。因此，制定行之有效的融资与筹集战略，对企业克服困境、实现可持续发展意义非凡。

资金筹集战略是企业获取所需资金的规划与方法，涵盖融资渠道抉择、资金成本管控、风险管理以及资金使用效率提升等核心要素。通过科学合理的筹集战略，企业能够确保资金的合理布局与高效运用。

第一节　市场导向的融资策略与实践

一、融资环境的深度分析

融资环境是企业进行融资活动时所面临的外部条件和影响因素的总和。中小企业需深入分析和理解融资环境，以制定科学融资策略。融资环境主要包括：宏观经济环境、行业特点以及政策法规三个方面。

（一）宏观经济环境

经济增长率：经济增长率高低直观反映国家经济的整体活力。经济快速增长阶段，市场需求旺盛，企业盈利能力强，融资环境相对宽松，金融机构更倾向于提供贷款支持；反之，经济衰退时期，融资环境趋紧，企业融资成本攀升，融资难度加大。

通货膨胀率：该指标影响货币实际购买力。高通货膨胀率致使货币贬值、物价上扬，投资者会要求更高的回报率，从而增加企业融资成本；低通货膨胀率则有助于降低企业融资成本。

利率水平：利率作为资金价格，直接左右企业融资成本。中央银行实施宽松货币政策、降低基准利率时，市场资金供应充裕，利率下降，企业融资成本降低；反之，央行提高基准利率，市场资金收紧，利率上升，企业融资成本增加。

（二）行业特点

行业发展趋势：不同行业处于不同的发展阶段，具有不同的增长潜力和市场前景。新兴行业如人工智能、新能源等往往具有较高的增长潜力和较多的投资机会，容易吸引投资者的关注和支持。而传统行业可能面临增长放缓、竞争激烈等问题，融资难度相对较大。

竞争格局：行业竞争的激烈程度也会影响企业的融资环境。在竞争激烈的行业中，企业需要投入更多资金进行研发、营销等活动，以维持市场地位。这增加了企业的资金需求，同时也提高了融资的难度和成本。

政策支持：政府对不同行业的支持力度不同。对于战略性新兴产业、高新技术产业等，政府通常会给予税收减免、财政补贴、低息贷款等优惠政策，以鼓励其发展。这些政策有助于降低企业的融资成本，提高融资成功率。

（三）政策法规

融资政策：国家和地方政府会出台一系列融资政策，以支持中小企业的发展。例如，设立中小企业信贷担保机构、提供贷款贴息等。这些政策有助于缓解中小企业融资难的问题。

税收优惠政策：税收优惠政策可以降低企业的税负，增加企业的可支配收入，从而提高企业的融资能力。例如，研发费用加计扣除、高新技术企业所得税减免等政策都有助于降低企业的融资成本。

财政补贴政策：政府为了支持特定行业的发展，可能会提供财政补贴。这些补贴可以直接降低企业的运营成本，也可以作为企业融资的担保或抵押品，降低融资风险。

综上所述，中小企业在制定融资策略时，必须全面分析宏观经济环境、行业特点及政策法规等融资环境因素，以科学制定融资策略，提高融资成功率和效率。

二、融资渠道的多元化选择

融资渠道是指企业或个人在进行资金筹集时，所能够选择的具体途径和方式。中小企业在融资过程中，应根据自身实际情况和市场环境，灵活选择适合的融资渠道。

（一）融资渠道分类

融资渠道主要分为两大类：内源融资和外源融资。

1. 内源融资：用好自己的钱

内源融资主要是指企业利用自身内部积累的资金进行融资，包括企业的自有资金、生产经营过程中的资金积累、未使用或未分配的专项基金等。

优点：保密性好，无须对外支付借款成本，风险较小。

缺点：资金来源数额受企业利润影响，可能难以满足大额资金需求。

2. 外源融资：借助外部资源

外源融资是指企业从外部筹集资金，包括直接融资和间接融资两种方式。

直接融资：企业直接向投资者发行股票或债券等方式筹集资金，如 IPO、配股、增发、企业债券等。

间接融资：企业通过金融机构（如银行）进行融资，包括银行贷款和非银行金融机构贷款，如信托贷款、融资租赁等。

（二）常见融资途径与运用

1. 内源融资途径

内源融资主要依赖企业内部的资金积累和运作，包括以下几种途径。

自筹融资：适用于初创期或资金需求量较小的企业。优点在于资金获取速度快，无须支付借款成本；企业所有者投入自有资金，体现对企业的信心和支持，但受限于个人资金实力。

留存收益融资：企业在盈利后将一部分利润留存而不进行分配，用于企业后续的投资和运营需求。这是企业重要的内源性资金来源之一，适用于盈利能力较强、现金流稳定的企业。优点在于资金成本低，风险小；缺点在于可能减少股东分红，影响股东利益。

内部集资：在企业内部面向员工等特定群体筹集资金，适用于员工参与度高、企业文化影响力强的企业。优点在于增强员工归属感，降低融资成本；缺点在于可能涉及合规问题，集资规模有限。

折旧融资：固定资产折旧在会计处理上虽不直接产生现金流入，却相当于企业内部的资金积累。企业可巧妙利用这部分潜在资金进行设备更新或投资新项目，形成隐蔽而稳定的内源融资途径。这种融资途径适用于固定资产较多的企业。优点在于无须额外支付成本，资金利用效率高；缺点在于折旧资金规模有限，可能无法满足大额资金需求。

变卖融资：将闲置或低效资产变卖，可优化资产结构，将非核心资产变现，但资金量受资产状况和市场需求影响。变卖融资虽灵活但需谨慎，以免影响企业运营。这种融资途径适用于拥有闲置或低效资产的企业。优点在于快速获取资金，优化资产结构；缺点在于可能影响企业的正常运营，降低资产价值。

企业在制定资金筹集战略时，需要充分考虑内源融资的各种途径和特点，结合企业自身的实际情况，合理利用内源融资，同时与外源融资相结合，以满足企业不同阶段的资金需求。

2. 外源融资途径

外源融资则涉及从外部获取资金，分为债权类融资和股权类融资，主要包括以下几种途径。

银行贷款：银行贷款是常见且相对快捷的融资方式，资金获取相对较快，但需按时还本付息，适用于信用记录良好、有稳定现金流的企业。优点在于资金获取速度快，融资成本低；缺点在于贷款额度有限，还款压力大。

股权融资：通过公开发行股票在证券市场募集资金，或者通过私募方式引入战略投资者等，适用于成长迅速、具有较大发展潜力的企业。优点在于筹集资金量大，无须偿还本金；缺点在于稀释股权，可能影响企业控制权。

债券融资：债券发行能一次性筹集大量资金，成本较低，但受市场环境和监管约束，适用于信用评级较高、偿债能力强的企业。优点在于筹集资金量大，融资成本低；缺点在于还款压力大，可能影响企业现金流。

私募融资：企业与特定的私募基金、风险投资机构等进行合作，获取资金支持。这些投资者通常具有丰富的行业经验和资源，不仅提供资金，还可能在企业战略规划、管理等方面提供帮助。然而，私募融资可能对企业的控制权和决策有一定影响，且谈判和合作过程可能较为复杂。

政府补助和政策性贷款：政府补助和政策性贷款是政府为支持特定产业、项目或困难企业提供的财政援助和优惠融资。这些措施有助于降低企业融资成本和风险，推动行业发展。企业需满足政策要求和申请程序，且面临资金竞争。例如，环保企业在符合政策的条件下，可获得补助和低息贷款，支持其可持续发展。

供应链融资：供应链融资是一种依托企业在供应链中的地位和业务关系进行的融资方式。企业可以通过应收账款保理提前变现未到期账款，或通过存货质押融资利用库存获得资金。这种方式有助于改善资金流动性，提升供应链效率，但需要与供应链伙伴紧密合作，且依赖供应链的稳定性。例如，汽车零部件供应商可以利用与制造商的合作关系获得优惠融资条件。

众筹：众筹是通过互联网平台展示项目或创意，吸引众多小额投资者的融资方式。这种模式能迅速筹集资金，同时进行市场推广和预热。然而，众筹存在不确定性和风险，包括法律监管、项目执行等方面的挑战。投资者通常关注项目的创新性和吸引力。例如，一家创意产品公司通过众筹平台推出新产品，获得了大量支持和资金，但如果项目无法按时完成，可能导致投资者不满。

（三）混合融资工具与特殊融资渠道

1. 混合融资工具

在常见的债务、权益融资方式之外，企业于并购融资进程中广泛运用一系列混合融资工具。此类兼具权益与债务特性的特殊融资工具在战略并购融资中发挥着关键作用，为企业赋予了更为灵活多元的融资抉择。常见的混合融资工具有可转换债券和认股权证等。

（1）可转换债券融资。可转换债券属于被赋予股票转换权的公司债券。发行公司预先设定，债权人能够择取有利时机，依照发行时规定的条件将债券转换为发行公司的等值股票。基于可转换债券的产品融资特点，当可转换债券的持有人转换成普通股后，能降低公司的负债比例，使企业更易于筹措资金，促使其资本结构趋于完善。投资者在特定条件下可将债券转换为股票。优点在于融资成本低，灵活性高；缺点在于可能稀释股权，影响企业的控制权。

（2）认股权证融资。投资者在特定条件下可按约定价格购买企业股票。优点在于吸引投资者，降低融资成本；缺点在于可能增加企业股权稀释风险。其实质是一种普通股票的看涨期权。在有效期内，认股权证的持有人可以随时认购股份；超过有效期，认购权自动失效。认股权证不能直接带来融资，但可以诱使融资参与各方提供资金，所以一般作为债权和股票的附属送出。在金融紧缩时，业绩良好的公司可以利用认股权证推动公司有价证券的发行销售。

2. 特殊融资渠道

特殊融资渠道是非传统或针对特定投资者的融资方法，旨在满足特定条件下的融资需求，通常具有较高的风险调整后的收益。

（1）杠杆融资。杠杆融资（Leveraged Buyout，LBO）是一种并购重组的典型形式，企业通过借入资金来收购其他企业，并进行结构调整与资产重组。这种融资方式以被收购企业的资产及未来收益能力作为抵押，筹集资金用于收购行为。在实际操作中，投资银行等市场中介组织发挥着关键作用，它们能设计复杂的融资结构，发行高风险债券（如垃圾债券），并管理这种高风险的投资组合。企业应评估杠杆融资带来的高风险，并制定相应的风险管理措施。

例如，某大型企业 A 计划收购同行业的中小企业 B，在投资银行的协助下，以 B 企业的资产和未来预期收益作为抵押，成功筹集到大量资金，完成收购，实现了行业资源的整合和规模的扩张。

（2）引入积极投资者。积极投资者在管理层收购（Management Buyout，MBO）中起着至关重要的作用。他们不仅提供资金，还参与企业的战略决策和经营管理，追求对公司长期增长的影响力和高回报。这类投资者包括银行、养老基金、共同基金、保险公司等金融机构，以及部分风险资本家。企业在引入积极投资者时，应考虑其对企业治理结构和长期发展的影响。

例如，一家科技创业公司 C 在发展过程中引入了积极投资者，不仅获得了资金支持，还在投资者的帮助下优化了管理团队，调整了发展战略，最终成功实现业务的快速增长和上市。

（3）卖方融资。卖方融资是一种逆向融资方式，通常发生在买方无法通过传统渠道获得贷款或市场条件不利时。卖方承担部分或全部融资风险，以尽快出售资产。这种方式降低了买方的初始负担，但也增加了卖方的风险，尤其是当买方无法履行还款义务时。企业在考虑卖方融资时，应评估买方的信用状况和还款能力，以及这种融资方式对企业资产负债表的影响。例如，美国华纳传播将其亏损的阿泰利电脑公司出售时，收购者以未来偿还价款的保证购买全部股权，成为卖方融资的经典案例。

（四）立体化融资决策

通过分层解析与场景化匹配，建立立体化融资决策框架，如表 2–1 所示。

表 2–1　立体化融资决策

分类维度	核心特征	适用阶段	典型工具
内源融资	内部资源转化、零股权稀释	初创期 / 稳定期	留存收益、资产变卖、折旧融资、员工集资
外源性债权融资	还本付息、财务杠杆效应	成长期 / 扩张期银行贷款	供应链金融、债券发行、融资租赁
外源性股权融资	权益让渡、长期资本支持	高速成长期 / 转型期	风险投资、IPO、私募股权、众筹
混合融资	股债结合、灵活转换	并购重组 / 战略调整	可转债、优先股、认股权证
政策性融资	政府信用背书、低成本资金	产业升级 / 特殊时期	专项补贴、贴息贷款、产业基金

（五）多元化融资渠道

多元化融资渠道对企业稳健发展至关重要，能够降低融资成本、分散融资风险，并提高融资灵活性。

降低融资成本：通过比较不同融资渠道的成本，企业可以选择最经济的融资组合，从而减轻财务压力。例如，在债务融资中，细致对比银行贷款与债券发行的利率和费用，有助于挑选出成本最低的融资方案。

分散融资风险：多元化融资渠道能够相互补充，当某一渠道面临困境时，其他渠道可作为缓冲，防止企业因资金链断裂而陷入危机。

提高融资灵活性：不同的融资渠道在审批流程、资金到位时间等方面存在差异，多元化为企业提供了更灵活的选择空间。

在选择融资渠道时，企业应综合考虑融资成本、融资效率、融资风险以及对控制权的影响等多重因素，制定既科学又合理的融资策略。

三、融资策略的制定与实施

（一）企业生命周期与融资策略匹配

企业应根据不同发展阶段的特点和资金需求，动态调整融资策略，实现资金供给与战略目标的精准匹配。

1. 初创期

在初创期，企业通常面临高风险、低收益、缺乏信用记录和抵押资产的挑战。

融资策略：以股权融资和政策支持为主，辅以轻量级债务工具，如股权融资（天使投资、风险投资）、政府补助与创业基金、亲友借贷与自筹资金。

股权融资：通过天使投资、风险投资等方式筹集资金。天使投资者通常基于对项目的信任和前景判断提供资金，而风险投资机构则能提供资金以外的资源支持，如行业资源、管理经验等。比如，一家新兴的生物技术公司在获得风险投资后，不仅解决了资金难题，还借助风投机构的资源，与行业内的大型企业建立了合作关系，加速了产品的研发和上市进程。

政府补助与创业基金：政府为了鼓励创新创业，会提供各种优惠政策和资金扶持；企业积极申请创业基金、税收优惠、补贴等政策扶持，以减轻初期的财务压力，将更多的资源投入核心业务中。

亲友借贷与自筹资金：利用个人储蓄、家庭支持或朋友借款等方式筹集启动资金，往往基于亲情和友情的信任关系快速筹集资金。

2. 成长期

业务规模扩张，现金流逐步稳定，需建立信用记录。

融资策略：债务融资与股权融资并重，优化资本结构，一般包括债务融资（银行贷款）、股权融资（私募股权融资）。

随着企业信用记录的建立和市场地位的提升，银行和其他金融机构可能更愿意提供贷款支持。

债务融资：

①银行贷款：选择信用贷 / 抵押贷组合（如 500 万元流动贷款 + 设备融资租赁）。

②供应链金融：通过反向保理将应收账款 DSO（账期）从 90 天压缩至 30 天。

股权融资：

①私募股权（PE）：通过私募股权融资引入战略投资者，不仅能获得资金，还能获得行业资源、管理经验和市场网络的支持。此外，若企业估值较高，也可考虑进行首次公开募股（IPO）前的股权融资。Pre-IPO 轮引入战略投资者。

②员工持股计划（ESOP）：通过 ESOP 绑定核心团队（期权池占比 10%~15%）。

3. 成熟期

企业进入成熟期，就如同长成的大树，根基稳固，枝繁叶茂。处于成熟期的企业在市场上占据一定份额，盈利能力稳定，财务状况良好。此阶段，企业应注重优化资本结构，降低融资成本，并为企业长期发展提供稳定资金支持。

融资策略：以低成本债权融资为主，搭配资本市场工具，如公开发行股票、债券发行、内部融资。

公开市场融资：

① IPO：主板 / 科创板上市募资（如某制造企业 IPO 募资 10 亿元，市盈率 25 倍）。通过在证券市场上市，企业能够筹集大量的长期资金，提升企业的知名度和品牌价值。IPO 不仅为企业提供长期稳定的资金来源，还有助于优化股权结构和治理结构。

②公司债：发行 3 年期 AA+ 评级债券，票面利率 4.5%~5.5%。凭借良好的信用记录和稳定的盈利能力，企业能够以较低的利率发行债券，吸引投资者。

内部融资：

①留存收益再投资：每年提取净利润 30% 作为发展基金。

②资产证券化：将经营性物业打包发行 REITs（年化融资成本 6%~7%）。

留存收益、资产证券化等内部资金来源可以满足企业的部分资金需求，减少对外部融资的依赖，降低融资风险。

4. 衰退期或转型期

在衰退期或转型期，企业通常面临着严峻的挑战，如同老树需要修剪枝叶或寻找新的生机。市场萎缩、竞争加剧等挑战，使企业盈利能力下降甚至亏损。此阶段，企业应谨慎选择融资方式，避免进一步加重财务负担。

融资策略：核心策略是风险隔离与战略重组并行，如资产重组融资、并购融资（如适用）、政府援助与合作。

资产重组：

①非核心资产剥离：通过出售非核心资产、剥离不良业务，企业可以回笼资金，优化资产结构，为业务重组或转型升级提供支持，如出售闲置厂房回笼资金（例如，某传统企业出售资产获现 8000 万元）。

②债转股：将 30% 存量债务转换为股权，降低资产负债率。

特殊融资工具：

①纾困基金：引入政府背景产业基金进行债务重组。

②并购贷款：企业选择通过并购实现转型升级或拓展新市场领域，可利用并购贷款等方式筹集资金，如以目标公司资产为抵押获取收购资金（LTV ≤ 60%）。

综上，企业可以根据自身所处生命周期阶段选择合适的融资策略，实现资金的有效筹集和利用，支持企业的持续发展和市场竞争力的提升。

（二）融资策略决策体系

在竞争激烈的商业环境中，精心策划的融资策略对企业发展至关重要。“三维度决策模型”将资金需求、风险承受力与战略目标系统化整合，如表 2–2、表 2–3、图 2–1 所示。

1. 资金需求评估框架

资金需求评估框架如表 2–2 所示。

表 2–2　资金需求评估框架

评估维度	关键指标	工具方法
需求规模	资金缺口 /GDP 占比	敏感性分析
使用时效	紧急程度（T+30/T+90）	现金流压力测试
成本承受	IRR> 融资成本 +3%	加权资本成本（WACC）模型

2. 融资工具匹配矩阵

融资工具匹配矩阵如表 2–3 所示。

表 2–3　融资工具匹配矩阵

工具类型	适用场景	风险等级	成本区间
风险投资	技术颠覆期（0~3 年）	高风险	20%~30% IRR
可转换债	成长期（3~5 年）	中风险	5%~8% 票息
资产支持证券	重资产运营阶段	低风险	LPR+150bp

3. 智能决策支持系统

智能决策支持系统的常用工具包括债权融资决策树和股权融资估值导航。

债权融资决策树（自动化匹配）。债权融资决策树是一种结构化的决策工具，通过逻辑分层和条件判断，帮助企业快速匹配最适合的融资工具，如图 2–1 所示。以下是对决策树各节点的详细阐述。

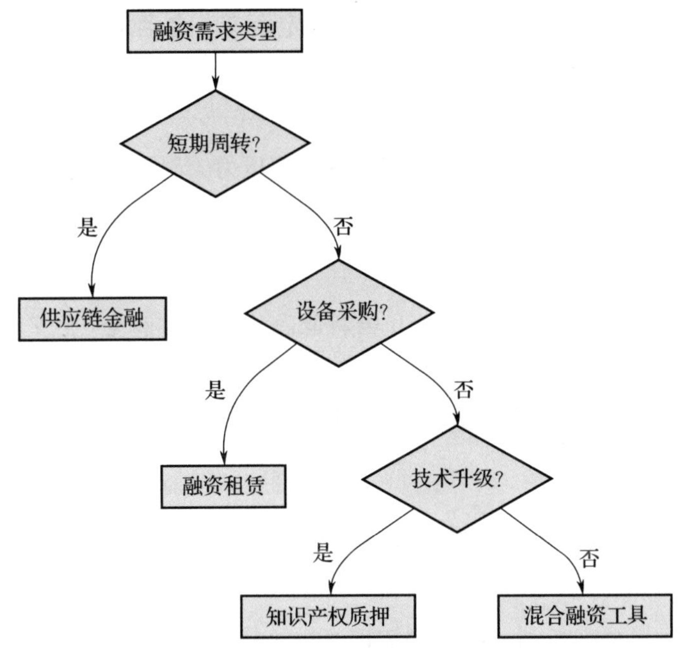

图 2–1　债权融资决策树

（1）短期周转需求。

适用场景：企业面临临时性现金流压力，需快速补充流动资金（通常期限 < 90 天）。

决策路径：

条件判断：是否有应收账款或应付账款？是否需要快速放款（T+3 天内）？账期是否在 90 天以内？

匹配工具：供应链金融。

工具特点：基于核心企业信用，融资成本低（年化利率 5%~8%），放款速度快（1~3 个工作日），无须固定资产抵押。

案例：

某制造企业通过反向保理将应收账款 DSO 从 90 天压缩至 30 天，融资成本仅 6%。

某电商平台利用应付账款融资，提前支付供应商货款，获得2%的现金折扣。

（2）设备采购需求。

适用场景：企业需购置大型设备或固定资产，资金需求大、期限较长（通常3~5年）。

决策路径：

条件判断：是否需要购买大型设备或固定资产？是否希望避免一次性大额支出？是否需要分摊设备成本？

匹配工具：融资租赁。

工具特点：分期支付设备费用，减轻现金流压力，融资期限灵活（1~5年），设备残值可协商（通常为10%~20%）。

案例：

某物流企业通过融资租赁购置50辆新能源货车，月租金15万元，期限3年，残值率15%。

某医院通过融资租赁引进CT设备，总投资2000万元，分5年支付，年利率5.5%。

（3）技术升级需求。

适用场景：企业需资金支持研发或技术升级，缺乏固定资产抵押。

决策路径：

条件判断：是否有专利、商标等知识产权？是否需要资金支持技术研发？贷款额度是否在知识产权估值的50%以内（LTV ≤ 50%）？

匹配工具：知识产权质押贷款。

工具特点：以专利、商标等无形资产为抵押，贷款额度通常为知识产权估值的30%~50%，融资成本较高（年化利率8%~12%）。

案例：

某生物科技企业以3项核心专利质押，获贷800万元，LTV为40%，年利率9%。

某软件公司以商标权质押，融资500万元，用于AI算法研发。

（4）混合融资需求。

适用场景：企业融资需求复杂，单一工具无法满足，需组合多种融资方式。

决策路径：

条件判断：是否同时存在多种资金需求（如短期周转＋设备采购）？是否需要优化融资成本或风险结构？

匹配工具：混合融资工具。

工具特点：组合使用供应链金融、融资租赁、知识产权质押等工具，通过结构化设计降低综合融资成本，灵活匹配企业现金流特点。

案例：

某制造企业组合使用供应链金融（500 万元，6%）+ 融资租赁（1000 万元，5.5%），综合融资成本 5.8%。

某科技企业采用知识产权质押（300 万元，9%）+ 可转换债（500 万元，7%），降低股权稀释风险。

（5）债权融资决策树应用要点。

动态调整机制：根据市场利率变化（如 LPR 调整）实时更新融资成本参数，定期评估企业信用评级，调整可匹配工具范围。

风险控制措施：设置融资额度上限（如不超过净资产的 50%），引入利率对冲工具（如利率互换）锁定融资成本。

数字化赋能：部署智能融资管理系统，自动抓取企业财务数据并生成融资方案，应用区块链技术实现供应链金融单据链上确权，提升融资效率。

股权融资估值导航。企业估值是股权融资的核心环节，直接影响融资规模、股权稀释比例及投资者关系。下文针对不同发展阶段的企业，解析其适用的估值方法论及操作要点，形成完整的估值导航体系。

1）初创期估值：标准估值法（Benchmark Valuation）。

适用阶段：天使轮至 Pre-A 轮（企业成立 0~3 年，无稳定收入或利润）。

核心逻辑：基于行业惯例和可比交易定价，弱化财务数据，强调团队、技术壁垒和赛道潜力。

操作要点：种子轮标准估值通常为 1000 万 ~3000 万元（对应释放 10%~20% 股权），采用未来股权转换机制，规避早期估值争议。关键考量维度如表 2–4 所示。

表 2–4 关键考量维度

维度	权重	评估指标
创始团队	40%	行业经验、技术背景、执行力
技术壁垒	30%	专利数量、研发投入占比、竞品对比
市场潜力	20%	TAM（总可触达市场）≥ 50 亿元
早期验证	10%	用户增长（月环比≥ 30%）、合作意向

同时要设计风险对冲机制，如估值调整条款（VAM）设定收入 / 用户量对赌，未达标则补偿股权、清算优先权，确保投资者在破产清算时优先收回 1~2 倍投资额。

2）成长期估值：市销率（PS）对标法。

适用阶段：A 轮至 C 轮（年收入 500 万 ~2 亿元，增速≥ 50%）。

核心逻辑：以可比上市公司 / 近期交易为基准，通过市销率倍数反映增长溢价。

操作流程：通过 Capital IQ、PitchBook、清科数据库等平台筛选同行业、相似商业模式、收入规模 ±30% 的企业构建可比公司集，选取可比公司 PS 值排序前 1/4 作为溢价基准，如企业收入增速高于可比公司均值 PS 可上浮 10%~20%，或者毛利率每高出行业均值 5%，PS 增加 0.5 倍；同时设计如下的动态监控机制。

PS 带宽管理：设置估值区间（如基准值的 ±15%）应对市场波动。

里程碑触发：达成关键指标（如年度复购率 >80%）自动提升 PS 倍数。

3）扩张期估值：DCF+PE 溢价模型。

适用阶段：Pre-IPO 轮至上市前（利润≥ 3000 万元，具备可预测现金流）。

核心逻辑：以内在价值为基础，叠加市场情绪溢价，平衡基本面与资本市场需求。

贴现现金流（DCF）模型搭建

自由现金流预测：

$$FCFF = EBIT \times (1-\text{税率}) + \text{折旧摊销} - \text{资本性支出} - \text{营运资本增加额}$$

关键假设：显性预测期为 5 年（季度粒度）且以不超过 GDP 增速（通常 2%~3%）为永续增长率。

计算公式：

$$WACC = (E/V) \times Re + (D/V) \times Rd \times (1-T)$$

式中，E 为股权价值；D 为债务价值；$V=E+D$；Re 是通过 CAPM 计算得出的股权成本；Rd 为债务利率；T 为税率。

案例：某智能制造企业 DCF 估值 =45 亿元（WACC=9.5%，永续增长 2.5%）。

可比公司 PE 溢价

可比公司筛选：同行业已上市公司，市值 >50 亿元。

溢价逻辑：上市后流动性提升带来 20%~30% 估值上浮，若存在产业整合预期，可额外增加 10%~15%。

计算公式：

$$\text{最终估值} = \text{DCF 估值} \times (1 + \text{PE 溢价率})$$

$$\text{PE 溢价率} = (\text{可比公司 PE 中位数} / \text{行业 PE 中位数}) - 1$$

同时要有上市对赌设计，如若 24 个月内未完成 IPO，按 8% 年息回购股权、估值保障（承诺发行市盈率不低于于 Pre-IPO 估值的 80%）。

估值导航体系应用要点：早期侧重叙事能力（Market Narrative）、成长期强调数据验证（Metrics-Driven）、Pre-IPO 估值合规性优先（审计历史利润≥ 3 年），设计动态调整机制，如每季度更新可比公司数据集、重大技术突破 / 政策变动时触发估值重评。

4）定增估值。

适用阶段：上市后发展阶段（企业已上市，需进一步扩大业务规模、进行产业整合等）。

核心逻辑：根据企业的盈利能力、资产状况、市场表现等综合因素，结合市场对上市公司的整体估值水平进行定价，以实现企业再融资和市值管理目标。

操作要点包括以下五个方面。

定价基准：参考市场价格、市盈率、市净率等指标，可采用市盈率相对盈利增长比率（PEG）等方法评估定增价格合理性。

发行对象：向特定投资者发行，如机构投资者、战略投资者、企业高管等，其投资决策通常基于对企业未来发展的信心及长期投资价值的判断。

募集资金用途：需符合监管要求，明确用于特定项目，如固定资产投资、技术升级、补充流动资金等，以提升企业盈利能力和竞争力。

锁定期：定增股份设有一定锁定期，限制其在一定时间内出售，增强投资者对公司长期发展的信心及维护市场稳定。

动态调整：定期评估定增效果，根据市场变化及企业实际调整后续融资计划，确保再融资与企业战略一致。

股权融资战略地图如表 2-5 所示。

表 2-5 股权融资战略地图

发展阶段	融资目标	适配工具	估值管理要点
初创期（天使轮）	验证商业模式	个人天使 + 众筹	用户增长曲线估值法
成长期（A 轮）	市场扩张	风险投资 + 政府引导基金 + 产业资本	PS 对标行业均值
扩张期（Pre-IPO）	规范治理	私募股权 + 战略投资者 + 投资银行	贴现现金流（DCF）模型
上市后	产业整合与并购	定向增发 + 可转债 + 公司债券	行业分位数管理

（三）案例：某智能科技企业的多元化融资之路

1. 案例背景

某智能科技企业成立于五年前，专注于智能家居产品的研发与销售。随着市场需求的增长和技术的发展，该企业面临扩大生产规模、提升研发能力和拓展市场的资金需求。

2. 融资策略

初创期融资策略

自筹资金：该企业主要依靠创始人的自有资金和亲朋好友的借款，以及政府的创业补贴 50 万元进行运营。

天使投资：通过参加创业大赛，该企业获得了天使投资者的关注，并成功获得了 100 万元的种子轮融资。

本阶段完成 3 项专利申请。

成长期融资策略

银行贷款：向银行申请了 500 万元的贷款，用于购买生产设备和原材料。

股权融资：引入了风险投资，进行了 A 轮 2000 万元的股权融资，用于扩大生产线和市场推广。

设备租赁：购买一台设备需要 500 万元，租赁只需每月支付 10 万元。

本阶段产能提升 300%，市占率升至 8%。

扩张期融资策略

随着市场份额的不断扩大，该企业决定进一步扩张，进入新的市场领域。融资策略如下。

私募股权：与私募股权基金合作，进行了 B 轮 3000 万元的股权融资，用于收购行业内的一家技术公司，以增强技术实力。该公司自有专利 12 项。

并购贷款：并购一家产业链企业，获得并购贷款 2000 万元。

最近企业推进财务规范化，为上市做准备，需要优化财务结构，提高财务透明度。

Pre-IPO 轮：Pre-IPO 轮融资 1 亿元。

债券发行：企业发行了 5000 万元的公司可转债券，用于新产品的研发和市场营销。

本阶段资产负债率优化至 40% 以下。

在深入研究某智能科技企业的成长历程与资本运作策略时，我们可以清晰地看到，该企业的发展阶段演进与融资动作呈现出紧密的关联，如表 2–6 所示。

表 2-6　阶段演进与融资动作

发展阶段	融资目标	工具组合	关键成果
初创期	产品原型开发	天使轮 100 万元 + 政府补贴 50 万元	完成 3 项专利申请
成长期	产能扩张	A 轮 2000 万元 + 设备租赁 500 万元	产能提升 300%，市占率升至 8%
扩张期	技术并购	B 轮 3000 万元 + 并购贷款 2000 万元	收购竞争对手，专利池扩大至 15 项
IPO 筹备	财务规范化	Pre-IPO 轮 1 亿元 + 可转债 5000 万元	资产负债率优化至 40% 以下

3. 策略亮点

组合式融资：天使轮采用“现金 + 资源”条款（投资者提供供应链资源对接）。

成本控制：通过政策性贷款将综合融资成本压降至 LPR+80bp。

风险对冲：使用利率互换锁定债券融资成本，规避市场波动风险。

该智能科技企业通过灵活运用内源融资和外源融资，结合自身发展阶段和市场环境，成功实现了多元化融资。这一策略不仅为企业提供了必要的资金支持，还降低了融资风险，提升了企业的市场竞争力。企业在融资过程中的每一步都紧密结合了发展战略，确保了融资活动与长期目标的协同。

第二节　资金使用效率的提升策略

一、构建资金全周期管理体系

提高资金使用效率是中小企业财务管理的核心要务，它直接关系到企业的短期运营流畅性和长期发展的稳健性。企业要提高资金使用效率，需要构建一个涵盖“投资决策→运营管理→融资优化→技术赋能”的全流程闭环的资金全周期管理体系，通过战略层、执行层、保障层三级管理体系来实现资金效率的持续优化。

1. 战略层

以价值创造为导向，制订资金配置战略规划，确定企业在不同发展阶段的资金投入方向和重点，确保资金流向能够创造最大价值的领域。

2. 执行层

建立六大核心模块协同机制，包括投资决策、运营管理、融资策略、风险控制、技术应用、绩效评估。这六大模块相互配合、相互支持，共同推动资金的高效使用。例如，投资决策模块为运营管理提供资金投入的依据，运营管理模块通过优化业务流程提高资金使用效率，融资策略模块为资金需求提供保障等。

3. 保障层

配套数字化平台、专业团队、制度流程三大支撑体系。数字化平台为资金管理提供数据支持和技术手段，实现资金信息的实时监控和分析；专业团队具备丰富的资金管理经验和专业知识，能够有效执行各项资金管理策略；制度流程则为资金管理提供规范和标准，确保各项资金活动有章可循。

二、投资决策体系优化

投资决策是资金使用的第一步，其科学性和准确性直接影响资金的使用效率和企业的投资回报。

1. 多维投资评估体系

（1）核心指标三角验证。

投资回报率（ROI）：是基础盈利能力指标，计算公式为 ROI= 年利润 / 投资总额 ×100%。通过计算 ROI，可以直观地了解投资项目的基本盈利水平。例如，某智能制造项目投资 1200 万元，测算 ROI 为 18%，说明该项目在一年内能够带来 216 万元的利润。

净现值（NPV）：是考虑时间价值的绝对收益指标，计算公式为 $NPV=\sum(CI-CO)/(1+r)^t$。式中，CI 为现金流入；CO 为现金流出；r 为折现率；t 为现金流量发生的时间点。NPV 考虑了资金的时间价值，能够更准确地反映投资项目的实际收益情况。对于上述智能制造项目，NPV 测算为 350 万元，表明该项目在考虑时间价值后，仍具有较高的盈利能力。

内部收益率（IRR）：是项目的真实回报率，是使 NPV 为 0 的折现率。IRR 可以反映投资项目的实际收益率水平，为投资决策提供重要参考。该智能制造项目的 IRR 为 22%，说明该项目具有较高的投资回报率。

（2）风险量化工具。

蒙特卡洛模拟：通过 5000 次迭代模拟，输出投资收益概率分布图。这种模拟方法可以充分考虑各种不确定因素对投资收益的影响，为企业提供更全面的风险评估信息。

敏感性分析矩阵：识别关键变量（价格、成本、产量）对收益的影响强度。通过敏感性分析，企业可以了解哪些因素对投资收益的影响较大，从而有针对性地采取措施进行风险控制。

2. 智能投资组合管理

（1）资产配置模型。

马科维茨有效前沿理论：该理论通过构建风险 - 收益最优组合，帮助企业在不同的风险偏好下选择最适合的投资组合。企业可以根据自身的风险承受能力和投资目标，选择位于有效前沿上的投资组合，以实现风险和收益的平衡。

行业周期矩阵：将投资标的分为明星（高增长 / 高份额）、现金牛（低增长 / 高份额）、问题（高增长 / 低份额）、瘦狗（低增长 / 低份额）四类。企业可以根据不同行业的发展阶段和市场地位，合理配置投资资金，降低投资风险。

（2）动态调整机制。

阈值触发：当单类资产价值或权重在投资组合中的波动幅度超 10% 时启动再平衡。通过设定阈值，企业可以及时发现投资组合的偏离情况，并进行相应的调整，以保持投资组合的风险 - 收益平衡。

季度复盘：结合 PMI 指数调整行业配置权重。PMI 指数是反映经济活动的重要指标，企业可以根据 PMI 指数的变化，及时调整行业配置权重，以适应市场变化。

三、运营资金精细化管理

运营资金管理是企业日常经营的重要环节，精细化管理有助于提高资金周转效率，降低资金占用成本。

1. 应收账款管理升级

信用评估：采用 5C 模型，即品德（Character）、能力（Capacity）、资本（Capital）、抵押（Collateral）、条件（Condition），结合信用评分卡进行客户信用评估，设置 0~100 分的阈值管理，确定客户的信用额度和信用期限。

账期优化：实施 ABC 分类管理，根据客户的重要性和交易情况，将客户分为 A 类战略客户（账期≤ 30 天）、B 类重点客户（账期 60 天）、C 类一般客户（账期 90 天），并利用账龄分析雷达图进行账期监控和管理。

风险处置：建立三级预警机制，例如当应收账款账龄达到 30 天时发出黄色预警，60 天时发出橙色预警，90 天时发出红色预警，并启动相应的应收账款保理流程，及时处置逾期账款，降低坏账风险。

2. 精益存货管理

（1）JIT 实施路径。

供应商协同：建立半径 200 公里的准时配送圈，与供应商建立紧密的合作关系，实现原材料的准时供应，减少库存积压。

生产节拍控制：通过优化生产流程和调度，将日产能波动控制在 ±5% 以内，提高生产的稳定性和可预测性，降低库存水平。

（2）呆滞存货处置。

三级预警机制：当存货滞销 30 天时启动促销活动，60 天时进行折价清仓，90 天时进行报废处理，加快呆滞存货的周转和变现。

逆向物流体系：建立区域级呆滞品置换平台，实现呆滞存货的回收、再利用和处置，降低企业的库存成本和损失。

四、资金周转加速引擎

资金周转速度直接影响企业的流动性和盈利能力，通过供应链金融工具和现金周期优化公式，可以有效加速资金周转。

1. 供应链金融工具

电子票据池：整合企业的应收票据和应付票据，实现票据的自动拆分、背书、贴现等功能，提高票据的流动性和使用效率。

反向保理：核心企业利用自身的信用优势，为供应商提供保理服务，供应商将应收账款转让给保理商，核心企业确认债务后，供应商可以获得融资，同时账期可延长 20~30 天，融资成本降低 2%~3%。

2. 优化现金周期

强化现金周期管理：现金周期 = 存货周转天数 + 应收账款天数 – 应付账款天数。通过加强存货管理、应收账款管理和应付账款管理，缩短现金周期，提高资金周转速度。

优化路径：

智能制造企业：通过 MES 系统（制造执行系统）优化生产流程，将生产周期压缩 15%，从而缩短现金周期。

商贸企业：运用动态折扣策略，如早付优惠 2%/10 天，激励客户提前付款，缩短回款期，加快资金周转。

五、财务杠杆与风控体系

合理运用财务杠杆可以提高企业的资金使用效率和盈利能力，但同时也需要建立有效的风险控制体系，防范财务风险。

1. 杠杆安全边际模型

警戒等级：

安全区（资产负债率 <50%）：企业财务状况稳健，可适度增加杠杆，扩大经营规模。

预警区（资产负债率 50%~60%）：企业财务风险有所增加，应暂停新增负债，控制杠杆水平。

危险区（资产负债率 >60%）：企业面临较高的财务风险，应启动债务重组，降低资产负债率。

2. 压力测试框架

利率冲击测试：模拟基准利率上浮 200bp（基点）对企业的利息覆盖倍数的影响，评估企业的偿债能力。

经营恶化测试：设定营收下降 30% 的情境，测算企业的现金流平衡点，评估企业在不利情况下的财务状况和生存能力。

六、数字化深度应用

数字化技术在资金管理中的应用，可以提高资金管理的效率和精准度，为企业提供决策支持。

1. 系统架构

数据层：整合 ERP（如用友 NC）、银企直联（18 家合作银行）、税务系统等数据源，实现数据的集中管理和共享。

分析层：利用 BI 工具（如 Power BI）进行数据分析和挖掘，实现现金流预测准确率≥ 85%，为资金管理提供决策依据。

应用层：通过 RPA 机器人（如 UiPath、Automation Anywhere 等）自动处理 80% 的重复性资金操作，提高工作效率和准确性。

2. 智能分析工具

输入变量：包括历史现金流、订单数据、行业指数等 32 个维度的数据，作为模型的输入，用于预测未来的资金需求和风险。

输出结果：对未来 90 天的资金缺口进行预警，准确率达到 92%，能帮助企业提前做好资金规划和安排。

3. 区块链应用

智能合约：自动执行供应链金融条款，提高交易的透明度和可信度，降低交易风险。

电子凭证永久存证：利用区块链不可篡改的特性，对电子凭证进行永久存证，可以降低合规风险，提高资金管理的安全性。

七、实施保障体系

为了确保资金使用效率提升策略的有效实施，需要建立完善的实施保障体系，包括行业适配指南、持续改进机制和标杆学习。

1. 行业适配指南

制造业：优化重点是存货周转优化，通过精益生产和供应链管理，降低存货水平，提高资金周转效率。风险警示是避免过度压缩安全库存，导致生产中断或客户满意度下降。

服务业：优化重点是应收账款管理，加强客户信用评估和账款回收，提高资金的流动性和安全性。风险警示是警惕客户集中度过高，导致坏账风险增加。

科技企业：优化重点是研发投资评估，通过科学的评估方法，确保研发投资的合理性和有效性。风险警示是防范技术迭代风险，避免研发投入的浪费和企业的竞争力下降。

2. 持续改进机制

KPI 监控体系：

核心指标：包括现金周转率、ROIC（投入资本回报率）、WACC（加权平均资本成本）等，用于衡量企业的资金使用效率和盈利能力。

预警机制：设置同比波动超过 15% 的自动预警，及时发现资金管理中的异常情况，采取相应的措施进行调整和改进。

3. 标杆学习

（1）华为 IFS 体系。

华为 IFS（Integrated Financial Services）体系是华为在长期的企业运营过程中，结合自身的财务管理经验和数字化转型实践，形成的一套集成化的财务服务体系。

它涵盖了财务管理、资金管理、风险管理等多个方面，旨在通过优化财务流程和提升财务效率，实现资金的高效周转和管理。

在资金管理节点控制方面，华为 IFS 体系通过 172 个资金管理节点来控制现金周期，这些节点涵盖了从资金筹集、资金使用到资金回收的全过程。具体措施包括下面几个方面。

优化应收账款和应付账款管理：通过精细化的账款管理，缩短收款周期，延长付款周期，从而提高资金的使用效率。

多元化融资渠道：华为采用多元化的融资策略，包括银行贷款、债券发行、股权融资等，以降低融资成本，分散融资风险。

风险管理：通过建立完善的风险管理体系，对市场风险、信用风险等进行有效监控和管理，确保资金安全。

通过 IFS 体系的实施，华为实现了资金的高效周转和管理，提高了资金使用效率，降低了资金成本，增强了企业的财务稳健性。通过 172 个资金管理节点控制现金周期，实现资金的高效周转和管理。

（2）美的“T+3”模式。

美的“T+3”模式是一种以客户订单为驱动的产销模式，将产品从下单到交付分为四个阶段：T0（下单周期）、T1（备料周期）、T2（生产周期）、T3（物流发运周期），每个阶段为期 3 天，全流程交期缩短至 12 天。

实施措施如下。

以销定产：根据客户订单组织生产和采购，避免过度生产和库存积压。

供应链协同：通过与供应商的紧密合作，实现物料的快速供应和库存的最小化。

生产柔性提升：通过优化生产流程和设备升级，提高生产的灵活性和效率。

物流效率提升：通过优化物流布局和流程，缩短物流周期，提高配送效率。

实施效果如下。

市场响应速度提升：通过 T+3 模式，美的能够快速响应市场变化，满足客户需求，提高客户满意度。

资金周转效率提高：通过缩短订单周期和库存周期，美的显著提高了资金的周转效率，降低了资金占用成本。

经营业绩改善：美的在实施 T+3 模式后，市场份额、净利润、现金流等关键指标均有所提升。

第三节　筹资风险的管理与控制

筹资风险是指企业在筹资过程中面临的各种不确定性及其可能带来的损失。这些不确定性可能源自市场环境的变化、企业自身信用状况的变化，以及企业资金链的紧张程度等。

一、主要风险类型的识别

（一）市场风险

市场风险是指由于市场环境的变化，如政策调整、市场利率变动、投资者风险偏好变化等，导致的筹资成本上升或筹资难度增加的风险。市场环境的不利变化可能使企业难以在合理的成本范围内筹集到所需的资金，或者需要付出更大的代价来吸引投资者。比如，在经济衰退时期，金融市场资金紧张，企业可能面临更高的借款利率；或者在利率上升阶段，企业通过债券融资的成本会大幅增加。

（二）信用风险

信用风险是指由于企业自身信用状况不佳，如财务状况恶化、违约记录、信用评级下降等，导致的筹资困难或筹资成本上升的风险。企业自身的信用状况在筹资中起着关键作用。若企业存在不良的信用记录，如过往的债务违约、财务报表造假等，或者财务状况不稳定、盈利能力欠佳，都可能让投资者和金融机构对其失去信心，从而导致筹资困难或者筹资成本上升。例如，一家连续亏损的企业在申请银行贷款时，可能会被要求提供更多的担保或者支付更高的利息。

（三）流动性风险

流动性风险是指由于企业资金链紧张，如现金流短缺、应收账款回收缓慢、存货积压等，导致的无法按时偿还债务的风险。当企业资金链紧张，流动资产不足以覆盖流动负债时，就可能出现无法按时偿还债务的风险。这可能是由于资金回笼不及时、过度投资、应收账款回收困难等原因造成的。比如，一家企业大量资金被应收账款占用，而短期又有大量债务到期，若此时无法及时收回应收账款，就会陷入流动性危机。

二、风险控制措施的实施

（一）筹资前的市场调研与风险评估

企业应在筹资前进行充分的市场调研，了解当前的市场环境、投资者偏好、筹资条件等，以便制订合理的筹资计划。同时，对自身的财务状况、偿债能力进行准确评估，预测可能面临的风险，并制定相应的应对策略。

例如，一家企业计划发行债券筹资，在前期调研中发现近期债券市场利率波动较大，于是决定推迟发行，等待利率稳定后再行动，从而降低了筹资成本。

（二）合理选择筹资方式和渠道

企业应根据自身的财务状况、筹资需求和市场环境，选择适合的筹资方式和渠道，综合考虑资金需求规模、期限和成本承受能力。

比如，一家处于快速扩张期的企业需要大量长期资金来购置固定资产，经过权衡，选择了用发行股票的方式筹资，避免了高额的债务负担。

（三）加强内部管理，提高资金使用效率

企业应优化资金配置，减少浪费，提升盈利能力，为筹资活动提供更好支持。通过财务管理优化、生产流程改进和产品质量提升等方式，增强企业内源融资能力。

例如，通过精细化的库存管理，减少库存积压，释放资金；通过优化生产流程，降低生产成本，提高资金的产出效益。

（四）建立风险预警机制

建立风险预警机制，实时监测和预警筹资过程中的潜在风险。设定关键风险指标（如资产负债率、流动比率、利息保障倍数），当指标超过预警值时，迅速采取措施调整。同时，制定应急预案以快速响应风险。比如，当企业的资产负债率接近警戒线时，立即采取措施削减债务，或者增加股权融资，调整资本结构。

中小企业应充分认识筹资过程中的各种风险，并采取有效的风险控制措施。通过筹资前的市场调研与风险评估、合理选择筹资方式与渠道、加强内部管理和提高资金使用效率，以及建立风险预警机制，企业可以保障筹资活动的顺利进行，为持续发展提供稳定的资金支持。

CHAPTER 03

第三章 预算管理系统构建与优化

引　言

在复杂多变的市场环境中，预算管理已超越传统的财务规划范畴，演变为企业战略落地的核心管理工具。本章将围绕预算管理系统构建与优化这一主题，深入解析预算管理如何与战略目标深度融合，并通过体系化、协同化、智能化的管理升级，助力企业实现资源高效配置、风险可控及价值持续增长。

第一节 预算管理概述与战略关联

在企业预算实操中，常现尴尬局面：年年编制预算，却新问题不断、老毛病难改，看似懂行，落实起来却状况百出。

“战略决定生存，执行决定利润”，全面预算实践要求企业突破单一财务视角，秉持战略、业务、财务、人力“四位一体、融合发展”的核心思想。这意味着需深度融合决策层的战略规划、经营部门的业务规划、财务部门的资源获取与配置，以及人力资源部门的业绩考核与评价，构建统一、有效的企业核心管理模式。

同时，企业应打造紧密相连、环环相扣的计划体系，强化不同层面管理者的战略思维与掌控能力，让管理者与员工深刻认识计划、控制和跟踪执行的重要性。明确预算与战略规划、业务活动、资源配置、执行分析、绩效管理的紧密联系，减少落地阻力，使全面预算切实发挥捍卫、提升和创造价值的核心作用，助力企业长期稳健发展。

一、预算管理的概念和理论基础

（一）预算管理的双重角色

1. 战略解码器

预算管理作为战略解码器，承担着将企业宏观的战略目标细化为具体可量化指标的关键职责。例如，若企业的战略目标是在未来两年内实现市场占有率提升 10%，那么通过预算管理，可以将这一目标进一步分解到各个业务部门、产品线甚至具体的时间节点上，明确每个环节需要达成的市场份额增长指标，从而确保战略目标能够切实落地，从抽象的概念转化为实际可执行的财务和非财务指标，为企业全体员工提供清晰的方向指引，使每个人都清楚自己的工作如何与企业的整体战略紧密相连，进而凝聚全体员工的力量朝着共同的战略目标迈进。

2. 资源导航仪

在资源分配方面，预算管理发挥着资源导航仪的作用。以某科技企业为例，该企业明确将 70% 的研发预算投向 AI 领域，这是因为其战略重点在于 AI 技术的研发与应用，这种倾斜式的资金分配，能够引导企业将有限的资源向战略关键点集中，确保在关键领域的投入力度，从而提升企业在 AI 领域的竞争力，推动企业战略目标的实现。这种资源分配方式不仅有助于企业在重点业务领域取得突破，还能避免资源的分散和浪费，提高资源利用效率，为企业的可持续发展奠定坚实基础。

（二）预算管理理论基础融合

预算管理相关理论可从多维度论述，交易成本理论和权变管理理论尤为关键。

1. 交易成本理论

在预算管理中，交易成本理论关注信息搜集成本、谈判成本、监控成本等。中小企业需优化信息搜集渠道、提升谈判效率、建立高效监控机制，以降低交易成本，提高预算管理效率。

信息化手段在预算管理中的应用，有效降低了预算编制过程中的沟通成本，优化了交易成本。以 ERP（企业资源计划）系统为例，通过集成企业的财务、采购、销售、生产等各个业务模块的数据，实现了信息的共享和实时传递。在预算编制过程中，各部门可以通过 ERP 快速获取所需的数据，节省了以往手工收集和传递数据的时间和精力，避免了因信息不对称导致的沟通不畅和决策失误。实践数据表明，ERP 能够减少跨部门协调时间达 30%，从而提高了预算编制的效率和准确性，使企业能够更加快速地制定出科学合理的预算方案，为企业的运营和管理提供有力支持，进一步提升了企业的整体运营效率和竞争力。

2. 权变管理理论

权变管理理论强调根据内外部环境变化调整管理策略。中小企业应紧密跟随市场环境、竞争对手动态及自身发展战略，灵活调整预算计划，确保预算管理的有效性和适应性。

权变管理理论在预算管理中的应用体现为企业根据自身规模和发展阶段动态选择合适的预算模型。对于初创企业而言，零基预算是一种较为理想的选择。零基预算要求企业在编制预算时，不考虑以往的预算水平，从零开始对每一项业务活动进行成本效益分析，从而确定资源的分配。这种预算模型有助于初创企业在资源有限的情况下，精准地将资源投入最具有潜力和价值的项目中，避免不必要的开支，提高资源利用效率，助力企业在创业初期快速成长。而对于成熟企业来说，滚动预算则更为适宜。滚动预算是一种动态的预算编制方法，企业根据市场环境、业务发展等情况，定期对预算进行滚动更新，通常以固定的时间跨度（如 12 个月）为周期，每过去一个月，就将预算向前滚动一个月，始终保持对未来 12 个月的预算规划。这种预算模型能够使成熟企业及时应对市场变化，保持预算的时效性和适应性，确保企业在稳定发展的基础上，能够灵活调整资源配置，抓住新的市场机遇，应对各种挑战，实现持续优化和提升。

二、预算管理与企业战略的关联

（一）中小企业预算管理的特征

中小企业预算管理的特征如表 3-1 所示。

表 3-1 中小企业预算管理的特征

特征	优势	挑战
灵活性	快速响应市场变化	易受短期波动影响
资源约束	倒逼精益管理	关键项目易资源不足

1. 灵活性

中小企业在预算管理方面具有较高的灵活性，这使得它们能够快速响应市场变化。由于中小企业规模相对较小，决策链条较短，能够迅速根据市场需求的变动调整预算安排。例如，当市场上出现新的产品需求或竞争对手推出新的营销策略时，中小企业可以迅速调整生产预算、营销预算等，及时推出新产品或调整营销活动，以适应市场变化，抓住市场机遇。然而，这种灵活性也带来了一定的挑战，即中小企业容易受短期市场波动的影响。由于其资源相对有限，市场的一时波动可能导致其预算执行出现较大偏差，甚至影响企业的正常运营。例如，原材料价格的突然上涨或市场需求的突然下降，都可能使中小企业的成本增加或收入减少，进而对预算的执行产生不利影响，需要企业具备较强的应变能力和风险管理能力。

2. 资源约束

资源约束是中小企业预算管理的另一个显著特征。一方面，资源的有限性倒逼中小企业进行精益管理，促使企业更加注重成本控制和资源利用效率的提升。在有限的资源条件下，中小企业必须精打细算，通过优化业务流程、提高生产效率、降低运营成本等方式，实现资源的最大化利用，以提高企业的竞争力和盈利能力。例如，企业可以通过优化采购流程降低采购成本，通过改进生产工艺提高生产效率，从而在有限的资源投入下，实现更高的产出和效益。另一方面，资源约束也导致中小企业在关键项目上容易出现资源不足的情况。由于资金、人力等资源有限，中小企业可能无法同时支持多个关键项目的发展，需要在项目之间进行权衡和取舍。这就要求中小企业在预算管理中，必须精准地识别和选择对企业战略发展最为关键的项目，优先保障其资源需求，确保关键项目的顺利实施，从而推动企业的核心业务发展和战略目标实现。

（二）中小企业预算管理的挑战

1. 预算意识薄弱

在中小企业中，员工可能对预算管理的认知和培训不足，致使预算管理难以切实有效地推行。员工或许未充分理解预算的重要意义，抑或不知如何在实际工作中遵循和运用预算。

2. 数据质量欠佳

由于资源有限，中小企业可能在收集和分析数据方面能力欠缺，致使预算编制所依赖的基础数据不准确或残缺不全。这必然会对预算的精准度和有效性产生不利影响。

3. 预算执行分离

在中小企业内，预算的制定和执行常常由不同的人员或部门负责，这极易引发预算与执行之间的脱节。预算制定者可能对实际执行状况缺乏了解，而执行者可能对预算的约束条件和具体要求模糊不清。

4. 资金流动性困境

中小企业通常面临更为严峻的资金流动性挑战。它们可能缺乏充足的现金储备来应对突发的大额支出或收入骤降，这无疑给预算管理增添了巨大的难度。

5. 外部变化应对艰难

由于市场环境瞬息万变，中小企业可能难以精确预测未来的收入和支出情况。这使得预算管理的复杂度和不确定性大幅增加。

6. 技术支持匮乏

中小企业可能缺少先进的预算管理软件和专业的技术支持，导致预算管理效率低下。依靠手动处理预算数据不仅耗时费力，还容易出现差错。

中小企业预算管理有灵活性、简洁性等特点，但也面临诸多挑战，需采取针对性举措提升管理的有效性与效率。

（三）中小企业预算管理痛点突破

1. 典型问题

中小企业在预算管理过程中面临着一系列痛点问题，其中数据质量差和执行脱节是比较突出的典型问题。调查数据显示，有 56% 的企业仍采用手工处理数据的方式，这种方式不仅效率低下，而且容易出现数据错误和遗漏，导致预算编制和执行缺乏准确的数据支持。例如，在手工记录销售数据时，可能会出现数据录入错误或不及时的情况，从而影响销售预算的准确性，进而影响企业的生产计划、采购计划等。此外，执行脱节也是中小企业常见的问题之一，以市场部为例，其预算达成率仅为 63%，这意味着市场部在执行预算过程中存在较大的偏差，可能由于市场活动策划与预算安排不匹配、市场环境变化应对不及时等原因，导致市场推广活动的效果未达到预期，影响企业的市场拓展和销售业绩。

2. 破局路径

（1）建立轻量化数据中台。为解决数据质量差的问题，中小企业可以建立轻量化数据中台。通过接入 ERP、CRM（客户关系管理）等系统，实现数据的自动化采集和整合。数据中台能够将企业内部各个业务系统的数据进行集中存储和管理，打破数据孤岛，确保数据的一致性和准确性。例如，通过数据中台，企业可以实时获取销售数据、生产数据、客户数据等，并进行数据分析和挖掘，为预算编制提供准确的数据支持。同时，轻量化数据中台的建设成本相对较低，适合中小企业的资金实力，能够在不增加过多负担的情况下，有效提升企业的数据管理水平和预算编制质量。

（2）实施“红黄绿灯”预警机制。针对预算执行脱节的问题，实施“红黄绿灯”预警机制是一种有效的解决方法。该机制设定预算执行偏差的阈值，当偏差超过 10% 时自动触发预警。例如，当某项费用的支出超出预算的 10% 时，系统会自动亮起红灯，提醒相关部门和人员及时关注并采取措施进行调整。这种预警机制能够实时监控预算执行情况，及时发现预算执行过程中的问题，避免预算执行偏差的进一步扩大，确保预算执行的准确性和有效性。同时，“红黄绿灯”预警机制还能够提高企业的决策效率。当出现预警时，企业管理层可以迅速了解情况并做出决策，及时调整资源配置或采取其他应对措施，保障企业的正常运营和战略目标的实现。

（3）开展预算沙盘推演。预算沙盘推演是另一种帮助中小企业突破预算管理痛点的有效方法。通过模拟市场突变场景，企业可以提前制定应对策略，提高对市场变化的适应能力和预算的灵活性。在沙盘推演过程中，企业可以设定各种可能的市场情景，如市场需求突然下降、原材料价格大幅上涨、竞争对手推出新产品等，然后根据不同的场景，模拟预算的执行情况和企业的应对措施。例如，在模拟市场需求下降的场景时，企业可以分析在这种情况下，销售预算、生产预算、成本预算等将受到怎样的影响，进而探讨如何通过调整产品价格、优化生产流程、降低运营成本等方式来应对市场变化，确保企业的预算目标仍然能够实现或尽量减少损失。通过预算沙盘推演，企业能够提前发现潜在的风险和问题，优化预算方案，提高预算的科学性和实用性，增强企业在复杂多变的市场环境中的生存能力和竞争力。

第二节　预算管理体系的构建

一、预算管理体系概述与特点

（一）预算管理的定义与核心目的

1. 预算管理的定义

预算管理是以企业经营目标为核心，通过预测、规划、执行、监控和调整等活动，对企业内部资源（如资金、人力）进行优化配置，全面反映未来一定期间经营成果的重要管理手段。它不仅关注收支平衡，还涉及资产和负债管理，本质是实现企业战略与财务目标的战略工具。

2. 预算管理的核心目的

企业战略引领发展方向，预算管理则将其细化为具体、可量化的财务与非财务指标，贯穿各部门与业务环节，确保日常活动紧密围绕整体战略。这为企业战略落地提供了明确路径和衡量标准，保障了战略目标的逐步实现。预算管理还合理确定项目实施方案，基于经营与战略目标科学测算经营效果，全面掌握企业运营状况。

细化战略目标：将企业战略细化为具体可量化的财务与非财务指标，贯穿各部门业务，通过事前预测、事中控制、事后考核，保障战略目标实现。

合理确定项目实施方案：从经营和战略目标出发，科学测算经营效果，全面掌握企业经营情况。

量化目标：实施定性与定量相结合的考核机制，调动各部门和全员的参与性，促进各机制的有效运行。

转变管理模式：推动企业从粗放型向集约型管理转变，实现精细化管理。

优化资源配置：在资源有限的情况下，科学分配资源到关键项目和部门，提高使用效率，避免浪费。

提高经营效率：预算管理不仅仅是制订计划和设定目标，更重要的是对经营过程的持续监控和评估。通过持续监控和评估经营过程，及时发现并解决问题，完善内部管理流程，提升运营效率。

降低风险：在充满不确定性的市场环境中，企业面临着诸多潜在风险。预算管理通过对未来的深入分析和预测，提前识别风险因素并量化评估，制定应对策略，降低风险影响。

（二）预算管理体系的关键组成要素

1. 预算主体的职责划分

（1）企业高层管理者。高层管理者作为战略决策者，制定预算总体方针政策，审批预算方案并监督考核。利用经验和市场洞察力，他们确保预算与短期目标和长期战略相一致。通过持续监督，他们迅速识别并纠正偏差，确保预算管理有效，战略目标得以实现。

（2）财务部门。财务部门是预算管理的核心推动者，负责从编制到执行监控、分析调整和报告的全过程。在编制阶段，财务部门整合分析数据，制定科学、可操作的预算方案。执行阶段，利用分析工具实时跟踪预算，提供精确报告和建议。同时，协调解决部门间矛盾，确保预算顺利执行。评估阶段，总结经验，提出改进建议，为未来预算编制提供数据支持。

（3）各业务部门。各业务部门作为预算管理的重要参与者和执行者，负责制订和实施部门预算计划。他们利用对业务的深入了解提供准确的预算信息，并参与预算方案的制定与优化。执行阶段，业务部门将预算目标融入日常运营，确保活动符合预算标准。同时，与财务部门合作，提供业务数据和反馈，共同提升预算管理的效率和效果。

2. 预算流程的关键节点

（1）预算编制。预算编制是预算管理的核心，它要求综合历史数据、市场趋势和企业战略来制定方案。这一过程包括深入分析历史数据以揭示经营规律，关注市场动态以增强预算的前瞻性，以及将战略目标细化为具体的预算指标和行动计划，确保预算与企业长期发展目标一致，为企业战略实施提供支持。

（2）预算审批。预算审批是确保预算方案合法、合理、有效的关键步骤。管理层或董事会需全面评估预算的合理性、完整性、依据可靠性及风险评估的充分性。严格审批的预算方案保障了预算管理的权威性，防止随意性，确保企业资源的合理配置和有效利用。

（3）预算执行。预算执行是预算管理中的核心，要求各部门遵循预算框架开展活动并建立内控机制以确保合规性。明确职责、规范流程和严格审批是关键，同时，部门间需加强沟通协作，及时解决执行中的问题，共同推动预算目标的实现。

（4）预算监控。预算监控是实时跟踪和分析预算执行的关键过程，确保及时发现并调整偏差。高效监控体系能迅速识别执行与目标的差异，对重大偏差采取纠正措施，保持预算执行的正确性。监控的频率和深度应根据企业情况合理设置，以确保有效性并避免资源浪费。

（5）预算评估与反馈。预算评估是预算周期结束后的关键环节，涉及对执行结果的全面分析，以总结经验并为未来预算提供改进建议。通过比较实际执行与预算目标，评估效果，提炼长处与不足。评估结果需及时反馈，以优化下一轮预算编制，形成管理闭环，持续提升预算管理效能。

3. 预算制度的保障作用

完善的预算管理制度明确了基本原则、流程规范、职责分工和奖惩机制，为预算管理提供操作指南和行为准则，提高了管理效率和质量，促进了部门的沟通协作，避免职责不清。此外，预算管理制度还建立了科学合理的奖惩机制，充分调动了各部门和员工参与预算管理的积极性和主动性，提高了预算执行的效果和质量。

（三）四维架构模型

四维架构模型如图 3–1 所示。

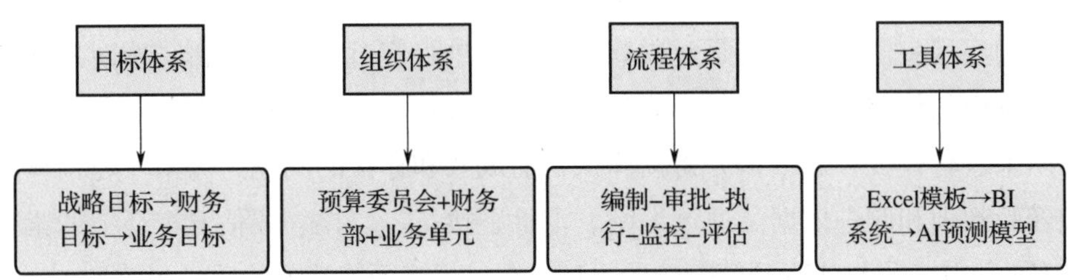

图 3–1　四维架构模型

1. 目标体系

目标体系是预算管理体系构建的基础，它明确了预算管理的方向和重点。从战略目标到财务目标再到业务目标，形成了一条清晰的目标链条。战略目标是企业长期发展的总体目标，如市场占有率提升、品牌建设等，它为企业的发展提供了宏观指引。财务目标则是战略目标在财务方面的具体体现，如营业收入增长、利润提升、成本控制等，通过财务指标的设定，将战略目标量化为可衡量的财务数据。业务目标则是各部门、各业务单元根据财务目标进一步细化的目标，如销售部门的销售目标、生产部门的生产目标等，它将财务目标落实到具体的业务活动中，确保每个环节都有明确的目标和任务，从而实现企业整体战略目标的达成。

2. 组织体系

组织体系为预算管理体系的运行提供了组织保障。预算委员会作为预算管理的最高决策机构，负责制定预算政策、审批预算方案、协调解决预算执行中的重大问题等，确保预算管理工作的顺利开展。财务部作为预算管理的专业部门，负责预算的编制、汇总、分析、监控等具体工作，为预算委员会提供专业的财务支持和决策依据。业务单元则是预算执行的主体，根据预算目标制订本部门的预算计划，并负责预算的执行和控制，同时及时向财务部反馈预算执行情况，形成有效的沟通和协作机制。通过预算委员会、财务部和业务单元的协同工作，能够确保预算管理体系的有效运行，实现预算目标的达成。

3. 流程体系

流程体系是预算管理体系的核心，它规范了预算管理的各个环节，确保预算工作的有序进行。编制环节是预算管理的起点，各部门根据战略目标和业务计划，编制本部门的预算草案，包括收入预算、成本预算、费用预算等。审批环节则是对预算草案进行审核和批准的过程，通常由财务部对各部门的预算草案进行初步审核，然后提交预算委员会进行最终审批，确保预算的合理性和可行性。执行环节是预算管理的关键，各部门按照批准的预算方案组织实施，严格控制预算的执行，确保预算目标的实现。监控环节则是对预算执行情况进行实时监控和分析，及时发现预算执行过程中的偏差和问题，并采取相应的措施进行调整和纠正。评估环节是对预算执行结果进行评价和总结，分析预算执行的成效和存在的问题，为下一轮预算编制提供经验教训和改进依据。通过编制、审批、执行、监控、评估五个环节的紧密衔接和有效运作，能够实现预算管理的闭环控制，提高预算管理的质量和效果。

4. 工具体系

工具体系为预算管理体系的实施提供了技术支持。Excel 模板是一种简单实用的预算工具，适用于预算编制的基础数据整理和初步分析，通过 Excel 模板可以方便地进行数据的录入、计算、汇总和图表展示，提高预算编制的效率和准确性。BI（商业智能）系统则是一种更高级的预算管理工具，它能够对企业内部的各种数据进行深度挖掘和分析，提供丰富的报表和可视化图表，帮助企业管理层及时了解预算执行情况和企业运营状况，为决策提供有力支持。AI 预测模型则是利用人工智能技术，通过对历史数据和市场趋势的分析，对企业未来的业务数据进行预测，为预算编制提供科学的依据，提高预算的准确性和前瞻性。合理选择和应用这些工具，能够有效提升预算管理体系的信息化水平和智能化程度，提高预算管理的效率和质量。

二、预算编制基础与原则

（一）预算编制的基本原则与规范流程

1. 预算编制的基本原则

科学性原则：预算编制应基于科学的方法和合理的假设，通过充分的市场调研、历史数据分析及未来趋势预测，确保预算目标的可实现性和预算数据的准确性。这要求企业在编制预算时充分考虑市场变化、企业实际情况及未来发展趋势，运用定量分析与定性分析相结合的方法，制定科学合理的预算方案。

全面性原则：预算编制应涵盖企业所有经济活动和财务收支，确保无遗漏、无重复，全面反映企业的经营状况和财务成果。

透明性原则：预算编制过程应公开透明，确保各部门和员工充分参与，理解预算目标和计划，增强预算执行的责任感和积极性。

灵活性原则：预算编制应具有一定的灵活性，以适应市场变化和企业内外部环境的不确定性，确保预算管理的有效性和适应性。

2. 预算编制的规范流程

准备阶段：明确预算编制的目的、范围和时间表，收集相关资料和数据，组织预算编制团队进行培训和沟通。

分析预测阶段：对历史数据进行深入分析，结合市场趋势和企业战略，预测未来经营成果和财务状况。

编制草案阶段：根据预测结果，制定预算编制草案，明确各项预算指标和计划。

审核调整阶段：组织相关部门和人员对预算编制草案进行审核，提出修改意见并进行调整。

（二）常用预算编制的方法比较

1. 零基预算（Zero-Based Budgeting，ZBB）

适用场景：适用于企业面临重大结构调整、战略转型，如新管理层上任、业务模式变革、成本结构优化，或需清理不必要支出的情况。

优势：不受过去的预算限制，能全面评估支出合理性，有效揭示和消除浪费，确保资金支持战略目标与运营效率提升。

局限性：编制过程复杂、耗时，需大量数据分析与跨部门沟通，不适用于需快速决策的场景。

应用价值：使预算契合当前业务与战略需求，提高资金使用效率。

2. 增量预算（Incremental Budgeting）

适用场景：适合业务和市场环境相对稳定，且预算周期与会计周期匹配的企业。

优势：基于前期预算调整，简单易行，节省时间与减少工作量。

局限性：易延续低效或无效支出，难以适应快速变化的市场环境。

应用价值：为预算稳定企业提供快速简便的编制方法，维护运营连续性与稳定性。

3. 滚动预算（Rolling Budget）

适用场景：适用于需持续监控和预测未来业务表现，市场环境变化快速、需灵活应对不确定性的企业。

优势：灵活性和动态性强，可依据最新数据和信息不断更新预算，适应市场变化。

局限性：需持续监控调整，增加管理复杂性与工作量，可能需要更多资源和时间维护。

应用价值：助力企业应对市场变化，提高预算管理的灵活性与适应性，促进内部沟通协作，提升预算管理效率和效果。

（三）预算编制的数据来源与收集途径

预算编制是一个复杂而细致的过程，其准确性和可靠性很大程度上依赖于所收集数据的全面性和精确性。数据来源主要分为内部数据和外部市场数据两大类，以下将详细阐述这两类数据的挖掘、整合与获取途径。

1. 内部数据的挖掘与整合

财务数据：包括历史财务报表、会计记录、收入预测、成本分析等资料，是预算编制的基础数据。反映企业的财务状况和经营成果。

运营数据：如生产记录、销售数据、库存状况等，反映企业的日常经营活动的实际情况。

人力资源数据：包括员工薪酬、培训费用、招聘成本等，是预算编制中不可忽视的一部分，反映企业在人力资源方面的投入和产出情况。

整合途径：利用 ERP、财务软件等信息化工具，实现内部数据的自动化收集和整合，提高数据处理的效率和准确性。

2. 外部市场数据的获取与筛选

行业报告：通过行业协会、研究机构等渠道获取行业发展趋势、市场规模、竞争对手信息等，了解行业动态、竞争态势和市场趋势。

市场调研：通过问卷调查、访谈等方式收集目标客户群体、竞争对手和潜在市场机会的需求、偏好等信息。

公开数据：利用政府统计数据、证券交易所公告等公开渠道获取宏观经济指标、行业平均水平和市场基准数据。关注国家统计局、央行等官方机构发布的宏观经济指标，了解整体经济环境的变化趋势。

筛选途径：建立数据筛选机制，确保外部数据的真实性、可靠性和相关性。通过数据清洗、去重、分类等步骤，提高数据的质量和可用性，结合企业实际情况进行筛选和加工，确保预算编制的科学性和合理性。同时，运用数据分析工具和技术手段，对外部数据进行深入挖掘和分析，为企业预算编制提供有力支持。

三、预算内容设计与规划

（一）经营预算

1. 销售预算的精细化制定

销售预算作为经营预算的起点，其精细化程度直接影响企业的整体经营规划和资源配置。在制定销售预算时，市场细分是关键的第一步。通过深入分析市场，将其划分为不同的细分领域，企业能够精准地识别出具有特定需求和消费行为的目标客户群体。这不仅有助于了解各细分市场的潜在规模和增长趋势，还能洞察其竞争的激烈程度和独特的市场机会。基于这样细致的市场洞察，企业可以结合自身的长期发展愿景和短期经营目标，设定明确且具体的销售目标。这些目标涵盖了销售额、销售量以及在特定市场中所占的份额等关键指标。

在确定销售目标后，销售策略的精心规划成为实现销售预算的重要保障。产品定价策略需要综合考虑成本、市场需求、竞争对手价格以及消费者的价格敏感度等因素，以确保产品在市场中具有竞争力的同时实现企业的盈利目标。促销活动的策划则要根据产品特点、目标客户群体和市场时机来选择合适的方式和力度，如打折、赠品、满减等，以刺激销售增长。销售渠道的选择和拓展决定了产品能够触及消费者的范围和便捷程度，包括线上电商平台、线下实体店、经销商网络等，企业需要根据产品特性和目标市场来优化渠道组合。此外，客户关系管理策略的有效实施能够提高客户满意度和忠诚度，促进重复购买和口碑传播，进而对销售业绩产生积极影响。

2. 市场细分与销售目标设定

市场细分是企业深入了解市场结构和客户需求多样性的重要手段。通过将市场按照地理、人口、心理、行为等因素进行划分，企业能够发现不同客户群体之间的差异和相似之处，从而为每个细分市场制定个性化的营销策略。销售目标的设定并非一蹴而就，而是需要综合考量市场的潜在规模和增长机会，以及企业自身的生产能力、销售团队实力和市场占有率等内部因素。一个既具有挑战性又切实可行的销售目标能够激发团队的积极性和创造力，同时也为企业的资源配置和战略决策提供明确的方向。

为了确保销售目标的合理性和有效性，企业需要建立定期评估机制。市场环境是动态变化的，消费者需求、竞争对手策略、宏观经济状况等因素都可能对市场产生影响。通过持续监测市场变化和销售业绩，企业能够及时发现销售目标与实际市场表现之间的偏差，并据此进行灵活调整。这种调整不仅有助于保持销售预算的适应性和准确性，还能使企业在不断变化的市场环境中始终保持竞争优势。

3. 销售策略对预算的影响

销售策略的选择和实施对企业的预算产生直接而深远的影响。例如，采用促销策略可以在短期内迅速扩大市场份额、刺激销售增长，但这往往需要投入大量的销售费用，包括广告宣传、促销活动成本等，从而显著增加销售费用预算。多渠道销售策略虽然能够拓宽产品的市场覆盖面和客户接触点，但同时也会带来更高的渠道建设和维护成本，包括建立新的销售渠道、与合作伙伴的合作费用以及渠道管理成本等。

因此，在制定销售策略时，企业必须充分考虑其对预算的潜在影响。这需要进行全面的成本效益分析，权衡销售策略带来的潜在收益与所需的预算投入。同时，企业还需要结合自身的财务状况和风险承受能力，确保所选择的销售策略在推动销售增长的同时不会给企业带来过大的财务压力。通过这种综合考量，企业能够制定出与预算相匹配的销售策略，实现销售目标与财务资源的有效平衡。

4. 生产预算的合理性规划

生产预算的制定紧密依赖于销售预算，其核心目标是确保产品的供应能够精准地满足市场的需求波动。在规划生产预算时，产能评估是至关重要的环节。这需要全面考虑生产设备的性能和使用年限、操作人员的技能水平和数量以及当前的生产效率等多方面因素。通过准确评估现有产能，企业能够判断是否需要进行设备升级、人员培训或扩充，以确保生产能力与预期的市场需求相匹配。

生产计划的制订则需要综合考虑销售预测和库存水平。销售预测为生产提供了数量上的指导，而库存水平则反映了当前产品的储备状况。生产计划应当在满足销售需求的前提下，尽量减少库存积压，降低库存成本。这意味着生产计划需要具备高度的灵活性和及时性，能够根据市场需求的变化迅速调整生产进度和产量。

原材料供应与生产进度的协调是生产预算中的另一个关键环节。原材料的充足且及时供应是生产顺利进行的保障，否则可能导致生产中断、延迟交付产品，进而影响客户满意度和企业声誉。因此，企业需要与供应商建立稳定的合作关系，确保原材料的质量、数量和交付时间能够满足生产的需求。此外，通过有效的供应链管理和库存控制，企业能够在降低原材料库存成本的同时，确保生产过程不受原材料短缺的影响。

5. 成本费用预算的全面把控

成本费用预算是企业经营预算的重要组成部分，涵盖了直接成本和间接成本的细致分类和规划。直接成本，如原材料采购成本和直接人工成本，直接与产品的生产过程相关，其预算编制通常基于生产计划和单位成本标准进行精确计算。间接成本，包括管理费用、销售费用等，虽然不直接与产品生产挂钩，但对企业的整体运营和盈利能力同样具有重要影响。这些间接成本需要根据历史数据、业务规模和预期的经营活动进行合理分摊和预估。

成本控制措施与预算编制紧密相关，是确保成本费用在预算范围内得到有效管理的关键。首先，企业需要设定明确的成本预算目标，将总体成本控制目标分解到各个部门和业务环节，形成具体、可衡量的成本控制指标。其次，通过实施一系列成本控制策略，如优化采购流程、提高生产效率、精简管理架构等，降低成本支出。同时，定期对成本绩效进行评估和分析，对比实际成本与预算成本的差异，找出成本超支的原因，并及时采取纠正措施，以确保成本费用始终处于可控状态。

（二）资本预算

1. 投资项目评估的关键指标与方法

在资本预算中，对投资项目进行全面且准确的评估是至关重要的决策依据。净现值和内部收益率作为关键评估指标，充分考虑了资金的时间价值，为判断项目的盈利能力和投资价值提供了有力的量化工具。

净现值通过将项目未来的现金流入和流出按照一定的贴现率折算为现值，并计算其差值来评估项目的价值。如果净现值为正，表明项目预期能够为企业创造价值；反之，如果净现值为负，则可能意味着项目不具备经济可行性。内部收益率则是使项目净现值等于零时的贴现率，反映了项目本身的投资回报率。当内部收益率高于企业的预期回报率时，项目通常被认为是值得投资的。

除了净现值和内部收益率，投资回收期和投资报酬率等指标也为项目评估提供了补充视角。投资回收期衡量了收回初始投资所需的时间，较短的投资回收期通常更受青睐，因为它意味着企业能够更快地回收资金并降低风险。投资报酬率则反映了投资收益与投资成本之间的比率，帮助企业比较不同项目的相对盈利能力。

在评估投资项目时，综合运用这些指标能够更全面地了解项目的经济特征和风险状况。同时，结合定性分析，如市场前景、技术可行性、管理团队能力等因素，能够为投资决策提供更加可靠的依据。

2. 风险评估与敏感性分析

在资本预算的过程中，风险评估是不可或缺的环节。这包括识别可能影响投资项目成功实施的内外部因素，如市场需求波动、竞争加剧、政策法规变化、技术创新风险等。对于这些风险因素，企业需要制定相应的应对策略，如预留风险准备金、签订保险合同、建立灵活的生产和营销策略等，以降低风险事件对项目的负面影响。

敏感性分析是评估投资项目风险的重要工具之一。它通过分析关键变量（如销售价格、销售量、成本、投资规模等）的变化对项目经济效果（如净现值、内部收益率等）的影响程度，帮助企业了解项目的敏感性和稳定性。如果某个变量的微小变化就能导致项目经济效果发生显著变化，说明项目对该变量较为敏感，企业在决策时需要特别关注该变量的预测准确性，并采取相应的风险管理措施。

通过风险评估和敏感性分析，企业能够更加清晰地认识投资项目所面临的风险和不确定性，从而做出更加明智和稳健的投资决策，提高资本预算的质量和可靠性。

3. 资金筹措计划的制定策略

资金筹措计划是资本预算的重要组成部分，直接关系到投资项目的资金保障和实施进度。在制订资金筹措计划时，企业需要首先明确投资项目的资金需求规模和时间节点。这包括项目建设期间的初始投资、运营期间的流动资金需求以及可能的后续追加投资等。

内部融资是企业利用自有资金满足投资需求的一种方式，主要来源包括留存收益、折旧和资产处置等。内部融资具有成本低、风险小的优点，但往往难以满足大规模投资项目的全部资金需求。因此，企业通常还需要考虑外部融资渠道。

外部融资方式多种多样，包括银行贷款、发行债券、股票融资等。银行贷款是常见的外部融资方式之一，其优点是手续相对简便、资金到位较快，但需要承担利息支出和还款压力。发行债券可以为企业筹集大规模的长期资金，但对企业的信用评级和偿债能力要求较高。股票融资则能够为企业带来永久性资本，但可能会稀释原有股东的控制权。

在选择外部融资渠道时，企业需要综合考虑市场条件、资金成本、融资期限、还款方式以及对企业控制权的影响等因素。例如，在市场利率较低时，发行债券可能是较为有利的选择；而对于成长型企业，股票融资可能更有助于满足长期资金需求并提升企业的市场形象。通过合理规划内部融资和外部融资的比例和时间安排，企业能够确保投资项目的资金需求得到及时、足额的满足，同时降低融资成本和财务风险。

4. 资金结构优化与风险平衡

资金结构优化是企业在进行资本预算时需要重点考虑的问题之一，旨在实现降低融资成本和提高资金使用效率的双重目标。合理的资金结构意味着在债务融资和股权融资之间找到恰当的平衡，既要充分利用债务融资的杠杆效应，又要避免过高的债务水平导致的财务风险。

债务融资通常具有固定的利息支出和还款期限，能够在一定程度上发挥财务杠杆的作用，提高股东权益回报率。然而，过高的债务比例会增加企业的偿债压力和破产风险，尤其是在经济环境不利或经营业绩下滑时。股权融资则不存在固定的还款义务，不会增加企业的财务风险，但可能会稀释原有股东的控制权和权益回报率。

因此，企业需要根据自身的经营状况、盈利能力、现金流状况以及市场环境等因素，综合确定债务融资和股权融资的最优比例。在经济繁荣期，企业可能会适当增加债务融资以提高资金使用效率；而在经济衰退期或行业不确定性较高时，则应倾向于股权融资以降低财务风险。

同时，企业还需要关注财务风险与经营风险的平衡。经营风险主要来源于市场竞争、产品需求变化、原材料价格波动等经营活动中的不确定性因素。如果企业的经营风险较高，应相应降低财务风险，即减少债务融资；反之，如果经营风险较低，企业可以适度增加债务融资以提高资金杠杆效应。通过合理调整资金结构，企业能够在降低融资成本、提高资金使用效率的同时，保持稳健的财务状况和灵活的应对能力，实现可持续发展。

（三）财务预算

1. 利润预算的精准预测

利润预算作为企业财务预算的核心内容之一，旨在准确预测未来一定期间内的净利润水平，为企业的经营决策和资源配置提供重要依据。其精准预测需要综合考虑多种内外部因素的交互影响。

市场变化是影响利润预算的关键外部因素之一。市场需求的波动、竞争态势的演变、行业政策的调整等都可能直接影响企业的销售收入和市场份额，进而对利润产生重大影响。因此，企业需要密切关注市场动态，进行深入的市场调研和分析，以便准确预测产品或服务的销售情况。

销售策略的制定和执行也对利润预算产生显著影响。例如，产品定价策略、促销活动的安排、销售渠道的拓展与优化等都直接关系到销售收入的实现和销售成本的支出。同时，成本控制措施的有效性是确保利润预算准确性的重要内部因素。企业需要在采购、生产、运营等各个环节加强成本管理，通过优化生产工艺、提高劳动生产率、降低采购成本等方式，实现成本的有效控制。

2. 收入与成本费用的综合考量

利润预算的编制离不开对收入和成本费用的全面且深入的综合考量。在收入预测方面，企业需要结合销售预算和对市场趋势的分析，充分考虑产品或服务的市场需求、价格弹性、销售渠道的拓展以及竞争对手的动态等因素。对于具有多种产品或服务的企业，还需要分别预测不同产品线或业务板块的收入情况，以确保收入预测的准确性和完整性。

成本费用预算的编制则需要涵盖企业运营的各个方面，包括直接成本和间接成本。直接成本如原材料采购成本、直接人工成本等，其预算编制通常基于生产计划、采购合同以及劳动力市场状况等因素进行。间接成本如管理费用、销售费用、研发费用等，需要根据企业的经营规模、组织结构、业务活动以及历史数据进行合理分摊和预测。

通过对收入和成本费用的细致预测和综合分析，企业能够清晰地了解各项业务活动对利润的贡献和影响，为制定合理的利润预算提供坚实的基础。

3. 利润增长点的分析与预算体现

在竞争激烈的市场环境中，企业需要不断寻找和挖掘新的利润增长点，以实现持续的盈利增长和价值创造。通过对市场趋势的前瞻性研究和对企业内部优势的深入挖掘，企业能够识别出潜在的利润增长点。

新产品的开发是常见的利润增长点之一。企业投入资源进行新产品的研发和推广，满足市场的新需求或创造新的消费需求，从而带来新的销售收入和利润来源。市场拓展也是一个重要的利润增长途径，包括进入新的地理区域、开拓新的客户群体或拓展现有客户的购买份额。通过有效的市场拓展策略，企业能够扩大市场覆盖面，提高产品或服务的销售量和市场占有率。

成本控制优化同样可以成为利润增长点。通过改进生产工艺、提高供应链效率、降低管理费用等措施，企业能够在不增加收入的情况下提高利润水平。此外，优化业务流程、提高资产利用效率等也能够为企业带来额外的利润贡献。

在编制利润预算时，企业需要将这些利润增长点明确地纳入预算体系。为新产品开发、市场拓展、成本控制优化等活动分配相应的资源，并预测其可能带来的收入增长和成本节约。同时，建立相应的绩效评估机制，对利润增长点的实现情况进行跟踪和评估，及时调整预算和经营策略，以确保企业能够充分实现潜在的利润增长机会。

4. 现金流量预算的重要性与编制要点

现金流量预算在企业财务管理中具有至关重要的地位，它直接关系到企业的资金流动性和财务稳定性。准确预测企业未来一定期间的现金流入和流出情况，有助于企业合理安排资金使用，避免出现资金短缺或闲置的情况，从而确保企业的正常运营和发展。

在编制现金流量预算时，准确预测现金流入流出量是首要任务。对于现金流入，企业需要根据销售合同、收款政策以及市场需求等因素，预测销售收入、投资收益、借款等来源的现金流入时间和金额。对于现金流出，企业要基于采购合同、工资支付计划、投资计划以及债务偿还安排等，预估原材料采购、人工成本、固定资产投资、利息支付等方面的现金流出规模和时间。

合理安排现金收支时间也是编制现金流量预算的关键要点之一。企业需要根据业务活动的季节性、周期性特点以及资金的需求紧急程度，优化现金收支的时间安排。例如，在销售旺季来临前提前安排资金用于生产和库存准备，在资金相对充裕时提前偿还债务以降低利息支出等。

保持足够的现金储备是应对突发事件和不确定性的重要保障。企业需要预留一定比例的现金作为应急资金，以应对市场突变、客户违约、自然灾害等不可预见的情况。同时，企业还应当制定相应的应急预案，明确在现金短缺时的融资渠道和资金筹集方式，以及在现金盈余时的投资策略和资金运用方案。

现金流量预算需要对企业的经营活动、投资活动和筹资活动的现金流进行分别规划和综合考虑，以全面反映企业的资金流动状况和财务健康程度。

经营活动现金流是企业日常运营产生的现金流入和流出，是企业现金流量的主要来源。现金流入主要包括销售商品或提供服务收到的现金、税费返还等；现金流出主要包括购买原材料、支付职工薪酬、支付税费等。通过对经营活动现金流的规划，企业能够评估其主营业务的盈利能力和资金自给能力，预测日常运营所需的资金规模，并合理安排资金收付时间，以确保经营活动的顺畅进行。

投资活动现金流涉及企业长期资产的购置和处置，如固定资产投资、无形资产投资、长期股权投资等。现金流入通常来自资产处置的收益、投资分红等；现金流出则包括购置资产的支出、投资支付的现金等。对投资活动现金流的规划有助于企业评估投资项目的资金需求和回报情况，合理安排投资进度和资金投放，以实现资产的优化配置和企业价值的增长。

筹资活动现金流关注企业资金的筹措和偿还，包括银行借款、发行债券、股票融资、偿还债务、支付利息和股利等。现金流入主要来自借款和股权融资；现金流出主要是债务偿还、利息和股利支付。通过对筹资活动现金流的规划，企业能够确定合理的融资规模和融资结构，降低融资成本，控制财务风险，并确保企业有足够的资金支持经营和投资活动。

通过对经营活动、投资活动和筹资活动现金流的综合规划和协调管理，企业能够实现资金的合理配置和有效运用，提高资金使用效率，保障企业的财务稳健和可持续发展。

5. 现金盈余与短缺的应对策略

针对现金盈余与短缺的不同情况，企业需要制定相应的应对策略。当出现现金盈余时，可以考虑进行投资活动或者偿还债务，以降低资金成本；当面临现金短缺时，则需要通过融资、调整经营策略或者优化成本结构等方式来筹集资金，以满足企业的运营需求。

6. 资产负债表预算的平衡原理与编制技巧

资产负债表预算能够反映企业在预算期末的财务状况，包括资产、负债和所有者权益的预算安排。编制资产负债表预算需遵循会计恒等式（资产 = 负债 + 所有者权益），确保各项预算数据之间的逻辑关系正确无误。编制的技巧包括合理地预测资产和负债的变化趋势、密切关注资产的质量和负债的结构、保证预算数据与实际情况高度相符等。

通过对利润预算、现金流量预算和资产负债表预算的综合分析，将预算数据与实际数据进行对比，可以对企业的财务健康状况进行评估。这包括盈利能力分析（如利润率、净资产收益率等指标）、偿债能力分析（如流动比率、速动比率等指标）

和运营效率分析（如存货周转率、应收账款周转率等指标）。重点关注关键财务指标，如流动比率、速动比率、资产负债率等的变化情况，及时发觉潜在的风险和问题，并采取相应的措施进行改进和优化。通过预算评估，企业可以及时发现潜在的财务问题并采取相应措施加以解决。

（四）企业不同生命周期的预算管理重点

企业在不同的发展阶段会有不同的战略管理重点，因此预算管理模式需要与企业的生命周期相匹配。搭建预算体系是一个庞大的系统工程，不同的企业在预算编制上有不同的侧重点，处于不同生命周期的企业，在预算编制上的侧重点也各不相同，如图 3–2 所示。

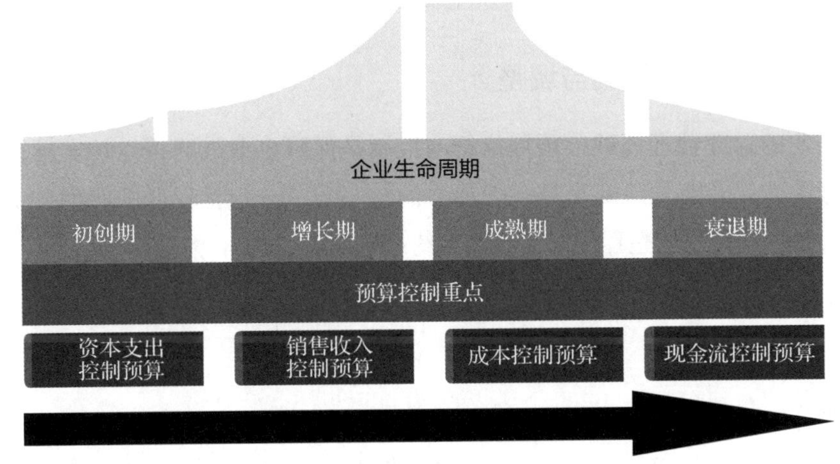

图 3–2　企业生命周期与预算控制重点

1. 企业初创期的预算管理模式

企业在初创期的经营风险和投资风险很高，因此以资本投入为中心的资本预算是该阶段的主要预算管理模式。此阶段企业做预算的过程中，各个部门要详细计算出企业要投入多少土地、厂房、生产线、研发人员等。

2. 企业增长期的预算管理模式

企业在增长期的经营风险和投资风险仍然很大，市场迅速扩张，因此以销售为中心的预算是该阶段的主要预算管理模式。此阶段企业做预算的过程中，以市场为依托，基于销售预测编制销售预算；以“以销定产”为原则，编制生产、费用等各职能预算；以各职能预算为基础，编制综合财务预算。销售收入目标是此阶段的主要预算管理内容。

3. 企业成熟期的预算管理模式

企业在成熟期的经营风险相对较低，但潜在的持续经营压力以及成本压力很大，因此以成本控制为中心的预算是该阶段的主要预算管理模式。此阶段企业做预算的过程中，要尽可能降低企业的材料成本、人工成本、制造费用、管理费用等。

4. 企业衰退期的预算管理模式

企业在衰退期的销售出现负增长，产品市场萎缩，会产生大量闲置的自有现金流，因此以现金流量为中心的预算，成为该阶段的主要预算管理模式。以现金流量为起点的预算管理模式并不完全等同于短期现金预算，现金预算不仅仅是财务预算的一部分，它旨在降低支付风险，协调现金流动性与收益性的矛盾。处于这个阶段的企业，必须将客户和供应商手里的应收账款和存货全部变成现金，以保证企业现金流的安全。

四、预算执行、控制与调整

在企业的财务管理领域，预算执行与控制是保障企业战略得以切实推行、资源实现合理配置以及有效应对市场多变局势的核心环节。包括责任的明确分配、实时的监控机制、预算的调整程序以及激励与约束机制的搭建。

（一）明确责任分配

1. 构建精细化预算责任体系

层级分解：企业的整体预算目标犹如一座巍峨的大厦，需要将其从宏观层面逐步拆解细化，层层传递至各个部门、团队乃至每一位员工。通过这种自上而下的层级分解，构建起一个紧密相连、相互协作的责任网络。在这一网络中，每个层级都清楚自身在预算执行中的角色和任务，从而形成上下一心、共同为实现预算目标而努力的合力。

关键绩效指标设定：为每个层级设定具体、可量化的关键绩效指标，确保预算目标与实际工作紧密挂钩。为了使预算目标能够切实地指导日常工作，为每一个层级量身定制具体、清晰且可量化的关键绩效指标至关重要。这些指标犹如精准的导航仪，将预算目标与实际的工作内容紧密地结合起来，让员工在日常工作中能够明确自身的努力方向和工作重点，从而确保每一项工作都能为实现预算目标贡献力量。

责任书签订：通过签订预算责任书的形式，明确各级管理者和员工的预算责任，增强责任感和使命感。正式签订预算责任书这一具有法律效力和约束力的形式，明确各级管理者和员工在预算执行中的具体责任和义务。这不仅能够在法律层面上强化他们对预算目标的承诺和责任意识，更能在心理上激发他们的责任感和使命感，促使他们以更加积极主动的态度投入预算执行工作中。

2. 搭建高效沟通桥梁

定期会议：组织定期的预算执行会议，分享进展、讨论问题、制定对策。定期组织预算执行会议，为各部门和员工提供了一个交流和分享的平台。在会议中，各部门可以汇报预算执行的最新进展，共同探讨在执行过程中遇到的问题和挑战，并集思广益制定出切实可行的解决方案。这种定期的交流机制有助于及时发现问题、解决问题，确保预算执行始终沿着正确的方向前进。

多渠道沟通：利用工作坊、在线平台、一对一交流等多种形式，促进信息的快速流通和问题的及时解决。除了传统的定期会议，还应充分利用工作坊、在线平台、一对一交流等多元化的沟通方式，打破时间和空间的限制，实现信息的快速流通和问题的及时反馈。工作坊能够针对特定的预算执行问题进行深入的讨论和分析，在线平台则提供了实时交流和信息共享的便捷渠道，一对一交流则有助于解决个性化的问题和提供针对性的指导。

反馈机制：建立反馈机制，鼓励员工提出改进建议，形成持续改进的良性循环。建立畅通无阻的反馈渠道，积极鼓励员工主动提出改进预算执行的建议和想法。当员工能够参与到预算执行的改进过程中时，他们会感到自身的价值得到了认可和尊重，从而更加积极地为实现预算目标贡献智慧和力量。同时，对于员工提出的反馈和建议，企业应及时进行评估和采纳，形成一个持续改进的良性循环，不断优化预算执行的过程和效果。

3. 强化责任追究与反馈机制

问责制度：明确预算执行不力的责任追究机制，对未达成预算目标的部门或个人进行问责。当预算执行出现偏差或未达到预期目标时，必须有明确且严格的责任追究机制。这一机制不仅能够对未履行预算责任的部门或个人进行严肃的问责和处理，还能对其他部门和员工起到警示作用，促使他们更加认真地对待预算执行工作，增强对预算目标的敬畏之心和责任感。

即时反馈：在预算执行的过程中，对于发现的问题和偏差应进行即时反馈，帮助责任人及时纠正偏差。这种即时性能够让责任人在问题尚未扩大化之前就得到警示，从而迅速采取措施进行纠正和调整，避免问题的积累和恶化。及时的反馈和纠正能够有效地将预算执行的偏差控制在最小范围内，确保预算目标的顺利实现。

建设性反馈：鼓励建设性反馈，促进组织学习和经验分享，提升整体预算执行能力。鼓励建设性的反馈意见不仅有助于发现预算执行过程中的问题和不足，更能促进组织内部的知识共享和经验传承。通过分享成功经验和失败教训，员工能够从他人的工作中汲取灵感和启示，不断提升自身的预算执行能力和工作水平。同时，建设性的反馈还能营造开放、包容的工作氛围，增强团队的凝聚力和协作精神。

（二）实时监控机制

1. 搭建信息化监控平台

系统集成：利用ERP、BI等系统，实现财务、业务数据的实时集成和共享。通过这些系统，企业能够打破部门之间的数据壁垒，实现信息的快速流通和共享，从而为预算执行的实时监控提供坚实的数据基础。

数据分析：通过数据分析工具，对预算数据进行实时监控和深度挖掘，发现潜在问题。通过对数据的分析，企业能够发现隐藏在数据背后的潜在问题和趋势，例如成本的异常增长、销售额的下滑趋势等，从而提前采取措施进行干预和调整，避免问题的进一步恶化。

预警系统：设置预算预警阈值，当实际数据与预算数据出现较大偏差时，自动触发预警机制。为了及时发现预算执行中的异常情况，企业需要设置科学合理的预算预警阈值。当实际数据与预算数据出现较大偏差时，预警系统能够自动触发警报，及时通知相关人员采取行动。这种预警机制能够帮助企业在问题刚刚出现时就迅速做出反应，将问题解决在萌芽状态，确保预算执行始终处于可控范围内。

2. 关键绩效指标精准监控

关键绩效指标监控：对设定的关键绩效指标进行持续监控，确保预算目标的顺利实现。对预先设定的关键绩效指标进行持续、严密的监控是保障预算目标顺利实现的重要手段。通过对这些关键绩效指标的实时跟踪和分析，企业能够及时了解预算执行的进度和效果，发现与预算目标的偏差，并采取相应的措施进行调整和优化。

数据可视化：运用图表、仪表盘等可视化工具，直观展示预算执行状况，便于管理层快速决策。运用直观形象的图表、仪表盘等数据可视化工具，将复杂的预算执行数据转化为简洁明了的图形和图表，为管理层提供一目了然的预算执行状况。这种可视化的展示方式能够帮助管理层快速捕捉关键信息，做出准确的决策，提高决策的效率和科学性。

趋势分析：通过趋势分析，预测未来预算执行情况，为调整策略提供依据。通过对历史数据的分析和建模，预测未来预算执行的趋势和走向。这种趋势分析能够为企业提供前瞻性的洞察和决策依据，帮助企业提前制定应对策略，优化资源配置，确保预算目标的顺利实现。

3. 定期审查、详尽报告与高层汇报

定期审查：设定固定的审查周期，对预算执行情况进行全面、深入的审查。这种周期性的审查能够帮助企业及时发现预算执行过程中的问题和偏差，总结经验教训，为下一阶段的预算执行提供参考和借鉴。

详尽报告：编制内容详尽、数据准确的预算执行报告，包括实际完成情况与预算目标的对比分析、偏差产生的原因分析、问题总结以及针对性的改进措施等。这份报告不仅是对过去一段时间预算执行情况的总结和反思，更是为未来预算执行提供指导和方向的重要依据。

高层汇报：定期向高层管理者汇报预算执行情况，确保信息上传下达准确无误。确保企业的决策层能够及时掌握预算执行的最新动态和关键信息，为企业的战略决策提供有力支持。同时，高层管理者的关注和指导也能够为预算执行工作提供强大的动力和保障。

（三）预算调整程序

1. 明晰调整条件

市场变化：市场需求的突然波动、竞争格局的重大转变等市场因素的变化，可能导致企业原有的预算方案不再适应新的市场环境。例如，新兴竞争对手的崛起可能会迅速抢占市场份额，导致企业的销售额大幅下滑，此时就需要对预算进行调整。

政策调整：国家政策法规的变化、行业标准的更新等政策因素也可能对企业的预算产生重大影响。比如，环保政策的收紧可能会增加企业的生产成本，或者税收政策的调整可能会影响企业的利润水平，在这种情况下，预算也需要相应地进行调整。

内部因素：企业自身的战略调整、资源配置的变化、重大项目的推进或中止等内部因素同样可能导致预算无法按照原计划执行。例如，企业决定加大研发投入以推出新产品，或者由于某种原因暂停某个部门的业务，这些都需要对预算进行重新规划和调整。

2. 规范调整流程

申请提交：相关部门或个人提出预算调整申请，并附上详细的分析报告。当出现需要调整预算的情况时，相关部门或个人应及时提出预算调整申请，并附上详细、全面的分析报告。这份报告应包括调整的原因、调整的具体内容、预期的效果以及可能带来的风险等方面的内容，为后续的评估和审批提供充分的依据。

初步评估：财务部门对调整申请进行初步评估，确认调整的必要性和合理性。财务部门作为企业预算管理的核心部门，应对调整申请进行初步的评估和分析，主要审查调整申请的合理性、必要性以及对企业整体财务状况的影响。通过初步评估，筛选出不符合要求或不合理的申请，确保进入后续审批环节的调整申请具有一定的可行性和价值。

高层审批：调整申请提交至高层管理者进行审批，确保调整决策的科学性和权威性。对于经过初步评估认为有必要进行调整的申请，应提交至高层管理者进行最终的审批。高层管理者从企业的战略高度出发，综合考虑各种因素，权衡调整带来的利弊，做出科学、权威的决策。这一环节确保了预算调整决策的全局性和战略性，避免了局部利益对企业整体发展的不利影响。

执行调整：审批通过后，执行预算调整，并更新预算数据和关键绩效指标。一旦调整申请获得批准，相关部门应迅速执行预算调整，并及时更新预算数据和关键绩效指标。同时，要密切关注调整后的预算执行情况，确保调整措施能够达到预期的效果，避免出现新的问题和偏差。

3. 灵活性与透明度兼顾

灵活性：在保持预算原则性和严肃性的基础上，根据实际情况适度允许预算的调整。这种灵活性体现了企业对市场变化和内部因素的快速响应能力，能够避免因预算过于僵化而导致企业错失发展机遇或陷入困境。

透明度：调整过程公开透明，所有调整记录均需存档备查，确保可追溯性和可审计性。预算调整的过程应公开透明，所有的调整记录都应妥善保存并可供查阅。这不仅有助于增强预算管理的公信力和监督效果，还能为今后的预算编制和执行提供宝贵的经验教训，促进企业预算管理水平的不断提升。

（四）激励与约束机制

1. 构建多元化激励模式

物质激励：根据预算完成的情况，给予相应的奖金、提成等直接的物质奖励。这种奖励方式能够直接满足员工的经济需求，激发他们为实现预算目标而努力工作的积极性和主动性。

非物质激励：除了物质奖励，提供晋升机会、培训机会、荣誉表彰等非物质奖励同样能够激发员工的工作热情。晋升机会能够满足员工的职业发展需求，培训机会有助于提升员工的能力和素质，荣誉表彰则能够增强员工的归属感和自豪感。

2. 确立适度约束机制

惩罚措施：对于未能达到预算目标的部门或个人，采取适度的惩罚措施，如扣减奖金、要求提交改进计划等。通过这些惩罚措施，让员工认识到预算执行的重要性和严肃性，从而增强他们的责任感和紧迫感。

适度性：确保惩罚措施适度且公正，避免对员工士气和团队协作造成不良影响。过度严厉的惩罚可能会导致员工产生消极情绪，影响工作积极性和团队氛围；而惩罚过轻则可能无法起到警示和督促的作用。因此，需要根据实际情况制订合理的惩罚标准，确保惩罚措施既能起到约束作用，又能被员工所接受。

3. 平衡激励与约束关系

动态调整：根据企业实际情况和市场变化动态调整激励与约束政策。企业的内外部环境不断变化，因此激励与约束政策也应根据实际情况进行动态调整和优化。在经济形势良好、企业发展迅速的阶段，可以适当加大激励力度，激发员工的创新和进取精神；在面临困难和挑战时，则可以加强约束机制，确保企业的资源得到合理利用和风险得到有效控制。

心理行为考量：企业在制定激励与约束政策时，应充分考虑员工的心理和行为特点，确保政策的有效性和可持续性。了解员工的需求和动机，尊重员工的感受和意见，制定出既符合企业利益又能被员工认可和接受的政策。这样的政策能够更好地发挥激励与约束的作用，提高员工的工作满意度和忠诚度。

战略目标导向：以企业战略目标为导向，确保激励与约束机制服务于企业的长远发展。激励与约束机制的设计和实施应以企业的战略目标为导向，确保政策的制定和执行能够促进企业长期发展，引导员工的行为和努力方向与企业的战略规划相一致，为实现企业的可持续发展提供有力的支持和保障。

综上所述，预算执行与控制是一个充满复杂性和动态性的过程，需要企业精心构建完善的责任体系、高效的实时监控机制、规范合理的调整流程以及科学有效的激励约束机制。通过这些举措的协同作用和有效落实，企业能够确保预算目标的顺利达成，同时保持对市场变化的敏锐洞察力和灵活应对能力，推动企业在激烈的市场竞争中持续稳定地发展壮大。

五、预算分析、评估与反馈

预算分析与评估作为企业财务管理的核心环节，不仅是对过去预算执行情况的回顾，更是对未来预算制定与战略调整的重要依据。以下是对四个关键点的详细阐述，旨在揭示如何通过科学方法提升预算管理的效能。

（一）预算差异分析的方法探讨

预算差异分析主要采用定量分析与定性分析结合的方法。

定量分析：通过收集实际财务数据与预算数据进行对比，计算差异额和差异率，直接反映预算执行过程中的偏差程度。这种分析有助于快速识别超支或节约的具体领域，为进一步的成本控制提供依据。

定性分析：深入分析差异背后的根本原因，涉及市场环境、政策法规、内部运营策略等多方面因素。通过访谈、问卷调查、案例分析等方法，了解非财务因素对预算执行的影响，为管理层提供更全面的决策支持。

结合应用：将定量分析与定性分析相结合，既能揭示预算执行的表面现象，又能挖掘其深层次原因。这种综合分析方法有助于企业制定更加精准、有效的调整策略，提升预算管理的精准度和前瞻性。如实际支出与预算的对比，还要结合定性分析，理解这些差异背后的原因。例如，通过定性分析，我们可以了解市场变化、政策调整或内部管理问题等非财务因素对预算的影响。这种结合使用的方法有助于我们更全面、深入地理解预算执行情况。

（二）预算绩效评估指标体系的科学构建

财务指标与非财务指标并重：财务指标，如成本节约率、投资回报率等，能够直接反映企业的经济效益，是衡量预算绩效的基础。同时，非财务指标，如客户满意度、员工士气等则关乎企业的市场竞争力和内部凝聚力，对于评估企业的长远发展具有重要意义。

短期指标与长期指标的平衡：短期指标关注当前的经营成果，确保企业短期内的生存与发展；长期指标则关注企业的战略目标和可持续发展能力。构建指标体系时，应确保两者之间的平衡，避免短视行为，保障企业的长远利益。

动态调整与持续优化：随着市场环境和企业战略的变化，预算绩效评估指标体系也需进行动态调整。企业应定期回顾评估指标的适用性和有效性，根据实际情况进行优化，确保评估结果的准确性和指导意义。

（三）预算反馈机制的高效建立

预算反馈机制的建立关乎信息的流动和决策的及时性。高效的反馈渠道应确保信息从底层部门快速上传至管理层，同时，信息传递的效率也至关重要。收到反馈后，要对结果进行有效处理，并将其应用到未来的预算制定和管理中，以实现持续改进。

畅通的信息反馈渠道：建立多渠道、多层次的信息反馈机制，确保底层部门能够及时、准确地向上级管理层传递预算执行情况和问题反馈。利用现代信息技术手段如ERP、在线协作平台等，提高信息反馈的效率和准确性。

快速响应与处理机制：管理层在收到反馈信息后，应迅速组织相关部门进行核实和分析，制定针对性的处理措施。同时，建立问题跟踪和责任追究制度，确保问题得到有效解决并防止类似问题再次发生。

反馈结果的应用与改进：将反馈结果作为未来预算制定和管理的重要依据，对预算执行过程中的成功经验进行总结和推广，对存在的问题进行深入剖析并制定改进措施。通过持续改进和优化预算管理流程，提升企业的整体绩效水平。

（四）预算管理的持续改进与优化路径

基于分析评估的结果，企业应制定针对性的改进措施，这可能涉及调整预算编制方法、提升预算执行能力、强化内部控制等。同时，优化预算管理流程，如引入更先进的预算工具和技术，以及提升管理层的预算管理意识和技能，都是提升预算管理水平的关键策略。这样，预算管理才能在实践中不断进化，更好地服务于企业的战略目标。

针对性改进措施：根据预算分析与评估的结果，制定针对性的改进措施。这可能包括调整预算编制方法、优化预算分配结构、提升预算执行能力等。同时，加强对关键环节的监控和管理，确保改进措施得到有效落实并取得预期效果。

引入先进工具与技术：关注预算管理领域的最新动态和技术发展，积极引入先进的预算工具和技术手段如大数据分析、人工智能等。通过技术创新提升预算管理的智能化和自动化水平，降低人为错误和漏洞的风险。

提升管理层预算管理意识与技能：加强对管理层预算管理意识与技能的培训和教育。通过组织专题讲座、研讨会等形式，提升管理层对预算管理重要性的认识和理解，掌握先进的预算管理理念和方法。同时，鼓励管理层积极参与预算管理实践，不断积累经验并提升个人素质和能力。

综上所述，预算分析与评估是企业财务管理不可或缺的重要环节。通过深入剖析预算执行情况、全面评价预算绩效、建立高效反馈机制以及持续改进与优化预算管理流程等措施，企业可以不断提升预算管理的效能和水平，为企业的战略目标和长远发展提供有力保障。

六、信息化支持在预算管理体系中的应用

在现代企业管理的复杂格局中，预算管理体系的信息化已不仅仅是技术发展的

外在表征，更是驱动企业提升运营效率、增强决策精准度的核心动力源泉。以下将针对预算管理信息系统的功能架构、信息化手段的深度应用以及数据安全与隐私保护这三个关键要点展开更为详尽且深入的论述。

（一）预算管理信息系统的功能架构与选型要点

1. 功能架构的全面性

预算编制模块：应当配备灵活多样且可定制的预算编制模板，使用户能够依据自身业务的独特需求自主定义预算项目。同时，应融合历史数据的高效导入功能，以大幅简化预算编制的流程，并在内部嵌入严谨的审批流程管理机制，有力保障预算计划的合规性与有效性。

预算执行模块：能够对各项预算的实际支出状况进行实时且精准的监控，自动将实际支出与预算目标进行对比，进而生成详尽且多维的预算执行报告。此外，还应提供全方位、多层次的预算执行追踪工具，助力管理者全方位洞悉预算执行的具体情况。

预算分析模块：拥有强大且先进的数据分析能力，能够自动生成全面且深入的预算差异分析报告，支持静态分析与动态分析的有机结合，能深度挖掘预算差异产生的根源，从而为决策提供坚实有力的支持。

预算监控模块：预先设定科学合理的预警阈值，对预算执行情况进行实时监控。一旦出现超支或偏离目标的现象，立即触发预警机制，并及时提供切实可行的预算调整建议，确保预算目标的实现。

决策支持模块：集成前沿且先进的预算模型和预测工具，依托历史数据的深厚积累以及实时数据的动态分析，为管理者呈上精准无误的决策依据，有力支持企业快速且有效地响应市场的瞬息万变以及业务的多元需求。

2. 对选型要点的精准把握

企业规模与业务复杂性：选择的信息系统需与企业的实际规模和业务复杂性相匹配，既能满足当前需求，又能适应未来发展。

预算与技术接受度：充分考量企业内部既有的预算管理体系以及员工对新技术的接受程度，选择易于上手、操作简便的信息系统，最大限度地降低培训成本和实施过程中可能遇到的阻力。

系统集成能力：确保所选的信息系统能够与现有的财务系统、ERP、CRM 系统等实现无缝对接与深度融合，达成数据的无障碍共享和业务流程的高效协同，从而显著提升企业的整体运营效率。

（二）信息化手段在预算编制、执行、分析中的深度应用

1. 自动化编制工具的优化应用

利用预算软件或 ERP 中的预算模块，实现预算编制的高度自动化，最大限度减少手动输入带来的错误，提高编制效率。通过预先设定的预算模板以及自动导入的历史数据，快速生成初步的预算方案，为后续的精细调整和优化奠定基础。

融合智能预测功能，基于对历史数据的深度挖掘和市场趋势的精准分析，自动生成预算预测值，为预算编制提供更具科学性和合理性的依据。

2. 实时数据采集与分析的强化

预算管理系统需具备强大且高效的数据采集能力，能够实时自动地从销售、采购、生产等部门的数据源中同步关键数据，确保预算执行的实时性和准确性。

提供实时且直观的预算执行对比功能，使管理者能够在第一时间清晰地看到各项预算的实际支出状况与预算目标之间的差异，从而能够迅速做出明智且有效的调整决策。

（三）数据安全与隐私保护的重要举措

1. 数据加密技术的应用

在数据的传输环节，严格采用诸如 SSL/TLS 等高度安全的协议，确保敏感信息在传输途中不被任何非法手段截获或篡改。

对存储于数据库中的敏感数据进行加密处理，即便数据库遭遇非法访问，也无法直接获取明文形式的数据，从而严密保护企业的商业机密和个人隐私信息。

2. 访问权限控制的严格实施

根据员工的角色和职责分配不同的数据查看和操作权限，确保只有经过授权的人员才能访问相关数据和进行操作。

推行多因素认证等更为高级和严密的访问控制手段，进一步筑牢系统的安全防线。

3. 安全管理制度的完善

定期对预算管理系统的数据进行全面备份，确保数据的安全性和可恢复性。

开展网络安全审计工作，对系统的访问和操作日志进行周期性的细致审查与深入分析，及时发现并妥善处理潜在的安全威胁。

大力加强员工的信息安全培训，全面提升员工的安全意识和操作技能，最大限度减少人为因素导致的数据泄露风险。

严格遵守相关法律法规，如 GDPR 等，确保预算管理体系在合规的框架内稳健运行，全力保护企业的利益和个人的隐私。

第三节　预算协同生态系统

在构建和优化预算管理系统时，预算协同生态系统的建立至关重要。这一系统确保了预算管理与其他关键企业管理领域（如战略管理、绩效管理和风险管理等）之间的紧密协同，从而推动企业整体战略目标的实现。

一、与战略管理的齿轮咬合

（一）战略校准机制

定期对齐会议：每季度召开战略－预算对齐会，确保预算与战略目标的持续一致性。会议中，重点讨论和调整那些预算偏差超过 15% 的项目，确保资源分配与战略重点相匹配。

动态调整：根据市场变化、内部能力变化或战略重点的转移，及时调整预算分配，确保预算的灵活性和适应性。

（二）资源动态再平衡

战略预备金：建立战略预备金机制，占比为年度预算的 3%~5%，用于应对突发事件或抓住战略机遇。

资源重配：在战略校准会议中，根据战略优先级的调整，重新分配战略预备金，确保关键战略项目的资源保障。

二、与绩效管理的齿轮传动

（一）与平衡计分卡嫁接

维度设置：将预算管理与平衡计分卡（BSC）相结合，设置财务、客户、流程、成长四个维度，确保预算目标与组织整体绩效目标的一致性。

权重分配：根据组织战略重点，合理分配各维度的权重。例如，财务维度权重 40%，强调预算达成率的重要性；客户维度权重 25%，关注客户满意度提升；流程维度权重 20%，优化审批流程；成长维度权重 15%，鼓励创新项目。

（二）激励机制设计

正向激励：设立超额利润分享机制，鼓励业务团队追求更高的业绩。例如，业务团队可获取超额利润的 20%，激发其积极性和创造力。

负向约束：将预算偏离度与晋升资格挂钩，对预算偏差超过 10% 的个人或团队取消评优资格，强化预算执行的严肃性。

三、与风险管理的双轮驱动

风险预算编制法是预算协同生态系统与风险管理双轮驱动的重要方法。通过识别 Top5 风险事件，企业能够明确自身面临的主要风险，如原材料涨价 20%、市场需求突然下降 30%、竞争对手推出新产品等。然后，根据风险发生概率和影响程度，设置风险准备金。例如，对于原材料涨价 20% 这一风险事件，如果其发生概率为 30%，影响程度为 500 万元，那么风险准备金可以计提 150 万元（500 万元 ×30%）。通过风险预算编制法，企业能够将风险管理纳入预算管理体系，提前为可能发生的重大风险事件做好资金准备，降低风险损失对企业经营的影响。同时，风险预算编制法还能够促使企业加强对风险的识别、评估和监控，提高企业的风险管理水平和应对能力，确保企业在复杂多变的市场环境中稳健发展。

四、与内部控制体系的无缝衔接

（一）预算控制与内部风险防控的协同

风险识别与评估：在预算编制的过程中，深入分析企业的业务流程和运营环境，全面识别潜在的经营风险、财务风险等各类风险因素。例如，在制定销售预算时，考虑市场需求变化可能导致的销售下滑风险；在编制采购预算时，关注原材料价格波动带来的成本上升风险。针对识别出的风险，制定相应的预算控制措施，如设置合理的预算上限，避免过度投资和浪费；建立严格的预算审批流程，确保每一项预算支出都经过审慎评估和授权。

风险应对预案：针对可能出现的风险，制定详细、具体且可操作的应对预案。明确责任部门在风险应对中的职责和权限，确保在风险发生时能够迅速响应、协同作战。同时，规定处理流程和方法，包括风险的监测、预警、控制和化解等环节，提高风险应对的效率和效果。此外，合理配置资源，包括人力、物力和财力等，确保在风险应对过程中有足够的资源支持，保障企业的正常运营和持续发展。

持续监控与调整：建立健全预算执行的持续监控机制，定期对预算执行情况进行全面、深入的审查和分析。通过比较实际执行数据与预算目标，及时发现偏差和异常情况，并深入探究其原因。对于因内部管理不善或外部环境变化导致的偏差，采取有效的纠正措施，如调整预算分配、优化业务流程、加强成本控制等。同时，根据监控结果和企业内外部环境的变化，适时调整预算控制措施和风险应对策略，确保预算管理和风险防控始终与企业的实际情况相适应。

（二）内部审计对预算管理的监督作用

独立审计：内部审计部门作为企业内部的监督机构，应保持高度的独立性和客观性，不受其他部门和个人的干扰。以公正、公平的态度对预算管理的全过程进行全面、深入的审计评价，确保审计结果的真实性和可靠性。独立审计能够及时发现预算管理中存在的问题和漏洞，为企业管理层提供准确、有价值的审计报告和建议。

合规性审查：重点审查预算编制、执行、调整等各个环节是否符合相关法律法规、企业内部规章制度以及行业规范的要求。确保预算活动在合法、合规的框架内进行，避免因违规操作而给企业带来法律风险和经济损失。同时，对预算管理中的授权审批、内部控制流程等进行审查，保障预算管理的规范性和严谨性。

改进建议：针对审计过程中发现的问题和不足之处，内部审计部门应提出具体、切实可行的改进建议。协助管理层完善预算管理制度和流程，优化内部控制体系，加强风险管理能力，提升预算管理的效率和效果。同时，对改进建议的落实情况进行跟踪和监督，确保企业能够及时采取有效的措施，不断提升预算管理水平和企业的整体运营效率。

综上所述，通过预算管理体系与战略管理、绩效管理、风险管理与内部控制体系等的深度融合与无缝衔接，企业能够构建一个高度集成、协同高效的管理系统。这一系统能够充分整合企业内外部的资源和信息，实现战略规划的落地实施、绩效水平的持续提升以及风险的有效防控，为企业的持续健康发展提供坚实有力的支撑和保障。

第四节　预算管理实践与应用指导

一、成功案例深度剖析与经验借鉴

（一）亚马逊的预算管理实践

1. 数据驱动决策

在当今高度数字化的商业世界中，数据已不再仅仅是信息的简单堆砌，而是成了企业制定明智决策的基石。亚马逊充分认识到这一变革，并凭借其在技术领域的深厚积累构建了先进且强大的技术架构。这一架构犹如一座坚固的基石，支撑起了海量数据的存储、处理和分析。

亚马逊通过运用尖端的大数据分析技术，深入挖掘和剖析销售数据、客户行为以及市场趋势等多维度的信息。这些信息来源广泛且复杂，包括但不限于客户的购买历史、浏览记录、评价反馈，以及市场上的宏观经济数据、行业动态和竞争对手的表现。

基于对这些丰富数据的深入洞察，亚马逊能够将其转化为精准的销售预测。这种预测并非基于模糊的估计或直觉，而是建立在科学的数据分析模型和算法之上。通过准确预测不同产品在不同时间段、不同地区的销售趋势，亚马逊在库存管理方面实现了重大突破。

在库存管理中，精准的补货决策至关重要。亚马逊能够根据销售预测，精确计算出何时、何地以及何种产品需要补充库存，从而避免了因库存不足导致的缺货情况，减少了客户的等待时间和不满，同时也避免了库存积压所带来的成本增加和资源浪费。库存优化不仅体现在数量上的精准控制，还包括库存的布局和调配，以确保货物能够快速、高效地送达客户手中。

此外，亚马逊在广告投入方面也展现了数据驱动的智慧。其广告预算不再是盲目地投放，而是基于精心设计的数据驱动算法。这些算法综合考虑了广告投放的平台、时间、受众特征等众多因素，确保每一笔广告预算都能精准地触达目标客户群体，提高广告的点击率、转化率和投资回报率。

这种将数据与预算紧密结合的策略，使得亚马逊的资源分配如同精确制导的导弹，能够瞄准并流向那些最具潜力和能够带来最大效益的业务环节。这不仅提高了资源的利用效率，还增强了企业在市场中的竞争力。

2. 快速响应市场

市场的变化常常令人难以捉摸。然而，亚马逊在面对这种瞬息万变的市场环境时，展现出了令人瞩目的应变能力。

当市场需求悄然兴起新的趋势，或者竞争格局发生重大变革时，亚马逊能够迅速调动其内部的评估机制。通过先进的数据分析工具和专业的市场研究团队，对各个业务线的增长潜力和盈利能力进行全面、深入且迅速的评估。

对于那些展现出高增长潜力的业务领域，比如新兴的产品类别或尚未充分开发的市场区域，亚马逊毫不犹豫地加大资源投入。这包括扩大产品线，以满足多样化的市场需求；加强市场推广力度，提升品牌知名度和产品曝光度；以及优化和提升供应链能力，确保能够快速响应市场需求，实现高效的货物交付。

相反，对于那些表现不佳、运营效率低下或者持续亏损的项目，亚马逊展现出了果断的决策力。它能够迅速削减预算，不再为这些项目浪费宝贵的资源。这种果断的决策并非盲目，而是基于对业务前景的清晰判断和对资源最优配置的追求。

亚马逊这种灵活调整预算的能力，使其能够在市场的浪潮中迅速转向，始终敏锐地捕捉到市场机遇。无论是新兴的技术趋势，还是消费者需求的微妙变化，亚马逊都能够及时调整战略方向，将资源投入最有前景的领域。这使得亚马逊在激烈的市场竞争中始终保持领先地位，不断开拓新的业务增长点，实现持续的增长和发展。

综上所述，亚马逊凭借数据驱动决策和快速响应市场的能力，实现了资源的精准配置和业务的持续优化，从而在竞争激烈的商业环境中脱颖而出。

（二）谷歌的预算创新

1. OKR（目标与关键成果）体系与预算结合

谷歌的 OKR 体系是一套极其高效且具有前瞻性的管理工具。在这一体系中，公司的高层首先确立宏观且长远的目标，这些目标通常是具有挑战性的，代表着公司未来发展的理想状态。然后，这些目标会被逐步分解为一系列具体、可衡量的关键成果，这些关键成果明确了在特定时间内需要达成的具体业绩指标和任务。

在预算管理的领域，谷歌巧妙地将 OKR 体系与预算分配紧密地融合在一起。这意味着每一项预算的支出并非随意决定，而是紧密围绕公司已明确的战略目标和通过 OKR 体系分解得出的关键成果。两者经过精心设计结合，旨在直接服务于公司的战略目标和关键成果的实现。例如，某一阶段的关键成果是提升特定产品的市场占有率，那么相应的预算会被重点分配到市场推广、产品研发改进等直接相关的领域。

为了确保预算的分配与实际业务的进展保持一致，谷歌会定期回顾 OKR 的达成情况。这种回顾不仅仅是简单的数据对比，更是对业务执行过程的深度剖析。通过深入分析，谷歌能够敏锐地察觉到预算分配与实际业务进展之间可能存在的偏差。

一旦发现偏差，谷歌能够迅速而灵活地做出反应，对预算进行动态调整。这种调整并非盲目或随意的，而是基于对业务需求和战略方向的准确把握。可能涉及预算在不同项目或部门之间的重新分配，或者对某些预算项目的额度进行增减。如果某些业务领域的关键成果进展顺利，超出预期，谷歌可能会适当增加预算投入，以加速其发展；反之，如果某些领域的关键成果达成不理想，谷歌会及时削减预算，将资源重新分配到更具潜力和急需支持的方向。通过这样的动态调整机制，谷歌确保了预算始终紧密围绕公司的战略方向，能够及时适应业务发展的变化和需求。

这种将 OKR 与预算紧密结合，并通过定期回顾和动态调整来保持一致性的做法，使得谷歌的预算始终能够精准地服务于公司的战略规划，为公司的持续发展提供了坚实且灵活的财务保障。它避免了预算的盲目分配和资源的浪费，确保每一分钱都能发挥最大的价值，推动公司朝着既定的战略方向稳步前进。

2. 鼓励创新投资

在竞争激烈且技术迭代迅速的科技行业中，创新能力无疑是企业生存和发展的核心竞争力。谷歌深刻认识到这一点，并且在预算管理中积极采取措施来鼓励和支持创新。

为了鼓励内部的创新活动，谷歌专门设立了用于支持内部创新项目的专项预算。这一预算并非是对常规业务的补充，而是专门为那些具有前瞻性、突破性和风险性的创新想法提供资金支持，是作为公司长期战略的一部分，展示了谷歌对创新的坚定承诺。

这一机制为员工创造了一个宽松且充满激励的环境，让他们敢于跳出传统思维的束缚，勇于提出全新的想法和概念。无论是对现有产品的改进，还是对全新领域的探索，员工都能够将自己的想法从概念转化为实践。当员工提出创新想法后，谷歌不仅给予精神上的鼓励，更重要的是提供了实实在在的资源支持，包括资金、技术设备、数据访问权限以及专业的指导和团队协作机会。

这种对创新的大力支持，为谷歌带来了一系列具有开创性的产品和服务。例如，谷歌地图的诞生彻底改变了人们获取地理信息和导航的方式，而谷歌云端硬盘则为用户提供了便捷高效的云存储解决方案。这些创新成果不仅为谷歌带来了新的业务增长点和用户群体，还提升了谷歌在行业内的技术领先地位。

更为重要的是，这种对创新的大力支持营造了一种鼓励冒险和创新的企业文化。在谷歌的工作环境中，失败不再被视为灾难，而是被看作是创新过程中的宝贵经验。这种文化吸引了大量具有创新精神和冒险精神的优秀人才，他们愿意加入谷歌，为实现自己的创新梦想而努力。

同时，谷歌对创新的持续投入也使得公司能够在技术发展的浪潮中始终保持敏锐的洞察力和领先的地位，不断推出引领行业发展的新技术、新产品和新服务，为公司的长期发展注入了源源不断的动力。

综上所述，谷歌通过巧妙地将 OKR 与预算管理相结合，创造了一种独特的企业模式。通过明确的战略目标和关键结果设定，公司实现了资源的高效配置，推动了创新能力的提升。更重要的是，谷歌通过设立创新专项预算，为员工提供了自由探索和试验的平台，进而塑造出鼓励创新和追求卓越的企业文化。这种文化不仅促进了产品和服务的卓越表现，还为企业在人才竞争中赢得了优势，为实现长期的持续领先奠定了坚实的基础。因此，谷歌的预算管理策略是其成功的关键要素之一，它在财务效益和战略价值上都发挥了至关重要的作用。

（三）丰田的精益预算管理

丰田作为全球汽车制造业的领军企业，其精益生产理念不仅在生产过程中得到了广泛应用，更深刻地影响了其预算管理方式。丰田的精益预算管理，以其独特的成本节约文化和持续改进机制，为企业的持续发展和盈利能力提升奠定了坚实基础。

1. 成本节约文化

丰田的精益生产理念强调“消除浪费”，这种理念并非局限于某个阶段或环节，而是贯穿于整个企业运营的全过程。这一原则在预算管理中得到了充分体现。丰田的预算管理不仅仅关注预算的分配和执行，更将成本节约作为一种企业文化深入人心。

在预算制定的过程中，丰田从原材料采购、生产流程优化到销售渠道管理等各个环节，都进行了严格的成本审查和控制。在预算制定之初，丰田便对原材料采购环节进行了精心规划。与供应商建立长期稳定的合作关系，不仅能够在价格谈判中获得更有利的条件，还能确保原材料的稳定供应和质量可靠。集中采购策略发挥了规模效应，降低了单位采购成本；协商定价机制则充分体现了丰田在成本控制方面的主动性和智慧。

生产流程是丰田成本节约的核心战场。不断优化生产流程并非一蹴而就，而是一个持续的过程。丰田积极引入先进的生产技术和设备，如自动化生产线、精益制造系统等，旨在提高生产效率，减少次品率和废品率，从而降低生产成本。每一个生产环节都被精细分析，消除那些不必要的动作、等待时间和库存积压，实现了生产资源的最大化利用。

销售渠道管理对于丰田来说同样重要。精准的市场定位使丰田能够准确把握消费者需求，制定针对性的营销策略，避免了盲目推广带来的资源浪费。高效的销售渠道布局和物流配送优化，降低了销售环节的成本，同时提高了产品的市场可达性和交付速度，进而提升了客户满意度和市场占有率。

丰田深刻认识到，成本节约并非意味着牺牲产品质量或服务水平，而是在保证这两者的前提下，通过精细化管理和创新手段实现运营成本的降低。这种对成本的高度警觉和节约意识，已经内化为员工的自觉行为和企业文化的重要组成部分，成为企业盈利的关键驱动力。通过严格的成本审查和控制，丰田在激烈的市场竞争中实现了成本的有效削减，增强了企业的盈利能力和市场竞争力。

2. 持续改进机制

丰田的精益预算管理并非一劳永逸，而是一个动态、持续进化的过程，其核心在于建立了一套完善的预算反馈和改进机制。

在预算执行过程中，实时监控和数据分析是丰田的重要手段。借助先进的信息系统和数据分析工具，丰田能够对预算执行的每一个细节进行实时跟踪和量化分析。这种及时性和精确性使得企业能够在问题刚刚萌芽时就敏锐地察觉到，并迅速采取行动。

一旦发现预算执行中的偏差或问题，丰田立即启动高效的改进机制。跨部门团队迅速集结，来自财务、生产、销售、研发等不同领域的专业人员汇聚一堂，共同对问题进行深入剖析。这种跨部门协作打破了部门之间的壁垒，促进了信息的快速流通和知识的共享融合。

团队合作在改进机制中发挥着关键作用。不同部门的人员凭借各自的专业知识和经验，从不同角度审视问题，提出多元化的解决方案。这种集思广益的方式能够确保解决方案不仅具有针对性，还能充分考虑企业整体的战略目标和内外部环境的变化。

在回顾分析阶段，丰田不满足于表面的结果，而是深入挖掘问题的根源和背后的系统性原因。通过对预算执行全过程的复盘和反思，丰田能够总结出一般性的规律和经验教训，并将其转化为预算管理流程的优化和完善措施。这种持续改进的文化使得预算管理能够与时俱进，不断适应企业发展的新需求和市场环境的变化，确保企业始终保持高效的运营状态，灵活应对各种挑战。

综上所述，丰田的精益预算管理通过深入骨髓的成本节约文化和永不停歇的持续改进机制，实现了预算管理与企业战略的完美契合，为企业带来了显著的经济效益和可持续发展的动力。其成功经验不仅为汽车制造业，也为其他行业的企业提供了宝贵的借鉴，展示了精益管理在预算领域的强大力量和无限潜力。

（四）引领中小企业发展的预算管理实战启示与借鉴

在深入剖析了亚马逊、谷歌和丰田等行业领先企业的预算管理实践后，中小企业可以从中提炼出一系列宝贵的经验，这些经验对于提升其预算管理水平、促进持续健康发展具有重要意义。以下是对这些经验的详细阐述。

1. 数据驱动决策

精准洞察，高效决策：中小企业应认识到数据在预算管理中的核心作用。通过引入大数据和人工智能技术，企业可以实时收集、处理和分析各类业务数据，从而获得对市场、客户和运营情况的精准洞察。这种数据驱动的方法能够显著提高预算管理的精准度和效率，确保预算分配基于充分的数据支持和科学分析，减少人为判断的主观性和不确定性。

动态优化，适应变化：随着市场环境和业务需求的不断变化，企业需要及时调整预算以适应新情况。数据驱动决策机制使企业能够快速获取最新信息，进行动态优化预算分配，确保资源得到有效利用。通过借鉴这些成功经验，中小企业可以建立更加科学、高效、灵活的预算管理体系，为企业的持续健康发展提供有力支持。

2. 灵活调整机制

快速响应，把握机遇：市场环境和业务需求的变化往往突如其来，中小企业必须建立高效的预算调整机制，以快速响应这些变化。通过灵活的预算调整，企业可以迅速抓住市场机遇，调整资源配置，确保战略目标的顺利实现。

风险防控，稳健前行：灵活的预算调整机制也有助于企业更好地应对潜在风险。通过实时监控预算执行情况和市场变化，企业可以及时发现潜在问题并采取措施加以解决，避免风险扩大化，从而确保稳健前行。

3. 预算与战略目标的紧密结合

战略导向，资源聚焦：中小企业在制定预算时，应明确自身的长期战略目标和短期经营计划，并将预算分配与这些目标紧密结合。通过确保资源向最关键的领域倾斜，企业可以集中力量攻克重点任务，推动战略目标的实现。

协同一致，提升效率：预算与战略目标的紧密结合还有助于提升企业内部各部门的协同一致性。各部门在明确了解公司战略目标的基础上，可以更好地制订和执行本部门的工作计划，减少内耗和冲突，提升整体运营效率。

4. 鼓励创新投资

创新驱动，引领发展：在快速变化的市场环境中，创新是企业保持竞争力的关键。中小企业应设立专项预算支持内部创新项目，鼓励员工提出新想法并尝试实践。这种对创新的大力投入不仅能够为企业带来新产品和服务，还能够激发员工的创造力和创新精神，推动企业的持续发展。

营造氛围，吸引人才：鼓励创新投资还有助于营造一种积极向上的企业文化氛围，吸引和留住优秀创新人才。这些人才将成为企业发展的重要驱动力，推动企业不断攀登新的高峰。

5. 持续改进机制

回顾分析，查找问题：中小企业应定期对预算执行情况进行回顾分析，查找问题根源并制定改进措施。这种持续改进的机制有助于企业不断优化预算管理流程和方法，提高预算管理的科学性和有效性。

积累经验，提升能力：通过持续的回顾分析和改进实践，中小企业可以不断积累经验教训，提升预算管理能力。这将有助于企业在未来更好地应对市场挑战和把握发展机遇。

综上所述，中小企业在预算管理过程中应借鉴行业领先企业的成功经验，建立数据驱动决策机制、灵活调整机制、预算与战略目标的紧密结合机制、鼓励创新投资机制以及持续改进机制。通过这些措施的实施，中小企业可以建立更加科学、高效、灵活的预算管理体系，为企业的持续健康发展提供有力支持。

二、中小企业实施预算管理的实践指南

在快速变化的市场环境中，中小企业实施有效的预算管理对于控制成本、优化资源配置以及推动企业稳健发展至关重要。以下是对预算管理的实践指导与实用建议的详细介绍。

（一）战略规划先行

1. 深入理解业务模式

中小企业要在竞争激烈的市场中立足，必须对自身的业务模式有深刻而清晰的洞察。这意味着不仅要了解所提供的产品或服务的独特属性，如质量、功能、创新性等，还要精准把握目标客户群体的特征，包括年龄、性别、消费习惯、需求痛点等。同时，明确企业在市场中的定位，是追求高端品质、高性价比，还是专注于特定细分领域的服务。这种深入的理解为制定贴合实际的预算提供了坚实基础，使预算能够精准支持业务的核心环节和关键需求。

2. 明确发展目标

市场环境复杂多变，企业内部资源有限，因此明确长期和短期的发展目标至关重要。长期目标通常是宏观的、战略性的，如在特定领域成为行业领导者、实现技术突破等；短期目标则更为具体和可操作，如在本季度提高某个产品的市场份额、完成特定项目的研发等。这些目标应基于对市场机会和内部优势的充分评估，与企业的愿景和使命紧密相连，为预算的制定提供明确的方向和重点。

3. 预算目标与战略一致

预算目标作为战略实施的具体量化体现，必须与企业的整体战略保持高度协同。这意味着在资源分配上，优先满足对实现战略目标具有关键作用的业务领域和项目。例如，企业的战略是通过创新产品来拓展市场，那么在预算中就应加大研发投入；企业的战略是提高客户满意度以增强市场竞争力，那么预算就应向提升服务质量和售后支持方面倾斜。这种紧密的一致性可以确保企业的资源得到最优配置，有力推动战略目标的逐步实现。

（二）流程标准化

1. 创建完整预算流程

建立一套涵盖预算编制、审批、执行、监控和调整等全生命周期的流程，是中小企业实现预算管理规范化的关键。在预算编制环节，各部门应根据业务计划和目标，制定详细的预算草案；审批过程要严格且透明，确保预算的合理性和可行性；执行阶段要严格按照预算计划进行资源配置和业务开展；监控环节则需要实时跟踪预算执行情况，及时发现偏差；调整环节应在必要时进行，以应对内外部环境的变化，但调整必须遵循严格的程序和审批制度。

2. 明确责任与权限

在预算流程的每个环节，明确各部门的责任和权限是确保预算管理高效运行的基础。预算编制的责任应明确到具体的部门和岗位，确保预算数据的准确性和可靠性；审批权限应根据企业的组织架构和管理层次进行合理分配，避免权力过于集中或分散；执行过程中，各部门要对本部门的预算执行情况负责，确保资源的合理使用；监控和调整环节，相关部门要有权对异常情况进行调查和处理，并提出调整建议。通过清晰的责任划分和权限界定，减少部门之间的推诿和冲突，提高预算管理的效率和效果。

3. 标准化文档与模板

制订统一的预算文档和模板有助于提高预算编制的效率和质量。这些文档和模板应包括预算申请表、预算执行报告、监控分析表等，明确各项数据的格式、内容和计算方法。各部门在编制预算时，按照统一的规范填写和计算，不仅减少了数据的误差和不一致性，也便于数据的汇总、分析和比较。同时，标准化的文档和模板也为新员工的培训和融入提供了便利，降低了沟通成本，提高了预算管理的整体水平。

（三）选择适用模型

1. 灵活运用预算模型

中小企业应根据自身业务特点和需求，灵活选择适用的预算模型。不同的预算模型适用于不同的企业情况和管理需求。零基预算模型从零开始，对每项费用和支出进行重新评估和审核，有助于打破传统预算的惯性思维，严格控制成本。对于那些需要重新审视资源分配、优化业务结构的中小企业来说，零基预算可以帮助发现潜在的节约空间和效率提升点。滚动预算模型则通过不断更新和调整预算数据，使其更能反映市场的动态变化。对于市场环境不稳定、业务发展较快的企业，滚动预算能够提供更及时、准确的财务规划和决策依据。

2. 结合实际情况调整

中小企业在选择预算模型时，不能生搬硬套，而应充分考虑自身的业务特点、发展阶段、市场环境和内部管理水平。例如，初创期的企业可能更侧重于灵活性和适应性，选择滚动预算；而进入稳定期的企业，若对成本控制要求较高，则零基预算可能更为合适。同时，企业还应根据市场的变化和自身的发展，适时调整预算模型。例如，当企业业务范围扩大、产品线增加时，原有的预算模型可能无法满足新的管理需求，需要进行相应的调整和优化，以确保预算管理的有效性和实用性。

（四）有效沟通

1. 定期预算会议

定期组织预算会议为各部门提供了一个集中交流和协同的平台。在会议上，各部门负责人能够分享本部门预算执行的进展、遇到的问题以及对未来的预测。通过这种面对面的交流，各部门负责人可以及时发现跨部门的协作需求和潜在的冲突，共同商讨解决方案。同时，会议也为管理层传达企业的战略重点和预算目标的调整提供了直接的渠道，确保各部门在方向上保持一致，形成共同推进预算目标实现的合力。

2. 实时更新预算报告

建立实时更新的预算报告机制，能够让管理层在第一时间获取最新的财务数据和业务进展情况。通过直观的图表和详细的分析，管理层可以迅速发现预算执行中的偏差和趋势，及时做出决策调整。这种及时性和准确性有助于避免决策的滞后性，使企业能够迅速应对市场变化和内部问题，保证预算管理的有效性和决策的科学性。

（五）跨部门合作

1. 全员参与预算管理

预算管理不仅仅是财务部门的责任，所有相关部门都应积极参与进来。通过跨部门合作，企业可以确保预算与业务活动紧密结合，避免资源浪费和重复劳动。从生产部门的原材料采购和生产计划，到销售部门的市场推广和销售预测，再到行政部门的日常开支和人力资源规划，每个环节都对预算的执行和控制产生影响。全员参与能够确保预算涵盖企业的所有业务活动，避免遗漏和偏差，同时也能够提高员工对预算的重视程度和执行的自觉性。

2. 建立协作机制

制定跨部门协作机制，明确各部门在预算管理中的职责和协作方式。通过加强沟通和协作，企业可以形成合力，共同推动预算目标的实现。跨部门协作机制的建立旨在打破部门之间的壁垒，促进信息流通和资源共享。明确各部门在预算管理中的角色和职责，制定沟通和协调的规则和流程，可以避免部门之间的冲突和推诿。例如，建立项目小组或工作流程，让不同部门的人员共同参与预算相关的决策和执行，加强彼此之间的理解和信任，形成协同效应，共同为实现预算目标而努力。

（六）激励机制设计

1. 多元化激励方案

设计多元化的激励方案，包括绩效奖金、股权激励、晋升机会等。多元化的激励方案能够满足员工不同层次的需求，从而更有效地激发员工的积极性和创造力。绩效奖金直接与员工的工作成果挂钩，能够激励员工在日常工作中努力完成预算目标，提高工作效率和质量；股权激励使员工成为企业的股东，将员工的利益与企业的长期发展紧密结合，激发员工为企业创造更大价值的动力；晋升机会则为员工提供了职业发展的空间，鼓励员工在预算管理中展现出卓越的领导能力和团队协作精神。

2. 公开表彰优秀员工

对在预算管理中表现出色的员工进行公开表彰和奖励，发挥榜样效应，这不仅能够让优秀员工获得应有的荣誉和物质回报，还能够在企业内部树立榜样，激发其他员工向他们学习的热情。这种榜样的力量能够营造出积极向上的工作氛围，增强员工对预算管理的重视和认同，促进更多员工积极参与和支持预算管理工作，形成良好的企业文化和价值观。

（七）灵活性与适应性

1. 动态调整预算

市场的不确定性和企业内部的变化是不可避免的，因此预算管理必须具备足够的灵活性和适应性。当市场需求突然增加或减少、原材料价格大幅波动、竞争对手推出新产品等情况发生时，企业需要迅速调整预算分配，重新配置资源，以抓住机遇或应对挑战。例如，增加市场推广预算以扩大市场份额，或削减不必要的开支以应对成本上升的压力。这种动态调整能够确保企业在变化的环境中保持竞争力，实现可持续发展。

2. 风险防控措施

在制定预算时，充分考虑潜在风险是企业稳健运营的重要保障。通过风险评估，企业能识别可能影响预算执行的内部和外部风险因素，如政策法规的变化、自然灾害、技术革新等。针对这些风险，预留一定比例的风险准备金，用于应对突发事件或不可预见的情况。同时，制订详细的应急计划，明确在风险发生时的应对策略和责任分工，能够降低风险对企业运营的冲击，保障预算目标的实现。

（八）培训与教育

1. 预算管理培训

定期为员工提供专业的预算管理培训，是提升员工预算意识和技能的重要途径。培训内容可以包括预算管理的基本概念、流程、方法和工具，如预算编制的技巧、成本控制的方法、数据分析的应用等。通过系统的培训，使员工了解预算管理在企业中的重要性，掌握预算管理的基本技能，提高他们参与预算管理的能力和信心。

2. 案例分享与经验交流

组织案例分享和经验交流活动，能够让员工从实际的企业案例中学到预算管理的成功经验和失败教训。通过邀请内部的优秀团队或个人分享他们在预算管理中的实践经验，或者分析外部企业的经典案例，员工可以了解不同行业和企业在预算管理方面的创新思路和有效做法。这种交流和互动能够激发员工的创新思维，促进知识和经验的共享，为企业的预算管理注入新的活力和创意。

（九）持续改进

1. 定期评估效果

定期对预算管理的效果进行全面评估，是企业不断优化预算管理体系的重要依据。评估可以从多个维度进行，包括预算目标的达成情况、资源利用的效率、成本控制的效果、对企业战略的支持程度等。通过与历史数据和行业标杆进行对比分析，企业能够客观地评价预算管理的绩效，发现其中的优势和不足之处。

2. 收集反馈意见

积极收集各部门和员工对预算管理的反馈意见，企业能够从不同角度了解预算管理在实际操作中存在的问题和改进的需求。反馈意见可以包括预算编制的难度、执行过程中的障碍、监控和调整的合理性等方面。通过倾听员工的声音，企业能够发现那些被忽视的细节和潜在的问题，为进一步优化预算管理提供有价值的线索。

3. 优化预算策略与流程

收集了评估结果和反馈意见后，企业应及时采取行动，对预算策略和流程进行优化和改进。这可能涉及调整预算目标的设定方法，使其更具挑战性和可实现性；改进预算编制的流程和方法，提高效率和准确性；完善监控和调整机制，使其更具灵活性和及时性；加强预算管理的信息化建设，提高数据处理和分析的能力等。持续的优化，使预算管理体系不断适应企业的发展变化，更好地服务于企业的战略目标。

综上所述，中小企业实施预算管理需要从战略规划、流程标准化、模型选择、有效沟通、跨部门合作、激励机制、灵活性与适应性、培训教育以及持续改进等多个方面入手，形成一个有机的整体，不断提升预算管理的水平和效果，为企业的发展提供有力的支持和保障。

CHAPTER 04

第四章 投资决策与战略规划

引　言

在战略财务管理体系中，投资决策与战略规划构成了企业长期增长与发展的基石。两者的深度融合对于指导企业资源有效配置、确保长期竞争优势至关重要。

第一节 投资决策的基础理论与原则

一、投资决策的重要性与战略意义

投资决策是企业资源配置、盈利能力提升和市场竞争力增强的关键。明智的投资决策能带来丰厚回报，推动企业成长；而错误的决策则可能导致资源浪费、财务危机甚至破产。例如，通过投资新生产线提升效率和产品质量，企业可扩大市场份额，这凸显了投资决策的战略意义。投资决策直接影响资金使用效率、资本回报率及长期竞争力，要求企业全面考虑，确保投资项目可行且盈利。

二、投资决策的原则与流程梳理

（一）投资决策的原则

1. 合理性原则

合理性原则强调投资决策必须基于翔实的经济、财务和市场数据。这意味着企业在做出投资决策前，需要进行充分的市场调研和财务分析，以确保决策的科学性和客观性。

2. 全面性原则

全面性原则要求企业在评估投资项目时，必须综合考虑项目的经济效益、技术可行性、法律合规性和市场需求等方面。这有助于企业全面把握投资项目的潜在风险和收益，从而做出更明智的决策。

（二）投资决策的流程

投资决策的流程通常包括识别投资机会、初步筛选、详细评估、风险分析、决策制定以及后评价等六个步骤。

（1）识别投资机会。这一步骤主要是对企业内外部环境进行持续监控，寻找潜在的投资机会。这可能来自市场趋势、技术创新、政策变化、并购信息、竞争对手动态等因素。企业要保持对行业动态的敏锐度，发现新的投资领域或项目。

（2）初步筛选。在大量机会中，企业需要进行初步筛选，根据投资目标、资源限制和风险偏好等因素，剔除不切实际或不符合公司战略的项目。这一步可能涉及对项目的基本财务分析和初步的市场研究。

（3）详细评估。对初步筛选后的项目进行深入分析，主要包括财务分析（如收益预测、成本计算、现金流分析等）、技术可行性研究、市场潜力分析、管理团队评估等。这一步的目的是确保项目在经济上和技术上的可行性。

（4）风险分析。在这个阶段，企业需要识别并量化各种可能的风险，如市场风险、运营风险、法律风险、政策风险等。通过风险评估，企业可以了解并准备应对潜在问题，以降低投资风险。

（5）决策制定。基于前面的分析结果，企业将综合考虑所有因素，包括投资回报、风险水平、资源投入等，最终做出是否投资的决定。这可能需要由高级管理层进行审议和决策。

（6）后评价。投资实施后，企业需要对项目的执行效果进行定期评估，包括实际收益与预期的对比、项目进度、市场反应等。后评价有助于企业总结经验教训，调整投资策略，提高未来的决策质量。

这一流程强调了投资决策的动态性和持续性，要求企业不断跟踪市场变化，灵活调整投资策略。

三、投资项目的分类与特点分析

投资项目的分类是企业战略规划和财务管理中的核心环节，它帮助企业根据自身的资源和目标，进行有针对性的资源配置。

（一）按项目性质分类

按项目性质可分为资本支出项目（Capital Expenditure，CapEx）和营运资本项目（Working Capital Expenditure，WCEx）。

1. 资本支出项目

资本支出项目有如下特点。

长期性：涉及长期投资，如新建工厂、购置设备等，旨在增加或改进企业的生产能力。

大额投资：通常需要大量资金投入，且资金回收期较长。

固定资产形成：一旦建成，资产会成为企业的固定资产，通过折旧逐步回收成本。

回报周期长：投资回报显现缓慢，可能需多年才能达到盈亏平衡点。

2. 营运资本项目

营运资本项目有如下特点。

短期性：涉及短期流动资产的增加，如存货采购、应收账款管理等。

现金流快速周转：投资周期短，通常在一年内就能看到现金流的进出。

满足日常运营需求：旨在满足企业日常运营的现金需求。

流动性强：资产易于变现，灵活性高。

（二）按风险与收益分类

按风险与收益可分为成长型项目（Growth Projects）、稳定型项目（Stable Projects）和衰退型项目（Decline Projects）。

1. 成长型项目

成长型项目特点如下。

高风险高收益：通常具有较高的风险，但也可能带来显著的收入增长潜力。

市场不确定性：伴随市场不确定性、技术更新快速等风险。

长期潜力：如果成功，长期来看可能带来较高的回报。

短期亏损可能：初期可能面临亏损。

2. 稳定型项目

稳定型项目特点如下。

低风险低收益：风险相对较低，收益稳定。

维持现有业务：适合于维持现有业务或巩固市场份额。

保守型投资：适合风险厌恶型投资者，回报率稳定但不高。

3. 衰退型项目

衰退型项目特点如下。

高风险：针对即将衰退或已经衰退的业务进行的投资，风险较高。

资产贬值可能：可能面临资产贬值或现金流减少的问题。

生存维持：旨在维持企业生存，而非寻求增长。

通过理解投资项目的分类及其特点，企业可以根据自身风险偏好、资金状况和战略目标，合理划分和管理投资项目，优化投资组合，平衡风险与收益，实现可持续发展。

第二节　投资的评估方法与工具应用

投资评估方法是企业和投资者在决定投资方向时不可或缺的工具，帮助评估不同投资方案的经济效果。评估方法分为财务指标评估和非财务指标评估两大类。

一、财务指标评估方法的介绍

财务指标评估方法基于最优化、效用和风险理论，通过建立数学模型和指标体系，以财务量化指标来评价企业的投资价值。以下是几种主要的财务指标评估方法。

（一）净现值

净现值（Net Present Value，NPV）是将未来预计的现金流入（包括折旧后的税后收入）按照一个预定的折现率折现到当前的价值，然后减去初始投资成本。将未来的现金流以适当的折现率折现到当前，能够更准确地反映货币的时间价值。如果 NPV 为正，意味着项目的净现值大于零，项目在经济上可以接受，因为投资者从项目中获得的回报超过了其初始投入。

例如，一个项目预计在未来 5 年内每年产生 10 万元的现金流入，折现率为 8%，第一年的 10 万元现金流折现值约为 9.26 万元，第二年约为 8.57 万元，以此类推，最后与初始投资相减得出净现值。

1. 优点

（1）综合考虑了项目的整个生命周期内的现金流，能够全面评估项目的价值。

（2）明确地指出项目是否为股东创造了价值，为投资决策提供了明确的依据。

（3）对风险的调整较为灵活，通过选择不同的折现率反映风险。

2. 缺点

（1）未来现金流量的预测具有不确定性，受到市场变化、竞争态势、宏观经济等多种因素的影响，预测偏差可能导致净现值计算的误差。

（2）折现率的确定较为复杂，需要综合考虑资金成本、风险溢价等因素，折现率的微小变化可能导致 NPV 结果的较大变动。

（二）内部收益率

内部收益率（Internal Rate of Return，IRR）是使得项目现金流的现值之和等于初始投资的折现率，即项目的净现值为零时的折现率。它反映了项目本身的内在盈利能力。

1. 优点

（1）直观反映项目的投资回报率，便于与其他投资机会比较。

（2）不需要事先设定一个具体的折现率，侧重于项目自身的现金流特征。

2. 缺点

（1）计算过程可能较为复杂，特别是在现金流不规律的情况下，可能需要通过试错法或使用专业的财务软件来求解。

（2）可能存在多个 IRR 解或无解的情况，尤其是在现金流出现正负交替的复杂项目中，这会给决策带来困扰。

（3）当项目之间的规模差异较大时，仅依靠 IRR 可能会导致错误的决策。

（三）盈利指数法

盈利指数（Profitability Index，PI）是项目未来现金流现值与初始投资的比值，反映项目的相对盈利能力。如果 PI 大于 1，说明项目的平均回报率超过资本成本，项目值得投资。

1. 优点

（1）直观显示了项目的回报情况，易于理解。

（2）可以用于比较不同规模项目的相对盈利能力，对于资金有限的情况进行项目排序和选择有一定帮助。

（3）与 NPV 具有一致性，为投资决策提供辅助。

2. 缺点

（1）不能直接反映项目的绝对盈利水平，只是一个相对的指标。

（2）同样依赖于折现率的选择，对折现率的变化较为敏感。

（四）回收期法

回收期（Payback Period，PBP）是指项目收回初始投资所需的时间。通常只考虑现金流量在达到盈亏平衡点之前的累计净现金流入。回收期通过计算收回初始投资所需的时间来评估项目。例如，一个项目初始投资 80 万元，第一年现金流入 30 万元，第二年 40 万元，第三年 20 万元，则回收期为 2 年多一点。

1. 优点

（1）计算简单，易于理解和使用，有助于快速评估短期投资决策。

（2）可以在一定程度上反映项目的流动性和短期风险。

2. 缺点

（1）忽略了回收期后的现金流量，可能低估项目长期盈利能力。

（2）未考虑货币的时间价值，可能会高估项目的实际价值。

（3）可能导致企业过于追求短期项目，忽视长期战略价值项目。

（五）会计收益率法

会计收益率法（Accounting Rate of Return，ARR）是项目年度净利润与总投资的比率，仅基于会计利润计算。例如，一个项目年度净利润为 20 万元，总投资为 100 万元，则会计收益率为 20%。

1. 优点

（1）数据直接来自企业的会计报表，获取方便，计算简单。

（2）便于管理层和投资者快速了解项目的大致盈利水平。

2. 缺点

（1）基于会计利润计算，没有考虑现金流的时间分布和货币的时间价值。

（2）会计核算方法和折旧政策的选择可能会影响净利润的计算，从而影响会计收益率的准确性。

（3）不能反映项目的真实经济价值和风险水平。

（六）经济附加值模型

经济附加值模型（Economic Value Added，EVA）是企业扣除资本成本后的资本收益，可以衡量企业真正的经济贡献。EVA 是一种现代企业绩效管理工具，它强调了公司的盈利能力与资本效率之间的关系。EVA 的计算公式如下。

$$EVA=\text{息税前利润}-\text{资本成本}$$

EVA 的目的是衡量企业的真正经济贡献，即去除资本成本后的剩余利润。如果 EVA 为正，说明企业创造了超过资本成本的超额收益，这部分收益归股东所有；如果 EVA 为负，说明企业的资本成本高于其创造的经济价值，股东实际上是承担了部分损失。

1. 优点

（1）强调了资本效率，鼓励管理层在投资决策时更加谨慎，避免不必要的资本占用。

（2）反映公司整体盈利能力，超越净利润指标。

（3）有助于优化资本结构，降低资本成本。

2. 缺点

（1）对会计调整要求较高，如需要调整非经营性收入和一次性项目，这可能导致数据解读的主观性。

（2）资本结构变动可能影响 WACC，进而影响 EVA 的准确性。

综上所述，每种投资评估方法都有其独特的优点和局限性。在实际应用中，投资者和企业应根据具体情况和需求选择合适的方法或结合多种方法进行更全面的决策分析。例如，对于长期投资项目，NPV 和 IRR 可能更为适用；而对于短期或现金流敏感的项目，回收期法可能更为合适。通过综合运用这些评估方法，投资者可以更准确地衡量和比较不同投资方案的经济效果，从而做出更明智的投资决策。

二、非财务指标评估方法的探索

非财务指标（NonFinancial Metrics，NFM）评估方法强调了在衡量企业绩效时，除了传统的财务数据之外，还包括那些难以直接转化为货币价值但对长期成功至关重要的指标。在投资决策与战略中，非财务指标评估方法扮演着至关重要的角色，它们为企业提供了一个超越传统财务指标的更全面、多维度的评估体系。它具有战略性、平衡性、适应性、动态性、综合性和创新性等特征。

1. 战略性

非财务指标需要紧密围绕公司的战略目标和愿景来设定。这意味着，当公司将战略目标明确为市场扩张时，除了上述提到的市场份额增长、新客户获取速度和产品线创新性，还可以通过销售渠道的拓展数量、在新市场中的品牌知名度提升程度等指标来具体衡量战略的执行效果。以电商公司为例，如果其战略是进军国际市场，那么在特定国家或地区的月活跃用户增长数量、与当地合作伙伴的合作项目数量等都能作为关键的战略性指标。通过这些指标，企业可以更加明确地评估其战略执行的效果。

2. 平衡性

一个健全的非财务指标体系应该平衡考虑所有利益相关者的利益。在考虑所有利益相关者的影响时，对于员工，除了员工满意度，还可以关注员工的培训时长和效果、职业发展机会的提供数量；对于供应商，可考察供应商的合作年限、准时交货率等。比如一家制造企业，若重视与供应商的长期稳定合作，那么供应商的产品质量合格率和供应的及时性就会是重要的平衡性指标。企业可以确保其在追求经济效益的同时，也关注并维护其他利益相关者的权益。

3. 适应性

为了更好地体现企业的适应性，除了灵活性、敏捷性和组织文化适应能力，还可以观察企业对新技术的采用速度、业务流程的优化频率。以互联网企业为例，它们能够迅速调整业务模式以适应市场变化，如从 PC 端向移动端的业务重心转移速度，或者对新兴社交媒体平台的利用效率。

4. 动态性

非财务指标应该能够反映企业的成长和发展阶段。这意味着指标不应该是静态的，而是应该随着企业的发展而动态变化。关于动态变化的指标，除了学习曲线、创新速度和市场份额的动态变化，还可以关注企业的资金周转速度的变化趋势、核心产品的生命周期阶段变化，这些变化可以更好地反映企业的成长潜力和市场地位。例如，一家餐饮企业可能会关注某道热门菜品的受欢迎程度随时间的变化情况，从而及时调整菜单。

5. 综合性

在构建全面的评估体系时，除了已提到的运营效率、产品质量、客户服务和品牌认知等维度，还可以纳入供应链管理水平、风险管理能力等方面。例如，对于零售企业，库存周转率、缺货率等供应链指标能更全面地反映企业的综合运营状况。通过综合考虑这些指标，企业可以获得一个更加全面、多角度的视图，从而更好地评估其整体表现。

6. 创新性

在当今竞争激烈的市场环境中，创新能力是企业持续发展的重要驱动力。因此，非财务指标体系中应该包括评估创新能力的指标，如研发投入、专利数量、产品或服务的差异化程度以及组织的创新文化等。这些指标可以帮助企业评估其在创新方面的投入和成果。以科技公司为例，其新研发的软件产品在市场上的下载量和用户评价就能直观地反映创新成果。

综上所述，非财务指标在投资决策与战略中发挥着重要作用。通过设计合理的非财务指标体系，企业可以更加全面、准确地评估自身的表现。定期审查和修订指标，能使企业及时发现问题并调整策略，更好地适应不断变化的市场环境和自身发展需求。

第三节　投资项目选择策略与决策流程

投资项目选择是一个复杂而严谨的过程，投资者需遵循一系列关键步骤，以确保所选项目的可行性和潜在回报。项目筛选、可行性分析、风险评估以及优先级排序是其中的关键环节，以下将详细阐述。

一、投资项目筛选与过滤

项目筛选是投资项目选择的起点，旨在从众多潜在项目中挑选出符合投资者预设标准的项目。

（一）预设标准

预设标准是筛选项目的基础，主要包括以下几方面。

（1）市场前景：评估项目所在市场的规模、增长潜力、竞争态势以及市场进入壁垒等。优先选择具有广阔市场空间和高速增长潜力的项目。

（2）商业模式：分析项目的商业模式是否清晰、可持续且具有创新性。一种优秀的商业模式能够确保项目在竞争激烈的市场中脱颖而出。

（3）团队能力：考察项目团队的背景、经验、专业技能以及领导能力。一个实力雄厚的团队能够有效地执行项目计划并应对各种挑战。

（4）财务状况：初步审查项目的财务状况，包括资金需求、资金使用计划以及预期收益等。确保项目在财务上具有可行性和持续性。

（二）筛选过程

（1）明确筛选标准：投资者需基于自身投资目标和风险偏好，精准制定项目筛选标准，如行业前景、市场规模、竞争格局、盈利模式、团队背景等。

（2）收集项目信息：通过多渠道收集潜在项目信息，包括项目介绍、商业计划书、财务报表、市场调研报告等，同时借助人脉资源、行业会议、专业论坛等拓展信息来源。

（3）初步评估与筛选：依据预设标准，对收集到的项目进行初步评估，主要侧重于项目的基本情况和表面特征，如市场规模、盈利模式等，筛选出符合要求的项目并进入下一阶段。

二、投资可行性分析的全面开展

可行性分析是投资项目选择的核心环节，需对项目进行全面、深入的研究，以评估其投资价值，通常涵盖以下几个方面。

（一）成本效益分析

成本核算：详细计算项目涉及的各项投资成本，包括初始投入、设备购置费、场地租赁费等，以及运营成本，如原材料采购、人力费用、营销支出等。

收益预测：精准预测项目预期收益，涵盖销售收入、利润分成等，并运用专业方法计算项目的关键财务指标，如净现值、内部收益率等，通过这些指标客观评估项目的经济可行性。例如，某制造业项目需初始投资 100 万元，预计未来 5 年每年产生 25 万元的净现金流，经计算 NPV 为正、IRR 高于资金成本，表明该项目在经济上具有吸引力。

（二）市场需求预测

调研与分析：借助市场调研方法，如问卷调查、访谈、焦点小组等，收集消费者意见和反馈，并运用数据分析工具深度剖析行业报告、统计数据等，预测项目产品或服务在未来市场的需求量。

市场趋势研究：研究市场价格变动趋势及消费者偏好的变化，全面评估项目的市场潜力和竞争力。例如，对某新兴电子产品市场的研究预测显示，未来 3 年内其需求量将稳步增长，价格保持稳定，且消费者偏好明确，表明该项目具有较大的市场潜力。

（三）资源利用分析

资源评估：全面考量项目所需人力、物力、财力等资源的可获得性、成本高低及利用效率，包括采购成本、运输费用等，确保资源在项目中的高效利用。

应对策略制定：针对资源稀缺或供应不稳定的情况，提前制定应对策略，保障项目在资源利用方面的可行性和可持续性。例如，在某大型建筑项目中，详细评估建材供应稳定性和价格波动，并确保施工人员技能水平和数量满足需求，保障资源高效利用和项目顺利推进。

（四）环境影响评价

影响评估：对于可能对环境造成影响的项目，严格评估其在建设和运营过程中对大气、水、土壤、生态等方面的潜在影响。

环保措施制定：依据评估结果，制定切实可行的环保措施。例如，在某化工项目中，详细分析废水、废气和废渣排放情况，并制定污染治理措施和绿色生产工艺方案，降低项目对环境的负面影响，实现经济发展与环境保护的协调统一。

三、投资风险评估与防控

风险评估在投资项目选择中至关重要，旨在全面识别项目可能面临的各种风险，并评估其对项目目标实现的影响，通常包括以下几个关键方面。

（一）风险评估的关键方面

1. 市场风险

风险来源：市场风险主要源自市场环境中的不确定性因素，如市场需求变化、竞争态势加剧等。例如，某新型电子产品项目因消费者偏好快速转变或经济形势波动，导致预期高需求未能实现；新兴餐饮品牌项目可能面临成熟品牌的激烈竞争，市场份额被挤压。

评估方法：市场调研通过问卷调查、访谈等方式直接获取消费者意见和需求；数据分析从大量市场数据中挖掘有价值信息，如市场增长率、消费趋势等；竞争对手分析则研究竞争对手的产品特点、营销策略、市场份额等方面。

2. 技术风险

风险来源：技术风险涉及项目所依赖技术在其生命周期内的不确定性和潜在问题，如技术不成熟、技术替代或落后等。例如，新能源汽车项目中电池技术可能存在的续航里程不足、充电时间长、安全性等问题；智能手机行业某项技术若不能及时跟上行业标准，很快会被淘汰。

评估方法：专家评审依靠行业内资深专家的经验和专业知识判断技术成熟度和可靠性；技术测试能在实验室或实际环境中验证技术性能和稳定性；技术趋势分析能把握技术发展方向，提前应对技术替代风险。

3. 操作风险

风险来源：操作风险关注项目日常运营和管理过程中可能遇到的问题和挑战，如供应链管理中的原材料供应中断、物流延误、供应商合作问题；人力资源管理上的人才短缺、员工技能不匹配、团队协作不畅；生产流程规划不合理导致的生产效率低下、产品质量不稳定等。

评估方法：流程分析发现流程瓶颈和潜在风险点并优化；管理审计审查管理流程和制度的有效性和合规性；操作风险评估工具如风险矩阵、失效模式与影响分析（FMEA）等可量化评估操作风险。

4. 财务风险

风险来源：财务风险与项目资金运作和财务状况相关，如资金需求无法满足、资金回收周期不符合预期、债务负担过重、资金流动性不足等。例如，大型房地产项目若资金筹集困难或销售回款缓慢，可能导致资金链断裂；依赖外部融资的项目，利率波动、汇率变化会增加财务成本和不确定性。

评估方法：财务比率分析通过计算偿债比率、营运资本比率、盈利能力比率等评估企业财务状况；现金流预测帮助规划资金流入流出，提前发现资金缺口；敏感性分析评估关键财务变量变化对项目财务指标的影响，识别潜在风险因素。

（二）风险评估的常用方法

在风险评估的进程中，投资者能够巧妙且灵活地采用多种方式，从而达成全面且系统地识别与评估项目风险的目标。

1. SWOT 分析

原理：通过优势（Strengths）、劣势（Weaknesses）、机会（Opportunities）、威胁（Threats）的全面分析，帮助企业识别内部和外部的优势与劣势，以及潜在的机会与威胁。作为基于矩阵的战略规划工具，SWOT 为投资者提供全面且结构化的视角，洞察项目在复杂市场环境中的地位。

应用实例：以互联网创业项目为例，技术团队有深厚技术功底和创新能力是优势，市场推广缺乏经验和资源是劣势，行业快速发展、市场需求增长是机会，大型互联网企业凭借资金和用户基础迅速占领市场份额是威胁。

价值体现：帮助投资者明确项目核心竞争力和潜在发展瓶颈，制定针对性战略，如发挥优势抓住机会、改进劣势应对威胁等。

2. 头脑风暴法

原理：集思广益，鼓励团队成员在开放自由氛围中，不受传统观念和既有框架束缚，充分发挥想象力和创造力，提出各种风险可能性，构建全面风险识别体系。

应用实例：在新产品研发项目风险评估会议中，团队成员可毫无保留地发表见解，如技术瓶颈方面新技术稳定性未充分验证，市场接受度低可能因产品定位与目标客户需求偏差等。

价值体现：能迅速激发团队成员的积极性和创造性，短时间内收集大量潜在风险信息，避免因个人思维局限性遗漏重要风险点。

3. 因果图分析

原理：因果图又称鱼骨图或鱼刺图，直观展示问题的根本原因，帮助深入理解风险来源和构成，为制定针对性风险应对措施提供支持。通过图形化方式将问题或风险结果与可能导致其发生的原因连接起来，清晰理解问题本质和根源。

应用场景：面临生产质量问题时，绘制因果图可发现导致质量问题的多个因素，如原材料质量不过关、设备老化、精度下降、人员操作不规范、工艺流程存在缺陷等。

价值体现：有助于深入挖掘风险产生的根本原因，为制定有效风险应对措施提供明确方向，从源头上解决问题，降低风险再次发生的可能性。

4. 蒙特卡洛模拟法

原理：利用计算机模拟技术，对输入变量（如市场波动、成本变动等）进行随机抽样，估计潜在风险结果分布。基于概率统计理论，通过随机生成大量可能场景，模拟不确定因素变化，并基于模拟结果计算风险概率分布和可能结果范围。

应用场景：在投资项目收益评估中，可模拟市场价格波动、成本变动、需求不确定性等多种因素变化。例如，市场价格可能在一定范围内随机波动，成本受原材料价格和劳动力成本不确定性影响，多次模拟这些随机变化可得到项目收益概率分布。

价值体现：为投资者提供风险量化评估和直观理解，帮助在不确定性中做出理性决策，如确定合理投资规模、确定风险容忍度和预期收益目标等。

四、投资项目的优先级排序

优先级排序是投资项目选择的关键环节，旨在根据项目多维度评估结果进行科学合理排序，明确投资或实施先后顺序，关乎资源有效配置及项目成功率和企业整体业务绩效。

（一）优先级排序的步骤

1. 明确目标和范围

目的确定：明确优先级排序核心目标，如优化资源配置重点评估项目资源需求及预期回报；为提高项目成功率，要关注项目可行性和风险水平；满足特定业务需求则紧密结合业务目标衡量项目贡献度。

范围界定：清晰界定参与排序项目范围，包括项目数量、类型（新产品开发、流程优化、市场拓展等）及所属具体业务领域（医疗、金融、科技等）。

2. 收集和分析信息

信息收集：全面收集每个项目的详尽信息，涵盖明确目标、预期成果、资源需求（人力、资金、时间等）、时间约束（上市时间要求、法规合规最后期限等）。

深入分析：深度剖析收集信息，识别对项目成功起关键作用的因素，如项目对关键技术人才高度依赖，或因市场竞争加剧面临紧迫时间压力等。

3. 制定评估维度和标准

维度设定：依据公司业务战略和实际需求，谨慎制定优先级排序评估维度，如追求创新和快速增长企业，“创新性”是重要维度；资源有限、注重稳健发展企业，“资源投入产出比”更关键。

标准确立：为每个评估维度设定具体、清晰且可操作的评估标准，以“重要性”维度为例，可定义为对公司核心业务直接影响程度、与公司长期战略目标契合度等；“紧急性”可根据市场机会窗口期、竞争对手行动速度等因素确定标准。

4. 进行打分和评估

打分方式：根据既定评估维度和标准，采用多样化方法对每个项目打分或评估，定量方法如使用 1~5 分等级评分表衡量各维度表现；定性方法如邀请行业内资深专家主观评审，基于经验直觉给出判断。

多元参与：引入不同部门、不同专业背景和视角专家或利益相关者参与评估，如技术部门从技术可行性、市场部门从市场潜力、财务部门从成本效益等角度考量，确保评估全面、公正、准确。

5. 综合排序和决策

综合排序：依据打分结果，运用科学合理算法或决策模型对每个项目综合排序，可能涉及简单数值排序或基于复杂多因素决策模型，综合考虑各维度权重和相互关系。

决策制定：根据排序结果，结合公司当前资源状况和战略重点，制订项目实施优先级计划，明确哪些项目立即启动、暂时搁置或取消，预留灵活性应对新情况和变化。

6. 监控和调整

持续监控：在项目推进过程中，建立有效监控机制，密切关注项目实际进展，包括关键里程碑完成情况、阶段性成果达成等，同时监测可能出现的风险和问题，如技术难题、市场变化、人员变动等。

及时调整：根据监控实时信息和市场环境动态变化，迅速灵活调整项目优先级计划，如市场需求重大转变使原本优先级低项目因新战略价值需提前实施，或项目遇无法克服困难需降低优先级甚至取消。

（二）具体方法

1. 标准排序法

评分标准与权重制定：详细制定每个评估维度的具体评分标准，确保区分度和可操作性，基于公司战略重点和业务需求，合理分配各维度权重，如技术驱动型企业“技术创新性”维度权重高，市场导向型企业“市场影响力”维度权重突出。

量化打分与求和：对每个项目各评估维度打分，确保客观公正，然后按权重加权求和，得出综合总分。

排序依据：依据总分高低对项目有序排列，总分越高项目优先级越高。

2. 德尔菲法

问卷设计与专家征询：精心设计初始问卷，确保问题清晰准确有针对性，向行业专家、资深学者、企业高管等专家组发送问卷，征询项目优先级独立见解和判断。

意见整理与反馈：仔细整理归纳统计分析专家首轮回复意见，去除极端异常观点，提取主流共性意见，匿名反馈综合结果给专家。

多轮迭代与共识达成：专家根据反馈信息重新审视调整观点，再次提交意见，多次反复循环，逐渐收敛意见，达成相对一致共识。

3. 层次分析法（AHP）

层次结构构建：将复杂项目评估问题分解为清晰层次结构，如顶层为项目优先级总体目标，中间层包括技术、市场、财务等主要评估因素，底层是具体项目。

判断矩阵建立：针对每一层中两两因素的相对重要程度，通过专家判断或数据分析建立判断矩阵，如比较技术难度和市场需求对项目优先级的影响程度，给出数值判断。

计算与权重确定：运用数学方法计算判断矩阵的最大特征值及对应特征向量，得出各因素在不同层次中的权重，反映各因素对项目优先级的相对贡献程度。

4. RICE 框架

因素解释与打分：“触达范围”（Reach）衡量项目影响用户或客户数量；“影响力”（Impact）评估项目对业务指标潜在影响程度；“信心指数”（Confidence）表示实现项目预期成果信心程度；“工作量”（Effort）估算完成项目所需资源和时间。对每个项目在这四个因素上进行 1~10 分的打分。

加权求和与优先级确定：为每个因素赋予适当权重，将各项目四个因素得分乘以相应权重后求和，得到优先级综合得分，得分越高的项目优先级越高。

5. 价值与复杂性象限

价值与复杂性评估：准确评估项目所提供的价值，包括短期和长期经济效益、战略价值、品牌提升等，同时分析项目实现复杂性，考虑技术难度、资源需求、协调难度等因素。

象限分类与决策：将项目绘制在二维象限图中，形成高价值低复杂性、高价值高复杂性、低价值低复杂性、低价值高复杂性四个区域，优先选择实施高价值低复杂性项目，高价值高复杂性项目在资源充足且条件成熟时进行，低价值项目根据具体情况考虑推迟或放弃。

6. Kano 模型

需求分类："基本型需求"是客户认为产品或服务必须具备的属性或功能，不满足会导致极大不满；"期望型需求"是客户期望产品或服务能提供的属性或功能，满足程度越高客户满意度越高；"魅力型需求"是超出客户预期的惊喜因素，不提供客户也不会不满，提供后会极大提高客户满意度。

优先级确定：优先满足"基本型需求"和"期望型需求"，确保产品或服务的基本质量和竞争力，在资源允许的情况下，积极实现"魅力型需求"，创造差异化和竞争优势。

上述的系统全面的步骤和多样化方法，可有效对项目进行优先级排序，实现公司资源的优化配置，显著提高项目的成功率，进而提升整体业务绩效，推动公司朝着战略目标稳步迈进。

第四节　中小企业投资战略的制定与实施

一、投资战略的分类与选择

根据企业不同的目标需求，投资战略主要分为以下三种类型：

（一）发展型投资战略

1. 定义

发展型投资战略是基于企业内外部环境分析，以企业价值增长为目的的战略。企业通过该战略在现有规模上实现扩张，提升自身竞争力。选择这种战略的企业通常经营状态良好且资金充足，期望通过投资项目增加企业价值、扩大规模。投资重点在于增加企业自有资产，如购置设备、扩建厂房等。

2. 案例：阿迪达斯多元化与国际化扩张战略分析

（1）背景介绍：阿迪达斯作为全球领先的运动品牌，在面对市场竞争激烈和消费者需求变化时，实施多元化与国际化扩张战略。该战略旨在拓展新市场、丰富产品线、加大技术创新投入以及深化数字营销，提升品牌影响力、扩大市场份额并实现可持续增长。

（2）投资战略内容及数据支撑。

第一，市场国际化扩张。

全球市场布局：阿迪达斯在全球 70 多个国家和地区设立分支机构，拥有超过 2000 家专卖店和在线商店。其销售网络在欧洲、北美洲、亚洲等地尤为广泛，特别是在中国、美国、德国、英国和法国等关键市场。

第二，重点市场增长数据。

大中华区：2023 年全年营收达 31.9 亿欧元，同比增长 8.2%。线上销售额增长 12%，线下销售额增长 6%。新增 50 家专卖店，与多家电商平台合作扩大线上销售渠道。

北美市场：2023 年全年营收增长 7%，达 40 亿欧元。在美国市场份额提升 2 个百分点，通过赞助体育赛事和健身活动增强品牌影响力。

亚洲其他市场：日本市场销售额增长 5%，韩国市场增长 8%，分别通过推出符合当地消费者喜好的新产品线、与当地知名明星合作营销来实现。

第三，产品多元化创新——新产品线推出及数据。

时尚联名系列：与知名时尚品牌合作的联名系列，上市首季实现 5000 万欧元销售额，成为当季最热销产品线之一，吸引了大量年轻消费者。

专业级运动装备：针对专业运动员和健身爱好者推出的高端运动装备系列，采用最新科技材料提供出色的运动性能和舒适度。上市一年内销售额达 2 亿欧元，市场份额提升 3 个百分点。

第四，经典产品升级及数据。

Samba、Gazelle 等经典鞋款：经过重新设计和材料更新后，销售额实现 20% 增长。其中，Samba 鞋款在特定促销期间销售额增长 50%，成为促销活动明星产品。在“双十一”促销期间，经典产品线销售额翻倍增长，达 1 亿欧元，得益于提前库存准备和针对性营销策略。

第五，技术创新与研发投入——技术创新实例及数据。

Boost 中底技术：引入后使运动鞋舒适度和性能大幅提升，相关鞋款销售额增长 30%。采用该技术的某款跑步鞋全球市场销量达 500 万双，成为跑步鞋市场领导者。

Primeknit 鞋面技术：使鞋面更贴合脚型，提高了穿着舒适度，采用该技术的鞋款销售额增长 25%。推出的可回收材料 Primeknit 鞋面进一步提升品牌的环保形象。

研发投入数据：阿迪达斯每年研发投入占公司总营收的 5%，过去五年总投入达 10 亿欧元，用于新产品研发改进、生产技术升级和供应链优化，确保产品质量和交货期稳定性。

第六，数字营销与消费者互动。

数字营销投入及数据：2023 年数字营销投入达总营销预算的 40%，通过社交媒体、搜索引擎优化、电子邮件营销等渠道与消费者建立紧密互动关系。社交媒体粉丝数超 1 亿。定期发布新产品信息、运动教程、明星合作等内容，以提升品牌知名度和用户忠诚度。

消费者互动活动及数据：定期举办线上线下消费者互动活动，如线上抽奖、线下体验店活动等，增加消费者参与度，强化品牌形象。某次线上抽奖活动送出 100 双限量版运动鞋，吸引超 100 万用户参与，提升了品牌曝光度和用户黏性。

（3）预期效果与成果。

市场份额提升：多元化与国际化扩张战略实施后，阿迪达斯全球市场份额从 10% 提升到 12%，品牌影响力显著增强。在欧洲、北美洲和亚洲等主要市场，市场份额均有所提升。

业绩增长：战略成功带动业绩增长，2023 年全球营收达 230 亿欧元，同比增长 7%；2024 年预计营收达 250 亿欧元，同比增长 8.7%，大中华区和北美市场提供了主要增长动力。

品牌价值提升：随着市场份额和业绩增长，阿迪达斯品牌价值从 100 亿欧元提升到 120 亿欧元，品牌知名度和美誉度提高为长期发展奠定基础。

消费者关系深化：通过数字营销和消费者互动活动，品牌与消费者建立了更紧密的关系，消费者对品牌忠诚度提高，复购率增加，为持续增长提供支持。

（4）阿迪达斯案例结论。

阿迪达斯的多元化与国际化扩张战略是成功的发展型投资战略实例。通过明确市场布局、丰富产品线、持续技术创新投入以及深化数字营销和消费者互动，阿迪达斯成功提升市场份额、实现业绩增长并提升品牌价值。具体数据和成果展示了战略实施效果，为其他企业提供了有益的借鉴和启示。

（二）稳定型投资战略

1. 定义

稳定型投资战略是企业继续保持原有投资规模和投资领域，希望通过投资维持在当前市场的优势并稳定市场份额。这类企业希望在稳定的市场环境中保持竞争优势，不希望承担过大的投资风险；投资重点在于维持现有产能，进行技术升级和实现产品多样化。

2. 宁德时代案例分析

宁德时代成立于2011年，总部位于福建省宁德市，是全球领先的新能源整体解决方案提供商，专注于新能源动力电池系统、储能系统和电池回收等业务。在发展过程中，宁德时代坚持推行稳定型投资战略，持续在新能源动力电池领域保持投资规模与市场优势，旨在稳定并扩大市场份额。

技术研发投入：宁德时代持续投入大量资金用于技术研发，巩固在动力电池领域的技术领先地位。例如，在高镍电池技术上取得突破，推出能量密度超过300Wh/kg的新型高镍电池，并广泛应用于高端电动车市场。其公开财务报告显示，近几年研发投入稳定且保持在较高水平。

市场份额：2020年，宁德时代成为全球最大的电动汽车电池制造商，市场份额超过30%，并在后续年份保持稳定。据相关市场调研机构数据，宁德时代在全球动力电池市场的占有率一直名列前茅。

产能扩张：宁德时代在世界各地建设新生产基地以扩大产能。如福建宁德基地2024年新增30GWh产能；德国生产基地全面投产后年产能为20GWh；美国得克萨斯州生产基地2024年投产，年产能为15GWh。这表明宁德时代在稳定原有投资规模的基础上，有序扩张产能以满足市场需求。

产品多样化：除动力电池外，宁德时代还积极拓展储能、电池回收和电池管理系统等领域。2024年，储能业务收入预计同比增长50%以上。在电池回收领域也取得重要进展，并建立了完善的回收网络。

该稳定型投资战略对宁德时代的财务状况产生了多方面影响。

营业收入增长：有助于维持和扩大在动力电池和储能电池市场的份额。随着市场需求的持续增长，2023年公司营收达4009.2亿元，同比增长22.01%；归母净利润441.21亿元，调整后同比增长43.58%；扣非后净利400.92亿元，同比增长51.65%；基本每股收益11.79元/股。

利润水平提升：持续投资和技术创新提高了产品质量和性能，增加了附加值和利润空间。2023 年实现经营性现金流 928 亿元，期末货币资金达 2643 亿元，资产总额 7171.68 亿元。公司 2023 年每 10 股派发 50.28 元，其中年度现金分红 20.11 元，特别现金分红 30.17 元，合计派发现金分红 220.6 亿元。

增强市场竞争力：在技术研发、生产能力和市场渠道等方面保持领先。2023 年，宁德时代动力电池全球使用量市占率达 36.8%，连续七年居全球榜首；储能电池全球出货量市占率 40%，连续三年保持世界第一。这有助于宁德时代获得更多市场份额和客户订单。

优化资产结构：投资活动使固定资产、无形资产等长期资产比重增加。这有助于提高生产能力和运营效率，但可能影响资产流动性。2023 年公司电池系统产能 552GWh，在建产能 100GWh，产量 389GWh，产能利用率 70.5%，较 2022 年的 83.4% 下降 12.9 个百分点。

财务风险控制：稳定型投资战略相对稳健，有助于控制财务风险。但投资项目回报若不如预期或市场环境发生不利变化，仍可能对公司信用水平带来不利影响。

总体而言，宁德时代的稳定型投资战略在一定程度上促进了其财务状况的稳健发展。然而，为了保障长期的财务健康，宁德时代仍需密切关注市场变化和投资项目的效益。

（三）退出型投资战略

1. 定义

退出型投资战略是企业在面临经营困境或市场环境变化时，为保存实力、减少损失而采取的“以退为进”策略。通过撤出部分投资、削减费用等方式降低运营成本，减少损失，为企业未来转型或重新发展积蓄力量。

2. 适用场景及实施方式

在经济危机或行业不景气的时候，这种战略尤为重要。因为此时企业往往面临着市场需求下降、竞争加剧、资金链紧张等多重压力。如果不及时采取措施，企业可能会陷入更深的困境，甚至面临破产的风险。因此，通过退出型投资战略，企业可以在一定程度上缓解这些压力，为未来的复苏和发展打下基础。

具体来说，退出型投资战略可能包括裁员、裁减部门、出售非核心资产、减少研发投入等多种措施。采取这些措施都是为了降低企业的运营成本，减少不必要的开支，以便将有限的资源集中在更具竞争力的业务上，或者为企业的转型和重新发展做准备。

3. 退出战略三阶评估法

退出战略三阶评估法是一种系统性的评估方法，包括以下三个阶段。

（1）资产流动性评估：评估企业资产的流动性，即资产在多长时间内能够以合理价格变现。这有助于确定哪些资产可以快速变现，为企业的资金周转提供支持。

（2）沉没成本测算：测算企业在某项业务或资产上已经投入的成本，包括资金、时间、人力等。这有助于企业客观评估继续投入的必要性和可行性。

（3）转型机会成本分析：分析企业转型过程中可能错失的机会成本，即放弃现有业务或资产后，企业可能失去的潜在收益。这有助于企业权衡转型的利弊，做出明智的决策。

4. 柯达的转型失败案例

背景：柯达曾是全球领先的摄影器材和影像产品制造商，但随着数码技术的发展，其传统胶片业务受到严重冲击。柯达在数码技术的研发上投入不足，未能及时转型，导致市场份额逐渐被侵蚀。

过程与措施：柯达在意识到传统胶片业务的衰退后，试图通过收购和合作进入数码市场，但这些努力并未能有效提升其市场地位。相反，柯达在转型过程中背负了沉重的债务，最终导致财务危机。

结果：柯达的转型失败导致其市场份额大幅下降，最终在 2012 年申请破产保护。这一事件不仅给柯达自身带来了巨大的损失，也对整个影像行业产生了深远的影响。

退出型投资战略是一种以退为进的策略，通过资产剥离与资源重组实现企业转型。柯达的转型失败案例表明，被动退出往往会导致企业错失转型的最佳时机，而主动退出则能够帮助企业更好地应对市场变化，实现资源的优化配置和企业的可持续发展。

二、投资战略的影响因素与决策依据

投资战略是企业长期发展的关键指导方针，对企业的未来走向具有决定性作用。企业在制定投资战略时，需要充分考虑内外部因素，以规避不可控风险，确保战略的科学性和可行性。

（一）外部因素

外部因素是企业无法直接控制的宏观因素，对企业投资战略有着深远影响，主要包括以下三个方面。

1. 国家经济形势

国家经济形势是影响企业投资战略的关键外部因素之一。人均 GDP 作为衡量经济形势的重要指标，其数值的高低直接反映国家经济的繁荣程度以及人民收入水平。当人均 GDP 增长时，人民收入增加，消费市场需求随之发生变化，生活方式和需求结构也会相应调整。例如，在经济繁荣时期，人们对高端消费品、旅游、文化娱乐等领域的消费需求会增加；而在经济衰退时，消费者则更倾向于购买生活必需品，减少非必要消费。因此，企业必须密切关注国家经济形势的动态变化，根据经济形势的波动，及时调整投资方向，以适应市场需求的转变，选取具有潜力和增长空间的投资领域。人均 GDP 与消费市场需求关系如表 4-1 所示。

表 4-1　人均 GDP 与消费市场需求关系

人均GDP水平	消费市场需求特点
高	高端消费品、旅游、文化娱乐等领域需求增加
低	生活必需品需求稳定，非必要消费减少

2. 产业政策

产业政策是政府调控市场、引导产业发展的重要手段。中小企业在制定投资战略时，应深入研究产业政策，把握行业发展方向和趋势。通过了解政府对特定产业的扶持政策和优惠措施，中小企业可以降低投资成本，提高投资效益。例如，针对互联网行业，政府可能出台一系列扶持政策，如简化审核流程、加速网络基础设施建设、提供研发费用加计扣除等，中小企业可借此机遇，加大在互联网领域的投资力度。企业可以借助产业政策，洞察行业未来发展趋势，合理利用优惠政策降低投资成本，从而在宏观层面把握行业发展动态和趋势，为制定或调整投资战略提供明确的方向和思路。

3. 市场需求状况

市场需求是企业投资决策的核心依据之一。在制定投资战略时，企业必须深入了解不同行业的市场需求状况，避免进入市场需求趋于饱和的领域。在市场需求饱和的行业中，消费者议价能力较强，产品价格竞争激烈，投资产品的利润增长空间受到严重限制，甚至可能出现萎缩，导致投资战略难以顺利实施。相反，在市场需求尚未饱和的领域，产品价格的主导权掌握在投资者手中，企业能够获得更多的增值空间，从而实现投资收益的最大化。因此，企业应通过市场调研和分析，准确把握市场需求的变化趋势，优先选择那些市场需求尚未饱和、具有较大增长潜力的领域进行投资，确保投资战略能够达到预期的利润目标。市场需求饱和度与投资收益关系如表 4–2 所示。

表 4–2　市场需求饱和度与投资收益关系

市场需求饱和度	消费者议价能力	产品价格主导权	利润增长空间
饱和	强	消费者	受限甚至萎缩
未饱和	弱	投资者	较大增值空间

（二）内部因素

内部因素是企业自身可控的微观因素，对投资战略的制定和实施同样至关重要，主要包括以下几个方面。

1. 企业战略

企业战略是企业发展的总体蓝图，明确了企业的长远目标、发展方向和核心竞争力。投资战略必须与企业战略保持高度一致，确保投资活动能够为企业战略的实现提供有力支持。例如，对于一家致力于成为行业领先者的制造企业，其投资战略应重点围绕技术创新、产能扩张、市场拓展等方面进行布局，通过投资先进的生产设备、研发新技术、开拓新市场等举措，不断提升企业的核心竞争力，推动企业向行业领先地位迈进。只有将投资战略与企业战略紧密结合，才能使企业的各项资源得到合理配置，实现资源利用的最大化，为企业的发展奠定坚实基础。企业战略与投资战略关系如表 4–3 所示。

表 4–3　企业战略与投资战略关系

企业战略目标	投资战略重点
成为行业领先者	技术创新、产能扩张、市场拓展
提高市场份额	产品升级、营销推广、渠道建设
优化产品结构	新产品研发、多元化投资

2. 经营管理能力

经营管理能力是企业运营和发展的关键保障，直接影响着投资战略的实施效果。企业需要配备高效的经营管理团队，能够对投资项目的各个环节进行科学规划、合理组织和有效控制。在投资决策阶段，经营管理团队应具备敏锐的市场洞察力和准确的判断力，对投资项目的风险和收益进行全面评估，确保投资决策的科学性和合理性；在投资实施阶段，团队要能够制订详细的项目计划，合理安排人力、物力、财力等资源，确保项目的顺利推进；在投资运营阶段，要对投资项目进行有效的监控和管理，及时发现和解决项目运营过程中出现的问题，提高项目的运营效率和盈利能力。同时，企业还应不断完善经营管理机制，建立健全各项管理制度和流程，提高企业的整体经营管理水平，为投资战略的顺利实施提供有力支撑。经营管理能力与投资战略实施效果关系如表 4–4 所示。

表 4–4 经营管理能力与投资战略实施效果关系

经营管理能力	投资决策	投资实施	投资运营
高	科学合理	顺利推进	高效盈利
低	风险较大	进度延迟	效益低下

3. 资源状况

资源是企业开展投资活动的基础，包括资金、技术、人才、设备等有形资源和品牌、商誉、专利等无形资源。企业必须全面评估自身的资源状况，根据资源的充裕程度和配置情况，合理确定投资规模和投资方向。如果企业资金充裕，技术实力雄厚，拥有丰富的人才储备和先进的生产设备，那么可以考虑进行大规模的投资，拓展新的业务领域或进行产业整合；反之，如果企业资源有限，就应该谨慎投资，优先选择那些能够充分利用现有资源、具有较高投资回报率的项目进行投资。此外，企业还应注重资源的整合与优化配置，通过内部挖潜、外部合作等方式，提高资源的利用效率，为投资战略的实施提供充足的资源保障。资源状况与投资规模、方向关系如表 4–5 所示。

表 4–5 资源状况与投资规模、方向关系

资源状况	投资规模	投资方向
充裕	大规模	拓展新业务、产业整合
有限	小规模	高回报率项目

4. 技术能力

技术能力是企业在市场竞争中保持优势的关键因素，也是投资战略的重要支撑。随着技术创新的速度日益加快，企业必须具备较强的技术研发能力和技术应用能力，

才能在激烈的市场竞争中立于不败之地。在制定投资战略时，企业应充分考虑自身的技术能力，优先选择那些与企业技术发展方向相契合、能够充分发挥企业技术优势的投资项目。例如，对于一家拥有先进制造技术的工业企业，可以考虑投资建设智能化生产线，通过引入先进的自动化设备和智能制造技术，提高生产效率和产品质量，降低生产成本，增强企业的市场竞争力。同时，企业还应不断加大技术研发投入，加强与高校、科研机构的合作，积极引进和培养技术人才，提升企业的技术创新能力，为投资战略的实施提供持续的技术支持。技术能力与投资战略关系如表 4-6 所示。

表 4-6　技术能力与投资战略关系

技术能力	投资项目选择
强	智能化生产线、新技术研发
弱	技术引进、设备更新

5. 市场竞争力

市场竞争力是企业生存和发展的根本保障，也是投资战略成功与否的关键因素之一。企业应通过不断提升产品质量、优化产品性能、创新营销模式、提高服务水平等举措，增强自身在市场中的竞争力。它涉及企业在产品质量与性能、品牌影响力、客户满意度与服务、创新能力、价格竞争力以及营销和销售策略等多个方面的综合实力；在制定投资战略时，企业要充分考虑自身的市场竞争力，选择那些能够进一步提升企业市场竞争力的投资项目。市场竞争力关键因素与投资战略关系如表 4-7 所示。

表 4-7　市场竞争力关键因素与投资战略关系

关键因素	对投资战略的影响
品牌影响力	投资于品牌建设和市场推广，以提高市场份额
产品质量与性能	投资于研发和质量控制，以提升产品竞争力
客户满意度与服务	投资于客户服务和售后支持，以增强客户忠诚度
创新能力	投资于新产品开发和技术创新，以保持市场领先地位
价格竞争力	投资于成本控制和价值提升，以优化价格策略
营销和销售策略	投资于营销渠道和销售网络，以扩大市场覆盖面

6. 内部融资能力

内部融资能力是企业获取资金的重要途径，对投资战略的实施具有重要影响。企业应建立健全内部融资机制，合理规划资金的筹集和使用，确保投资项目的资金需求得到满足。如果企业内部融资能力较强，可以通过留存收益、内部资金调配等方式筹集资金，降低融资成本，提高资金使用效率；如果内部融资能力有限，就需要积极拓展外部融资渠道，如银行贷款、股权融资、债券发行等，但同时也要注意防范融资风险，避免过度负债导致企业财务危机。此外，企业还应加强资金管理，优化资金结构，提高资金的流动性和安全性，为投资战略的顺利实施提供稳定的资金保障。内部融资能力与资金筹集方式关系如表 4–8 所示。

表 4–8 内部融资能力与资金筹集方式关系

内部融资能力	资金筹集方式
强	留存收益、内部资金调配
弱	银行贷款、股权融资、债券发行

7. 组织结构与文化

组织结构是企业运营的框架，决定了企业的管理效率和决策速度；企业文化是企业的灵魂，影响着员工的行为和企业的价值观。合理的组织结构能够确保企业各部门之间的协调运作，提高企业的执行力和应变能力；积极向上的企业文化能够激发员工的工作积极性和创造力，增强企业的凝聚力和向心力。在制定投资战略时，企业应充分考虑组织结构和企业文化的影响，确保投资战略与企业的组织结构和文化相适应。例如，对于一家采用扁平化管理结构的企业，其决策流程相对简洁高效，能够快速响应市场变化，因此可以考虑进行一些具有较高风险和创新性的投资项目；而对于一家具有深厚文化底蕴、注重稳健发展的企业，则应优先选择那些风险较低、收益稳定的项目进行投资。同时，企业还应根据投资战略的实施需要，适时调整组织结构和企业文化，为投资战略的顺利推进创造良好的内部环境。组织结构与企业文化对投资战略的影响如表 4–9 所示。

表 4–9 组织结构与企业文化对投资战略的影响

组织结构与文化	投资战略特点
扁平化、创新导向	高风险、创新性投资
稳健、风险规避	低风险、稳定收益投资

（三）投资决策的依据

投资决策应基于对内外部因素的综合分析，包括市场研究、财务分析、风险评估等。中小企业应采用数据驱动的方法，利用预测模型和情景规划来评估不同投资选项的潜在收益和风险。以下是一些关键步骤。

市场研究：收集和分析市场数据，了解市场规模、增长潜力、消费者行为和竞争对手。

财务分析：评估投资项目的财务可行性，包括成本效益分析、投资回报率、净现值和内部收益率。

风险评估：识别和评估投资项目可能面临的风险，包括市场风险、技术风险、运营风险和财务风险。

预测模型：使用统计和经济模型来预测投资项目的未来表现。

情景规划：考虑不同市场和经济条件下的投资项目表现，以制定灵活的投资战略。

投资战略是中小企业实现长期发展的关键。通过综合考虑内外部因素，中小企业可以制定出符合自身特点和市场需求的投资战略，从而在激烈的市场竞争中获得优势。

三、企业生命周期与投资战略的匹配

中小企业在其生命周期的不同阶段，经营特点各异，因此投资战略的制定必须紧密结合企业当前所处的生命周期阶段、环境状况、行业状态以及企业自身的实际情况。通过精准匹配企业特征与投资战略，中小企业可以确定各生命周期阶段的投资战略及目标，从而有效降低投资风险，提升盈利水平，并增强企业在多变市场中的竞争优势。

（一）企业初创期：专业化投资战略

1. 专业化投资战略的概述

在初创期，中小企业各方面能力相对较弱，资源有限，因此应将投资重点集中在某一特定项目或领域，以形成初步的市场规模和核心竞争力。专业化投资战略聚焦于特定项目投资，旨在精准锁定某一目标消费群体、占据产品链关键环节或深耕某一区域市场，深度挖掘投资项目潜力，塑造差异化优势，强化核心竞争力。如迈克尔·波特所讲，企业实施“专一化战略”可通过满足特定需求实现差异化或降低成本，超越行业平均盈利水平，抵御竞争威胁，推动企业规模与市场影响力稳步拓展，且维持经营结构的相对稳定。

2. 初创期专业化投资战略的实施关键

深入考察目标市场与客户：明确目标市场的现状、规模、竞争格局及未来发展趋势，同时了解目标客户群的数量、增长趋势、消费习惯及需求变化，为投资决策提供科学依据。

全面分析企业资源与能力：结合企业的资产运营状况、获取资源的能力、技术实力、研发能力及生产能力等，确保所选投资项目能够在企业能力范围内顺利实施。

谨慎选择投资项目并持续创新：选择与企业长期发展战略相契合的投资项目，注重产品的差异化和创新性，同时建立完善的研发体系，鼓励持续创新，以保持市场领先地位。

3. 案例分析

某新兴小型科技企业在初创期发现智能穿戴设备市场中运动爱好者这一细分群体的需求尚未得到充分满足。于是，该企业集中资源研发针对运动爱好者的智能手环，通过持续创新和市场拓展，成功赢得了市场的认可和消费者的青睐，实现了快速发展。

（二）企业成长期：一体化投资战略

1. 一体化投资战略的概述

随着企业进入成长期，规模逐渐扩大，市场积累了一定的资本和客户基础。此时，企业的重心在于如何扩大规模、实现快速成长。一体化投资战略成为该阶段的重要选择，它通过横向和纵向扩展，延长企业在供应链中的生产环节，提高了生产效率，降低了成本。

2. 一体化投资战略的实施形式

纵向一体化：将经营范围延伸至上游供应商或下游销售商，通过合并经营模式增加企业生产的深度，提升议价能力，及时获取市场反馈信息。

横向一体化：在供应链相同生产环节上对同类型企业进行投资，形成规模效应，降低成本，提升市场竞争力。

3. 案例分析

某家处于成长期的企业，在初创期成功打入了智能手机市场并积累了一定的市场份额和客户基础。为了进一步扩大规模，该企业采用了一体化投资战略。通过纵向一体化与上游供应商建立更紧密的合作关系，确保原材料的稳定供应和成本控制；同时，通过横向一体化投资同类型智能手机生产企业，实现了生产规模的迅速扩大，并在市场中占据了更大的份额。

（三）企业成熟期：多元化投资战略

1. 多元化投资战略概述

进入成熟期后，企业内部的组织结构趋于合理，规模较大且稳定，资本积累丰富，市场地位稳固。此时，企业的经营风险较低，但财务风险较大。为寻求新的增长点，企业宜采用多元化投资战略，将资本分散投资于不同行业或领域，拓展业务板块，实现持续成长并延长企业寿命。

2. 多元化投资战略的实施关键

明确自身资源与市场能力：确保企业具备强大的资金支持和内部资源协调能力，以实现资源利用率的最大化。

深入分析外部市场环境：从产业政策、经济状况等宏观因素以及竞争者数量、产品供求等微观因素出发，评估新领域投资的可行性。

确保进入新领域的条件达标：管理层需具备多元化投资战略的领导能力，同时拥有专业技术人才、管理团队和核心技术。

科学选择多元化投资方式：结合企业总战略目标和自身情况，选择相关多元化或无关多元化投资方式。

3. 案例分析

网易股份有限公司作为成熟期企业的代表，在互联网行业拥有稳固的根基和核心竞争力。该公司采用以互联网为基础的相关多元化投资战略，向在线教育、电商、在线音乐等领域进行业务延伸。通过“互联网 +”的方式将各行业联系在一起，利用庞大的用户数推广新投资行业的产品，提高了新产品宣传效率并扩大了接受范围。网易的成功案例表明，成熟期企业在实施多元化投资战略时，应结合自身优势和新领域特点，实现资源的优化配置和企业的持续发展。

（四）企业衰退期：退出型投资战略

1. 退出型投资战略概述

在衰退期，企业的利润空间逐渐萎缩，市场份额下降。此时，企业需要减少部分非主营业务板块或变卖固定资产，以保留一定实力并降低经营风险。退出型投资战略成为该阶段的重要选择，它强调通过主动或被动的方式退出投资领域，实现资本的回笼和资源的重新配置。

2. 退出型投资战略的实施形式

主动型投资退出：企业在投资初期就明确退出时间和方式，如风险投资公司在初创期企业成功上市后主动撤出资金。

被动型投资退出：当企业所处行业发展不景气时，通过出售资产、剥离非核心业务等方式实现资本回笼，降低亏损。

3. 案例分析

长春经开（集团）股份有限公司在面对原有主营业务盈利能力较弱、企业处于衰退期的情况时，采取了退出型投资战略。通过转让股份、出售子公司和固定资产等方式实现资金回流，并借助有经验的企业实现新行业转型，成功推动了企业的可持续发展。这一案例表明，衰退期企业在实施退出型投资战略时，应充分考虑市场环境和企业实际情况，制定科学合理的退出方案。

综上所述，中小企业在制定投资战略时，应紧密结合企业生命周期阶段的特点和实际需求，选择合适的投资战略并付诸实施。通过精准匹配企业特征与投资战略，中小企业可以降低投资风险、提升盈利水平，并在多变的市场环境中保持竞争优势。

在初创期，企业通常资源有限，需要通过专业化战略来聚焦资源，集中力量发展核心业务；在成长期，企业开始扩大规模，通过一体化战略实现规模效应；在成熟期，企业面临市场竞争加剧和增长放缓的挑战，通过多元化战略实现风险分散；在衰退期，企业需要通过退出型战略进行资源重组，以应对市场环境的变化；从而形成“生命周期－战略类型－资源需求”的三维矩阵战略匹配表，如表 4–10 所示。

表 4–10　战略匹配三维矩阵表

生命周期	战略类型	资源需求
初创期	专业化	聚焦资源
成长期	一体化	规模效应
成熟期	多元化	风险分散
衰退期	退出型	资源重组

四、国际投资决策的考虑因素与策略

国际投资决策是一个复杂且多维度的过程，涉及对诸多因素的细致考量和周密规划。以下是对国际投资决策过程中关键步骤的详细阐述，旨在为企业提供清晰的决策指引，助力其降低风险、实现长期国际业务的增长与成功。

（一）环境分析：奠定决策基础

环境分析是国际投资决策的首要环节，其核心在于全面且深入地识别与评估目标市场的宏观环境和微观环境状况，从而为后续的决策提供坚实依据。具体涵盖以下重要方面。

1. 政治因素

政治环境的稳定性是关键考量点。政局动荡的国家，企业投资面临巨大不确定性，甚至可能导致资产损失。政府所推行的政策方向、法律法规的健全程度以及国家间的外交关系等，也直接左右着企业在当地的运营状况及投资安全性。例如，某些国家对特定行业出台优惠政策，会吸引相关企业前往投资；反之，贸易保护主义抬头的国家，则可能阻碍外资进入。

2. 经济因素

经济指标是衡量投资潜力的重要依据。GDP 增速反映经济体的活力，高增长率的新兴经济体往往具有更大投资潜力，但风险也相对较高。通货膨胀水平影响企业成本和消费者购买力，过高或过低的通胀都可能对投资产生不利影响。失业率的高低关乎劳动力市场供需状况，进而影响企业用工成本和产品市场需求。利率与汇率的变动则直接关系到企业的融资成本和投资收益。此外，市场规模的大小和潜在增长机遇也是关键考量，广阔的市场空间为企业提供了更多的发展机会。

3. 法律因素

法律环境的完善程度对企业至关重要。知识产权保护力度不足，可能使技术型企业面临技术泄露风险，影响其投资决策。合同法的具体规定关乎企业交易的合法性和稳定性，税法的要求影响企业的税负成本，劳动法的条款则涉及企业用工成本和人力资源管理。企业必须开展详尽深入的法律尽职调查，确保投资活动严格遵循当地法律法规，并聘请专业法律顾问团队提供支持和建议。

4. 文化因素

文化差异深刻影响市场对产品或服务的接受程度以及企业的整体形象。消费者的偏好习惯、商业运作的传统方式、语言差异、宗教信仰等，都是企业需要重点关注的方面。例如，在宗教氛围浓厚的国家，特定的产品或服务可能会受到限制，企业需充分考虑文化因素，调整产品策略和营销方式，以适应当地市场。

（二）风险管理：保障决策成功

风险管理是国际投资决策中的关键要素。企业经营面临着多种潜在风险，这些风险可能对投资收益和长期业务稳定性产生显著影响。因此，企业必须重点关注并有效管理以下潜在风险。

1. 汇率风险（外汇风险）

汇率风险是指由于汇率波动导致的资产、负债或现金流价值变动的风险。它主要表现在三个方面。

交易风险：在商品、劳务的进出口交易中，从合同的签订到货款结算的这一期间，外汇汇率变化所产生的风险。在以外币计价的国际信贷中，债权债务未清偿之前存在风险。外汇银行在外汇买卖中持有外汇头寸的多头或空头，也会因汇率变动而遭受风险。

折算风险：在对资产负债表进行会计处理的过程中，因汇率变动而引起海外资产和负债价值的变化而产生的风险。它是一种存量风险。跨国公司的海外分公司或子公司所面临的折算风险更为复杂，因为它们需要将外币转换成东道国货币，再折算成母公司所在国货币。

经济风险：意料之外的汇率波动而引起企业未来一定期间的收益或现金流量变化的一种潜在风险。经济风险可包括真实资产风险、金融资产风险和营业收入风险三方面，其大小主要取决于汇率变动对生产成本、销售价格以及产销数量的影响程度。

为了降低汇率风险，企业可以采取多种策略。

（1）套期保值：通过远期外汇合约、外汇期权、货币互换等金融工具锁定汇率，减少潜在损失。

（2）货币对冲：选择稳定的货币进行投资，或通过与当地银行合作来降低汇率波动的影响。

（3）自然对冲：匹配外汇资产和负债，优化进出口业务的货币结算方式，降低外汇风险敞口。

2. 政治风险

政治风险包括政策突然变动、政治冲突爆发以及国际制裁实施等，可能导致投资被冻结、资产损失或无法按时收回投资。企业需在投资前进行深入的政治环境分析，全面了解目标国家的政治稳定性、政府政策方向以及国际关系等。同时，考虑与当地合作伙伴共同投资，借助其资源和影响力，降低政治风险并获得更多的市场机会，实现互利共赢。

3. 法律风险

在国际投资过程中，违反当地法律可能会引发高额罚款、法律诉讼甚至资产被没收等严重后果。企业必须开展详尽深入的法律尽职调查，深入了解目标国家的法律体系、商业惯例、知识产权保护等关键领域。在此基础上，聘请专业的法律顾问团队，为企业提供全方位的法律支持和建议，确保投资活动合法合规，规避法律风险。

4. 市场风险

市场风险涉及市场需求动态变化、竞争对手策略行动以及经济周期波动等多个方面，对企业的投资收益和市场地位产生重大影响。企业需要进行深入的市场研究，准确把握目标市场的消费者需求、市场趋势以及竞争对手情况。同时，制定灵活的业务策略，根据市场变化及时调整投资计划和运营策略。例如，通过多元化产品线，降低对单一产品的依赖，分散市场风险；拓展新市场，寻找新的增长点；加强品牌营销，提升品牌知名度和美誉度，增强市场竞争力，从而有效应对市场风险。

（三）项目评估：精准决策关键

跨境交易的评估是一个复杂且多维度的过程，涉及跨境交易结构、税务考量、合规性、财务风险以及市场进入策略等多个关键方面，以下是对这些方面的详细阐述。

1. 跨境交易结构

跨境交易结构的选择对企业具有深远影响，直接关系到企业的税负、控制权、市场进入速度及长期战略。常见的跨境交易结构包括以下几种。

直接投资：企业直接在目标国家设立分支机构或子公司，拥有较高的控制权和灵活性，能够自主制定经营策略和管理决策，更好地适应当地市场变化。但这种模式可能面临较高的初始投资成本，包括注册资金、场地租赁、设备购置等，同时由于需要从零开始构建运营体系，风险也相对较大，如市场开拓风险、文化融合风险等。

并购：通过收购目标国家的现有企业，企业能够快速获得市场份额、技术和资源，实现规模经济和协同效应。并购可以帮助企业迅速进入目标市场，利用被收购企业的销售渠道、客户资源、品牌影响力等优势，加速市场布局。然而，并购需要进行详尽的尽职调查，涵盖财务状况、法律合规性、技术实力、员工团队等多个方面，以准确评估被收购企业的价值和潜在风险。此外，并购后的整合也是关键挑战，包括文化整合、管理整合、业务整合等，若整合不力，可能导致企业运营效率下降，甚至出现内部矛盾。

合资：与目标国家的合作伙伴共同投资设立企业，是一种风险共担、利益共享的合作模式。合资可以共享资源，如资金、技术、市场渠道等，降低企业的投资成本和市场进入风险。同时，借助当地合作伙伴的资源优势和政府关系，企业可能更容易获得当地政府的支持和优惠政策，加快项目落地和市场拓展。不过，合资也意味着企业需要与合作伙伴共同决策，控制权相对分散，在经营理念、管理方式等方面可能存在分歧，需要建立有效的沟通协调机制和利益分配机制，确保合作顺利进行。

许可协议：通过授权目标国家的合作伙伴使用自己的技术或品牌，企业实现了轻资产扩张，以较低的成本快速进入目标市场。在许可协议模式下，企业无须大规模的资金投入和直接运营，主要通过收取许可费用获取收益。但这种模式也存在控制权稀释的风险，企业对被许可方的经营活动难以进行有效监督和控制，可能导致品牌形象受损或技术泄露。此外，知识产权保护力度较弱的国家，企业面临的风险更大，需谨慎选择合作伙伴并加强合同约束。

企业应根据自身的发展战略、资源状况、目标市场的特点以及对控制权和风险的偏好，综合考量各种交易结构的优劣势，谨慎选择最适合的交易结构，以实现最佳的投资效果。

2. 税务考量

跨境交易涉及不同国家的税务规定。税务考量在跨境交易评估中占据重要地位，主要包括以下三方面内容。

避免双重征税协议：不同国家之间签订的避免双重征税协议，旨在避免跨国企业在两国同时缴纳所得税，减轻企业的税负。企业应深入了解目标国家与本国之间的双重征税协议内容，明确所得来源地规则、税收抵免方法等关键条款，合理规划交易架构和利润分配，充分利用协议优惠，降低跨境交易的税务成本。例如，通过在税收协定待遇较为优惠的国家设立中间控股公司，对投资收益进行合理分配，避免重复征税。

转移定价规则：转移定价是跨国企业内部交易定价的重要依据，合理确定关联企业之间的交易价格至关重要。企业需遵循独立交易原则，确保交易价格与独立第三方之间的交易价格相当，避免被税务机关认定为转移利润而面临税务调整。这要求企业建立科学合理的转移定价体系，收集充分的市场数据和可比交易信息，对内部交易进行准确定价，并做好相关文档记录，以应对税务机关的审查和质疑。

全球税务规划：在全球化背景下，企业应从全球视角出发，进行税务规划，通过合理规划跨国企业的利润分配、资本结构和融资安排，实现税负的优化配置。例如，根据不同国家的税收政策差异，将利润分配到税收优惠地区，降低整体税负；优化资本结构，合理安排债务融资和股权融资的比例，充分利用利息费用的税前扣除优势，降低融资成本；选择合适的融资方式和融资地点，降低资金成本和税务风险。但需要注意的是，税务规划必须在合法合规的前提下进行，避免因违规操作引发税务风险和法律纠纷。

苹果公司爱尔兰税基案例

背景：苹果公司（以下简称苹果）通过将大量利润转移至爱尔兰子公司，利用当地的低税率政策，显著降低了全球税负。爱尔兰的企业所得税率为12.5%，远低于美国的35%。此外，苹果还通过复杂的公司结构，将部分利润转移至“无国籍”子公司，进一步规避税收。

税务规划策略如下。

利润转移：苹果将知识产权转移到爱尔兰子公司，通过支付特许权使用费的方式，将利润从高税区转移到低税区。

双重爱尔兰架构：苹果设立两家爱尔兰子公司，其中一家为税务居民，另一家为非税务居民，从而避免在爱尔兰和美国缴税。

无国籍子公司：苹果设立无国籍子公司，这些子公司在任何国家都不被视为税务居民，因此无须在任何国家缴税。

全球税务布局对投资回报的影响如下。

税负降低：通过上述策略，苹果有效降低了全球税负，增加了税后利润，提升了股东回报。

现金流增加：低税负使得苹果拥有更多现金流，可用于研发、并购和股东分红，进一步增强了市场竞争力。

股价提升：税后利润的增加直接推动了股价上涨，提升了股东的投资回报。

风险与挑战：尽管税务规划带来了显著收益，但也面临国际社会的反避税压力。

例如，欧盟委员会裁定苹果需向爱尔兰补缴130亿欧元的税款，尽管爱尔兰和苹果均提出上诉，但这一事件凸显了国际税务环境的不确定性。

结论：苹果公司的税务规划案例展示了全球税务布局对投资回报的影响。通过合理的税务规划，企业不仅能降低税负，还能提升现金流和股价，增强市场竞争力。然而，国际税务环境的不确定性也带来了潜在风险，企业需在合规与效益之间找到平衡。

总之，企业应充分利用税务专家的专业知识和经验，结合自身实际情况，制定科学合理的税务策略，确保税务合规并最大化税后收益，为跨境交易提供有力的税务支持。

3. 合规性

合规性是跨境交易评估中的重要方面，涉及法律、监管和文化等多个层面，企业需高度重视并严格遵守，主要包括以下几个方面。

法律合规：确保交易活动符合目标国家的法律法规和国际通行准则，是跨境交易的基本要求。企业需全面了解目标国家的公司法、证券法、合同法、劳动法、环保法等法律法规，以及与交易相关的特殊法律条款和监管要求。在交易过程中，严格遵循法定程序，办理必要的审批、登记、备案等手续，确保交易的合法性和有效性。同时，关注法律法规的变化，及时调整交易策略和运营模式，避免因法律违规而遭受罚款、诉讼、业务受限等不利后果。

监管合规：不同国家和地区对特定行业有着严格的监管要求，如金融、医疗、食品、能源等。企业需密切关注目标国家相关行业的监管政策和标准，确保业务活动符合监管机构的审批和监管要求。在跨境交易中，可能涉及行业准入许可、资质认证、产品标准、数据安全等方面的监管合规问题。企业应提前与当地监管机构沟通，了解监管要求和审批流程，准备充分的申报材料，积极配合监管审查，确保交易顺利通过监管审批，合法开展业务活动。

文化合规：文化差异在跨境交易中也不容忽视，企业需尊重目标国家的文化习俗和商业惯例，避免因文化差异导致误解和冲突。在交易谈判、合同签订、运营管理等环节，充分考虑当地的文化特点，采用符合当地文化习惯的沟通方式、商务礼仪和管理风格。例如，在一些重视集体主义文化的国家，企业决策需充分考虑团队意见和集体利益；在宗教信仰浓厚的地区，企业的产品设计、营销活动等需避免触犯当地宗教禁忌。通过文化合规，企业能够更好地融入当地市场，赢得当地合作伙伴、客户和员工的信任与支持，促进跨境交易的顺利进行和后续业务的稳定发展。

企业应建立有效的合规管理体系，明确合规管理职责，制定完善的合规制度和流程，定期开展合规培训和内部审查，及时发现和纠正合规风险，确保跨境交易的全过程都符合法律、监管和文化要求，为企业营造良好的运营环境。

4. 财务风险

跨境交易涉及多种财务风险，企业需准确识别并有效管理，主要包括以下几个方面。

资本结构风险：合理的资本结构对企业财务稳定性和盈利能力至关重要。企业应根据自身的财务状况、市场环境和项目特点，合理确定债务与股权的比例。过高的财务杠杆虽然可能带来较高的收益，但也增加了企业的财务风险，如偿债压力、利率风险等。在跨境交易中，需综合考虑目标国家的融资环境、融资成本、汇率波动等因素，优化资本结构，平衡债务融资和股权融资的优势与劣势，确保企业具备足够的偿债能力和财务灵活性，以应对各种财务风险。

现金流风险：精准预测现金流是企业运营的关键。跨境交易可能导致企业的现金流结构和规模发生变化，如投资资金的大量流出、项目回款周期的不确定性、汇率波动对现金流的影响等。企业需建立科学的现金流预测模型，充分考虑各种影响因素，准确预测交易前后的现金流状况。同时，加强资金管理，合理安排资金使用计划，确保企业有足够的资金支持日常运营和长期发展，避免因现金流短缺而陷入财务困境。此外，还可通过建立应急资金储备、优化应收账款管理、加强供应链融资等方式，增强企业的现金流稳定性。

汇率风险（外汇风险）：汇率风险是指由于汇率波动导致的资产、负债或现金流价值变动的风险。它主要表现在交易风险、折算风险和经济风险三个方面。为了降低汇率风险，企业可以采取多种策略，如套期保值、货币对冲和自然对冲等。

企业应制定全面的风险管理策略，建立风险预警机制，实时监测财务风险指标，及时发现潜在风险并采取有效措施进行应对，确保企业的财务健康和跨境交易的顺利实施。

5. 市场进入策略

市场进入策略是跨境交易评估中的关键环节，直接影响企业在目标市场的竞争力和业务发展。企业需精心制定市场进入策略，主要包括以下几个方面。

分销渠道构建：根据目标市场的特点、产品特性、消费者购买习惯等因素，选择合适的分销渠道。可采用直销模式，直接面向消费者销售产品，提高品牌知名度和客户忠诚度，但需要建立完善的销售团队和服务网络，成本相对较高；也可选择代理商或分销商模式，借助其广泛的销售网络和渠道资源，快速拓展市场，降低市场进入成本，但对渠道的控制力相对较弱。此外，还可结合线上线下多种渠道，实现渠道融合，提高市场覆盖度和销售效率。

合作伙伴筛选：与当地有实力的合作伙伴建立合作关系，是企业成功进入目标市场的重要途径。合作伙伴可以是当地的供应商、经销商、服务商、科研机构等，他们熟悉当地市场环境、法律法规和商业文化，拥有丰富的资源和经验。企业应根据自身需求和目标，制定明确的合作伙伴筛选标准，如合作伙伴的信誉度、实力规模、市场渠道、技术能力、合作意愿等，通过多渠道收集信息，进行深入调研和评估，选择最合适的合作伙伴。在合作过程中，建立良好的沟通协调机制和利益分配机制，加强合作管理，确保合作双方目标一致、协同共进，共同开拓目标市场。

品牌定位与推广：品牌是企业在市场中的重要资产，目标市场的消费习惯和文化差异对企业品牌定位和推广提出了更高要求。企业需深入研究目标市场的消费者需求、偏好、购买决策过程等，根据市场特点调整产品定位，突出产品优势和差异化特点，满足当地消费者的需求。同时，制定针对性的品牌推广策略，结合当地媒体环境、营销渠道和文化习俗，采用广告宣传、公关活动、促销活动、社交媒体营销等多种方式，提高品牌知名度和美誉度，增强品牌影响力。例如，在一些注重品牌形象和品质的市场，企业可加大高端品牌形象塑造和品牌故事传播的力度；在年轻消费群体占比较高的市场，可利用社交媒体平台进行互动营销和直播推广，吸引消费者关注和参与。

企业应制定精细化的市场进入策略，综合考虑目标市场的竞争格局、自身资源和优势，灵活运用多种市场进入手段，确保在目标市场取得成功，为跨境交易后的业务发展奠定坚实基础。

综上所述，国际投资决策是一项系统工程，需综合考虑跨境交易结构、税务考量、合规性、财务风险和市场进入策略等多个方面。通过深入环境分析、有效风险管理和细致项目评估，企业能够更明智地做出投资决策，降低风险，实现长期的国际业务增长与成功。

五、投资决策和战略制定流程与步骤

（一）明确目标

企业需深度思考期望通过投资实现的具体目标，目标应清晰、具体、可衡量，为后续评估和判断提供确切依据。例如，设定在未来三年内通过某项投资实现 20% 的年增长率，或者在五年内借助特定投资占据新市场 15% 的份额。明确目标是投资决策的起点，确保企业投资方向与战略意图一致。

（二）环境分析

1. 宏观经济环境

深入研究经济增长趋势、利率水平、汇率波动及通货膨胀率等因素对投资的影响。例如，在经济衰退期，企业可能会减少对高风险投资的投入；而在低利率环境下，可能更倾向于通过债务融资进行投资。宏观经济环境的分析有助于企业把握整体经济形势，为投资决策提供宏观层面的参考。

2. 行业趋势分析

了解行业所处的生命周期阶段（上升期、成熟期或衰退期）、市场规模变化趋势以及竞争格局演变态势，清晰把握行业发展方向及主要竞争对手动向。例如，当行业处于上升期时，企业可能加大投资以抢占市场份额。

3. 竞争态势

考察潜在竞争对手的进入威胁程度、现有竞争对手的优势与劣势，评估自身在行业中的位置及竞争实力。例如，若竞争对手在技术研发方面具有强大优势，企业可能需要在投资中侧重技术创新以提升竞争力。竞争态势分析帮助企业在激烈的市场竞争中找准定位，明确投资重点，增强竞争优势。

（三）内部评估

1. 财务状况

分析企业的资金实力、盈利能力、偿债能力等，判断是否有足够资金支持投资及承担风险。进行成本效益分析，计算每个项目的预期收益，涵盖直接成本、间接成本及可能的税收优惠等。例如，通过财务分析发现某项目的投资回报率低于企业的预期，可能需要重新评估或放弃该项目。财务状况评估是确保企业投资决策财务可行性的关键环节。

2. 资源状况

资源状况包括人力资源、技术资源、物质资源等，确定企业是否具备实施特定投资项目的能力。比如，若缺乏关键技术人才，可能需要在投资前考虑人才引进或培训计划。资源状况评估确保企业具备实施投资项目的必要资源，避免因资源不足导致项目失败。

3. 优势与劣势剖析

与竞争对手对比，找出自身在技术、品牌、渠道等方面的独特优势与不足。例如，企业在品牌知名度方面具有优势，投资时可侧重于品牌延伸项目。剖析优势与劣势能帮助企业在投资决策中扬长避短，充分发挥自身优势，弥补劣势，提高投资成功率。

（四）项目搜寻与筛选

项目搜寻：通过多种途径，如市场调研、行业报告研究、与合作伙伴交流等，积极寻找可能的投资机会。可能涉及新业务领域、新产品或服务、新地域拓展等方面。例如，通过市场调研发现新兴的消费需求，从而挖掘相关的投资机会。项目搜寻是投资决策的前端环节，广泛收集潜在投资信息，为后续筛选和评估提供丰富素材。

项目筛选：依据明确的目标和设定的基本标准，对潜在项目进行初步筛选。不符合企业核心业务方向、投资金额超出承受范围等项目应先行排除。例如，某项目与企业核心业务关联度低且投资风险过高，应在筛选阶段予以放弃。项目筛选帮助企业在众多潜在项目中快速定位符合战略方向和基本条件的优质项目，提高投资决策效率。

（五）详细评估

1. 技术方面

评估项目所涉及技术的成熟度、先进性、可替代性等。例如，对于一项依赖新兴技术的投资项目，需评估该技术的稳定性和未来发展潜力。技术评估确保投资项目所依托的技术可靠、先进，具备长期竞争力，降低技术风险。

2. 财务方面

精确计算投资成本，包括初始投资、运营成本等，同时预测未来收益，如销售收入、利润等。考虑现金流状况，确保资金合理安排。例如，通过财务模型预测项目在不同情况下的现金流表现。财务评估是投资决策的核心环节，准确评估项目的财务可行性和收益潜力，可为投资决策提供关键数据支持。

3. 市场评估

研究市场需求、市场份额、市场增长率等，判断项目的市场发展前景。例如，分析市场饱和度和竞争激烈程度，评估项目的市场空间。市场评估帮助企业了解投资项目在市场中的定位和发展潜力，确保项目能够满足市场需求，实现商业价值。

（六）风险分析

识别可能面临的风险，如市场风险（市场波动、需求变化）、技术风险（技术失败、更新换代迅速）、政策风险（政策调整、法规变化）、管理风险（团队能力不足、内部协调问题）等，并评估这些风险一旦发生对项目的影响程度。可构建风险评估矩阵，列出可能的风险因素，评估其可能性和影响。例如，针对政策风险，分析政策变动对项目成本和收益的潜在影响。风险分析是投资决策的重要保障，提前识别和评估风险，制定应对策略，降低投资风险，提高投资决策的稳健性。

（七）方案制定

（1）投资策略：根据企业目标、环境分析、内部评估和项目评估结果，制定具体的投资策略。明确投资方向、重点和方式，确保投资策略与企业战略目标一致，能够有效支持企业的发展战略。

（2）资源配置：根据公司财务状况和业务优先级，决定在哪些领域或项目上投入更多资源。例如，在资金有限的情况下，优先投资具有高增长潜力和与核心业务紧密相关的项目。资源配置确保企业资源得到合理分配和有效利用，提高投资效益。

（3）风险对冲：通过多元化投资或保险来分散风险。综合考虑各种因素后，制定具体的投资方案。包括确定投资金额、方式（独资、合资等）、时间节点安排等，同时制定应对风险的预案。例如，对于高风险项目，制定备用资金计划以应对可能的损失。风险对冲措施帮助企业在面对不确定性时，降低风险影响，保障投资项目的顺利实施。

（八）决策审批

1. 决策会议

召开专门的决策会议，让所有相关团队成员参与讨论，达成共识。决策会议是投资决策的关键环节，通过集体讨论和决策，确保投资方案的科学性和合理性，避免个人决策的片面性和风险。

2. 项目管理

一旦决策确定，制订详细的项目计划，分配资源并设定时间表。项目管理确保投资决策得到有效执行，项目按计划推进，及时发现和解决问题，保障项目顺利实施。

3. 审批流程

根据企业的决策层级和流程，将投资方案提交给相关人员或机构进行审批。审批过程中可能会进行进一步的讨论，以确保决策的科学性与合理性。审批流程是投资决策的保障机制，确保投资方案符合企业制度和规范，防范决策风险。

（九）战略整合

将最终确定的投资决策与企业的整体战略进行对接与融合，确保投资项目与企业的长期发展方向一致，并且能够为企业的战略目标做出贡献。例如，投资项目应有助于提升企业的核心竞争力、拓展市场份额或实现业务多元化。战略整合确保企业投资活动与整体战略协同推进，形成合力，推动企业战略目标的实现。

（十）实施与监控

1. 定期检查

每季度或半年进行一次项目进度检查，对比实际与预期，如有必要就调整策略。例如，若项目进度滞后，应及时分析原因并采取措施加快推进。定期检查是项目实施过程中的重要监控手段，及时发现问题并调整策略，确保项目按计划推进，实现投资目标。

2. 反馈机制

鼓励团队分享经验和教训，以便在未来的决策中避免重复错误。反馈机制促进了企业内部知识共享和经验积累，提升了团队的投资决策能力和项目管理水平，为企业的持续发展提供了支持。

（十一）后评估

1. 学习与培训

对投资成功的案例进行分析，提升团队的投资决策能力。学习与培训是企业提升投资管理水平的重要途径，通过总结成功经验，培养团队的专业素养和决策能力，为未来的投资决策提供有力支持。

2. 反思与优化

对于未达预期的投资，要分析原因，调整策略，避免重蹈覆辙。在项目完成一段时间后，对投资决策和实施过程进行全面回顾与评估。总结成功经验和不足，为未来投资决策提供参考和改进方向，不断提升企业的投资决策水平和战略制定能力。后评估是投资决策的闭环环节，通过总结和反思，持续优化投资决策流程和方法，推动企业投资管理水平不断提升。

通过这样严谨而全面的流程，企业能够确保投资决策与战略目标契合，在实际操作中灵活应对市场变化，实现资源的优化配置，推动企业稳健增长。

CHAPTER 05

第五章 营运资金管理策略

引　言

在不确定的市场环境中，营运资金管理已从被动响应转变为主动战略，成为企业生存与发展的生命线。本章将围绕营运资金管理策略这一主题，深入探讨营运资金管理的多维度策略，助力企业优化资源配置，提升资金使用效率，确保稳健运营与战略目标的实现。

第一节　营运资金战略概述与原则

在经济全球化与大数据时代浪潮中，企业资金管理迎来新机遇与挑战。为保持竞争优势、实现价值最大化，企业愈发重视战略规划，营运资金管理更是关键一环。企业管理层深知，高效科学的营运资金管理是日常运营基石，也是持续发展动力源泉。营运资金支撑企业采购、生产、销售等环节，经销售转化为收益，部分回报投资者，部分再投入市场循环。其有效管理可降低财务风险、控制成本支出，提升企业价值创造与市场竞争力。

然而，现金、存货等流动资产市场流转不断，资本循环存在时间差，导致资金流入流出数额、时间难匹配，增加了企业经营不确定性，即便大型企业也可能遇资金周转困境。故制定科学合理的营运资金战略，对保障企业稳定发展至关重要。

一、营运资金战略的含义与特征

（一）营运资金战略的含义

营运资金是企业在流动资产上的资本投入，狭义上指流动资产与流动负债的差额（营运资本）。营运资金战略是企业基于自身实际，综合考虑市场环境、行业特点、竞争态势及内部资源等因素，从资金的筹集、配置、使用及监控等维度出发，旨在优化资金结构、提高资金使用效率、降低财务风险的长期管理策略。它强调资金在各环节的高效流转与增值，且营运资金战略正由传统“流动性保障”向“价值创造中枢”演进。

资金安全 → 运营效率 → 战略赋能 → 生态价值
（基础层）（效率层）（战略层）（生态层）

（二）营运资金战略的特征

营运资金战略涵盖了整体性、动态性、创新性以及生态性等多个方面的特征，这些特征共同构成了企业有效管理营运资金的关键要素。

1. 整体性：从部门协同到全链条数字孪生

（1）传统认知：整体性强调企业内部各部门之间的协同合作，例如采购、生产、销售和财务等部门之间的信息共享和流程衔接，以实现资金的高效流转。

（2）数字化重构：在数字化时代，整体性进一步拓展为全链条的数字孪生。通过构建企业的数字孪生模型，将供应链、生产流程、资金流动等全链条信息进行实时映射和仿真，实现更精准的资金监控和资源配置。

（3）典型场景：例如，ERP 通过集成企业内部的各个业务模块，实现资金流的实时监控和分析，帮助企业快速响应资金需求，优化资金使用效率。

2. 动态性：从季度调整到实时智能响应

（1）传统认知：动态性强调根据市场和企业经营环境的变化，定期（如季度）调整营运资金管理策略，以适应不同的经营需求。

（2）数字化重构：借助人工智能和大数据技术，企业能够实现对资金流动的实时监控和智能预测。基于 AI 的现金流动态预测模型可以实时分析市场趋势、销售数据和资金需求，为企业提供即时的资金管理建议。

（3）典型场景：例如，智能补货系统通过实时分析销售数据和库存水平，自动调整补货计划，确保资金在库存管理中的高效利用。

3. 创新性：从流程优化到商业模式重构

（1）传统认知：创新性主要体现在对内部流程的优化，通过改进资金管理流程、提高资金使用效率等方式来提升企业的竞争力。

（2）数字化重构：数字化时代，创新性不仅局限于流程优化，更体现为商业模式的重构。例如，特斯拉通过垂直整合供应链和直销模式，减少了中间环节的资金占用，提高了资金的周转效率。

（3）典型场景：特斯拉的超级工厂实现了从电池生产到汽车制造的全产业链覆盖，通过内部化生产降低成本，同时利用直销模式减少库存积压，加快资金流动。

4. 生态性：从供应链管理到产融生态构建

（1）传统认知：生态性主要关注企业与供应商、客户之间的供应链管理，通过优化供应链关系来降低资金风险。

（2）数字化重构：在产业互联网时代，生态性进一步拓展为产融生态的构建。企业通过整合产业链上下游资源，构建金融与产业深度融合的生态系统，实现资金的高效配置和风险共担。

（3）典型场景：京东通过供应链金融平台，为供应商和商家提供融资服务，优化资金链。例如，“京保贝”和“京小贷”产品为供应商和商家提供了便捷的资金支持，同时通过数据共享和风险评估，降低了资金风险。

（三）案例分享

1. 案例：京东的智能供应链与营运资金管理实践

（1）智能预测与库存管理。京东利用大数据和人工智能技术，对消费者的购买行为、市场趋势、季节变化等因素进行深度分析，建立了精准的销售预测模型。通过这个模型，京东能够准确预测各类商品在不同地区、不同时间段的需求，从而实现库存的精准配置。

例如，在每年的电商大促活动之前，京东可以根据历史销售数据和当前的市场热度预测商品的销量，提前将商品调配到离消费者最近的仓库，既保证了有足够的库存满足消费者的需求，又避免了库存积压过多占用大量营运资金。

同时，京东还采用了智能补货系统，当库存水平达到预设的警戒线时，系统会自动触发补货流程，确保库存始终处于合理的水平。

（2）供应链金融创新。京东推出了一系列供应链金融产品，如“京保贝”和“京小贷”。这些产品为京东平台上的供应商和商家提供了便捷的融资渠道。

京东基于其与供应商的交易数据和信用评估，为供应商提供应收账款融资服务。供应商可以将其在京东平台上的应收账款转让给金融机构，提前获得资金，从而缓解了资金压力，加快了资金周转速度。这不仅有利于供应商的发展，也有助于京东优化与供应商的合作关系，确保供应链的稳定。

对于商家，京东根据其店铺的经营数据和信用状况，提供小额贷款服务，帮助商家解决在店铺运营、商品采购等方面的资金短缺问题，促进商家的业务增长。

（3）物流配送优化。京东投入大量资金建设了自己的物流网络，包括仓储设施、配送站和物流配送团队。通过优化物流配送流程，京东提高了配送效率，降低了物流成本。

京东采用了“分布式仓储”策略，即在全国范围内建立了多个大型仓储中心和众多小型前置仓。根据消费者的订单地址，系统会自动选择最近的仓库进行发货，大大缩短了配送时间。同时，京东还通过优化配送路线、采用智能调度系统等方式，提高了配送车辆的利用率和配送人员的工作效率，降低了物流配送成本，减少了营运资金在物流环节的占用。

2. 案例：特斯拉的营运资金战略创新

（1）直销模式与库存管理。特斯拉打破了传统汽车行业的销售模式，采用直销模式销售其电动汽车。消费者可以直接在特斯拉的官方网站或线下体验店购买车辆，无须通过经销商环节。

这种直销模式使得特斯拉能够更好地控制库存和销售渠道。特斯拉可以根据订单情况进行生产，避免了传统汽车经销商模式下的库存积压问题。同时，特斯拉还可以通过与消费者的直接互动，了解消费者的需求和反馈，及时调整生产计划和产品配置，提高了库存管理的灵活性和效率。

例如，特斯拉在推出新款车型时，会先接受消费者的预订，根据预订数量和配置要求组织生产，确保生产出来的车辆能够快速销售出去，减少了库存占用的营运资金。

（2）供应链垂直整合。特斯拉在供应链管理方面进行了大胆的创新，通过垂直整合实现了对关键零部件和技术的自主掌控。特斯拉不仅自主研发和生产电动汽车的电池、电机等核心部件，还投资建设了超级工厂，提高了生产效率和降低了生产成本。

例如，特斯拉的超级工厂采用了先进的自动化生产设备和高效的生产流程，能够大规模生产高质量的电池和汽车零部件。通过垂直整合供应链，特斯拉减少了对外部供应商的依赖，降低了采购成本和供应链风险，同时也提高了营运资金的使用效率。

此外，特斯拉还通过与供应商建立长期合作关系，共同研发和创新，提高了供应链的协同效应和竞争力。

（3）融资创新与资金管理。特斯拉作为一家新兴的电动汽车企业，在发展过程中需要大量的资金投入研发、生产和市场拓展。为了解决资金问题，特斯拉采取了一系列创新的融资方式。

例如，特斯拉通过发行股票、债券和可转换债券等方式筹集资金，吸引了大量的投资者关注和支持。同时，特斯拉还积极利用政府的补贴和优惠政策，降低了企业的运营成本和资金压力。

在资金管理方面，特斯拉注重资金的合理配置和使用效率。特斯拉将资金优先投入关键技术研发、生产设施建设和市场推广等方面，确保企业的核心竞争力不断提升。同时，特斯拉通过优化财务管理流程，降低了财务成本和风险，提高了营运资金的回报率。

二、营运资金战略的原则及目的

（一）营运资金战略的原则

营运资金战略的原则是企业在管理营运资金时应遵循的基本准则，旨在确保高效、安全地管理营运资金，以支持企业的正常运营和持续发展。这些原则主要包括以下几个。

1. 适应性原则

企业的营运资金战略必须适应内外部环境的变化。

（1）内部环境适应。

与企业发展阶段相适应：初创期企业资源有限，市场份额小，营运资金战略应侧重于资金筹集和谨慎使用，选择保守的采购策略和宽松的信用政策以打开市场。成熟期企业则拥有稳定的市场和现金流，可更注重资金的优化配置和效率提升，如加大对供应链的优化投入，提高存货周转速度和应收账款回收效率。

与企业业务特点和经营模式相匹配：不同业务类型对营运资金的需求和流转特点各异。制造业企业需大量资金用于原材料采购和库存管理，其营运资金战略重点在于优化供应链和存货控制；服务业企业的主要资产是人力资源，营运资金主要用于人员薪酬和日常运营费用的支付，其营运资金战略侧重于现金流的稳定和客户应收账款的管理。

（2）外部环境适应。

宏观经济环境变化：经济繁荣时期，市场需求旺盛，企业销售增长较快，营运资金战略可相对积极，适当增加存货储备以满足市场需求，同时放宽信用政策以扩大销售。经济衰退时期，市场需求萎缩，企业销售下滑，营运资金战略应趋于保守，加强对应收账款的催收，降低存货水平以减少资金占用，同时谨慎管理资金流出，确保企业有足够的资金应对风险。

行业竞争环境：在竞争激烈的行业中，企业可能需通过提供更优惠的信用条件来吸引客户，但这会增加应收账款的管理难度和资金占用成本。企业需在销售增长和资金风险之间寻求平衡，制定合理的信用政策和销售策略。同时，要密切关注竞争对手的营运资金管理策略，及时调整自身战略以保持竞争优势。

2. 成本效益原则

营运资金战略的制定和实施必须考虑成本与效益的平衡。

（1）资金成本控制。

合理安排资金来源：企业应根据自身的信用状况和市场利率水平，选择合适的融资方式，如银行贷款、债券发行、股权融资等。在利率较低时，可适当增加长期债务融资以锁定较低的资金成本；企业信用评级提升时，可考虑发行债券筹集资金，降低融资成本。

优化资金使用结构：通过合理控制存货水平、加速应收账款回收、合理安排应付账款支付等方式，减少资金在营运过程中的闲置和浪费。例如，采用先进的库存管理技术，如准时制生产（JIT）和供应商管理库存（VMI），可降低存货成本；建立有效的应收账款催收机制，缩短应收账款账期，提高资金回笼速度；合理利用商业信用，适当延长应付账款支付期限，增加企业资金使用时间，降低资金成本。

（2）效益提升。

提高资金周转速度：通过优化营运资金的管理流程，加快存货的周转、应收账款的回收和应付账款的支付，使企业资金在生产经营过程中能够快速循环流动，提高资金的使用效率。例如，企业可通过与供应商建立长期稳定的合作关系，争取更优惠的采购价格和付款条件，降低采购成本的同时提高资金使用效率；通过加强销售渠道管理和客户关系维护，提高销售收入和应收账款质量，增加企业现金流。

关注营运资金管理对企业整体价值的贡献：营运资金战略的实施不仅要关注短期的财务效益，还要考虑对企业长期发展和战略目标的支持。例如，合理的营运资金管理能提高企业的市场竞争力和品牌影响力，为企业的可持续发展创造有利条件。同时，要将营运资金管理与企业的投资决策、风险管理等其他战略决策相结合，实现企业整体价值的最大化。

3. 风险控制原则

营运资金战略必须充分考虑风险因素，建立有效的风险防控机制。

（1）流动性风险控制。

确保足够的流动资金：企业需合理预测现金流量，根据经营计划和市场变化情况，预留一定的现金储备或保持适当的银行信用额度，以应对可能出现的资金短缺风险。例如，可建立现金流量预警机制，当现金流量低于一定水平时，及时采取调整经营策略、筹集资金等措施，保证企业正常运营。

优化资产负债结构：通过合理配置流动资产和流动负债，保持合理的流动比率和速动比率，确保企业在短期内有足够的资产变现能力来偿还债务。企业可根据自身经营特点和风险承受能力，确定合理的流动比率和速动比率目标，并通过调整存货、应收账款、应付账款等项目的管理策略来实现这一目标。

（2）信用风险控制。

加强应收账款管理：企业需建立完善的客户信用评估体系，对客户的信用状况进行全面分析和评估，制定合理的信用政策，严格控制应收账款的账期和额度。同时，要加强应收账款的催收管理，建立有效的催收机制，及时跟踪应收账款的回收情况，采取法律手段等措施应对逾期账款。例如，可采用应收账款保理、质押等方式，将应收账款转让给金融机构，提前获得资金，降低应收账款的风险。

合理管理应付账款：企业要按时支付应付账款，避免因拖欠账款而影响企业的商业信誉和供应商关系。同时，要合理利用商业信用，适当延长应付账款的支付期限，但要确保在信用期内按时支付，以降低采购成本和资金压力。

（3）市场风险控制。

关注市场价格波动：对于原材料采购和产品销售价格波动较大的企业，要建立价格风险预警机制，采取套期保值等措施来降低价格风险。例如，大宗商品贸易企业可通过期货市场进行套期保值交易，锁定原材料采购价格和产品销售价格，避免因价格波动导致的营运资金损失。

应对市场需求变化：企业要密切关注市场需求的变化，及时调整生产计划和库存水平，避免因市场需求下降导致的存货积压和资金占用。同时，要加强市场调研和产品创新，提高产品的市场适应性和竞争力，降低市场需求变化对企业营运资金的影响。

4. 灵活性原则

营运资金战略应具有一定的灵活性，能够根据企业内外部环境的变化及时进行调整。

（1）战略调整机制。

建立快速反应机制：企业可通过建立市场监测系统、财务分析体系等方式，实时了解市场动态和企业财务状况，以便在出现变化时迅速做出反应。例如，可每月或每季度进行一次财务分析和市场调研，及时发现问题并制定相应的调整措施。

制订灵活的营运资金预算和计划：在制订营运资金预算和计划时，要充分考虑各种不确定性因素，制订多种预案和应对措施。例如，可根据不同的市场情况和销售预测，制订高、中、低三种不同的营运资金预算方案，以便在实际情况发生变化时能够及时调整。

（2）资源配置的灵活性。

合理配置人力资源：企业要培养和储备一批具备财务、运营、风险管理等多方面知识和技能的专业人才，他们能够根据企业的战略需求和市场变化，及时调整营运资金管理策略和方法。例如，可定期组织员工培训和学习交流活动，提高员工的专业素质和应变能力。

优化资产配置：企业可根据市场变化和经营需求，适时调整资产结构，增加流动资产的比重，减少固定资产的闲置和浪费。例如，可在市场需求旺盛时，增加生产设备的投资，提高产能；在市场需求下降时，出售部分闲置设备，回收资金，提高资产的流动性。

5. 协同性原则

营运资金战略应与企业的其他战略相互协同，形成合力。

（1）与企业总体战略协同。

服务于总体战略目标：营运资金战略要为企业总体战略目标提供资金支持和保障。例如，若企业总体战略是扩张型战略，营运资金战略应采取积极的融资策略和投资策略，支持企业业务拓展和市场份额扩大；若企业总体战略是稳健型战略，营运资金战略则应注重资金的安全性和稳定性，保持合理的资产负债结构和现金流量。

与总体战略实施步骤协调：企业在制订总体战略实施计划时，要充分考虑营运资金的需求和供应情况，合理安排资金的投入和回收时间，确保营运资金的顺畅流动。例如，在进行重大项目投资时，要提前做好资金筹集和预算安排，确保项目的顺利实施。

（2）与其他职能战略协同。

与市场营销战略协同：营运资金战略要支持市场营销战略的实施，为产品销售和市场推广提供资金保障。例如，企业可根据市场营销策略的需要，合理安排广告宣传费用、促销活动费用等，同时配合市场营销部门制定合理的信用政策和销售价格，以促进产品销售和应收账款的回收。

与生产运营战略协同：营运资金战略要满足生产运营的资金需求，确保生产过程的顺利进行。例如，企业可根据生产计划和库存管理要求，合理安排原材料采购资金、生产设备更新改造资金等，同时要优化生产流程，提高生产效率，降低生产成本，减少营运资金的占用。

与财务战略协同：营运资金战略是财务战略的重要组成部分，要与财务战略的其他方面，如融资战略、投资战略、利润分配战略等相互协调。例如，在制定融资战略时，企业要考虑营运资金的需求和特点，选择合适的融资方式和融资规模；在进行投资决策时，要充分考虑营运资金的占用和回收情况，确保投资项目的资金回报率能够覆盖资金成本并满足企业的营运资金需求。

（二）营运资金战略的目的

营运资金战略的目的涵盖以下关键方面，旨在确保企业的稳健运营和股东价值最大化。

1. 确保营运资金的安全性

企业在经营过程中，内部各部门协同运作，外部与上下游利益相关者业务往来频繁，资金流入流出极为频繁，任何一个环节出现问题都可能严重阻碍企业正常运营。因此，营运资金战略的首要目的是全力确保资金安全。

（1）构建风险防控体系。

建立风险监测机制：企业需建立全面且灵敏的风险监测机制，实时监控可能面临的市场风险、信用风险、流动性风险等。例如，密切关注市场动态，分析宏观经济形势变化对原材料价格波动的影响，评估其对采购成本及营运资金的潜在冲击；运用专业信用评估模型，定期对客户信用状况进行精准评估，及时察觉应收账款坏账风险；持续监测企业现金流量变化趋势，提前预警流动性紧张状况。

制定风险应对策略：依据风险监测结果，企业应制定并完善针对性的风险应对策略。针对市场风险，可灵活运用套期保值等金融工具锁定价格，或拓展多元化采购渠道，降低单一供应商价格波动风险。对于信用风险，构建完善的分级信用管理体系，根据不同客户的信用等级，量身定制差异化的销售政策和收款方式，如对信用良好的客户给予适当信用额度和宽松账期，对信用风险高的客户采取谨慎销售策略，甚至要求预付款或提供担保。对于流动性风险，制定详细应急预案，明确紧急情况下的应对措施，如迅速变现非核心资产获取流动资金，或及时启动应急融资渠道，确保企业资金稳定供应。

（2）强化资金管理流程。

实施资金集中管理：企业可通过设立集团资金池或运用先进资金管理系统，将分散在各部门、子公司及分支机构的资金集中归集统一调配。这不仅能提高资金规模效益，降低闲置率，还能增强企业对资金的整体掌控能力。例如，利用资金池运作机制，企业可在内部实现资金余缺调剂，当某个部门或子公司资金短缺时，迅速从资金充裕单位调拨资金，避免烦琐的对外融资手续和高昂的融资成本。

完善内部控制制度：企业需严格规范资金收付、审批、核算等关键环节操作流程，明确各部门及人员岗位职责和权限，确保资金收付流程合规、准确、及时。例如，制定严格的资金审批流程，规定不同金额资金支付需经相应层级审批，从源头防止资金被挪用、侵占或诈骗等风险。同时，建立定期对账制度，确保财务数据的准确性和一致性，及时发现纠正资金管理漏洞。

2. 提高营运资金周转效率

加速营运资金周转速度意义重大，一方面可降低资产流动性风险，减少资金持有成本；另一方面能显著提高企业偿债能力和抗风险能力，是营运资金战略的核心目的之一。

（1）优化库存管理。

引入先进管理技术：企业应积极引入准时制生产和供应商管理库存等先进库存管理技术。准时制生产要求企业根据实际生产需求，精确安排原材料采购和供应时间及数量，力求实现原材料和在制品的零库存或最低库存水平，从而有效减少库存积压和资金占用。例如，汽车制造企业通过与零部件供应商建立紧密合作关系，实现零部件准时配送，大大降低库存成本，提高资金使用效率。供应商管理库存则将库存管理责任转移给供应商，供应商根据企业实际需求和销售数据，自主进行库存水平管理和补货操作，企业只需在使用原材料或销售产品时结算，既减轻了企业库存管理负担，又提高了库存周转率。

借助大数据分析预测：企业可借助大数据分析和预测技术，对市场需求、销售趋势、产品生命周期等关键因素进行深入分析，建立精准的库存预测模型。通过模型预测结果，合理确定库存水平和补货时机，避免因库存过多导致资金积压或库存不足影响生产和销售。例如，电商企业通过对历史销售数据的深入挖掘和分析，结合季节性因素、促销活动安排等，准确预测未来一段时间内各类商品的销售情况，进而灵活调整库存策略，实现库存优化管理。

（2）强化应收账款管理。

建立信用评估体系：企业需建立完善的客户信用评估体系，综合运用多种手段对客户信用状况进行全面、准确的评估。这包括收集客户财务报表、信用记录、行业口碑等多方面信息，运用专业信用评分模型对客户进行量化评估，并定期对客户信用状况进行动态跟踪和更新。例如，根据客户信用等级，制定差异化的信用政策，对信用良好的客户给予适当信用额度和较长账期，促进销售增长；对信用风险高的客户采取谨慎销售政策，严格控制信用额度和账期，甚至要求预付款。

优化收款策略：企业应制定明确的收款责任人和收款期限，建立定期催收制度，采用多种催收方式，如电话催收、邮件催收、上门催收等，确保应收账款及时回收。同时，对逾期账款要采取相应惩罚措施，降低坏账损失风险。例如，企业可设立专门的应收账款催收团队，对即将到期的应收账款提前进行提醒和跟进，对逾期账款进行重点跟踪和催收，必要时通过法律手段维护企业合法权益。此外，还可利用应收账款保理、质押融资等金融工具，将应收账款提前变现，盘活资金，提高资金周转效率。

（3）优化应付账款管理。

延长付款周期：在不影响与供应商良好合作关系的前提下，企业可通过与供应商积极谈判协商，合理延长付款周期。企业可充分利用自身市场地位和信用优势，与供应商签订长期合作协议，争取更有利的付款条件。例如，企业可与主要供应商协商采用月结、季结等付款方式，或在供应商给予一定折扣的情况下适当延长付款期限，从而增加企业资金占用时间，提高资金使用效率。

利用商业信用融资：企业应充分利用商业信用进行融资，合理安排付款时间和金额，在确保正常经营的前提下，尽量延迟支付应付账款，以获取更多资金运作空间。例如，企业可在供应商给予的信用期内，合理规划资金，将暂时闲置资金用于短期投资或其他经营活动，获取额外收益。同时，企业还可通过与供应商建立良好合作关系，争取更多商业信用额度，缓解资金压力，促进营运资金的高效流转。

（4）精准现金流预测与分析。

建立现金流预测模型：企业需建立科学、精准的现金流预测模型，综合考虑销售、采购、投资、融资等各项业务活动对现金流的影响。该模型应充分结合历史数据分析结果、市场趋势预测信息、行业特点及企业自身发展战略等多方面因素。例如，通过对企业过去几年现金流量数据进行回归分析，找出影响现金流的关键因素和规律；结合行业发展趋势和市场竞争状况，预测未来市场需求和销售价格变化对现金流的影响；根据企业投资计划和融资安排，预测未来资金流入流出情况。

定期预测分析与调整：企业应定期对现金流状况进行预测和分析，根据实际情况变化及时调整预测模型和资金调度策略。例如，企业可每月或每季度进行一次现金流预测和分析，及时发现现金流异常波动和潜在风险，并采取相应措施进行调整。如预测到未来某个时期现金流可能出现紧张状况，企业可提前采取加快应收账款回收、延迟固定资产投资、寻求短期融资等措施，保障企业资金需求，确保营运资金顺畅流转。

企业营运资金战略的最终目标是实现股东价值最大化。在营运资金周转效率得到有效提升的基础上，企业能够获得较为持续稳定的现金流，进而实现资金增值。

（5）优化投资与资源配置。

将闲置或低效使用的营运资金进行合理的投资，以实现资金的增值。企业可以根据自身的风险承受能力和收益目标，选择适合的投资渠道和项目。例如，企业可以将部分资金投资于短期理财产品、货币市场基金等低风险、高流动性的金融产品，获取稳定的投资收益；也可以参与一些与企业主业相关的优质项目投资，如产业链上下游的并购、新技术研发合作等，通过提升企业的核心竞争力和市场份额，实现长期的价值增长。

根据企业战略目标和市场环境变化，灵活调整资源配置，确保营运资金向核心业务和高潜力项目倾斜。企业需要定期对业务板块和项目进行评估和分析，识别出具有核心竞争力和发展潜力的领域，加大资金投入和资源支持。例如，对于处于成长期的新兴业务板块，企业可以增加研发投入、市场推广费用等营运资金支持，促进其快速发展；对于一些低效益、高风险的业务或项目，企业应及时调整策略，减少资金投入或进行剥离，以提高资源利用效率，实现营运资金的优化配置和增值。

（6）提升运营效率。

引入管理信息系统：企业应引入 ERP、CRM 系统等先进的管理信息系统，实现业务流程的信息化、自动化和智能化管理。通过这些系统的应用，企业可以提高业务处理的效率和准确性，减少人为错误和重复劳动，降低运营成本。例如，ERP 可以实现财务、采购、销售、生产等各个环节的数据集成和协同管理，提高企业的运营效率和决策精度；CRM 系统可以帮助企业更好地管理客户关系，提高销售转化率和客户满意度，间接促进营运资金增值。

采用自动化和智能化技术：企业应积极采用自动化生产线、智能仓储系统、机器人流程自动化（RPA）等自动化和智能化技术，提高生产效率和运营管理水平。例如，在制造业企业中，采用自动化生产线可以大大提高生产效率，降低人工成本和废品率；在物流仓储环节，应用智能仓储系统可以实现货物的快速分拣、存储和配送，提高库存管理效率和准确性。同时，RPA 技术可以自动处理一些重复性、规律性的财务和业务流程，如数据录入、报表生成等，释放人力资源，提高工作效率，为营运资金增值创造有利条件。

（7）增强财务灵活性。

用财务杠杆：企业应合理运用财务杠杆，优化资本结构，充分利用债务融资的成本优势，同时确保财务风险在可控范围内。企业需根据自身的盈利能力、现金流状况和市场融资环境，确定合理的债务水平和融资结构。例如，在市场利率较低时，企业可以适当增加长期债务融资，以降低资金成本；同时，通过合理安排债务的还款期限和方式，确保企业在不同时期都有足够的资金用于偿还债务和维持正常经营。

保持现金流储备：企业应保持充足的现金流储备，以应对市场波动、突发事件和企业战略转型的资金需求。企业可根据自身的行业特点、经营规模和风险承受能力，确定合理的现金储备水平。例如，一些季节性经营的企业，在旺季来临前需要储备足够的现金用于采购原材料和扩大生产规模；而一些面临市场不确定性较大的企业，则需要保持较高的现金储备以应对可能出现的风险。同时，企业还可以通过建立应急资金计划、与金融机构签订备用信贷协议等方式，确保在紧急情况下能够迅速获得资金支持，为营运资金增值提供坚实的财务保障。

支持战略转型与并购扩张：企业需为战略转型、并购扩张等提供有力的财务支持。企业在进行战略转型时，往往需要大量资金用于新业务的研发、市场开拓和人才招聘等方面；在进行并购扩张时，需要支付并购价款、整合被收购企业等。因此，企业需要提前规划和储备足够的营运资金，以确保战略转型和并购扩张的顺利实施，实现企业的可持续发展和营运资金的增值。

综上所述，营运资金战略的目的是多维度、综合性的，确保安全性、提高周转效率和促进增值等关键举措可以实现企业的稳健运营和股东价值最大化。

三、营运资金战略的影响因素分析

营运资金战略受到多种因素的影响，一般包括企业的内部运营环境、外部营运环境、生命周期、其他影响因素等。这些因素共同作用于企业的营运资金战略，影响其制定和实施。

（一）内部营运环境

1. 企业规模与融资约束

企业规模与融资约束是影响营运资金战略的关键内部因素。营运资金战略的制定需全面考量诸多方面因素。企业规模及其所承受的融资约束程度，对营运资金战略特别是其中的融资战略有着显著影响。

规模较大企业：通常拥有完善的管理体系和较高的资金链安全保障，外部融资环境良好时，倾向于储备较少营运资金。凭借市场地位和良好信用记录，可轻松获得融资支持，如大型企业通过银行贷款、债券发行等方式满足资金需求，无须过多的流动资金储备。

中小型企业：以稳定发展和风险规避为首要任务，因融资渠道狭窄、抗风险能力弱，常选择在内部留存较多营运资金，以应对突发状况，如初创型企业需预留足够资金维持日常运营。此外，企业的知名度、市场地位和产权性质也会影响营运资金筹集和使用，知名企业在供应商谈判中更具议价能力，可获得有利的付款条件，减少资金占用。

2. 管理层态度

在现代企业中，管理层对于企业发展目标以及项目投资选择的态度，在很大程度上左右着企业营运资金战略的制定。

风险规避型管理者：偏好持有较多营运资金以保障资金链安全，将少量资金配置到投资项目，规避高风险项目。虽降低了经营风险，但可能产生机会成本，降低企业收益。

收益爱好型管理层：倾向于选择高收益项目，将大部分资金投入收益性项目，仅留少量资金作为营运资金。虽可增加企业利润，但也面临投资失败的风险。管理层决策直接影响营运资金战略的制定及实施效率。

3. 内部机构间的沟通有效性

营运资金战略的制定涉及多个环节，其有效实施高度依赖企业内部各机构之间的紧密配合。

良好沟通与信息共享：部门间有效沟通和信息共享有助于财务人员迅速发现、传递和解决营运资金战略问题。例如，销售与财务部门沟通可使财务人员了解销售回款情况，合理安排资金；采购与财务部门信息共享可优化付款周期，降低成本。

协同合作：各部门协同合作可提高办事效率，保证营运资金战略的科学性和针对性，促进计划实施。如投资重大项目时，各部门高效配合确保资金合理调配，保障项目顺利进行。

（二）外部营运环境

1. 客户集中度

在现代经济体系中，企业与客户之间存在着紧密且相互依存的关系。客户集中度对企业的营运资金战略有显著影响。

（1）高客户集中度的影响和应对策略。

影响：企业市场影响力被削弱，大客户在谈判中占主导地位，企业话语权被降低。易面临应收账款无法及时回款问题，导致大量资金被占用，如电子零部件供应商因大客户长账期要求，资金被长时间锁定，影响资金的流动性。大客户出现经营风险、财务危机或战略调整时，企业的资金运作受到严重冲击，可能面临销售收入下降、存货积压等问题。

应对策略：加强与大客户的沟通合作，建立长期稳定的战略合作伙伴关系，提供优质产品或服务以提升客户满意度、忠诚度，争取合理付款条件和交易价格。共同开展供应链协同管理，信息共享流程优化，降低运营成本，提高资金周转效率。同时，密切关注大客户的经营状况，建立风险预警机制，及时应对风险。

（2）低客户集中度的影响和应对策略。

影响：客户选择面广，议价能力相对提高，但客户关系不稳定，忠诚度低。企业需频繁寻找新客户，增加了销售费用和市场推广费用，难以利用商业信用进行营运资金融资，如无法获得长付款账期或大信用额度，影响资金筹集和运营效率。

应对策略：注重客户关系维护拓展，提高客户满意度和忠诚度，提供个性化产品服务满足不同需求，增强客户黏性。利用大数据和人工智能技术精准营销推荐，提高客户购买频率金额。积极拓展客户渠道，降低对单一客户群体的依赖。优化销售流程和收款方式，提高应收账款回收速度，降低坏账风险，如采用电子支付、现金折扣激励措施鼓励客户及时付款。

2. 竞争者行为

在当今竞争激烈且变化迅速的大数据时代，竞争者行为对企业的营运资金战略产生重大影响。

（1）直接竞争对手的影响和应对策略。

影响：通过争夺市场份额，采取降低产品价格、推出新产品、提供更好售后服务等手段吸引客户，导致企业销售收入和利润下降，影响营运资金状况。还可能影响企业供应商关系和采购成本，如竞争对手与供应商建立紧密合作关系，获得更优惠的采购价格和付款条件，使其他企业面临成本压力和营运资金管理挑战。

应对策略：加强市场调研和竞争情报收集，及时了解竞争对手动态和战略意图，分析其对本企业的影响。制定差异化竞争策略，产品方面通过技术创新升级提高质量和性能，满足个性化需求，增加附加值和竞争力；价格方面根据成本结构和市场定位制定合理价格策略，避免价格战；营销策略方面通过多元化渠道和创新方式提高品牌知名度和市场份额，如利用社交媒体、网络直播与客户互动沟通。加强内部管理和运营效率提升，优化供应链管理，加强应收账款和存货管理，提高生产效率，降低成本，提高资金使用效率。

（2）潜在竞争对手的影响和应对策略。

影响：可能导致产品价格下滑，降低企业营业利润。潜在竞争对手通常通过创新技术、独特商业模式或新市场进入策略，打破市场平衡，引发价格战或产品创新竞赛。如新能源汽车企业的兴起，使传统燃油汽车制造商面临潜在竞争，需加大新能源技术研发和生产设备升级投入，调整产品结构和营销策略适应市场变化，这对营运资金战略制定提出新要求。

应对策略：企业需重新评估市场需求和竞争态势，调整产品和服务，以满足客户变化的需求。提前做好资金储备和风险应对措施，如加大数字化转型和金融科技创新投入，提升竞争力。在营运资金战略中充分考虑潜在竞争对手的影响，合理规划资金的分配和使用，将资金投入技术研发、人才培养和市场拓展等方面。

（三）生命周期

企业在其生命周期的不同阶段，会面临独特的资金特征和管理挑战。为了有效应对这些挑战，企业需要采取与生命周期阶段相适配的资金管理策略。

1. 初创期：融资约束，资金需求大，风险高

战略要点如下。

股权融资：初创企业通常缺乏足够的信用记录和抵押资产，因此股权融资是重要的资金来源。通过引入天使投资人、风险投资机构等，企业可以获得启动资金，同时借助投资者的资源和经验实现快速发展。

政府补助：初创企业可以积极申请政府提供的创业补贴、研发补助等，以降低资金压力。

标杆案例：大疆创新初创期融资

背景：大疆创新在初创期面临巨大的资金需求，用于技术研发和市场开拓。

策略：大疆创新通过引入天使投资人（如李泽湘教授等）获得关键的启动资金。同时，利用政府对科技创业企业的扶持政策，获取研发补贴和税收优惠。

效果：通过股权融资和政府补助，大疆创新在初创期解决了资金不足问题，成功推出了第一代消费级无人机产品，奠定了市场地位。

2. 成长期：资金周转压力大，需快速扩张

战略要点如下。

供应链金融：通过与供应商的合作，利用应收账款或应付账款进行融资，缓解资金周转压力。

反向保理：企业将应付账款转让给金融机构，提前获得资金，同时优化与供应商的关系。

标杆案例：拼多多应付账款证券化

背景：拼多多在成长期面临巨大的资金周转压力，尤其是在促销活动期间，资金需求激增。

策略：拼多多通过将应付账款证券化，将未来的应收账款打包出售给金融机构，提前获得资金。同时，利用反向保理模式，优化供应商关系，延长付款周期。

效果：通过供应链金融和反向保理，拼多多有效缓解了资金周转压力，支持了业务的快速扩张，同时降低了融资成本。

3. 成熟期：资金冗余，需优化配置

战略要点如下。

产业投资：利用冗余资金进行产业链上下游的投资，提升企业的核心竞争力和

协同效应。

跨境资金池：通过建立跨境资金池，优化全球资金配置，提高资金使用效率。

标杆案例：华为的全球现金管理

背景：华为在成熟期拥有大量冗余资金，需要优化资金配置，提升资金使用效率。

策略：华为通过建立全球现金管理系统，将全球的资金进行集中管理。同时，利用冗余资金进行产业投资，如投资半导体、通信技术等上下游企业。

效果：通过跨境资金池和产业投资，华为不仅优化了资金配置，还强化了产业链的协同效应，进一步巩固了其在全球通信市场的领先地位。

4. 转型期：需要盘活资产，支持业务转型

资金特征：转型期的企业就像一个面临中年危机的人，需要调整方向，手里有一堆闲置的资产（比如厂房、设备），这些资产占用了大量资金，却没发挥太大的作用。

战略要点如下。

售后回租：企业可以把闲置的固定资产（比如厂房、设备）卖给租赁公司，然后再从租赁公司租回来用。这样，企业既能拿到一笔钱，又能继续使用资产。

资产证券化：企业可以把优质资产（比如物流资产、应收账款）打包成金融产品，卖给投资者，提前拿到钱，用于转型或业务升级。

标杆案例：京东的仓储资产售后回租

背景：京东物流在扩张期需要大量资金投入智能仓储和配送网络，但重资产模式占用资金过多。

策略：京东将部分自建仓库（如上海“亚洲一号”智能仓）出售给金融机构或租赁公司，再通过长期租赁协议租回使用。通过售后回租获得数十亿元资金，用于技术升级和下沉市场布局。

效果：在不影响物流网络稳定性的前提下，释放了固定资产价值，加速了轻资产化转型。

企业在不同的成长阶段会遇到不同的“钱”的问题。初创期需要找股东要钱，成长期需要通过供应链金融解决资金周转问题，成熟期可以通过产业投资和资金池优化资金配置，转型期可以通过售后回租和资产证券化盘活资产。只要根据自己的阶段选择合适的方法，企业就能更好地管理资金，顺利成长。综上所述，以生命周期适配资金管理策略如表 5-1 所示。

表 5-1　生命周期适配资金管理策略

周期阶段	资金特征	战略要点	标杆案例
初创期	融资约束	股权融资 + 政府补助	大疆创新天使轮管理
成长期	周转压力	供应链金融 + 反向保理	拼多多应付账款证券化
成熟期	冗余资金	产业投资 + 跨境资金池	华为全球现金管理
转型期	资产重组	售后回租 + 资产证券化	京东的仓储资产售后回租

（四）其他影响因素

1. 企业文化

不同的社会拥有不同的文化背景，这导致各国各行业在道德观念、产品定位以及人才培养等诸多方面存在显著差异。对于企业而言，契合自身的企业文化能够塑造正确的价值观和明确的发展目标，对营运资金战略有深远影响。

（1）对资源整合与利用的引导。积极的企业文化促使各部门重视营运资源整合利用效率，采购部门注重与供应商谈判争取有利付款条件，寻找新供应商降低采购成本，实现准时化采购；生产部门注重优化生产流程，提高设备效率和稳定性，采用精益生产理念灵活调整生产计划，避免资金浪费。

（2）对员工凝聚力和归属感的提升。良好的企业文化能增强员工凝聚力，如沃尔玛的“顾客至上、尊重员工”文化，营造积极的工作环境，促使员工积极参与团队建设，将成本控制融入日常工作，协助库存管理和应收账款催收，完善营运资金信息管理体系。

（3）对营运资金战略制定的深度影响。企业文化塑造价值观和发展目标，影响资金运作和战略制定。推行创新冒险文化的企业增加研发项目资金投入，尝试创新融资方式；推行稳健长期文化的企业注重资金安全稳定，保持高现金储备，谨慎投资。营运资金战略与企业文化相互依存促进，融合文化精髓使企业立于不败之地。

2. 社会责任

企业履行社会责任对其营运资金战略产生重要影响。

（1）履行社会责任的表面资金流出与实际潜在收益。履行社会责任虽需资金投入，但能获得诸多潜在收益。增加社会曝光度有助于提升品牌形象和声誉，获得消费者信任，带动产品销售增长，吸引更多优秀人才，推动技术创新升级，提高营运资金使用效率和盈利能力。

（2）对国际竞争力的提升作用。在全球化背景下，履行社会责任，满足国际市场标准要求，拓展国际市场份额。获得国际社会责任认证的企业展示卓越表现，能赢得国际客户信任订单，提升品牌影响力，增强国际竞争力。

（3）对营运资金战略制定的影响及应对策略。企业制定营运资金战略时，需考虑社会责任因素，合理划分资金履行社会责任，纳入整体战略规划。根据发展阶段和财务状况制定社会责任预算，初期重点改善员工福利和产品质量，壮大后增加公益和环保项目投入。创新商业模式和运营方式，如采用循环经济模式降低成本，提高资金使用效率，实现企业经济效益和社会效益双赢，促进可持续发展。

综上所述，企业营运资金战略的制定需全面综合考量内部营运环境、外部营运环境、生命周期以及企业文化、社会责任等因素，以实现企业资金的高效管理与可持续发展 。

第二节　营运资金持有策略与风险管理

在中小企业战略财务管理中，营运资金持有战略是关键环节，涉及平衡资金流动性和使用效率，以支持日常运营、投资扩张和应对突发情况。本节将详细介绍营运资金持有战略的分类、风险收益关系以及选择战略时需考虑的因素。

一、营运资金持有战略的分类与选择

营运资金持有战略主要可以分为以下三种类型。

（一）宽松型战略

（1）核心特点：强调高资金流动性，降低资金短缺风险。企业积极储备充足现金、保持高应收账款余额、维持较多存货。

（2）适用场景。

市场波动性大、竞争激烈行业的企业：如时尚服装行业，流行趋势变化快，企业需快速响应市场需求，及时采购新面料和生产新款服装。

信用评级高、融资渠道通畅的企业：这些企业能轻松获得外部资金支持，可在保持高资金流动性同时，不必担心资金成本过高的问题，如大型企业的子公司或与金融机构有良好合作关系的企业。

（3）具体表现形式。

现金持有：企业银行账户保留一定比例的闲置资金，应对原材料价格上涨或新投资机会。

应收账款管理：给予客户宽松的信用政策，留给客户较长的付款时间，以吸引客户，扩大市场份额，如同意大客户 60 天甚至 90 天内付款。

存货管理：保持高存货水平，确保及时满足客户订单，如电子产品制造企业储备关键零部件以防供应商交货延迟。

（二）紧缩型战略

（1）核心特点：侧重提高资金使用效率，减少资金持有量，降低资金成本。企业努力减少现金、应收账款和存货余额，利用短期借款或信用额度满足运营需求。

（2）适用场景。

行业稳定、市场需求预测准确、资金管理能力强的企业：如食品加工行业，产品需求相对稳定，企业能准确预测季节性需求高峰，提前调整生产计划，避免库存积压。

信用评级低、融资渠道有限或成本高的企业：这些企业难以获得外部资金支持，需谨慎管理资金，避免过度持有现金和存货，如小型企业或初创企业。

（3）具体表现形式。

现金管理：尽量减少现金余额，通过银行透支额度或短期贷款满足日常运营资金，设定最低现金储备线，低于此线时申请短期贷款补充资金。

应收账款管理：采取严格的信用政策，缩短账款回收周期，减少资金占用时间，如对信用等级低的客户提供预付款或现金交易，从而加快资金回笼。

在存货管理：企业会采用精益生产和快速反应策略，减少库存量，避免过量采购导致的成本增加。例如，采用 JIT 生产模式，只在需要时采购原材料，以减少库存成本和资金占用。

（三）混合型战略

（1）核心特点：结合宽松型和紧缩型战略特点，试图在资金流动性和使用效率间找到最优平衡点。企业根据市场环境、行业特性和自身财务状况灵活调整资金持有量。

（2）适用场景：混合型战略适合大多数中小企业，尤其是那些处于快速发展阶段、市场环境多变的企业。这些企业可能需要在保持一定程度的流动性以应对市场变化的同时，努力提高资金使用效率，以降低运营成本。例如，科技型企业，在快速发展的初期，可能需要大量的资金支持研发和市场推广，同时也需要关注资金成本和效率。

（3）具体表现形式。

动态调整资金持有量：市场需求增长或出现新投资机会时，增加现金和存货持有量；市场稳定或资金成本低时，减少现金持有，依赖短期借款或信用额度。

优化资金使用效率：通过优化应收账款管理、采用先进库存管理系统等手段，提高资金使用效率的同时保持必要流动性。

二、战略类型与风险收益的关系探讨

每种营运资金持有战略都有独特的收益与风险特征，理解这些特征对企业决策至关重要。

（一）宽松型战略的风险与收益分析

1. 风险方面

资金使用效率风险：高流动性保障资金链的稳定，但大量资金闲置于非增值领域，如现金和存货，会降低资金运转速度和回报率。企业将资金存入银行获得微薄利息，远低于投资潜力项目的回报，是资金闲置浪费和资源低效利用。

机会成本风险：注重资金流动性使资产配置保守，错失拥有良好发展前景项目的投资机会，影响企业的长期发展和价值增长，如新兴科技领域企业因资金束缚无法及时参与竞争导致落后。

2. 收益方面

业务拓展机会：资金流动性高为企业提供了强大的资金后盾，可迅速扩大生产规模，满足市场需求，投资建设新生产线，提高产量和质量，占据更大的市场份额，还可开拓新市场，设立销售分支机构，拓展业务范围。

合作关系建立：及时支付货款以赢得供应商的信任支持，获得优惠采购价格和稳定的原材料供应服务；提供宽松的信用政策吸引客户，提高客户的忠诚度、满意度，如大型零售企业吸引大量客户增加销售额，与供应商建立长期稳定的合作关系。

（二）紧缩型战略的风险与收益分析

1. 风险方面

资金短缺风险：可能导致资金流动性低，企业面对经营环节的资金需求压力大。原材料采购资金短缺致使生产中断，影响交货期，声誉和市场份额受损，如制造业企业无法按时获得关键零部件致使生产流程停滞。

运营稳定性风险：在生产运营过程中，资金短缺可能导致企业无法进行必要的设备维护和更新，降低了生产效率和产品质量。同时，在市场推广环节，如果企业无法及时投入资金进行广告宣传、促销活动等，可能会导致产品的市场知名度下降，影响销售业绩。例如，在竞争激烈的消费品市场中，企业如果不能持续进行市场推广，那就很容易被竞争对手挤出市场。

2. 收益方面

成本降低：减少流动资产持有量可降低企业成本。存货管理方面，降低存货储存成本和损耗成本，如汽车制造企业与供应商紧密合作实现零部件准时配送，降低存货成本。

资金利用效率提升：加强应收账款催收，减少坏账损失和资金占用成本，建立完善的应收账款管理制度，采用有效的催收手段加快资金回笼速度，提高资金使用效率，如提供现金折扣鼓励客户提前付款，还可将节省下来的资金用于技术研发，以提升产品竞争力或实现设备升级，提高生产效率。

（三）混合型战略的风险与收益分析

1. 平衡优势

财务管理能力要求：能够在降低风险和提高效率之间取得平衡，实现最优的资源配置，但这对企业的财务管理能力和市场预测能力提出了较高的要求。企业需要具备精准的市场分析和预测能力，能够准确把握市场的变化趋势和企业自身的经营状况，以便在不同的市场环境下灵活调整资金的流动性和使用效率。例如，企业需要通过对市场需求、竞争对手动态、原材料价格波动等因素密切关注和分析，及时调整营运资金持有策略。

资源配置灵活性：可根据市场变化和企业实际情况动态配置资源。市场不稳定或企业面临突发情况时，增加资金流动性应对不确定性因素，避免资金短缺困境，如经济危机期间企业增加现金储备和保持适当存货水平应对市场需求下降和供应链中断风险；市场稳定或企业运营良好时，降低资金的流动性，提高资金使用效率，为企业创造更多价值。

2. 风险管理

风险应对机制：具有强大的风险应对能力，可根据市场变化及时调整资金配置，降低单一战略可能带来的风险，如市场剧烈波动时企业迅速调整存货水平和应收账款政策以适应市场需求变化，市场需求下降时减少存货积压，加强应收账款催收，降低资金占用风险，还可通过灵活资金调配应对原材料价格上涨、劳动力成本增加等成本风险。

适应市场变化：使企业更好地适应市场变化和不确定性，不同市场环境下，企业可根据自身需求和市场特点灵活选择宽松型或紧缩型策略要素组合，如市场需求旺盛但原材料供应紧张时，企业采取相对宽松的存货策略增加原材料储备，同时保持较为严格的应收账款管理，以确保资金快速回笼。

3. 收益实现

综合优势发挥：可充分利用宽松型战略和紧缩型战略优势，实现资金合理配置和价值最大化。企业在保持一定资金流动性的基础上，通过优化资金使用效率来提高盈利能力和市场竞争力，如满足日常经营资金需求前提下，将部分闲置资金用于短期投资获取收益，同时通过合理的存货管理和应收账款催收降低运营成本。

市场机遇把握：使企业更灵活地抓住市场机遇，实现业务快速发展。企业可根据市场需求变化及时调整资金配置，投入具有潜力的项目，如市场出现新产品需求时，企业迅速调配资金进行产品研发和生产，抢占市场先机，还可通过与供应商和客户建立灵活合作关系，根据市场情况调整信用政策和采购策略，提高运营效率和经济效益。

三、选择营运资金持有战略时需考虑的关键因素

选择营运资金持有战略时，企业应全面深入考虑以下多方面关键因素，确保战略选择契合当前的市场环境，支持企业长期发展目标。

（一）行业特性

1. 市场波动性

科技行业：市场波动性极大，新产品和新技术层出不穷，变化速度极快。企业需保持高流动性，以实现技术迭代所需研发资金的投入及市场变化的快速响应。如在人工智能领域，企业需不断投入资金优化算法、采集分析数据，迅速组建研发团队跟进技术突破，还需要足够资金用于市场推广，否则易在竞争中失去先机，导致市场份额下降。

制造业：核心在于生产流程的稳定性和成本控制，生产周期较长。企业需合理规划营运资金，确保原材料稳定供应、生产顺利进行及产品及时交付。降低存货水平和优化供应链管理是关键，如汽车制造企业通过与供应商紧密合作，采用准时制生产方式，精确安排原材料采购配送，减少库存，降低成本，提高生产效率。

2. 竞争环境

高度竞争行业：在竞争白热化的行业环境中，企业必须具备快速响应市场变化

以及竞争对手行动的能力。宽松型战略在此类情境下意义重大，它能够确保企业维持较高的流动性与市场灵活性。企业需要不断推陈出新、拓展市场渠道并提供优质的客户服务，以此吸引并留住客户。而这一切都离不开充足的营运资金来支持市场推广活动、产品研发以及客户关系管理。以电商行业为例，该行业竞争异常激烈，企业需要持续投入资金用于平台的升级与优化，推出更多的促销活动与优惠政策以吸引消费者。同时，企业还需有足够的资金应对竞争对手发起的价格战以及市场份额的争夺。通过采用宽松型战略，企业能够保持较高的现金储备和应收账款额度，以便在关键时刻迅速投入资金，增强市场竞争力。

垄断性或竞争较弱行业：企业的市场地位稳定，对流动性需求低，可采用紧缩型营运资金持有战略，优化资金管理，降低成本，提高盈利能力。如公用事业企业，市场份额稳定，客户需求可预测，可通过合理安排营运资金，降低存货和应收账款余额，提高资金使用效率，将精力放在成本控制和运营效率提升上，实现利润最大化。

（二）市场环境

1. 经济周期

经济上升期：市场需求旺盛，企业的销售业绩良好，资金回笼速度较快。此时，企业可以采用紧缩型战略，减少营运资金的占用，提高资金使用效率。例如，企业可以减少现金储备，将多余的资金用于扩大生产规模、投资新项目或进行技术升级。通过加快应收账款的回收速度和降低存货水平，企业可以减少资金成本，抓住市场机遇，实现企业的快速发展。同时，企业还可以利用这个时期的良好经济环境，优化资本结构，提高企业的财务稳定性。

经济衰退期：市场需求下降，企业的销售业绩受到影响，资金回笼速度减慢。此时，企业需要采用宽松型战略，保持足够的流动性，以应对可能出现的资金短缺风险。例如，企业可以增加现金储备，以应对不确定的市场环境。放宽应收账款的信用政策，可以帮助企业维持客户关系，避免客户流失。同时，增加存货储备可以应对原材料价格的波动和市场需求的不确定性。通过保持较高的流动性，企业可以在经济衰退期维持正常的生产经营活动，等待市场复苏的时机。

2. 利率环境

高利率环境：企业的融资成本增加，资金压力增大。此时，企业需要采用紧缩型战略，减少对外部融资的依赖，降低资金成本。例如，企业可以通过优化存货管理，降低存货水平，减少资金占用。加强应收账款催收，加快资金回笼速度，降低应收账款的融资成本。同时，企业还可以考虑采用内部融资方式，如利用留存收益进行投资，以降低融资成本。通过合理安排资金预算，减少不必要的支出，企业可以在高利率环境下保持财务的稳健性。

低利率环境：企业的融资成本降低，资金获取相对容易。此时，企业可以采用宽松型战略，增加营运资金的投入，以支持企业的业务扩张和投资增长。例如，企业可以增加现金储备，以应对市场的不确定性。加大对研发和市场推广的投入，提高企业的核心竞争力。扩大生产规模，提高市场份额。通过利用低利率环境，企业可以拥有更快的发展速度和更高的盈利能力。同时，企业还可以考虑适当增加负债，优化资本结构，提高企业的财务杠杆效应。

（三）企业规模与成长阶段

1. 初创期：流动性优先，采用宽松型战略

战略特点：初创期企业面临的主要任务是验证商业模式并生存下来，此时企业资源有限、风险高，因此需要保持较高的流动性来应对不确定性。企业通常会采取宽松型战略，确保有足够的现金储备来支持日常运营和应对突发情况。

案例分析：某初创企业保留 20%~30% 的现金储备，以支持产品研发、市场推广以及应对可能出现的资金短缺问题。这种宽松型战略有助于企业在不确定的环境中保持灵活性和稳定性。

2. 成长期：混合型战略，平衡流动性与效率

战略特点：成长期企业的产品或服务已经获得市场认可，开始扩大市场份额。此时企业需要平衡流动性和运营效率，采用混合型战略，既保证资金的流动性以支持业务扩张，又注重提高资金使用效率，降低成本。

3. 成熟期：紧缩型战略，优化资金配置

战略特点：成熟期企业市场地位相对稳定，业务增长放缓，资金管理的重点是优化资金配置，提高资金使用效率，采用紧缩型战略。企业需要通过精细化管理，降低资金成本，提高资金回报率，以维持竞争优势和盈利能力。

4. 转型期：战略重构型，盘活存量资产

战略特点：转型期企业面临业务转型或市场环境的重大变化，需要对资金管理战略进行重构，盘活存量资产，采用战略重构型战略。企业需要通过创新和变革，寻找新的增长点，优化资产结构，提高资金使用效率和企业价值。

（四）融资能力与成本

1. 融资渠道

丰富融资渠道的优势：拥有多种外部融资渠道，资金灵活性强，选择空间大。如银行贷款满足短期资金需求，股权融资提供长期稳定资金支持并优化资本结构，债券融资可筹集大规模资金。企业可采用紧缩型战略，降低营运资金持有量，提高资金使用效率，通过不同的融资方式满足不同的资金需求，如银行贷款满足短期采购等需求，发行债券筹集长期资金用于投资项目，股权融资优化资本结构，提高财务的稳定性。

有限融资渠道的应对：融资渠道有限，只能依靠内部资金积累，需采用宽松型战略，保持高营运资金持有量，确保正常运营。如小型企业或新兴企业信用评级低，难以获得外部融资，需保留足够的现金储备和存货应对资金短缺风险，注重内部资金管理和运营效率提升，合理安排资金使用，降低资金成本，提高使用效率，同时积极拓展融资渠道，提高信用评级，加强与金融机构合作，获得更多外部资金支持。

2. 融资成本

高融资成本的策略选择：需降低资金成本，提高盈利能力。可通过优化存货管理降低存货水平，加强应收账款催收加快资金回笼，合理安排资金预算减少支出，提高资金使用效率，减少外部融资需求，降低融资成本，还可采用内部融资方式如留存收益投资，降低融资成本。

低融资成本的机遇利用：可采用宽松型战略，利用外部资金支持业务发展。如通过银行贷款或发行债券筹集资金，用于扩大生产规模、投资新项目或市场推广，利用低成本外部资金实现更快的发展速度和更高的盈利能力，需合理规划资金使用，确保投入能带来收益，关注市场环境和行业趋势，及时调整资金战略，适应市场需求变化。

（五）信用评级

1. 信用评级的影响

高信用评级企业的优势：在融资方面具明显优势，可获得更优惠的利率和条件，可采用相对紧缩的营运资金持有战略，降低资金成本。如通过发行债券筹集资金，满足资金需求的同时降低融资成本。债券市场发行利率低，可吸引更多投资者。还可与供应商建立长期稳定的合作关系，获得更优惠采购价格和付款条件，优化营运资金管理，降低采购成本，提高资金的使用效率。

低信用评级企业的挑战与应对：面临高融资成本和融资难度，需保持高流动性，确保及时获得外部融资。可保留一定比例的现金储备以应对资金短缺风险。通过给予客户宽松信用政策来提高销售额，增加资金流入。与金融机构建立良好的合作关系，提高信用评级，降低融资成本，通过加强沟通合作，了解融资要求和政策，改善财务状况和信用记录，提高信用评级。

2. 信用评级的维护与提升

企业内部管理的重要性：企业要保持或提升信用评级，需要加强内部管理，提高财务透明度和经营稳定性。例如，企业需要建立健全的财务管理制度，规范财务报表的编制和披露，确保财务信息的真实、准确和完整。同时，企业还需要加强风险管理，建立完善的风险管理制度和风险预警机制，及时发现和应对各种风险。通过加强内部管理，企业可以提高自身的经营效率和盈利能力，增强投资者和金融机构对企业的信心。

市场形象的塑造：企业还需要注重市场形象的塑造，提高企业的品牌知名度和美誉度。通过提供优质的产品和服务，积极履行社会责任，企业可以赢得客户和社会的认可和信任。同时，企业还可以加强与投资者和金融机构的沟通和交流，及时向他们传递企业的发展战略、经营业绩和财务状况等信息，增强他们对企业的了解和信心。通过塑造良好的市场形象，企业可以提高自身的信用评级，获得更多的融资机会和优惠条件。

强风险管理能力企业的策略：具有较强风险管理能力的企业，在营运资金持有战略选择上更具灵活性和主动性。一方面，能精准评估量化风险，采用紧缩型战略时，将资金短缺风险控制在可承受范围内，通过先进风险评估模型和监控系统，实时跟踪资金流动、市场动态和行业趋势等关键指标。如电子制造企业依据精准预测，大胆采用紧缩型战略，降低原材料库存，优化应收账款管理。另一方面，善用金融工具和创新风险管理手段对冲风险，如通过参与期货市场套期保值锁定原材料采购价格，运用信用保险降低应收账款坏账风险。在资金配置上，根据不同的风险等级项目合理分配资金，将更多资金投入高回报率创新项目，如科技研发企业凭借风险管理能力，采用紧缩型战略，集中资金投入关键研发环节。此外，注重与供应链上下游企业建立紧密合作关系，通过信息共享和协同风险管理，降低营运资金管理风险，如与供应商建立战略合作伙伴关系，实现准时制生产和零库存管理，与客户建立长期稳定合作关系，优化应收账款回收周期和质量，提高资金使用效率，增强供应链稳定性和抗风险能力，实现可持续发展和价值最大化。

第三节 营运资金经营战略与效率提升

营运资金经营战略的核心目标是实现企业财务健康与业务效率的双重优化，具体包括以下关键方面。

一、营运资金经营战略的核心目标设定

营运资金经营战略的核心目标在于实现企业的财务健康与业务效率的双重优化。具体而言，这包括以下几个关键方面。

（一）确保资金的流动性

在满足企业日常运营需求的同时，保持足够的流动资金以应对突发的财务危机，比如供应中断、市场需求变动或经济环境恶化等情况。企业需要建立完善的现金流量预测模型，精准地预估未来一段时间内的现金流入和流出情况。例如，一家制造业企业可以根据历史销售数据、订单情况以及原材料采购周期等因素，预测未来每个月的现金收支状况。通过这种方式，企业能够提前规划资金安排，确保在面临突发情况时，有足够的现金储备来维持生产运营。

合理配置流动资产的结构，包括现金、存货和应收账款等。例如，企业可以根据市场需求的季节性波动，调整存货水平。在销售旺季来临之前，适当增加存货储备，以满足市场需求；而在销售淡季，则降低存货水平，减少资金占用。同时，企业还需要优化应收账款的管理，通过制定合理的信用政策，加快应收账款的回收速度，提高资金的周转效率。

（二）提高资金的使用效率

通过优化资金结构和管理流程，最大限度地减少资金闲置，提高资金的产出效益。这包括但不限于优化存货管理、应收账款管理以及现金流量管理等方面。在存货管理方面，企业可以采用先进的库存管理技术，如 JIT 和 VMI 等。以 JIT 为例，企业根据生产需求，精确地安排原材料的采购和到货时间，实现原材料的零库存或低库存状态，从而降低存货成本和资金占用。

在应收账款管理方面，企业可以建立完善的客户信用评估体系，对客户的信用状况进行全面评估，制定合理的信用政策。例如，对于信用良好的客户，可以适当延长信用期限，以促进销售；而对于信用较差的客户，则应采取较为严格的信用政策，缩短信用期限或要求现款交易。同时，企业还可以通过加强应收账款的催收管

理，建立专门的催收团队或采用第三方催收机构，加快应收账款的回收速度。

在现金流量管理方面，企业可以通过合理安排资金的收付时间，优化资金的使用效率。例如，企业可以与供应商协商延长付款期限，同时加快应收账款的回收速度，从而实现资金的时间价值最大化。此外，企业还可以通过合理规划短期投资，将闲置资金投入货币市场基金、短期银行理财产品等低风险、高流动性的金融产品，提高资金的收益水平。

（三）降低财务风险

合理的财务规划和风险管理策略可以降低因资金不足导致的违约风险、市场风险、汇率风险等，保护企业免受财务困境的影响。企业可以建立风险预警机制，对可能影响营运资金安全性的风险因素进行实时监控和预警。例如，企业可以设定财务指标的预警阈值，如流动比率、速动比率、现金比率等，当这些指标达到预警阈值时，及时采取相应的风险应对措施。

在应对市场风险方面，企业可以通过多元化经营战略，降低对单一市场或客户的依赖程度，分散市场风险。例如，企业可以拓展产品线，进入不同的市场领域，以降低市场需求波动对企业营运资金的影响。同时，企业还可以通过套期保值等金融工具，对冲原材料价格波动风险和汇率风险等。例如，对于进出口企业来说，可以通过外汇期货、远期合约等金融工具，锁定汇率风险，避免因汇率波动导致的营运资金损失。

在应对违约风险方面，企业可以加强合同管理，明确合同条款，规范交易行为，降低交易风险。例如，企业在与客户签订销售合同和与供应商签订采购合同之前，应仔细审查合同条款，明确双方的权利和义务，特别是关于付款方式、交货期限、质量标准等关键条款。同时，企业还可以建立客户信用档案，对客户的信用状况进行定期评估和跟踪，及时发现和处理信用风险问题。

（四）支持企业增长与扩张

在确保财务稳定性的前提下，为企业的长期发展提供必要的资金支持。这包括为新项目的启动、市场扩张、研发投资等提供充足的资本。企业可以通过制定合理的资金预算和投资计划，确保营运资金的合理分配和有效使用。例如，企业在进行新项目投资之前，应进行充分的市场调研和可行性分析，评估项目的投资回报率和风险水平，制定详细的资金预算方案。

在市场扩张方面，企业需要投入大量的资金用于市场推广、渠道建设和客户拓展等活动。例如，企业可以参加行业展会、举办产品推介会、开展线上线下营销活动等，提高品牌知名度和市场占有率。同时，企业还可以通过并购重组等方式，快速进入新的市场领域或扩大企业规模。在进行并购活动时，企业需要充分考虑并购的资金需求和财务风险，制定合理的并购方案和融资计划。

在研发投资方面，企业需要持续投入资金用于技术创新和产品研发，以提高企业的核心竞争力。例如，企业可以建立研发中心，招聘专业的研发人员，购买先进的研发设备和技术，开展前沿技术的研究和应用。同时，企业还可以与高校、科研机构等建立合作关系，共同开展研发项目，提高研发效率和成果转化能力。

（五）增强企业竞争力

通过有效的资金管理策略，提高企业的市场反应速度和竞争力。这体现在能够更快地响应市场变化、抓住商业机会，以及在竞争中保持优势地位上。企业可以通过优化营运资金管理流程，提高资金的周转速度和使用效率，降低运营成本，从而提高产品或服务的价格竞争力。例如，企业通过降低存货成本和应收账款管理成本，可以降低产品的总成本，从而在市场竞争中具有更大的价格优势。

企业还可以通过灵活的资金调配策略，快速响应市场需求的变化。例如，当市场需求突然增加时，企业可以迅速调动资金，扩大生产规模，满足市场需求；而当市场需求下降时，企业可以及时调整资金配置，降低库存水平，减少生产投入，避免资源浪费。此外，企业还可以通过提供优质的客户服务，如快速的交货速度、灵活的付款方式等，增强客户满意度和忠诚度，提高企业的市场竞争力。

（六）优化资本结构

在满足企业运营需求的同时，优化资本结构，降低融资成本，提高股东回报率。这涉及合理利用内部资金、银行贷款、债券、股权融资等多种融资方式。企业需要根据自身的发展阶段、财务状况和市场环境等因素，选择合适的融资方式和融资规模。例如，在企业初创期，由于风险较高，可能主要依赖内部资金和股权融资；而在企业成熟期，由于盈利能力较强，可以适当增加债务融资的比例，降低融资成本。

企业还可以通过优化资本结构，提高财务杠杆效应，增加股东回报率。例如，企业可以在保持合理的资产负债率的前提下，适当增加债务融资的比例，利用财务杠杆提高企业的净资产收益率。同时，企业还可以通过合理的股利政策，平衡股东的短期利益和企业的长期发展需求。例如，企业在盈利较好的时期，可以适当增加股利分配，提高股东的回报率；而在企业需要资金进行扩张或研发投资时，可以减少股利分配，保留更多的内部资金用于发展。

通过实现这些核心目标，企业不仅能确保财务稳健，还能促进业务的可持续发展和长期成功。营运资金经营战略的成功实施需要企业领导者对市场趋势有敏锐的洞察力，同时具备优秀的财务管理技能和策略规划能力。

二、实施营运资金经营战略的关键要素分析

（一）精细化管理

1. 数据驱动决策

利用先进的信息系统和数据分析工具，实时监控和分析营运资金的各项指标，如库存周转率、应收账款账龄、现金流量预测等，为决策提供数据支持。企业可以建立专门的财务管理信息系统，将企业的财务数据、业务数据和市场数据进行整合和分析。例如，通过数据分析工具，企业可以对历史销售数据进行挖掘和分析，预测未来的销售趋势和客户需求，从而合理安排存货采购和生产计划，避免存货积压或缺货现象的发生。

同时，企业还可以通过数据分析工具，对应收账款的账龄结构进行分析，找出逾期账款的原因和风险点，制定相应的催收策略。例如，企业可以根据客户的付款历史和信用状况，对客户进行分类管理，对信用较差的客户采取更加严格的催收措施，对信用较好的客户可以适当延长信用期限，以提高客户满意度和忠诚度。

2. 流程优化

对供应链管理、销售收款、采购付款等关键业务流程进行持续优化，减少非增值活动，提升整体运营效率。在供应链管理方面，企业可以与供应商建立战略合作关系，实现信息共享和协同运作。例如，企业可以通过与供应商建立电子数据交换（EDI）系统，实现订单、发货、收货等信息的实时传递和共享，提高供应链的响应速度和效率。

在销售收款方面，企业可以优化销售订单处理流程，提高订单处理的准确性和及时性。例如，企业可以通过建立电子商务平台，实现线上销售和收款，提高销售效率和客户满意度。同时，企业还可以加强对销售人员的培训和管理，提高销售人员的收款意识和技巧，加快应收账款的回收速度。

在采购付款方面，企业可以优化采购流程，降低采购成本和资金占用。例如，企业可以通过集中采购、招标采购等方式，降低采购价格；同时，企业还可以与供应商协商延长付款期限，提高资金的使用效率。

（二）风险管理机制

1. 建立风险预警系统

设定风险阈值，对可能影响营运资金安全性的因素进行实时监控和预警，确保

管理层能够迅速响应并采取应对措施。企业可以建立风险预警指标体系，包括财务指标和非财务指标。财务指标如流动比率、速动比率、现金比率、应收账款周转率、存货周转率等；非财务指标如市场需求变化、行业竞争态势、政策法规变化等。

通过对这些指标的实时监控和分析，企业可以及时发现潜在的风险因素，并采取相应的风险应对措施。例如，当企业的流动比率低于预警阈值时，企业可以采取措施增加流动资产或减少流动负债，如加快应收账款的回收速度、降低存货水平、延长应付账款的付款期限等，以提高企业的流动性和偿债能力。

2. 多元化融资渠道

建立多元化的融资渠道，减少对单一融资来源的依赖，增强企业在面临融资环境变化时的适应能力。企业可以综合利用银行贷款、债券融资、股权融资、供应链金融等多种融资方式，满足不同阶段的资金需求。例如，企业在发展初期，可以主要依赖银行贷款和股权融资；而在企业成熟期，可以通过发行债券等方式，拓宽融资渠道，降低融资成本。

同时，企业还可以积极探索创新融资方式，如资产证券化、融资租赁等。例如，企业可以将应收账款、存货等流动资产进行证券化，将其转化为现金，提高资产的流动性；企业还可以通过融资租赁的方式，获得设备等固定资产的使用权，减少资金的一次性投入，缓解资金压力。

（三）供应链协同

1. 加强与供应商的合作

通过延长付款周期、优化库存结构等方式，与供应商建立长期稳定的合作关系，共同降低供应链成本，提高整体运营效率。企业可以与供应商建立战略合作伙伴关系，共同制订采购计划和库存管理策略。例如，企业可以与供应商签订长期采购合同，约定采购价格、采购数量和付款方式等条款，以获得更优惠的采购条件和更稳定的供应保障。

同时，企业还可以与供应商共同开展库存管理，采用 VMI 等方式，实现库存的实时监控和协同管理。通过这种方式，企业可以减少库存积压和缺货风险，提高库存周转率和资金使用效率。

2. 客户需求导向

根据市场需求变化灵活调整生产计划，减少库存积压，提高产品周转速度，加快资金回笼。企业可以建立 CRM 系统，加强对客户需求的了解和分析。例如，通过

CRM 系统，企业可以收集客户的购买历史、偏好、需求等信息，进行数据分析和挖掘，预测客户的未来需求趋势，为企业的生产计划和库存管理提供决策依据。

同时，企业还可以通过与客户建立紧密的合作关系，实现订单的快速响应和交付。例如，企业可以采用定制化生产、敏捷制造等方式，满足客户的个性化需求，提高客户的满意度和忠诚度。通过提高客户满意度和忠诚度，企业可以加快应收账款的回收速度，提高资金的回笼效率。

（四）绩效考核与激励机制

1. 设立明确的关键绩效指标

针对营运资金管理的各个环节设定具体的、可量化的绩效指标，如应收账款回收率、存货周转率等，作为评估部门和个人绩效的依据。企业可以将这些绩效指标纳入企业的绩效考核体系，与部门和个人的薪酬、晋升等挂钩，激励员工积极参与营运资金管理工作。例如，企业可以设立应收账款回收率的考核指标，对销售部门和财务部门进行考核。销售部门负责客户信用评估和销售合同的签订，确保客户按时付款；财务部门负责应收账款的催收和管理，确保应收账款的及时回收。

同时，企业还可以根据不同部门和岗位的职责和特点，制定个性化的绩效指标。例如，对于采购部门，可以考核存货周转率、采购成本降低率等指标；对于生产部门，可以考核生产周期缩短率、产品质量合格率等指标。

2. 建立激励机制

将营运资金管理的成效与员工的薪酬、晋升等挂钩，激发员工的积极性和创造力。企业可以设立营运资金管理专项奖励基金，对在营运资金管理工作中表现突出的部门和个人进行奖励。例如，企业可以设立“最佳应收账款管理团队”“最佳存货管理个人”等奖项，对在应收账款回收和存货管理方面取得显著成效的团队和个人进行表彰和奖励。

同时，企业还可以通过培训和发展机会等方式，激励员工不断提升自身的业务能力和管理水平。例如，企业可以为员工提供财务管理、供应链管理、风险管理等方面的培训课程，帮助员工掌握先进的管理理念和方法；企业还可以为员工提供晋升机会和职业发展通道，鼓励员工在工作中不断创新和进取。

（五）持续学习与创新

1. 关注行业动态

保持对宏观经济环境、行业发展趋势及竞争对手动态的敏感度，及时调整营运资金经营策略。企业可以建立市场情报收集和分析系统，定期收集和分析宏观经济数据、行业报告、竞争对手信息等。例如，企业可以通过订阅行业杂志、参加行业展会、关注行业网站等方式，了解行业的最新动态和发展趋势；企业还可以通过与竞争对手进行比较分析，找出自身的优势和不足，制定相应的竞争策略。

此外，企业还可以建立专家咨询机制，邀请行业专家、学者等为企业提供咨询和建议。例如，企业可以聘请财务顾问、供应链专家等，为企业的营运资金管理提供专业的指导和支持。

2. 引入新技术和新方法

如借助区块链技术、人工智能技术等，在资金结算、风险管理等方面探索创新应用，提升营运资金管理的智能化水平。区块链技术可以应用于供应链金融领域，实现供应链上各节点企业之间的信息共享和信任建立，提高资金结算的效率和安全性。例如，企业可以通过区块链技术，实现应收账款的数字化和可追溯性，降低应收账款的风险和成本。

人工智能技术可以应用于财务预测、风险评估等领域，提高营运资金管理的决策科学性和准确性。例如，企业可以利用人工智能算法，对历史财务数据进行分析和挖掘，预测未来的现金流量、应收账款回收情况等，为企业的资金预算和风险管理提供决策支持。

三、营运资金经营战略的具体实施路径

营运资金的经营战略是一个综合性的管理体系，旨在通过一系列策略和实践来确保企业日常运营所需资金的充足性、流动性和效益性。以下是具体的实施路径。

（一）现金战略

现金是企业最重要的流动资产之一，现金战略主要涉及现金的持有量、使用时机和筹集方式等方面。企业需要制定合理的现金预算，确保现金的充足性和流动性，同时优化现金结构，降低现金持有成本。

1. 确定最佳现金持有量

企业需要确定理想的现金持有量，以平衡现金储备的充足性和利息成本。这通常通过现金余额管理模式（如现金周转期分析）来实现，确保现金足够应对日常开支，但不会过度占用资金。企业通过成本分析模式、存货模式或随机模式等方法，综合考虑持有现金的机会成本、管理成本和短缺成本，找到一个平衡点，使总成本

最低。以下是一些常见的确定最佳现金持有量的方法。

（1）成本分析模式。

考虑持有现金的机会成本、管理成本和短缺成本。机会成本随现金持有量增加而上升，管理成本通常较为固定，短缺成本随现金持有量减少而增加。通过分析这三种成本的变化，找到使总成本最低的现金持有量。

例如，一家企业经过计算，当现金持有量为 X 万元时，机会成本为 A 元，管理成本为 B 元，短缺成本为 C 元，总成本为 D 元；当持有量变化时，各项成本也随之变化，通过对比找到总成本 D 最低时对应的现金持有量。

（2）存货模式。

假设现金的使用是均匀的，只考虑机会成本和交易成本。通过公式计算出使这两种成本之和最小的现金持有量。

一定时期内现金需求量为 T，每次现金转换的固定成本为 F，持有现金的机会成本率为 K，则最佳现金持有量 $C^*=(2TF/K)^{0.5}$。

（3）随机模式。

根据现金收支的波动情况，设定一个现金控制的上下限。当现金余额达到上限时，将部分现金转换为有价证券；当现金余额达到下限时，出售有价证券补充现金。

比如，设定上限为 H，下限为 L，回归线为 R，现金余额在 R 上下波动，超过 H 或低于 L 时进行相应调整。

综上所述，进行最佳现金持有量决策时，企业需建立现金持有量三维模型（机会成本、交易成本、短缺成本，如表 5-2 所示），综合运用以下方法确定最优解。

表 5-2　现金持有量三维模型

方法	适用场景	计算公式/模型	案例应用
成本分析模式	成本敏感行业（如制造业）	总成本 = 机会成本 + 管理成本 + 短缺成本	某制造企业经测算发现，当现金持有量为 500 万元时总成本最低（机会成本 2%、管理成本固定 10 万元、短缺成本边际递减）
存货模式	现金收支稳定行业（如零售业）		连锁超市年现金需求 2.4 亿元，单次交易成本 200 元，机会成本率 5%，计算得最佳现金持有量 438 万元
随机模式	现金流波动大行业（如贸易行业）	米勒 – 奥尔模型（H=3R–2L）	跨境电商设定现金控制区间（L=100 万元，R=200 万元，H=400 万元），通过证券买卖动态调节

在实际应用中，企业可能会综合运用这些方法，并结合自身的具体情况和风险偏好来确定较为合适的最佳现金持有量。

2. 现金预算编制

通过预测现金收入和支出，企业可以提前规划现金流量，避免现金短缺或过剩。对未来一定时期内现金的流入和流出进行预测和规划，以便合理安排现金收支，避免出现现金短缺或闲置过多的情况。

案例：假设某公司预计下一个季度的经营活动如下：

1 月：预计销售收入 100 万元，采购原材料支付 40 万元，支付员工工资 20 万元，其他经营费用 10 万元。

2 月：预计销售收入 120 万元，采购原材料支付 50 万元，支付员工工资 25 万元，其他经营费用 15 万元。

3 月：预计销售收入 150 万元，采购原材料支付 60 万元，支付员工工资 30 万元，其他经营费用 20 万元。

此外，预计 1 月初现金余额为 15 万元，预计 3 月末需保留现金余额 20 万元。引入滚动预测机制（每月更新未来 3 个月预测）编制现金预算如表 5-3 所示。

表 5-3　现金预算　（单位：万元）

项目	1月	2月	3月	季度合计
期初现金余额	15	45	75	135
经营现金流入	100	120	150	370
经营现金流出	70	90	110	270
净现金流	45	75	115	235
融资或运用	无	无	需归还借款或投资 95	95
期末现金余额	45	75	20	140

通过这样的现金预算编制，公司可以清晰地了解各月的现金收支情况，提前做好资金安排，确保有足够的现金满足经营需求和达到预定的现金余额目标。如果现金余缺出现较大波动或不足，公司可以及时调整经营策略或考虑融资等措施。

3. 未来现金流预测

未来现金流预测是营运资金管理核心环节，关乎企业资金流动管理、短期债务偿还、日常运营稳定及应对突发情况能力。准确的现金流预测有助于企业科学决策，优化资金配置，提高资金使用效率，实现稳健发展。常用的预测方法如下。

（1）销售百分比法：销售百分比法是一种基于销售收入与各项资产、负债之间比例关系的预测方法。该方法认为，企业的销售收入增长会带动相关资产和负债的增加，从而影响企业的现金流。通过分析历史数据，企业可以确定销售收入与各项资产、负债之间的比例关系，即销售百分比。然后，根据企业的未来销售收入预测值，利用这些销售百分比计算出各项资产、负债的预测值，进而预测企业的未来现金流。这种方法简单直观，适用于销售收入较为稳定且与销售相关的资产、负债比例关系相对固定的企业。

（2）回归分析法：回归分析法是一种通过建立数学模型来预测未来现金流的方法。它利用企业的历史数据，通过回归分析技术，找到销售收入与现金流之间的定量关系，即回归模型。该模型可以描述销售收入变化对现金流的影响程度。在预测未来现金流时，只需将企业的未来销售收入预测值代入回归模型，即可得到相应的现金流预测值。回归分析法考虑了多个变量对现金流的影响，预测结果更为精确，但要求企业具备较为完善的历史数据和一定的统计分析能力。

（3）场景分析法：场景分析法是一种基于不同经济场景和市场环境来预测未来现金流的方法。它认为，未来的经济和市场环境是不确定的，存在多种可能性。因此，企业需要根据不同的经济场景和市场环境，制定不同的经营策略和财务计划，并预测在这些场景下的未来现金流。场景分析法可以帮助企业全面了解不同情况下的现金流状况，为制定灵活的财务策略提供有力支持。然而，该方法需要企业具备较强的预测能力和对市场环境的敏锐洞察力。

以上未来现金流预测的方法对比与选择指南如表 5-4 所示。

表 5-4　未来现金流预测方法对比与选择指南

方法	优势	局限	适用企业
销售百分比法	简单快速	忽略非销售驱动因素	成熟期 B2C 企业
回归分析法	多变量精准预测	需完整历史数据支持	数据基建完善的上市公司
场景分析法	应对不确定性	主观判断影响大	周期性行业 / 初创企业

企业应根据自身情况选择合适的方法预测未来现金流，并结合其他财务分析方法与管理工具，优化资金配置，提高资金使用效率，实现长期稳健发展。

4. 现金回收与支付管理

及时支付供应商款项，以维持良好的商业关系，同时利用付款条款（如延期付款）降低资金压力。加速应收账款回收，如采用合适的收款政策和技巧；合理安排现金支付时间，利用现金浮游量等。

（1）加速应收账款回收。

合适的收款政策：制定明确的信用期，在信用期内给予客户一定的优惠，如现金折扣，鼓励客户提前付款。比如规定若在 10 天内付款给予 2% 的折扣，20 天内付款无折扣等。

收款技巧：可以采取定期对账，确保双方账目清晰，减少争议导致的回款延迟；采用多种收款方式，如电话催收、邮件提醒、上门拜访等，根据客户的情况灵活运用。还可以建立专门的收款团队，提高收款的专业性和效率。

（2）合理安排现金支付时间。

利用现金浮游量：现金浮游量是指企业账面上的现金余额与银行账户上显示的企业存款余额之间的差额。企业可以巧妙利用这个时间差，在不影响支付的情况下，尽量延迟资金的实际划出。比如，利用支票邮寄和处理的时间，合理安排资金支付节奏。

分析供应商的信用政策：与供应商协商合适的付款期限，尽量延长付款时间，同时确保不损害与供应商的良好合作关系。根据自身资金状况和供应商的情况，合理选择付款方式和时间节点，如集中支付、分阶段支付等，以优化现金流出的时间分布。

（二）存货战略

存货是企业生产经营过程中必不可少的资产，存货战略主要涉及存货的采购、存储和销售等方面。通过科学的存货管理，企业可以降低存货成本，提高存货周转率，从而实现资金的高效利用。存货战略的目标是在满足销售需求的同时，最小化存货成本，提升企业的盈利能力和市场竞争力，其核心在于平衡库存成本与服务水平，通过科学管理与技术赋能实现资金高效利用。

1. 存货管理策略

存货管理策略是企业优化采购和库存管理的关键工具，通过合理安排采购批量和分类管理库存，企业可以显著降低运营成本，提升资金使用效率，同时确保供应链的稳定性和灵活性。

（1）存货经济批量决策：经济批量（EOQ）是企业在采购过程中需要考虑的关键因素之一。通过计算经济批量决策的目标，找到能使总成本最低的进货批量。理想的批量需要平衡采购成本（包括采购价格、运输费用等）和储存成本（包括仓库租金、仓储费、货物破损和过期损失等）。通过计算每个单位的采购成本和存储成本，然后选择在总成本最低点的批量，即经济批量，以实现成本效益最大化。

采购成本：每次采购商品的成本，包括物料价格、运输费用、订单处理费等。较大的批量通常能享受到更低的单位采购价格，但可能增加运输和处理成本。

存储成本：包括库存占用资金的利息、仓库租金、库存维护（如冷藏、防护）费用、库存损坏或过期的损失等。较小的批量可能需要更频繁的采购，导致较高的存储成本。

批量订货成本：一次性大批量采购可能会产生一些固定成本，如订货费用、谈判成本等，这些成本在小批量采购时可能无法分摊。

缺货成本：如果库存不足，可能导致生产中断或客户服务下降，这可能产生因失去订单或客户满意度下降而导致的损失。企业可以在采购成本和存储成本之间找到最佳平衡点，从而降低总成本。

EOQ 的计算公式为：

$$EOQ=\frac{\sqrt{2DS}}{H}$$

式中，D 为年需求量；S 为每次采购的固定成本；H 为单位存货的年持有成本。

案例：某制造企业年需求量为 10000 件，每次采购的固定成本为 500 元，单位存货的年持有成本为 10 元。经济批量为：

$$EOQ=\frac{\sqrt{2\times10000\times500}}{10}=1000$$

企业发现，将采购批量调整为 1000 件后，采购成本和存储成本显著降低，总成本减少了 15%。

通过计算和比较不同批量下的总成本，企业可以找出那个使总成本最低的批量，即经济批量。这个决策有助于企业降低运营成本，提高资金使用效率，同时确保生产的连续性和满足市场需求。不过，经济批量并非一成不变，它会随着市场条件、供应变动、企业运营效率等多种因素的变化而调整。

（2）ABC 分类法（Activity Based Costing）：在存货管理中被广泛应用，其核心思想是根据存货的价值和重要性进行区分，以便企业采取针对性的管理措施。具体如表 5-5 所示。

A 类存货（High Value，Low Volume，或者 Critical Items）：这些通常是企业的关键原材料或核心部件，价值高，但数量较少，对企业的生产和运营具有决定性影响。

由于其价值重大，任何损失都可能导致重大的财务后果。因此，A 类存货需要高度的监控和管理，包括严格的质量控制、快速的周转速度以及充足的库存安全级别，以确保它们始终处于可用状态。

B 类存货（Medium Value，Medium Volume，或者 Normal Items）：B 类存货的价值和数量介于 A 类和 C 类之间，虽然不是特别关键，但也不容忽视。这类存货的管理策略相对灵活，但仍需保持适当的关注，如定期检查库存水平，避免过度积压，同时确保有足够的库存以满足日常运营需求。

C 类存货（Low Value，High Volume，或者 Consumable Items）：C 类存货的价值较低，但数量庞大，如包装材料、办公用品等。由于其价值不高，即使出现一些损失，对企业的影响也相对较小。因此，这类存货的管理可以相对松散，但同样需要保证充足的供应，以支持日常运营，同时避免不必要的存储成本。

表 5-5　ABC 分类法

类别	特点	管理策略
A 类	高价值、低数量（如核心零部件）	严格监控，高安全库存，快速周转
B 类	中价值、中数量（如辅助材料）	定期检查，适度库存
C 类	低价值、高数量（如包装材料）	简化管理，低安全库存

案例：某电子企业采用 ABC 分类法后，将关键零部件（A 类）的库存水平降低了 20%，同时简化了 C 类低值易耗品的管理流程，整体库存成本下降了 10%。

通过结合经济批量决策和 ABC 分类法，企业不仅能够优化采购批量，还能根据存货的重要性合理分配管理资源，从而实现整体库存成本的最小化和运营效率的最大化。

2. 库存管理与周转优化

库存管理与周转优化是企业提升资金使用效率和运营效率的关键环节。通过合理控制库存水平和提高周转率，企业可以减少资金占用，降低库存风险，同时提升客户满意度和市场竞争力。

（1）安全库存与采购计划。

存货控制在战略财务管理中是一个关键环节，涉及一系列策略和操作，旨在有效地管理企业内部的物资储备，以优化运营效率，降低持有成本，并确保业务的连续性。

安全库存的确定：安全库存是指企业在正常运营过程中为应对需求波动、生产延迟或供应商问题而保留的额外库存。企业通过历史销售数据、预测分析、行业标准以及供应链的稳定性等因素，来设定一个合理的安全库存水平。确保在需求突然增加或供应中断时，有足够的存货来满足需求，避免因缺货造成的客户流失、生产中断或品牌形象受损。安全库存的计算公式如下。

$$安全库存=Z\sigma\sqrt{L}$$

式中，Z 是服务水平系数（如 95% 服务水平对应 Z=1.65）；σ 是需求标准差；L 是补货周期。

定期盘点：定期盘点（如每月或每季度）是检查实际库存与账面库存是否相符的过程，这有助于发现并纠正库存差异，防止库存失真导致的资金占用过多或资源浪费。盘点不仅涉及实物数量，还包括质量和位置的核实，确保数据的准确性，为财务决策提供坚实的基础。

优化采购计划：企业通过分析销售预测、市场需求、供应商交货时间以及现有库存情况，制订出更为精确的采购计划。避免过度采购，尤其是对于需求波动大或季节性强的商品，这有助于减少库存积压，释放资金，提高资金的流动性。同时，优化采购流程可以降低采购成本，提高供应链的响应速度和效率。要结合销售预测与供应商交货周期，动态调整采购批量。

（2）库存周转率 。

在战略财务管理中，库存周转率是一个关键的财务指标，它反映了企业库存资产的流动性，即产品从购入到销售出去的平均时间。库存周转率越高，说明企业的商品销售速度越快，资金占用在库存上的时间就越短。库存周转率的计算公式为：库存周转率 = 销售成本 / 平均库存。

行业对比分析：库存周转率是衡量企业库存管理水平的重要指标。不同行业的库存周转率存在显著差异。例如，在制造业中，行业平均库存周转率为 5 次 / 年，而通过优化管理，某企业将周转率提升至 7 次 / 年，显著优于行业平均水平，从而提升了市场竞争力。

企业可进一步采取如下优化措施。

需求预测：利用大数据分析和人工智能技术，提高需求预测的准确性，减少因预测偏差导致的库存积压。

供应链协同：与供应商建立紧密的合作关系，实现信息共享和协同运作，确保库存水平的动态调整能够及时响应市场需求变化。

库存布局优化：根据产品销售特点和市场需求，合理布局库存，将畅销品放置在靠近出入口的位置，提高库存周转效率。

通过存货控制和库存周转率的优化，企业能够有效降低库存成本，减少资金占用，同时提升供应链的灵活性和客户满意度。这不仅有助于企业提升运营效率，还能在激烈的市场竞争中保持竞争优势。

3. 数字化与智能化库存管理

数字化与智能化库存管理是现代企业管理的重要趋势。通过引入先进的信息技术和自动化设备，企业能够实现库存管理的自动化、精准化和智能化，从而大幅提升管理效率和决策科学性。

（1）ERP 与 WMS。

ERP：ERP 是现代企业实现高效库存管理的重要工具。通过整合企业的财务、采购、生产、销售等各个环节的数据，ERP 能够实现库存信息的实时监控和动态管理。企业可以随时掌握库存水平、采购进度和销售订单情况，从而做出科学合理的决策。

WMS：仓库管理系统（WMS）专注于仓库内部的库存管理。通过引入条形码或二维码技术，WMS 能够实现库存物品的快速识别和精准定位。这不仅提高了出入库操作的效率，还减少了人为错误，提升了库存数据的准确性。

（2）大数据与 AI 技术的应用。

大数据分析：通过收集和分析大量的库存数据，企业能够发现隐藏在数据背后的规律和趋势。例如，不同季节、不同地区对某些产品的需求变化，以及某些产品的销售周期等。基于这些分析结果，企业可以更科学地制订采购计划、库存策略和生产安排，避免盲目决策带来的风险和损失。

AI 技术：AI 技术在库存管理中的应用日益广泛。例如，AI 技术可以实现自动需求预测、智能补货提醒和库存优化等功能。通过机器学习和深度学习技术，AI 技术能够不断学习和优化预测模型，从而提高预测的准确性和可靠性。AI 技术的主要应用包括以下几个方面。

自动需求预测：利用机器学习算法，自动预测市场需求，提高预测精度。

智能补货提醒：根据库存水平和需求预测，自动提醒补货，减少缺货风险。

动态库存优化：实时调整库存策略，优化库存结构，降低库存成本。

（3）供应链协同平台。

在现代商业环境中，供应链的协同至关重要。供应链协同平台成为企业与供应商、分销商等合作伙伴之间沟通的桥梁。通过共享库存信息，各方都能清晰地了解库存的实时状态，从而更好地协调生产、采购和销售计划。这种协同作用能够优化整个供应链的运作，减少缺货或积压的情况发生，提高整体效率和客户满意度。供应链协同平台的主要功能包括以下几个方面。

信息共享：实时共享库存水平、订单状态、生产进度和运输信息等关键数据，确保各方信息一致。

协同计划：支持企业与供应商共同制订生产计划和采购计划，优化供应链效率。

物流跟踪：实时跟踪货物运输状态，便于及时调整运输计划，应对突发情况。

数据分析与决策支持：通过大数据分析，为供应链优化提供决策依据，提升整体竞争力。

（4）技术应用与优化。

引入条形码或二维码技术：条形码和二维码技术为每个库存物品配备了独特的“身份证”。通过扫码设备，可以在瞬间准确获取物品的详细信息，包括名称、规格、批次等。这不仅极大地提高了出入库操作时信息记录的速度和准确性，避免了人工记录可能产生的错误，还能简化操作流程，使整个过程更加流畅高效。具体优势包括：

快速识别：条形码或二维码扫描速度快，信息读取准确。

减少错误：避免人工记录带来的错误，提高数据质量。

流程优化：简化出入库流程，提升整体工作效率。

智能仓储设备：通过引入智能仓储设备，如自动化立体仓库和智能搬运机器人，企业可以实现货物的自动存储和取出，提高仓库的空间利用率和存储效率。智能仓储设备的主要优势包括：

自动化操作：减少人工干预，提高搬运效率。

空间优化：利用立体空间，提升仓库容量。

降低人力成本：减少对人力的依赖，降低运营成本。

数字化绩效监控：通过建立数字化绩效监控机制，企业可以实时跟踪库存管理的关键指标，如库存周转率、出入库准确率等。这有助于及时发现潜在问题并进行优化。数字化绩效监控的主要功能包括：

实时监控：实时跟踪库存管理的关键指标，确保管理目标的达成。

数据分析：通过数据分析发现潜在问题，为持续改进提供方向。

绩效评估：对库存管理人员的工作绩效进行客观评价，激励员工提升工作效率。

数字化与智能化库存管理是现代企业管理的重要趋势。通过引入 ERP、WMS、大数据分析、AI 技术和供应链协同平台，企业能够实现库存管理的自动化、精准化和智能化。这些技术的应用不仅提高了管理效率，还提高了决策的科学性和准确性。通过优化采购、控制库存水平和提升周转率，企业不仅能够降低运营成本，还能增强市场竞争力，为企业的长期发展奠定坚实基础。

（三）应收账款管理战略

应收账款管理是营运资金管理的重要组成部分，其核心目标是优化信用政策，提高收款效率，降低坏账风险，从而提升企业的资金周转率和财务健康状况。以下是应收账款管理战略的具体实施路径。

1. 信用政策制定与优化

（1）客户信用评估体系。企业需构建一套全面且精准的客户信用评估体系，涵盖财务实力、经营稳定性、行业声誉等基础要素，同时深入考量客户的过往交易记录、市场地位及增长潜力等多维度信息。通过大数据分析技术与人工智能算法，实现对客户信用的实时动态监测与精准评估，为信用政策的科学制定提供数据支撑。

数据整合与分析：借助大数据平台整合客户的财务报表数据、税务信息、工商登记详情等，全面剖析客户的财务状况。运用人工智能技术对客户交易行为进行模式识别，精准预测其未来还款能力和信用风险。

信用画像绘制：基于海量数据绘制客户信用画像，持续更新并优化信用评估模型，确保评估结果准确且与时俱进。

（2）差异化信用政策。基于客户信用评估结果，实施差异化的信用额度与信用期限策略，以平衡风险与收益。

高信用等级客户：适度提升信用额度并延长信用期限，稳固合作关系并推动销售增长。例如，为长期合作且信用记录卓越的大客户提供更高的信用额度和更长的付款期限，同时给予优先供货、价格折扣等优惠政策。

中低信用等级客户：采取更为审慎的策略，设定较低的信用额度和较短的信用期限。对于新客户，先给予较小的信用额度进行试合作，根据其还款表现逐步调整信用政策。对于信用等级较低的客户，强化订单审核与监控，要求提供担保措施或缩短信用期限。

（3）灵活收款方式。推广多元化的收款方式，满足不同客户的支付习惯，提高收款效率。

电子支付与移动支付：与第三方支付平台合作，提供便捷高效的在线支付渠道，实现资金快速结算与到账。

金融工具应用：针对大额交易，运用汇票、银行承兑汇票、国际信用证等金融工具，降低交易风险并减少收款成本。

激励措施：通过提供现金折扣等激励措施，鼓励客户选择更快捷的支付方式，加速资金回笼。

2. 催收机制强化

（1）跨部门协作。明确销售、财务、法务等部门在应收账款催收中的职责，建立紧密的协作机制，凝聚催收合力。

销售部门：负责前期客户沟通与信息收集，了解客户的经营状况和还款意愿，为催收提供支持。

财务部门：负责账龄分析与催收跟踪，定期对应收账款分类整理，制订催收计划并跟进进度。

法务部门：在必要时提供法律支持，对恶意拖欠或严重逾期的客户启动法律程序，维护企业权益。

（2）分级催收策略。根据应收账款的逾期时间和金额大小，制定科学合理的分级催收策略。

逾期初期：采用温和的提醒方式，如电话沟通、发送邮件，提醒客户及时还款。

逾期中期：升级为正式催款函或安排专人上门催收，明确还款期限和违约责任。

严重逾期：委托专业律师事务所发送律师函或采取法律手段追讨欠款，同时密切关注法律程序进展，及时采取保全措施。

（3）激励机制与责任追究。建立完善的催收激励机制，将催收成效纳入员工绩效考核体系，对表现优异的员工给予奖励，对因工作疏忽导致坏账损失的员工进行责任追究。

激励措施：设立催收专项奖金，对成功收回逾期账款的员工给予一定比例的奖励，激发员工积极性。

责任追究：明确坏账责任认定标准和处罚措施，对造成重大坏账损失的员工进行严肃处理，如扣除绩效奖金、降职降薪等。

3. 金融工具的有效利用

（1）保理业务。与信誉良好、服务全面的金融机构合作开展保理业务，将应收账款转让给金融机构以获取资金融通。

选择保理商：全面考察保理商的资质、信誉、服务水平和收费标准，确保资金安全并及时到账。

合同细节：关注保理合同的条款细节，明确双方的权利、义务和风险承担方式，避免潜在法律风险。

（2）应收账款融资。利用应收账款作为质押物向金融机构申请贷款或发行资产证券化产品。

真实性与合法性验证：提供完整详尽的应收账款明细、合同文件、发票等资料，供金融机构审核评估。

融资方案选择：比较不同金融机构的融资成本与条件，选择最优融资方案，综合考虑利率、手续费、还款期限、担保要求等因素。

（3）风险控制。在利用金融工具加速应收账款回收的同时，加强风险控制意识。

内部控制体系：建立健全内部控制体系，严格规范应收账款管理流程，确保信息的真实性与完整性。

动态监控：持续加强对客户信用的动态监控，及时发现并处理信用风险。

合作防范：加强与金融机构的沟通合作，共同防范欺诈与违约风险。

（四）应付账款管理战略

应付账款管理战略旨在通过优化付款周期、建立监控机制和加强供应商关系管理，确保企业资金的高效利用和成本控制。

1. 付款周期优化

（1）合理规划付款周期。在严格遵守合同条款且不损害供应商关系的前提下，企业可根据实际情况适当延长付款周期，这对于资金较为紧张的企业而言尤为重要。通过合理延长付款周期，企业能够有效缓解短期现金流压力，为其他关键业务活动提供充足的资金支持。例如，对于一些长期合作且供应稳定的供应商，企业可以在与供应商充分沟通的基础上，协商延长付款期限，同时承诺在未来的合作中给予更多的业务机会或其他形式的回报。

（2）巧妙利用金融工具。企业可充分利用银行保函、信用证等金融工具，在确保资金安全的前提下，提前支付部分款项给供应商，以此获得更低的采购成本或更优惠的付款条件。合理运用这些金融工具，能够进一步优化企业的资金结构，提高资金使用效率。例如，企业可以与银行合作，开具信用证给供应商，供应商在收到信用证后即可安排发货，而企业则可以在规定的时间内完成付款，这样既保证了供应商的利益，又为企业争取了更多的资金周转时间。同时，企业还可以根据自身的资金状况和市场利率变化，选择合适的金融工具进行资金运作，降低资金成本。

（3）动态调整付款周期。企业应建立定期评估机制，密切关注市场环境、自身财务状况以及与供应商的关系变化，适时调整付款周期。在经济景气时期，企业可以考虑缩短付款周期，以增强与供应商的合作关系，获取更多的合作机会和优惠条件。例如，企业可以在市场需求旺盛、自身业务增长迅速的时期，主动缩短付款周期，向供应商展示企业的良好财务状况和合作诚意，从而获得供应商的优先供货权和更优惠的价格。而在经济不景气或企业资金紧张时期，则可以适当延长付款周期，但要提前与供应商进行充分沟通，争取供应商的理解和支持。

2. 建立应付账款监控机制

（1）信息化管理。借助先进的财务软件或 ERP，企业能够实现应付账款的自动化管理。通过设置自动提醒功能，系统可以在款项到期前自动通知相关人员，确保及时完成付款操作，避免因人为疏忽而导致的逾期付款风险。例如，企业可以在财务软件中设置应付账款的到期提醒，当账款即将到期时，系统会自动发送邮件或短信通知财务人员和相关负责人，提醒他们及时安排付款。同时，企业还可以利用 ERP 对采购、库存、销售等环节进行全面管理，实时掌握应付账款的产生和变化情况，为付款决策提供准确的数据支持。

（2）分类管理应付账款。根据应付账款的金额、到期日、供应商重要性等因素，进行科学分类管理。例如，将应付账款分为 A、B、C 三个等级：A 级账款（金额大、到期日近、关系重要）优先安排付款；B 级账款（金额适中、到期日远）根据资金状况合理安排；C 级账款（金额小、关系影响小）在资金充裕时处理。通过分类管理，企业可以有效分配资金，确保重要账款按时支付，维护供应商关系。

（3）建立风险预警机制。建立健全的风险预警机制，及时发现并应对逾期付款或违约风险。在财务软件中设置风险预警指标，当应付账款逾期天数超过一定限度或供应商信用状况出现问题时，系统自动发出预警信号，提醒企业采取措施。同时，建立应急处理预案，确保突发情况下企业的正常运营。

3. 供应商关系管理

建立稳定、良好的供应商关系是应付账款管理中不可或缺的重要环节，它不仅能够帮助企业获得更好的交易条件，还能显著增强企业的市场竞争力。

（1）加强沟通与合作。企业应定期与供应商进行面对面或线上会议，深入了解供应商的生产状况、市场需求和潜在风险，及时解决合作过程中出现的各种问题。通过共享信息和资源，双方可以实现互利共赢。例如，企业可以与供应商共同探讨市场趋势、技术创新等话题，分享企业的发展规划和需求，邀请供应商参与企业的产品研发和生产过程，提高供应商对企业的了解和信任度。同时，企业还可以通过建立供应商反馈机制，及时听取供应商的意见和建议，不断改进自身的采购和付款流程，提高合作效率。

（2）积极争取优惠条件。通过与供应商建立长期合作关系，企业可以努力争取更优惠的付款条件、更高的采购折扣或更长的信用期限。这不仅能够降低企业的采购成本，还能增强与供应商的黏性。例如，企业可以在与供应商签订长期采购合同时，明确约定付款条件和折扣政策，根据采购量的大小和合作时间的长短，逐步提高采购折扣和延长信用期限。同时，企业还可以通过及时支付账款、遵守合同约定等方式，赢得供应商的信任和支持，为争取更优惠的条件奠定基础。

（3）发展战略伙伴关系。与供应商发展更深层次的战略合作伙伴关系，共同参与产品研发、市场拓展等活动，可以进一步降低成本、提高产品质量，并为企业创造新的增长点。例如，企业可以与核心供应商成立研发团队，共同开发新产品、新技术，实现资源共享和优势互补。在市场拓展方面，企业可以与供应商合作开展联合营销活动，共同开拓市场，提高产品的市场占有率。通过发展战略伙伴关系，企业与供应商能够实现更加紧密的合作，共同应对市场挑战，实现可持续发展。

应收账款和应付账款管理是营运资金管理的重要组成部分，通过优化信用政策、强化催收机制、有效利用金融工具以及优化付款周期、建立监控机制和管理供应商关系，企业可以显著提升资金周转效率，降低财务风险，增强市场竞争力。这些策略的实施不仅有助于企业实现财务健康，还能为企业的长期发展奠定坚实的基础。

（五）短期融资管理战略

短期融资管理是企业确保资金流动性、优化资金配置的关键环节。通过拓展融资渠道和控制融资成本，企业能够在满足日常运营需求的同时，提升资金使用效率，增强财务灵活性。以下是短期融资管理战略的具体实施路径。

1. 融资渠道拓展

多元化融资渠道是企业确保资金流动性的重要举措。企业应结合自身经营状况和资金需求，灵活选择多种融资工具，以满足不同场景下的资金需求。

（1）银行贷款。银行贷款是传统的短期融资方式，具有额度较大、期限灵活的优势。企业应与多家银行建立良好的合作关系，根据自身经营状况和资金需求，申请合适的短期贷款产品，如流动资金贷款、循环贷款等。

流动资金贷款：用于满足企业日常运营中的短期资金需求，如原材料采购、工资支付等。

循环贷款：企业在约定的贷款额度内，可多次提取、循环使用贷款资金，灵活满足资金需求。

（2）商业票据。商业票据是一种便捷的融资工具，适用于企业间的短期资金周转。企业可以通过发行商业票据向供应商支付货款，同时也可以将未到期的商业票据贴现给金融机构，获取资金。

发行商业票据：向供应商支付货款时，通过开具商业票据延长付款期限，缓解资金压力。

票据贴现：将未到期的商业票据转让给金融机构，提前获取资金，满足短期资金需求。

（3）短期债券。短期债券的发行可以吸引更多的投资者，为企业筹集资金。企业可以根据自身信用状况和市场环境，选择合适的时机发行短期债券，满足较大规模的资金需求。

（4）信用证。信用证在国际贸易中广泛应用，企业可以利用信用证获得银行的担保，确保交易的顺利进行，同时也可以在一定程度上缓解资金压力。

进口信用证：企业作为进口方，通过银行开立信用证，确保供应商按时发货，同时利用银行的信用增强交易安全性。

出口信用证：企业作为出口方，通过银行收汇，确保资金安全到账，同时可以利用信用证项下的应收账款进行融资。

案例：一家制造业企业在资金紧张时，可以向银行申请流动资金贷款，以满足日常生产经营的资金需求。同时，企业可以发行商业票据，向供应商支付货款，延长付款期限。对于有国际贸易业务的企业，可以利用信用证进行交易，确保货物的及时交付和资金的安全。通过多元化的融资渠道，企业可以在不同时期获得所需的资金，满足业务发展的需要。

2. 融资成本控制

融资成本是企业在选择融资方案时需要重点考虑的因素之一。企业应通过比较不同融资渠道的融资成本、期限和条件，选择最适合企业的融资方案，降低融资成本。

（1）优化融资结构。企业应根据自身的资金需求和经营周期，合理选择融资期限，优化融资结构。避免融资期限过长或过短，导致资金闲置或还款压力过大。

短期资金需求：选择短期贷款或商业票据贴现，满足短期资金周转需求。

长期资金需求：选择长期贷款或股权融资，支持企业的长期投资项目。

（2）争取优惠条件。企业可以通过与金融机构积极谈判，争取更优惠的利率和费用条件。例如，通过提高企业的信用等级、提供抵押物等方式，降低贷款利率。

信用评级提升：通过优化财务报表、提升企业信用评级，降低融资成本。

提供抵押物：以固定资产或应收账款作为抵押物，获取更低利率的贷款。

（3）合理搭配融资渠道。企业可以通过合理搭配不同融资渠道的比例，降低融资成本和风险。例如，结合银行贷款、商业票据和短期债券的优势，选择最适合的融资组合。

案例：一家企业在选择融资方案时，可以比较银行贷款、商业票据和短期债券的融资成本。如果银行贷款利率较高，企业可以考虑发行商业票据或短期债券。同时，企业可以根据自身的资金需求和还款能力，选择合适的融资期限。对于短期资金需求，可以选择短期贷款或商业票据贴现；对于长期投资项目，可以选择长期贷款或股权融资。通过合理控制融资成本，企业可以提高资金的使用效率，增强企业的竞争力。

短期融资管理是企业营运资金管理的重要组成部分。通过拓展多元化的融资渠道，企业可以确保资金流动性，满足日常运营需求。同时，通过优化融资结构、争取优惠条件和合理搭配融资渠道，企业能够有效降低融资成本，提升资金使用效率，增强财务灵活性和市场竞争力。这些策略的实施不仅有助于企业实现财务健康，还能为企业的长期发展奠定坚实基础。

（六）风险管理战略

在营运资金管理中，风险无处不在。流动性风险、市场风险和信用风险是企业日常运营中常见的三种风险类型。有效管理这些风险，不仅能保障企业的资金安全，还能提升企业的运营效率和市场竞争力。以下是针对这三种风险的具体管理策略。

1. 流动性风险管理

建立流动性风险预警机制是企业防范流动性风险的重要手段。企业应通过监控企业的现金流状况和负债水平，及时发现潜在的流动性风险，并采取相应的措施加以防范。首先，企业应建立科学的现金流量预测模型，准确预测未来的现金流入和流出情况。通过对销售、采购、投资等活动的分析，合理安排资金，确保企业有足够的现金满足日常经营和短期债务偿还的需求。其次，企业应保持合理的现金储备，以应对突发的资金需求和市场变化。此外，企业还可以通过优化资金管理流程，提高资金的使用效率和周转速度，降低流动性风险。

例如，一家企业可以通过建立现金流量预测模型，预测未来的现金流入和流出情况。如果发现未来某个时期可能出现资金短缺的情况，企业可以提前采取措施，如申请银行贷款、发行商业票据等，筹集资金。同时，企业应保持一定的现金储备，以应对突发的资金需求。对于资金管理流程，企业可以加强应收账款的管理，缩短收款周期；合理安排应付账款的支付时间，延长资金的使用时间；优化存货管理，降低库存水平，减少资金占用。通过建立流动性风险预警机制，企业可以及时发现和防范流动性风险，确保正常经营。

2. 市场风险管理

市场利率、汇率等变化对企业资金成本和经营效益有着重要的影响。企业应关注市场利率、汇率等变化，采取相应的风险管理措施，降低市场风险。对于利率风险，企业可以通过利率互换、远期利率协议等金融工具，锁定利率，降低利率波动对企业资金成本的影响。对于汇率风险，企业可以通过货币掉期、远期外汇合约等金融工具，锁定汇率，降低汇率波动对企业进出口业务的影响。此外，企业还可以通过多元化的融资渠道和投资组合，降低市场风险。

例如，一家企业在签订长期贷款合同时，可以选择利率互换协议，将固定利率贷款转换为浮动利率贷款。当市场利率下降时，企业可以享受较低的利率成本；当市场利率上升时，企业的利率成本也不会超过一定的上限。对于有进出口业务的企业，可以通过远期外汇合约，锁定未来的汇率，避免汇率波动导致的收入减少和成本增加。通过采取相应的风险管理措施，企业可以降低市场风险，提高经营效益。

3. 信用风险管理

加强对应收账款和应付账款的信用风险管理是企业防范信用风险的重要环节。企业应建立客户信用档案和供应商信用评价体系，对客户和供应商的信用状况进行全面评估。通过分析客户和供应商的财务状况、经营情况、信用记录等因素，确定客户和供应商的信用等级和信用额度。对于信用等级较高的客户和供应商，可以给予较高的信用额度和较长的信用期限；对于信用等级较低的客户和供应商，则应采取较为谨慎的信用政策。此外，企业还应加强对应收账款的管理，及时催收逾期账款，降低坏账损失风险；合理安排应付账款的支付时间，提高资金的使用效率。

例如，一家企业可以通过收集客户和供应商的财务报表、银行信用报告、行业分析报告等信息，建立客户信用档案和供应商信用评价体系。对于信用等级较高的客户，可以给予一定的信用额度和较长的信用期限，同时加强对客户的跟踪和管理，及时了解客户的经营状况和还款能力。对于信用等级较低的客户，可以要求提供担保或采取现金交易的方式。对于应付账款，企业应合理安排支付时间，在不影响供应商关系的前提下，尽量延长付款期限，提高资金的使用效率。同时，企业应加强对应收账款的管理，及时催收逾期账款，降低坏账损失风险。通过加强信用风险管理，企业可以降低坏账损失和违约风险，提高资金的安全性和使用效率。

（七）绩效监控与评估

绩效监控与评估是营运资金管理中不可或缺的环节，通过设立关键绩效指标和定期评估，企业能够及时发现问题、优化管理策略，从而提升营运资金的使用效率和管理水平。以下是绩效监控与评估的具体实施路径。

1. 设立关键绩效指标

设立关键绩效指标是企业监控营运资金管理效果的重要手段。应收账款周转率、存货周转率、现金周期等指标可以反映企业营运资金的管理水平和使用效率。应收账款周转率越高，说明企业应收账款的回收速度越快，资金占用越少；存货周转率越高，说明企业存货的管理水平越高，资金占用越少；现金周期越短，说明企业营运资金的周转速度越快，资金使用效率越高。企业应根据自身的经营特点和管理要求，设立合适的关键绩效指标，并定期进行监控和分析。

例如，一家制造业企业可以设立应收账款周转率、存货周转率、现金周期等关键绩效指标。通过对这些指标的监控和分析，企业可以及时发现营运资金管理中存在的问题，并采取相应的措施加以改进。如果发现应收账款周转率下降，企业可以加强应收账款的管理，缩短收款周期；如果发现存货周转率下降，企业可以优化存货管理，降低库存水平；如果发现现金周期延长，企业可以优化资金管理流程，提高资金的使用效率和周转速度。

2. 定期评估

定期对营运资金管理的各项策略和措施进行评估和调整是企业适应市场变化和自身发展需求的重要保障。企业应建立定期评估机制，分析各项策略和措施的执行情况和效果，发现问题并及时改进。

（1）评估周期。企业应根据自身情况设定合理的评估周期，例如每季度或每半年进行一次全面评估。定期评估能够及时发现潜在问题，避免问题积压导致更大的损失。

（2）评估内容。

策略执行情况：评估各项营运资金管理策略的执行情况，例如信用政策、存货管理策略、短期融资策略等。

财务指标分析：分析关键绩效指标的变化趋势，如应收账款周转率、存货周转率、现金周期等。

市场与环境变化：关注市场动态、行业趋势和宏观经济环境的变化，评估其对企业营运资金管理的影响。

（3）调整与改进。

发现问题：通过评估发现营运资金管理中存在的问题，如周转率下降、资金占用过多等。

制定改进措施：根据问题的性质和严重程度，制定相应的改进措施。例如，市场需求下降，企业可以调整生产计划，降低库存水平；供应商价格上涨，企业可以寻找新的供应商或与现有供应商进行谈判，降低采购成本。

持续优化：将评估和改进作为持续的管理活动，不断优化营运资金管理策略，提升管理水平。

案例：一家企业每季度对营运资金管理的效果进行评估。在一次评估中，发现市场需求下降，企业随即调整了生产计划，降低了库存水平；同时，优化了资金管理流程，提高了资金的使用效率。通过这些调整，企业不仅避免了库存积压的风险，还提升了整体运营效率。

绩效监控与评估是营运资金管理中的关键环节。通过设立关键绩效指标和定期评估，企业能够及时发现并解决营运资金管理中的问题，优化管理策略，提升资金使用效率和管理水平。定期评估不仅有助于企业适应市场变化，还能为企业的发展提供有力支持，确保企业在激烈的市场竞争中保持财务健康和运营效率。

四、财务杠杆在营运资金管理中的运用策略

在企业的财务管理中，财务杠杆作为一种重要的工具，能够帮助企业优化资本结构，提升经营效率和盈利能力。以下是财务杠杆运用的三大策略。

（一）适度负债融资，扩大经营规模

适度负债融资是企业运用财务杠杆的首要策略，通过合理借入资金，企业能够突破自身资本实力的限制，积极扩大生产规模、抢占更多市场份额或进行新业务拓展，从而在激烈的市场竞争中占据有利地位。

1. 全面评估偿债能力

在决定负债融资之前，企业必须进行深入而全面的偿债能力评估，以确保能够按时偿还债务。

（1）分析资产流动性：评估企业现有资产的流动性和变现能力，确保有足够的

流动资产应对短期债务。

（2）预测现金流量：通过分析历史财务数据，预测未来销售收入、成本支出及投资回报，评估不同情况下的偿债能力。

（3）关注外部环境：考虑行业动态和宏观经济环境对偿债能力的影响，避免在经济不稳定时期过度负债。

运用财务比率分析：通过流动比率、速动比率、资产负债率等指标，评估企业的偿债能力。若指标显示偿债能力较弱，则应采取保守的负债策略。

2. 选择合适的融资方式

企业应根据自身情况和市场需求，选择合适的融资方式，以确保资金来源的稳定性和成本的合理性。

银行贷款：手续简便，资金来源稳定，适合信用良好、资产规模较大的企业。企业可通过与银行谈判争取更优惠的利率和还款条件。

发行债券：适合需要筹集大规模资金的企业，但对信用评级和财务状况要求较高，需经过严格审批。

融资租赁：适用于购置大型设备或固定资产，可减轻一次性资金投入的压力，将融资成本分摊到多个会计期间。

3. 优化资金配置

企业在获得负债融资后，必须合理分配资金，确保资金的有效利用，提升整体经营效益。

确定资金投放领域：根据战略规划和市场需求，将资金优先投入研发创新、市场推广和产能扩张等关键领域。

监控资金使用：建立资金预算管理制度，严格控制费用支出，避免资金浪费。通过成本控制和优化采购流程，提高资金使用效率。

定期评估资金使用情况：确保资金流向最能创造价值的地方，及时调整资金分配策略。

（二）利用债务税盾效应，提升盈利能力

债务税盾效应是企业运用财务杠杆的重要优势之一。通过合理利用负债产生的利息支出在税前扣除的政策，企业可以降低所得税负担，从而增加净利润。

1. 合理安排债务结构

企业应通过调整债务期限、利率和类型等因素，优化债务结构，确保利息支出

的合理性和稳定性。

债务期限搭配：根据经营周期和资金需求，合理搭配长期债务和短期债务。经营周期较长的企业可增加长期债务比例，而经营周期较短的企业可增加短期债务灵活性。

利率选择：通过与金融机构谈判或选择不同融资方式，争取较低的贷款利率。在市场利率较低时选择固定利率贷款，在市场利率较高时选择浮动利率贷款。

债务类型选择：根据实际情况选择银行贷款、债券、商业信用等不同类型的债务工具。信用状况较好的企业可发行债券融资，与供应商关系良好的企业可充分利用商业信用。

2. 提高债务资金使用效率

企业必须确保债务资金用于能够产生稳定收益的项目或业务，以充分发挥债务税盾效应。

投资项目评估：对投资项目进行财务分析，计算 NPV 和 IRR，评估项目的盈利能力和投资价值。同时，考虑项目的风险因素，通过风险管理措施降低风险。

监控资金使用：确保资金按照预定用途使用，避免挪用或浪费。若项目进展不顺利或存在风险，应及时调整或止损，保证资金的安全和有效使用。

3. 关注税法变化

税收政策对债务税盾效应有重要影响，企业应密切关注税法变化，及时调整财务策略。

了解税收优惠政策：及时了解国家出台的税收优惠政策，结合自身实际情况调整债务融资策略，享受税收优惠。

遵守税法规定：关注税法对利息支出税前扣除的限制和规定，避免违规操作导致的税务风险。

（三）结合企业成长阶段，灵活调整杠杆水平

企业的发展过程通常包括初创期、成长期、成熟期和衰退期等不同阶段，每个阶段的企业特点和经营目标各不相同。因此，企业需要灵活调整财务杠杆水平，以适应不同发展阶段的需求。

1. 初创期实施要点

在初创期，企业通常面临资金短缺和市场不确定性大的问题，可适当提高财务杠杆水平，但需注意控制风险。

选择合适的融资方式：通过银行贷款、天使投资等方式获取资金，但要注意融资规模和期限的选择，避免过度负债。

加强资金管理：确保资金用于核心业务的发展，提高资金使用效率。制订详细的资金使用计划，严格控制费用支出，加强对市场推广和产品研发的投入。

2. 成长期实施要点

随着企业规模的扩大和盈利能力的增强，可适当降低财务杠杆水平，减少利息支出，提高净利润率。

优化资产结构：通过发行债券、股权融资等方式筹集资金，用于扩大生产规模和拓展市场。

提高信用评级：通过加强财务管理、提高盈利能力和规范经营行为，提升企业的信用水平，为融资提供便利。

3. 成熟期实施要点

在成熟期，企业经营相对稳定，现金流较为充裕，应进一步降低财务杠杆水平，优化资本结构，提高股东回报。

降低资产负债率：通过偿还部分债务、进行股权回购等方式，降低资产负债率，提高股东权益比例。

风险管理：建立健全风险预警机制，合理配置资产，分散投资风险，提高企业的抗风险能力。

4. 衰退期实施要点

在衰退期，企业面临市场萎缩和盈利能力下降的挑战，需谨慎运用财务杠杆，避免过度负债导致的财务危机。

清理不良资产：通过出售部分资产、清理不良资产等方式，回收资金，降低负债水平。

业务转型：通过技术创新、业务转型、资产重组等方式，开拓新的市场领域，寻找新的利润增长点。

财务杠杆的运用策略应根据企业的实际情况和市场需求灵活调整。通过适度负债融资、利用债务税盾效应和结合企业成长阶段灵活调整杠杆水平等措施，企业可以优化资本结构、提升经营效率和盈利能力，实现可持续发展。然而，企业也应充分认识财务杠杆的风险，加强风险管理，确保企业的财务安全。

第四节　营运资金管理的先进技术与工具

在现代企业管理中，营运资金管理的高效性有利于企业的财务健康和顺畅运营。为了提升营运资金管理的效率和效果，企业需借助一系列先进的技术与工具。以下是几种关键的营运资金管理技术与工具。

一、电子资金转账的应用与优势

（一）定义与功能

电子资金转账（Electronic Funds Transfer，EFT）是一种利用电子通信技术实现资金在不同账户间快速、准确、安全转移的方式。它通过计算机网络、电子终端设备以及各类支付系统，取代了传统的纸质支票和现金交易，极大地提高了资金流转的效率。其主要特点如下。

快速转账：能够在短时间内完成资金的转移，缩短资金在途时间，使企业能够更快地利用资金进行经营活动。例如，企业收到客户的货款后，可通过 EFT 立即将资金转入供应商账户，加快资金周转速度。

准确无误：电子转账系统利用严格的验证和加密技术，减少因人为错误或纸质文件丢失而导致的资金错误转账风险。

安全可靠：采用先进的加密技术和身份验证机制，保护资金在传输过程中的安全。同时，电子转账记录可追溯，便于企业进行资金审计和风险管理。

（二）在营运资金管理中的应用

1. 提高资金使用效率

EFT 能够即时完成资金划转，使企业能够更加灵活地安排资金。例如，企业可以根据生产经营的需要，随时进行资金的调配，确保资金在关键环节的及时供应。

加快应收账款的回收速度。客户可以通过电子支付方式迅速支付货款，有助于企业更快地将应收账款转化为可用资金，投入生产经营中。

优化资金结算流程。对于跨国企业或跨地区经营的企业，EFT 可以消除地域限制，实现全球范围内的资金快速转移，提高资金的使用效率。

2. 降低成本

相比传统的转账方式，EFT 减少了纸质文件处理、邮寄及人工审核等成本。企业无须花费大量的时间和资源来处理纸质支票和汇款单，降低了财务运营成本。

降低交易手续费。电子转账通常比传统的银行汇款手续费更低，尤其是对于大额交易和频繁转账的企业，可以节省可观的费用。

提高资金管理的自动化程度。减少了人工操作，降低了人为错误的发生概率，提高了资金管理的效率和准确性。

3. 增强资金控制能力

通过 EFT 系统，企业可以实时监控资金流向。管理层可以随时了解企业的资金动态，及时发现异常交易和资金风险。

加强对资金流动的掌控。企业可以设置权限和审批流程，确保资金的转移符合公司的财务政策和风险管理要求。

提高资金的安全性。电子转账系统通常具有多重安全防护措施，如加密技术、身份验证和风险监控等，能够有效防范资金被盗用和欺诈风险。

二、财务软件与 ERP 在营运资金管理中的作用

（一）定义与功能

1. 财务软件

财务软件专注于财务管理领域，提供包括账务处理、报表生成、成本管理、预算编制等功能。它能够帮助企业实现财务数据的自动化处理和分析，提高财务管理的效率和准确性。

常见的财务软件功能包括：会计科目设置、凭证录入、账簿查询、财务报表生成、固定资产管理、成本核算等。例如，企业可以通过财务软件快速生成资产负债表、利润表和现金流量表等财务报表，为管理层提供决策依据。

2. ERP

ERP 则更为全面地集成了财务管理、供应链管理、生产管理、销售管理、人力资源管理等多个模块，实现了企业内部资源的统一管理和优化。

ERP 的主要功能包括：企业内部各个部门的数据集成和共享、业务流程的自动化和优化、资源的合理分配和调度、决策支持等。例如，ERP 可以将销售订单、采购订单、库存管理、生产计划等业务环节紧密连接起来，实现信息的实时传递和协同工作。

（二）在营运资金管理中的应用

1. 自动化管理

财务软件和 ERP 能够自动化处理大量财务数据，减少人工干预，提高管理效率。

例如，凭证的自动录入、账簿的自动生成、报表的自动编制等功能，大大减轻了财务人员的工作负担，提高了数据处理的准确性和及时性。

在营运资金管理中，系统可以自动计算应收账款的账龄、存货的周转率、应付账款的付款期限等指标，为企业提供实时的资金状况分析。

2. 实时监控与预警

系统能够实时监控资金的流动情况，设置预警机制，帮助企业及时发现并解决资金短缺或过剩问题。例如，当应收账款超过一定期限未收回时，系统会自动发出预警，提醒财务人员及时催收；当库存水平过高或过低时，系统会提示企业调整采购和生产计划。

ERP 还可以通过与银行系统的对接，实时查询企业的银行账户余额和交易记录，确保企业对资金的掌控。

3. 决策支持

通过集成的数据分析功能，为管理层提供详尽的财务报告和预算执行情况，支持其做出更加科学合理的营运资金决策。例如，系统可以生成应收账款分析报告、存货成本分析报告、资金预算执行情况报告等，帮助管理层了解企业的资金状况和运营效率，制定合理的资金管理策略。

ERP 还可以进行模拟分析和预测，为企业的战略规划和决策提供参考。例如，企业可以通过 ERP 模拟不同的销售策略和生产计划对资金流动的影响，选择最优的营运资金管理方案。

三、数据分析与预测模型在营运资金管理中的应用

（一）定义与功能

1. 数据分析

数据分析是指运用统计学、数据挖掘、机器学习等方法对收集到的数据进行处理和分析，以揭示数据背后的规律和趋势。数据分析可以帮助企业从大量的数据中提取有价值的信息，为决策提供支持。

数据分析的主要方法包括：描述性分析、相关性分析、回归分析、聚类分析、时间序列分析等。例如，企业可以通过描述性分析了解企业的财务状况和经营成果；通过相关性分析找出影响营运资金的关键因素；通过回归分析建立预测模型，预测未来的资金需求。

2. 预测模型

预测模型则是基于历史数据和分析结果，建立用于预测未来情况的数学模型。预测模型可以帮助企业提前了解未来的资金流动情况、市场需求变化、风险因素等，为企业的决策提供前瞻性的支持。

常见的预测模型包括：时间序列预测模型、回归预测模型、神经网络预测模型等。例如，企业可以通过时间序列预测模型预测未来的销售收入和应收账款回收情况；通过回归预测模型分析影响存货需求的因素，预测未来的存货水平。

（二）在营运资金管理中的应用

1. 资金流动预测

通过构建资金流动预测模型，企业可以预测未来一段时间内的资金流入和流出情况，为资金调度和安排提供依据。例如，企业可以根据销售预测和应收账款回收预测，确定未来的资金流入量；根据采购计划和应付账款支付预测，确定未来的资金流出量。通过对比资金流入和流出情况，企业可以提前做好资金筹集和调配的准备，确保企业的资金需求得到满足。

资金流动预测模型还可以考虑市场变化、行业趋势、宏观经济环境等因素的影响，提高预测的准确性和可靠性。例如，企业可以通过分析行业的季节性波动和经济周期变化，调整资金流动预测模型，以更好地适应市场变化。

2. 风险管理

数据分析可以帮助企业识别资金管理中存在的潜在风险，如应收账款坏账风险、存货积压风险、汇率风险等，并制定相应的应对措施。例如，企业可以通过分析应收账款的账龄分布和客户信用状况，评估应收账款坏账风险的大小；通过分析存货的周转速度和市场需求变化，预测存货积压的可能性。

企业还可以利用风险评估模型，对不同风险因素进行量化分析，确定风险的优先级和应对策略。例如，企业可以通过建立风险矩阵，对不同风险因素的发生概率和影响程度进行评估，确定高风险区域，并采取相应的风险控制措施。

3. 策略优化

基于数据分析结果，企业可以评估不同营运资金策略的效果，优化资金配置结构，提高资金使用效率。例如，企业可以通过分析不同信用政策对销售收入和应收账款回收的影响，确定最优的信用政策；通过分析不同库存管理策略对存货成本和资金占用的影响，选择最适合企业的库存管理方法。

企业还可以利用模拟分析和优化算法，寻找最佳的营运资金管理策略。例如，企业可以通过建立数学模型，对不同的资金筹集和调配方案进行模拟分析，选择最优的方案，以实现资金的成本最小化和效益最大化。

（三）实施建议

1. 建立完善的数据收集体系

确保数据的准确性和完整性，为分析提供可靠基础。企业应建立规范的数据采集流程，明确数据来源和采集方法，确保数据的一致性和可靠性。

采用先进的数据采集技术，如传感器、物联网、自动化数据采集系统等，提高数据采集的效率和准确性。例如，企业可以通过在生产设备上安装传感器，实时采集生产数据和设备运行状态数据，为库存管理和生产计划提供依据。

建立数据质量监控机制，定期对数据进行审核和清理，确保数据的准确性和完整性。例如，企业可以通过数据验证规则和数据清洗算法，对采集到的数据进行自动审核和清理，去除错误数据和重复数据。

2. 采用先进的数据分析工具

利用大数据、人工智能、机器学习等技术手段，提高数据分析的效率和准确性。例如，企业可以利用大数据分析平台，对海量的财务数据和业务数据进行快速处理和分析，挖掘数据中的潜在价值；利用人工智能和机器学习算法，建立预测模型和风险评估模型，提高预测的准确性和风险控制的有效性。

选择适合企业需求的数据分析工具和软件。市场上有很多数据分析工具和软件可供选择，企业应根据自身的业务需求和数据分析能力，选择适合的工具和软件。例如，对于数据分析能力较弱的企业，可以选择易于使用的可视化数据分析工具，如 Tableau、Power BI 等；对于数据分析能力较强的企业，可以选择专业的数据分析软件，如 R、Python、SPSS 等。

3. 培养数据分析人才

加强员工培训，提升团队的数据分析能力和业务洞察力。企业可以通过内部培训、外部培训、在线学习等方式，提高员工的数据分析技能和业务知识水平。例如，企业可以邀请数据分析专家进行内部培训，分享数据分析的最新技术和方法；组织员工参加外部培训课程和研讨会，了解行业的最新动态和发展趋势。

建立数据分析团队，负责企业的数据分析和决策支持工作。数据分析团队应具备统计学、数据挖掘、机器学习、业务分析等多方面的知识和技能，能够为企业提供高质量的数据分析服务和决策支持。例如，企业可以招聘数据分析师、数据科学家等专业人才，组建数据分析团队，为企业的营运资金管理提供有力支持。

4. 持续优化预测模型

根据市场变化和企业实际情况，不断调整和优化预测模型，确保其准确性和实用性。企业应定期对预测模型进行评估和验证，分析模型的预测误差和偏差，找出问题所在，并及时进行调整和优化。

引入新的数据和变量，不断丰富预测模型的输入信息。随着企业业务的发展和市场环境的变化，新的数据和变量可能会对企业的营运资金管理产生影响。企业应及时收集和分析这些新的数据和变量，并将其纳入预测模型中，提高模型的预测能力和适应性。

与外部机构和专家合作，共同优化预测模型。企业可以与高校、科研机构、咨询公司等外部机构和专家合作，共同开展数据分析和预测模型研究，借鉴外部的先进经验和技术，提高企业的数据分析水平和预测能力。

第五节　营运资金管理实践案例分析

一、成功案例分享与启示

在营运资金管理领域，有许多企业通过创新和优化策略取得了显著的成果。以下是一些具体的案例分享，可以为其他企业提供有益的借鉴和启示。

（一）案例一：优化现金管理策略

某电子产品制造企业通过实施一系列优化现金管理的策略，成功降低了现金持有成本并提高了资金使用效率。

1. 建立现金预测模型

企业组建了专业的财务分析团队，结合历史销售数据、市场趋势以及行业动态，建立了精确的现金预测模型。该模型能够准确预测未来几个月的现金流入和流出情况，为企业的资金安排提供了可靠的依据。

例如，通过分析过去几年的销售旺季和淡季的现金流量变化，企业能够提前规划资金，在旺季来临前确保有足够的资金用于原材料采购和生产扩张，而在淡季则合理安排资金进行短期投资，提高资金的收益。

2. 集中现金管理

企业对分散在各个子公司和部门的现金进行集中管理，设立了统一的资金池。通过这种方式，企业能够更好地掌握整体资金状况，实现资金的优化配置。

例如，当某个子公司出现资金短缺时，企业可以从资金池快速调配资金，避免了因个别子公司的资金问题影响整个企业的运营。同时，集中管理还可以提高与银行的谈判能力，获得更优惠的存款利率和贷款条件。

3. 优化支付流程

企业与供应商协商，延长了应付账款的支付期限，同时积极推动电子支付和自动化支付流程。这不仅减少了纸质支票的使用，降低了支付成本，还提高了支付的准确性和及时性。

例如，通过与主要供应商签订长期合作协议，企业成功将应付账款的支付期限从 30 天延长到 45 天。同时，企业引入了电子支付系统，实现了支付指令的自动化处理，大大缩短了支付时间，提高了资金的使用效率。

（二）案例二：科学的存货管理策略

某服装零售企业通过采用科学的存货管理策略，实现了存货成本的显著降低和存货周转率的提高。

1. 需求预测与库存优化

企业利用大数据分析和市场调研，准确预测消费者的需求趋势。根据预测结果，企业优化了库存水平，避免了过度库存和缺货现象的发生。

例如，通过分析历史销售数据和社交媒体上的时尚趋势，企业能够提前预测哪些款式的服装将受到消费者的欢迎，从而合理安排生产和采购计划。同时，企业采用了先进的库存管理系统，实时监控库存水平，当库存接近警戒线时，系统会自动发出预警，提醒采购部门及时补货。

2. 供应链协同

企业与供应商建立了紧密的合作关系，实现了供应链的协同管理。通过共享销售数据和库存信息，供应商能够更好地安排生产计划，确保及时供货。

例如，企业与主要供应商建立了电子数据交换系统，实现了订单、发货通知和库存信息的实时共享。这使得供应商能够根据企业的销售情况及时调整生产计划，减少了库存积压和缺货的风险。同时，企业还与供应商合作开展了联合促销活动，通过降低价格和提供优惠政策，加快了库存的周转速度。

3. 库存清理策略

企业制定了灵活的库存清理策略，及时处理滞销商品。通过打折促销、特卖活动和捐赠等方式，企业有效地降低了库存成本，提高了资金的流动性。

例如，当某款服装出现滞销时，企业会立即推出打折促销活动，吸引消费者购买。同时，企业还会将部分滞销商品捐赠给慈善机构，获得税收优惠的同时，也提升了企业的社会形象。此外，企业还与第三方电商平台合作，将库存商品快速销售出去，减少了库存积压。

二、失败案例解析与教训

尽管有许多企业在营运资金管理方面取得了成功，但也有一些企业由于各种原因遭遇了失败。以下是一些失败案例的解析，帮助企业避免类似的错误并改进自身的营运资金管理策略。

（一）案例一：过度依赖短期负债导致资金链断裂

某房地产开发企业在快速扩张过程中，过度依赖短期负债进行融资。由于市场环境变化和政策调整，企业的销售回款速度减慢，而短期负债到期需要偿还，导致企业资金链断裂。

1. 原因分析

盲目扩张：企业在没有充分评估市场风险和自身资金实力的情况下，大规模进行项目开发，导致资金需求急剧增加。

融资策略不当：过度依赖短期负债，没有合理安排长期负债和股权融资的比例。短期负债的期限短、利率高，一旦市场环境变化，企业的还款压力会迅速增大。

销售回款不力：房地产市场调控政策的出台，使得企业的销售速度减慢，回款周期延长。同时，企业在销售策略上也存在问题，没有及时调整价格和促销手段，导致库存积压，资金无法及时回笼。

2. 教训总结

谨慎扩张：企业在进行扩张时，应充分评估市场风险和自身资金实力，制定合理的发展战略。避免盲目追求规模扩张，导致资金链紧张。

优化融资结构：合理安排长期负债和股权融资的比例，降低对短期负债的依赖。长期负债的期限长、利率相对稳定，可以为企业提供更稳定的资金来源。同时，股权融资可以增加企业的资本金，提高企业的抗风险能力。

加强销售管理：企业应密切关注市场变化，及时调整销售策略。通过降价促销、提供优惠政策等方式，加快销售回款速度，减少库存积压。同时，企业还应加强与客户的沟通和服务，提高客户满意度，促进销售回款。

（二）案例二：存货管理不善导致资金占用过多

某食品加工企业由于存货管理不善，导致资金占用过多，影响了企业的正常运营。

1. 原因分析

需求预测不准确：企业在安排生产计划时，没有准确预测市场需求，导致生产过多或过少。生产过多会造成库存积压，占用大量资金；生产过少则会导致缺货，影响销售和客户满意度。

库存管理混乱：企业没有建立有效的库存管理系统，无法实时监控库存水平。同时，企业在库存盘点和出入库管理上也存在问题，导致库存数据不准确，影响了生产和销售计划的制订。

供应链协调不畅：企业与供应商和销售渠道之间的沟通和协调不畅，导致原材料供应不及时和产品销售不畅。这进一步加剧了库存积压和资金占用的问题。

2. 教训总结

提高需求预测准确性：企业应加强市场调研和数据分析，建立科学的需求预测模型。同时，企业还应与销售渠道和客户保持密切沟通，及时了解市场需求变化，调整生产计划。

建立有效的库存管理系统：企业应引入先进的库存管理软件，实现库存的实时监控和管理。同时，企业还应加强库存盘点和出入库管理，确保库存数据的准确性。

加强供应链协调：企业应与供应商和销售渠道建立紧密的合作关系，实现信息共享和协同运作。通过优化供应链流程，提高原材料供应的及时性和产品销售的顺畅性，减少库存积压和资金占用。

三、跨行业案例对比与分析

不同行业在营运资金管理方面具有不同的特点和做法。开展跨行业案例的对比和分析，可以帮助企业更好地了解不同行业的营运资金管理特点和趋势，并为企业制定跨行业的营运资金战略提供参考。

（一）案例一：制造业与零售业的存货管理对比

1. 制造业存货管理特点

生产周期长：制造业的生产过程通常比较复杂，需要经过多个环节，生产周期较长。因此，制造业企业需要合理安排原材料和在制品的库存，以确保生产的连续性。

库存种类多：制造业企业的产品种类繁多，原材料和零部件的种类也很多。因此，制造业企业需要建立有效的库存管理系统，对不同种类的库存进行分类管理。

库存成本高：制造业企业的库存成本通常比较高，包括原材料采购成本、库存持有成本和缺货成本等。因此，制造业企业需要通过优化库存管理策略，降低库存成本，提高资金使用效率。

2. 零售业存货管理特点

销售周期短：零售业的销售周期通常比较短，产品更新换代快。因此，零售业企业需要密切关注市场需求变化，及时调整库存水平，避免库存积压。

库存种类少：零售业企业的产品种类相对较少，主要以消费品为主。因此，零售业企业可以采用集中采购和配送的方式，降低库存成本。

库存管理信息化程度高：零售业企业通常采用先进的库存管理软件和信息技术，实现库存的实时监控和管理。同时，零售业企业还可以通过与供应商和销售渠道的信息共享，提高库存管理的效率和准确性。

3. 对比分析与启示

制造业企业可以借鉴零售业企业的信息化管理经验，引入先进的库存管理软件和信息技术，提高库存管理的效率和准确性。同时，制造业企业还可以加强与供应商的合作，实现原材料的准时供应，降低库存水平。

零售业企业可以学习制造业企业的分类管理方法，对不同种类的库存进行分类管理，提高库存管理的精细化程度。同时，零售业企业还可以通过与供应商合作，开展联合促销活动，加快库存的周转速度。

（二）案例二：金融业与服务业的现金管理对比

1. 金融业现金管理特点

资金量大：金融业企业的资金量大，对流动性要求高。因此，金融业企业需要建立完善的现金管理体系，确保资金的安全性和流动性。

风险控制严格：金融业企业面临的风险较大，需要严格控制现金管理的风险。因此，金融业企业需要建立健全的风险管理制度，加强对现金流量的监控和分析。

创新能力强：金融业企业的创新能力强，可以利用金融工具和技术手段，提高现金管理的效率和收益。例如，金融业企业可以通过开展资金池业务、发行短期融资券等方式，优化资金配置，提高资金使用效率。

2. 服务业现金管理特点

资金流量不稳定：服务业企业的资金流量通常不稳定，受市场需求和客户支付习惯的影响较大。因此，服务业企业需要建立灵活的现金管理策略，根据资金流量的变化及时调整资金安排。

客户信用风险高：服务业企业的客户信用风险较高，需要加强对客户信用的评估和管理。因此，服务业企业可以采用预付款、信用卡支付等方式，降低客户信用风险。

成本控制严格：服务业企业的成本控制严格，需要降低现金管理的成本。因此，服务业企业可以通过优化支付流程、选择合适的银行合作等方式，降低现金管理的成本。

3. 对比分析与启示

金融业企业可以借鉴服务业企业的灵活管理经验，根据市场变化和客户需求，及时调整现金管理策略。同时，金融业企业还可以加强与客户的沟通和合作，了解客户的支付习惯和需求，提供个性化的现金管理服务。

服务业企业可以学习金融业企业的风险控制和创新能力，建立健全的风险管理制度，加强对现金流量的监控和分析。同时，服务业企业还可以利用金融工具和技术手段，提高现金管理的效率和收益。例如，服务业企业可以通过与金融机构合作，开展应收账款融资、票据贴现等业务，优化资金配置，提高资金使用效率。

第六节　营运资金战略的实施与评估

一、实施步骤与注意事项

（一）四步实施框架

四步实施框架如图 5-1 所示。

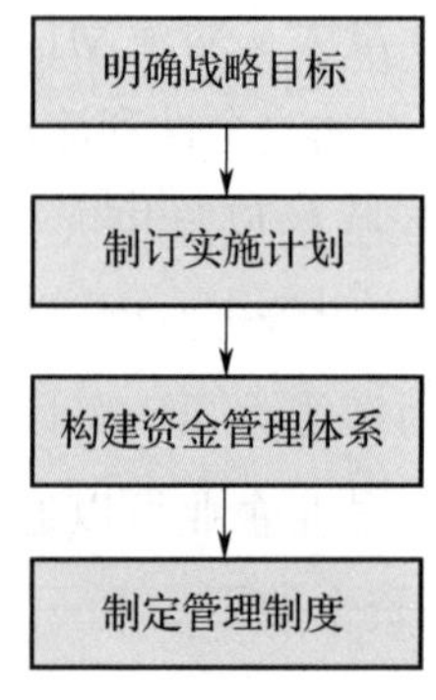

图 5-1　四步实施框架

1. 明确战略目标

战略目标的设定如表 5–6 所示。

表 5–6　战略目标设定

目标维度	关键指标	行业标杆案例
流动性提升	现金周期缩短至行业前 20%	华为：现金周期从 45 天优化至 30 天
资金成本控制	WACC ≤ 8%	美的集团：WACC 从 9.2% 降至 7.5%
资本结构优化	资产负债率稳定在 50%~60%	宁德时代：2022 年资产负债率为 57.3%

流动性提升：通过优化现金周期，提高资金的流动性和使用效率。例如，华为通过优化供应链管理和资金流程，将现金周期从 45 天缩短至 30 天，显著提升了资金流动性。

资金成本控制：通过降低 WACC，提高企业的盈利能力。例如，美的集团通过优化融资结构和降低融资成本，将 WACC 从 9.2% 降至 7.5%，有效控制了资金成本。

资本结构优化：通过将资产负债率保持在合理区间，平衡企业的风险和收益。例如，宁德时代在 2022 年的资产负债率为 57.3%，确保了资本结构的稳定和优化。

2. 制订实施计划

实施计划的制订如表 5–7 所示。

表 5–7　实施计划制订

要素	操作要点	工具/模板
行动步骤	按 PDCA 循环分解任务	甘特图（含里程碑节点）
资源匹配	预算配置精确到部门 / 项目	资源矩阵表（人力 / 资金 / 技术）
责任矩阵	RACI 模型明确角色分工	RACI 责任分配表

行动步骤：根据 PDCA 循环（计划 – 执行 – 检查 – 行动）分解任务，确保每个环节都有明确的计划和执行步骤。使用甘特图来展示任务的时间安排和里程碑节点，确保实施过程有序进行。

资源匹配：将预算配置精确到每个部门和项目，确保资源的合理分配和使用。使用资源矩阵表来展示人力、资金和技术资源的分配情况，确保资源的高效利用。

责任矩阵：通过 RACI 模型（负责 – 批准 – 咨询 – 通知）明确每个角色的分工和职责。使用 RACI 责任分配表来展示每个任务的责任分配，确保每个环节都有明确的责任人。

3. 构建资金管理体系

构建如下所示的三层管理体系架构。

（1）预测层：滚动现金流预测模型（12 个月 +3 年）。通过滚动现金流预测模型，企业可以提前预测未来 12 个月和 3 年的资金需求和供给情况，为资金筹集和运用提供依据。例如，企业可以通过分析历史销售数据、市场趋势和行业动态，预测未来的销售收入和资金流入，以及采购成本和资金流出，从而合理安排资金。

（2）执行层：资金调度中心（Cash Pooling）。资金调度中心负责日常的资金调度和管理，确保资金的高效使用。通过建立资金池，企业可以集中管理各子公司的资金，提高资金的使用效率和收益。例如，企业可以通过资金池进行内部资金的调配，减少外部融资的需求，降低资金成本。

（3）监控层：风险预警仪表盘（红、黄、绿三色预警）。风险预警仪表盘通过实时监控资金的动态变化，及时发现潜在的风险。通过设置红、黄、绿三色预警，企业可以直观地了解资金状况，及时采取措施。例如，当资金流动出现异常时，系统会自动发出预警，提醒相关人员及时处理。

4. 制定资金管理制度

制定资金管理制度，如现金管理制度、应收账款管理制度、存货管理制度等，确保各项资金活动有章可循，制度体系建设如表 5-8 所示。

表 5-8　制度体系建设

核心制度	管理要点	数字化工具
现金管理制度	零现金战略（特斯拉模式）	银企直连系统
应收账款管理制度	动态信用政策（亚马逊分级授信）	AI 信用评分系统
存货管理制度	智能补货算法（京东“预调拨”机制）	物联网仓储管理系统

现金管理制度：采用零现金战略，通过银企直连系统实现现金的实时监控和管理。例如，特斯拉通过零现金战略，确保企业日常运营中现金的高效使用，减少现金闲置和浪费。

应收账款管理制度：实施动态信用政策，通过 AI 信用评分系统对客户信用进行实时评估和管理。例如，亚马逊通过分级授信制度，根据客户的信用状况动态调整信用额度和收款期限，提高应收账款的回收速度和质量。

存货管理制度：采用智能补货算法，通过物联网仓储管理系统实现存货的实时监控和管理。例如，京东通过“预调拨”机制，根据销售预测和库存水平自动调整补货计划，确保存货的合理水平和高效周转。

通过以上四步实施框架，企业可以系统地实施营运资金战略，确保资金管理的规范性和有效性。

（二）三大实施风险防控（图 5-2）

三大实施风险防控如图 5-2 所示。

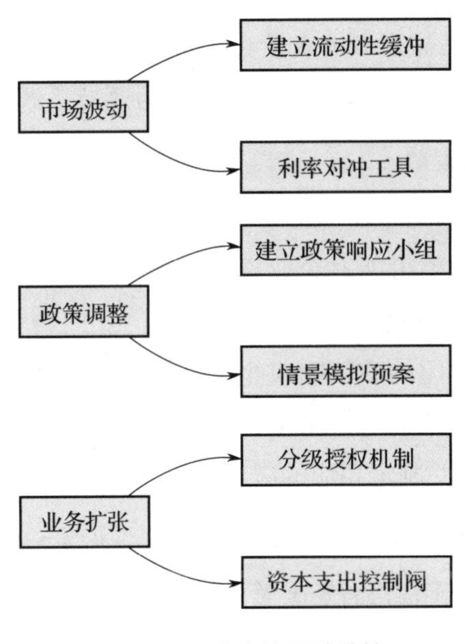

图 5-2 三大实施风险防控

以下为应对外部环境变化的营运资金管理策略。

1. 市场波动的应对策略

（1）建立流动性缓冲。

背景：市场波动可能导致企业销售不稳定，进而影响资金流入。例如，在经济衰退期间，消费者需求下降，企业的销售收入减少，导致现金流紧张。

措施：企业应建立流动性缓冲，确保有足够的现金储备来应对市场波动带来的资金需求。例如，企业可以设定一个目标，将现金储备维持在能够覆盖 3~6 个月运营成本的水平。

案例：在 2008 年金融危机期间，美国许多企业由于缺乏足够的现金储备而陷入困境。而一些具有前瞻性的企业，如苹果公司，通过保持较高的现金储备，成功应对了市场波动，确保了业务的连续性。

（2）利率对冲工具。

背景：市场波动还可能引发利率的波动，增加企业的融资成本。例如，当市场利率上升时，企业的债务融资成本会增加，导致资金压力增大。

措施：企业可以使用利率对冲工具，如利率互换、利率期权等，来锁定融资成本，降低利率波动对资金成本的影响。例如，企业可以通过利率互换将浮动利率债务转换为固定利率债务，从而避免利率上升带来的融资成本增加。

案例：在2013年美联储宣布缩减量化宽松政策时，市场利率大幅上升。许多企业通过使用利率对冲工具，成功降低了融资成本的波动，保持了资金的稳定性。

2. 政策调整的应对策略

（1）建立政策响应小组。

背景：政府政策的调整可能对企业资金管理产生重大影响。例如，税收政策的变化可能影响企业的税负，进而影响现金流。

措施：企业应建立专门的政策响应小组，负责跟踪和分析政策变化，及时调整资金管理策略。例如，政策响应小组可以定期召开会议，讨论最新的政策动态及其对企业资金管理的影响，并制定相应的应对措施。

案例：在2017年中国政府出台一系列金融监管政策时，许多企业通过建立政策响应小组，及时调整了融资结构和资金管理策略。

（2）情景模拟预案。

背景：政策调整可能带来不确定性，企业需要提前做好准备，以应对可能出现的各种情况。

措施：企业可以通过情景模拟来制定预案，以应对不同政策变化带来的影响。例如，企业可以模拟在不同税收政策、货币政策等情景下，资金流动、成本和收益的变化，并制定相应的应对策略。

案例：在2020年，许多企业通过情景模拟预案，提前做好了资金储备和融资安排，成功应对了资金压力。

3. 业务扩张的应对策略

（1）分级授权机制。

背景：业务扩张通常需要大量的资金投入，企业需要确保资金的合理使用和风险控制。

措施：企业可以建立分级授权机制，明确不同层级管理人员在资金使用和决策中的权限。例如，小额资金使用可以由部门经理审批，大额资金使用则需要高层管理人员审批，从而确保资金使用的合理性和安全性。

案例：华为在业务扩张过程中，通过建立分级授权机制，确保了资金的合理使用和风险控制，支持了业务的快速扩张。

（2）资本支出控制阀。

背景：业务扩张过程中，资本支出的控制至关重要。过度的资本支出可能导致资金紧张，影响企业的财务健康。

措施：企业可以设立资本支出控制阀，对资本支出进行严格的预算管理和审批。例如，企业可以设定年度资本支出预算，并通过严格的审批流程，确保资本支出的合理性和必要性。

案例：宁德时代在业务扩张过程中，通过设立资本支出控制阀，有效控制了资本支出，确保了资金的合理使用和企业的财务健康。

通过以上策略，企业可以更好地应对市场波动、政策调整和业务扩张带来的挑战，确保营运资金管理的稳定性和有效性。

二、评估方法与指标的设定

（一）四维评估方法矩阵

四维评估方法矩阵如表 5-9 所示。

表 5-9　四维评估方法矩阵

方法	适用场景	操作工具	标杆案例
对比分析法	战略实施效果验证	平衡计分卡（BSC）	海尔：实施 6 个月后现金周期缩短 25%
趋势分析法	长期战略适应性评估	时间序列预测模型	格力：连续 5 年存货周转率提升 12%
财务比率分析法	即时健康诊断	杜邦分析体系	比亚迪：ROE 从 8% 提升至 15%
敏感性分析法	极端场景压力测试	蒙特卡洛模拟	万科：模拟资金安全边际

1. 对比分析法

将实施前后的资金流动状况、资金成本、资金使用效率等指标进行对比分析，评估战略实施的效果。对比分析法可以直观地反映营运资金战略的实施对企业财务状况的影响。

适用场景：用于验证战略实施的效果，通过对比实施前后的关键指标变化，评估战略的有效性。

操作工具：平衡计分卡是一种常用的工具，可以从财务、客户、内部流程、学习与成长四个维度进行评估。

标杆案例：海尔通过实施营运资金战略，6 个月后现金周期缩短了 25%，显著提高了资金的流动性和使用效率。

2. 趋势分析法

观察一段时间内指标的变化趋势，分析战略实施对资金管理长期效果的影响。趋势分析法可以帮助企业了解营运资金战略的实施对企业财务状况的长期影响。

适用场景：用于评估战略的长期适应性，通过观察关键指标在一段时间内的变化趋势，判断战略是否能够持续有效。

操作工具：时间序列预测模型可以用来分析和预测关键指标的变化趋势，帮助企业制定长期战略。

标杆案例：格力通过持续优化存货管理，连续 5 年存货周转率提升了 12%，显著提高了资金的使用效率。

3. 财务比率分析法

运用财务比率（如流动比率、速动比率、资金周转率等）评估企业的偿债能力、营运能力和盈利能力。财务比率分析法是一种常用的财务分析方法，可以从不同角度反映企业的财务状况。

适用场景：用于即时健康诊断，通过计算和分析财务比率，快速了解企业的财务状况和运营效率。

操作工具：杜邦分析体系是一种常用的财务分析工具，可以分解 ROE 等关键指标，帮助企业找出问题所在。

标杆案例：比亚迪通过优化资本结构和提高运营效率，将 ROE 从 8% 提升至 15%，显著提高了企业的盈利能力。

4. 敏感性分析法

评估不同市场环境下战略实施效果的敏感性，为未来的战略调整提供依据。敏感性分析法可以帮助企业了解营运资金战略在不同市场环境下的适应性。

适用场景：用于极端场景压力测试，通过模拟不同情景下的关键指标变化，评估战略在极端情况下的适应性。

操作工具：蒙特卡洛模拟是一种常用的敏感性分析工具，可以模拟不同情景下的关键指标变化，帮助企业制定应对策略。

标杆案例：万科通过蒙特卡洛模拟，评估了在极端情况下的资金安全边际，确保了企业的资金安全。

（二）核心评估指标体系

核心评估指标体系如表 5-10 所示。

表 5-10 核心评估指标体系

指标类别	计算公式	行业基准	标杆案例
现金周转效率	现金周期 = DSO + DIH – DPO	制造业：<60 天	特斯拉：通过预付款模式实现负现金周期
资金成本率	WACC =（E/V）× Re +（D/V）Rd ×（1–T）	科技企业：6%~8%	小米：发行可转债降低融资成本
应收账款健康度	逾期账款率 = 逾期金额 / 应收总额	<5%	顺丰：利用区块链技术实现 T+1 回款
存货周转效能	存货周转天数 =365/（销售成本 / 平均存货）	快消品行业：<30 天	可口可乐：AI 预测实现零滞销库存

1. 现金周转效率

计算公式：现金周期 =DSO+DIH–DPO

DSO（Days Sales Outstanding）：应收账款周转天数，表示企业从销售商品到收回现金所需的平均天数。

DIH（Days Inventory Held）：存货周转天数，表示企业从采购原材料到销售商品所需的平均天数。

DPO（Days Payable Outstanding）：应付账款周转天数，表示企业从采购原材料到支付供应商所需的平均天数。

行业基准：制造业：<60 天

制造业的现金周期通常较长，因为生产周期较长，存货和应收账款的周转速度较慢。因此，行业基准设定为小于 60 天。

案例：特斯拉通过预付款模式实现负现金周期

特斯拉采用预付款模式，即客户在购买车辆前支付部分或全部款项，这使得特斯拉在生产前就获得了资金，从而实现了负现金周期。

效果：通过预付款模式，特斯拉不仅提前获得了资金，还减少了应收账款和存货的占用，显著提高了现金周转效率。

2. 资金成本率

衡量企业为获取和使用资金所付出的成本。资金成本率越低，说明企业的资金成本越低，盈利能力越强。

计算公式为：$WACC=(E/V)\times Re+(D/V)Rd\times(1-T)$

式中，E 是股东权益；V 是总资本；Re 是股东权益成本；D 是债务；Rd 是债务成本；T 是税率。

行业基准：科技企业：6%~8%

科技企业的资金成本率通常在 6%~8%，因为科技企业通常具有较强的创新能力和增长潜力，但同时也面临较高的风险。

案例：小米通过发行可转债降低融资成本

小米发行可转债，这种债券可以在一定条件下转换为公司股票，从而降低了融资成本。

效果：通过发行可转债，小米不仅降低了融资成本，还优化了资本结构，提高了资金的使用效率。

3. 应收账款健康度

计算公式：逾期账款率 = 逾期金额 / 应收总额。

逾期金额：超过约定付款期限未收回的应收账款金额。

应收总额：企业所有应收账款的总金额。

行业基准：<5%。

逾期账款率低于 5% 表示企业的应收账款管理较为健康，资金回笼速度较快。

案例：顺丰通过区块链技术实现 T+1 回款

顺丰利用区块链技术，实现了应收账款的快速回收。区块链技术通过分布式账本和智能合约，确保了交易的透明性和不可篡改性，从而加快了回款速度。

效果：通过区块链技术，顺丰实现了 T+1 回款，即在交易完成后的第二天即可收回款项，显著提高了资金的流动性和使用效率。

4. 存货周转效能

计算公式：存货周转天数 =365/（销售成本 / 平均存货）。

销售成本：企业在一定时期内的销售成本。

平均存货：企业在一定时期内的平均存货金额。

行业基准：快消品行业 <30 天。

快消品行业的存货周转天数通常较短，因为产品保质期较短，需要快速周转。

案例：可口可乐通过 AI 预测实现零滞销库存

可口可乐利用人工智能技术进行销售预测，通过分析历史销售数据、市场趋势和消费者行为，准确预测未来的需求，从而优化库存管理。

效果：通过 AI 预测，可口可乐实现了零滞销库存，即所有库存商品都能在保质期内销售出去，显著提高了存货周转效率和资金使用效率。

通过以上核心评估指标体系，企业可以全面评估营运资金管理的效率和效果，及时发现问题并采取措施，确保资金管理的规范性和有效性。

三、持续优化机制设计

（一）动态调整四步法

企业资金管理的持续优化需要建立动态调整机制与组织能力支撑体系，通过“战略 – 执行 – 反馈”闭环实现敏捷迭代。以下内容从动态调整四步法（见图 5–3）、组织能力建设两方面展开。

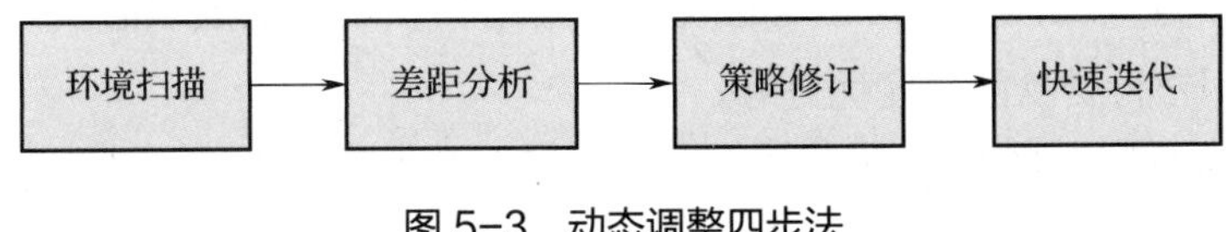

图 5–3 动态调整四步法

1. 环境扫描

环境扫描是动态调整的第一步，其目的是识别和理解可能影响企业营运资金战略的因素。这些因素包括外部环境和内部环境的各个方面。

外部环境：包括市场趋势、竞争态势、宏观经济环境、政策法规变化等。例如，市场利率的变化会影响企业的融资成本，而消费者需求的变化会影响企业的销售和应收账款。企业需要实时关注外部环境的变化，以便及时调整营运资金战略。

内部环境：包括企业自身的财务状况、运营效率、组织结构等。例如，企业的现金流状况、应收账款和存货的管理水平、生产能力和成本控制等。通过内部环境的扫描，企业可以了解自身的长处和短板，从而在战略修订中扬长避短。

2. 差距分析

差距分析是在环境扫描的基础上，将企业当前的营运资金状况与行业标准、竞争对手或企业自身的目标进行比较，以识别存在的差距和不足。这有助于企业明确需要改进的方向和重点。

与行业标准比较：企业可以将自身的财务指标（如现金周期、流动比率、资产负债率等）与行业内的平均水平或最佳实践进行比较，找出与行业标准的差距。若企业的现金周期明显长于行业平均水平，说明企业在营运资金的周转效率方面存在差距。

与竞争对手比较：通过比较自身与竞争对手的营运资金管理水平，了解自身在市场中的位置和竞争力。例如，竞争对手可能采用更先进的库存管理系统，从而实现更低的存货水平和更快的存货周转速度。

与企业自身目标比较：企业应定期评估自身营运资金状况是否与其战略目标一致。如果企业的目标是提高市场份额和扩大销售规模，那么就需要有足够的流动资金来支持存货的增加和应收账款的增长。

3. 策略修订

策略修订是根据差距分析的结果，对现有的营运资金战略进行调整和优化，以弥补差距和不足，提升企业的营运资金管理水平。

财务策略修订：根据财务指标的差距，企业可以修订相关的财务策略。若企业存在资金成本过高的问题，可以考虑优化融资结构，增加低成本融资的比重，如发行债券、利用银行贷款的额度优势等。

运营策略修订：针对运营效率方面的问题，企业可以修订运营策略。例如，为了解决存货周转速度慢的问题，企业可以优化采购流程、加强销售预测管理，以实现更精准的库存控制。

组织策略修订：在组织结构和人员管理方面，企业可以根据差距分析的结果进行调整。例如，为了提高应收账款的回收效率，企业可以加强销售部门和财务部门的协同工作，明确催收责任，并建立相应的激励机制。

4. 快速迭代

快速迭代是指在策略修订后，企业应迅速实施新的战略，并通过实时监控和反馈机制来评估实施效果，以便及时进行调整和优化。这是一个持续改进的过程，有助于企业不断提升营运资金管理水平。

实时监控：企业应建立实时的财务监控系统和运营数据跟踪机制，以便及时发现战略实施中的问题和异常情况。例如，通过实时监控现金流量表、应收账款和存货的动态变化，企业可以迅速识别资金短缺或回收不畅等问题。

动态预警：根据设定的预警指标和阈值，当某些关键指标偏离正常范围时，系统会自动发出警报。企业可以根据预警信息及时采取措施，如调整资金调配计划、加快应收账款催收等。

阶段回顾与调整：企业应定期对营运资金战略进行阶段性的回顾和评估，总结经验教训，并根据实际情况对战略进行必要的调整。例如，在季度末或年度末，企业可以对本阶段的营运资金管理进行全面的分析，提出下一阶段的改进措施。

（二）典型调整场景

典型调整场景如表 5-11 所示。

表 5-11　典型调整场景

触发条件	应对策略	实施要点	案例参考
原材料价格波动 >20%	期货套保 + 供应商重新谈判	套保比例与价格波动非线性挂钩	宁德时代锁定赣锋锂业长协价 +CME 镍期货对冲
客户付款周期延长 30 天	信用政策调整 + 应收账款证券化	动态信用评分模型与证券化资产池联动	三一重工将账期分级匹配 ABCP（资产支持商业票据）发行
行业技术颠覆性创新	创新基金 + 研发投入比例调整	设立“研发对赌机制”（ROI ≥ 20% 追加投资）	美的集团 5 年投入 500 亿元建设数字研究院，研发占比从 3% 提至 6%

1. 原材料价格波动 >20%

触发条件：原材料价格波动超过 20%，对企业的生产成本和利润产生重大影响。

应对策略：

期货套保：企业可以通过期货市场进行套期保值，锁定原材料价格，降低价格波动风险。例如，镍期货对冲是一种有效的风险管理工具，可以帮助企业锁定镍的价格，确保业务的稳定性。

供应商重新谈判：与供应商重新谈判，争取更有利的采购条件，如固定价格或价格调整机制。例如，宁德时代通过与赣锋锂业签订长期协议，锁定了原材料价格，减轻了价格波动的冲击。

实施要点：套保比例与价格波动非线性挂钩，根据价格波动幅度调整套保比例，以平衡风险和收益。

案例参考：宁德时代通过长协价、囤货等手段降低上游原材料价格波动的冲击，2022 年材料成本仅比 2019 年高 26%，而赣锋锂业出货价格提高了 313%。

2. 客户付款周期延长 30 天

触发条件：客户付款周期延长 30 天，导致企业资金回笼速度减慢，资金压力增大。

应对策略：

信用政策调整：调整信用政策，如缩短信用期限、提高信用标准等，以减少应收账款的回收风险。例如，三一重工将账期分级匹配 ABCP（资产支持商业票据）发行，优化了资金回笼。

应收账款证券化：将应收账款进行证券化，通过发行资产支持商业票据（ABCP）等方式，提前获得资金。例如，三一重工通过发行 ABCP，将应收账款转化为流动性更强的资产。

实施要点：动态信用评分模型与证券化资产池联动，根据客户的信用状况和付款能力，动态调整信用评分模型，并将应收账款分级匹配到不同的证券化资产池中。

案例参考：三一重工将账期分级匹配 ABCP 发行，优化了资金回笼和信用管理。

3. 行业技术颠覆性创新

触发条件：行业出现颠覆性技术创新，对企业的技术竞争力和市场地位构成威胁。

应对策略：

创新基金：设立创新基金，专门用于支持新技术的研发和应用。例如，美的集团 5 年投入 500 亿元建设数字研究院，提升了企业的技术创新能力。

研发投入比例调整：调整研发投入比例，增加对新技术的研发投入。例如，美的集团将研发投入占比从 3% 提升至 6%，以应对行业技术颠覆性创新。

实施要点：设立“研发对赌机制”，即设定明确的研发目标和绩效指标，如 ROI ≥ 20% 时追加投资，以激励研发团队和确保研发项目的成功实施。

案例参考：美的集团 5 年投入 500 亿元建设数字研究院，将研发投入占比从 3% 提升至 6%，通过“研发对赌机制”确保研发项目的成功实施。

通过以上典型调整场景的应对策略和实施要点，企业可以更好地应对原材料价格波动、客户付款周期延长和行业技术颠覆性创新等挑战，确保营运资金管理的稳定性和有效性。

（三）组织能力建设

人才梯队培养的三维能力矩阵如表 5-12 所示。

表 5-12　三维能力矩阵

岗位	核心能力要求	认证体系	培养路径
资金分析师	财务建模 +Python 数据分析	CMA/CPA+Python 二级	6 个月轮岗（预算 / 投融资 / 税务）+Kaggle 数据竞赛实战
风险控制专员	FRM+ 供应链金融实务	FRM+CDCS 认证	供应链沙盘模拟 + 跨境结算案例库演练
司库经理	跨国资金运作 + 金融工具应用	CTP+ACCA	海外子公司挂职 + 衍生品交易模拟舱训练

（1）资金分析师。

核心能力要求：财务建模和 Python 数据分析能力，能够进行复杂的财务分析和数据挖掘。

认证体系：美国注册管理会计师（CMA）或注册会计师（CPA）认证，以及 Python 二级认证。

培养路径：6 个月轮岗，包括预算、投融资和税务等部门，参与实际项目，提升综合能力。同时，参加 Kaggle 数据竞赛实战，提升数据分析和解决问题的能力。

（2）风险控制专员。

核心能力要求：金融风险管理师（FRM）认证和供应链金融实务知识，能够识别和管理金融风险。

认证体系：FRM 认证和国际贸易信贷专家（CDCS）认证。

培养路径：通过供应链沙盘模拟和跨境结算案例库演练，提升风险识别和管理能力。

（3）司库经理。

核心能力要求：跨国资金运作和金融工具应用能力，能够进行复杂的资金管理和金融操作。

认证体系：司库专业人士（CTP）认证和特许公认会计师（ACCA）认证。

培养路径：在海外子公司挂职，参与实际的资金管理和金融操作，提升跨国资金运作能力。同时，进行衍生品交易模拟舱训练，提升金融工具应用能力。

（四）实战案例：比亚迪“司库铁军计划”

选拔标准：通过 CTP 认证且具备 3 国以上资金池管理经验，确保选拔的人员具备扎实的专业知识和丰富的实践经验。

培养方式：参与匈牙利电池工厂资金架构设计和墨西哥比索汇率对冲实战，通过实际项目提升跨国资金运作和风险管理能力。

成果：通过该计划，比亚迪的海外资金集中度从 45% 提升至 82%，汇兑损失减少 2.3 亿元，显著提升了资金管理的效率和效益。

（1）双轮驱动模型。

短期激励 – 资金效率提升奖：

奖金 = 节约资金成本 ×10%。通过激励团队提升资金使用效率，降低资金成本。例如，团队通过供应链金融节省了 5000 万元的资金成本，那么团队将获得 500 万元的奖金。

长期激励 – 战略贡献积分制：

积分 = 项目价值 × 复杂度系数（1.2–2.0）。通过积分制度激励团队参与高价值和高复杂度的项目。累计 200 分可晋升，推进团队的长期激励和职业发展。

（2）实施规则。

红绿灯机制：

绿灯区（ROI ≥ 15%）：允许调用 10% 的风险准备金加速实施，确保高回报项目的快速推进。

黄灯区（5% ≤ ROI<15%）：需提交风险缓释方案，确保项目在可控风险下实施。

红灯区（ROI<5%）：冻结预算并启动复盘，避免低回报项目的继续投入，确保资源的有效利用。

（3）案例参考。

格力电器通过该机制激发团队设计“票据池融资方案”，将票据贴现成本从 4.2% 降至 3.1%，年节约财务费用 1.8 亿元，显著提升了资金使用效率和财务效益。

通过以上组织能力建设的措施，企业可以运用提升人才梯队的培养和创新激励机制，确保营运资金管理的高效性和可持续性。

此机制设计将企业资金管理从“被动响应”升级为“主动驾驭”，在 VUCA 时代构建起可持续的竞争优势。

CHAPTER 06

第六章

成本管控与战略支持

引　言

在当下复杂多变的全球经济形势中，创业者的成功在很大程度上取决于对成本的有效管理与精细把控。成本管理与控制并非简单地削减开支，而是一门涉及多层面、多环节的综合性艺术与科学，需要创业者具备敏锐的洞察力和前瞻性思维，精准识别并把握各类成本因素。它如同企业前行道路上的导航仪，引导企业在资源利用与效益追求的征程中稳健迈进，不只是单纯的成本核算，更是一种全面且深入的战略考量。

第一节　成本管理与控制的理论根基与战略定位

一、成本管理与控制的内涵与功能定位

成本管理不仅是企业日常运营的必要环节，更是企业战略规划和决策的重要支撑。通过成本管理，企业能够精准把握资源投入与产出的关系，优化资源配置，提升运营效率，从而在激烈的市场竞争中保持优势。

1. 战略导航属性

在当今复杂多变的商业环境中，成本管理已从传统的"成本削减工具"升级为企业的"战略导航仪"。其战略导航属性体现在以下三个方面。

（1）战略目标的实现路径。成本管理通过优化资源配置、提升运营效率，为企业战略目标的实现提供支撑。例如，在成本领先战略中，成本管理帮助企业建立价格优势；在差异化战略中，成本管理确保企业在创新投入与成本控制之间找到平衡。

（2）竞争优势的构建工具。成本管理不仅是降低成本的工具，更是构建竞争优势的核心手段。通过精准的成本分析和控制，企业可以在价值链的关键环节建立壁垒，形成难以模仿的竞争优势。

（3）风险防范的预警系统。成本管理通过实时监控成本动因和外部环境变化，帮助企业提前识别潜在风险。例如，通过成本敏感性分析，企业可以预判原材料价格波动对利润的影响，提前制定应对策略。

2."成本管理三维度"模型

为了更全面地理解成本管理的内涵和功能，我们提出"成本管理三维度"模型，"三维度"即效率提升、价值创造和风险控制。

（1）效率提升。

核心目标：通过优化生产流程、降低浪费，提高资源利用效率。

实现路径：引入精益生产、六西格玛等管理工具，采用自动化设备和技术，实施标准化作业流程，减少不必要的环节和损耗。

（2）价值创造。

核心目标：通过创新和优化产品设计，提升产品附加值，满足客户需求。

实现路径：运用价值工程（VE）、设计思维等方法，加强与客户的互动，定制化产品和服务，提升品牌价值和市场竞争力。

（3）风险控制。

核心目标：通过成本预测和预算管理，降低经营风险，确保企业稳健发展。

实现路径：建立完善的成本预测和预算管理体系，加强对成本执行情况的监控和分析，通过风险评估和预警机制，提前识别并应对潜在风险。

3. VUCA 时代成本管理的新特征

在 VUCA（易变性、不确定性、复杂性、模糊性）时代，市场环境瞬息万变，成本管理需要具备新的特征以应对挑战。

（1）敏捷性。

核心要求：快速响应市场变化，灵活调整成本策略。

实现路径：建立灵活的成本预测和预算调整机制，采用滚动预测和情景规划等方法，加强与供应链上下游企业的合作与沟通。

（2）生态化。

核心要求：构建成本管理生态系统，实现产业链协同，共同降低成本、提升价值。

实现路径：与供应商、客户等产业链伙伴建立长期稳定的合作关系，参与行业协会和标准制定，通过数字化和智能化手段实现产业链信息的透明化和协同化。

（3）数智化。

核心要求：利用大数据、人工智能等技术，实现成本管理的智能化，提高管理效率和精度。

实现路径：建立成本数据仓库和数据湖，采用机器学习、深度学习等算法对成本数据进行挖掘和分析，引入智能决策支持系统为成本决策提供智能化支持。

二、成本管控与企业战略的互动机制

成本管理与企业战略之间存在着紧密的互动关系。企业战略为成本管理提供了方向和目标，而成本管理则通过提供成本信息和数据支持，帮助企业战略的实现和调整。

（一）波特竞争战略与成本管理匹配模型

1. 成本领先战略与成本管理的结合

成本领先战略的核心：成本领先战略旨在通过有效途径，使企业的全部成本低于竞争对手，以获取同行业平均水平以上的利润。实施该战略的企业通常以大规模生产、标准化产品为特征，面向广泛的市场。

成本管理措施如下。

优化生产流程：企业持续对生产过程进行深入分析，寻找消除或简化非增值环节的机会。例如，汽车制造企业通过引入先进的自动化生产线，减少人工操作环节，提高生产效率，降低次品率，从而降低生产成本。

规模经济：积极扩大生产规模，充分利用固定成本分摊的优势。如电商巨头通过大规模采购商品，与供应商谈判获得更低的进货价格，同时利用庞大的用户基础分摊仓储、物流等固定成本。

供应链成本控制：与供应商建立长期稳定的合作关系，通过集中采购、优化运输路线等方式降低采购成本和物流成本。例如，连锁餐饮企业与农产品供应商签订长期合同，确保原材料稳定供应的同时，降低采购价格。

2. 差异化战略与成本管理的结合

差异化战略的核心：差异化战略是企业通过提供独特的产品或服务，在顾客心目中树立起独特的形象，从而获得竞争优势。这些独特之处可以体现在产品功能、质量、服务、品牌形象等方面。

成本管理措施如下。

研发成本的有效投入：在保证产品或服务差异化的前提下，合理规划研发投入。企业需要对研发项目进行严格的成本效益分析，确保研发资源投向最能提升差异化价值的领域。例如，苹果公司在研发新产品时，注重对核心技术和用户体验的投入，虽然研发成本较高，但通过产品的高附加值获得了丰厚的回报。

营销成本的精准投放：为了突出产品或服务的差异化特点，精准定位目标客户群体，制定针对性的营销策略，提高营销资源的利用效率。例如，高端化妆品品牌通过举办专属会员活动、在时尚杂志投放广告等方式，精准触达目标客户，虽然营销成本较高，但能够有效提升品牌形象和产品销量。

质量成本的平衡：为保证产品或服务的高质量，企业需要保持预防成本、鉴定成本、内部损失成本和外部损失成本之间的平衡。通过提高产品设计和生产工艺的稳定性，减少次品率和售后维修成本。例如，某高端家电品牌推出严格的质量检测流程和优质的售后服务，虽然增加了一定的鉴定成本和服务成本，但提升了品牌声誉和客户忠诚度。

3. 聚焦战略与成本管理的结合

聚焦战略的核心：聚焦战略是企业将经营重点集中在特定的细分市场或特定的

产品线上，以满足特定顾客群体的特殊需求，通过为特定目标市场提供高度专业化的产品或服务，获取竞争优势。

成本管理措施如下。

深入了解目标市场成本结构：针对特定目标市场的需求特点，深入分析其成本驱动因素。例如，某专注于户外运动装备的企业，针对户外运动爱好者对产品轻量化、耐用性的高要求，在原材料采购和生产工艺上进行优化，在满足目标客户需求的同时控制成本。

定制化成本控制：在提供定制化产品或服务时，通过模块化设计、标准化组件等方式，抵消定制化带来的成本增加。例如，定制家具企业通过开发多种标准化的家具模块，根据客户需求进行组合，既能满足客户的个性化需求，又能控制生产成本。

集中资源降低运营成本：由于企业资源集中于特定领域，可在该领域实现更高的运营效率。例如，某专注于某一地区的本地生活服务平台，通过集中资源进行区域内的市场推广、物流配送等，降低运营成本，提高服务质量。

（二）微笑曲线理论与成本布局优化

1. 微笑曲线理论概述

微笑曲线理论由宏碁集团创办人施振荣先生提出。该理论指出，在产业链中，附加值更多体现在两端，即研发与设计、品牌与销售，而处于中间环节的生产制造附加值最低。曲线形状类似微笑的嘴型，故而得名。

2. 通过微笑曲线理论优化成本布局

微笑曲线理论揭示了产品附加值在不同生产环节中的分布规律，即研发设计和品牌营销环节附加值高，生产制造环节附加值低。

（1）向研发与设计环节倾斜。

增加研发投入：企业应加大在研发与设计方面的资源投入，培养和引进高素质的研发人才，建立完善的研发创新体系。例如，华为公司每年将大量资金投入5G通信技术、芯片研发等领域，通过持续的技术创新，提升产品的技术含量和附加值。虽然研发成本较高，但在全球通信市场占据了领先地位。

优化研发流程：采用敏捷研发、并行工程等先进的研发管理方法，缩短研发周期，降低研发成本。例如，一些汽车制造企业在新车型研发过程中，采用并行工程，让设计、工程、生产等部门同时参与，提前发现并解决问题，避免后期设计变更带来的成本增加。

（2）强化品牌与销售环节。

品牌建设成本投入：企业需要投入资源进行品牌塑造、品牌传播和品牌维护。通过广告宣传、公益活动、赞助体育赛事等方式提升品牌知名度和美誉度。例如，可口可乐公司通过全球范围内的广告投放和赞助体育赛事，使其品牌深入人心，虽然品牌推广成本高昂，但通过强大的品牌影响力，提高了产品的市场占有率和附加值。

优化销售渠道：拓展多元化的销售渠道，提高销售效率，降低销售成本。例如，许多传统制造企业除了通过线下经销商渠道销售产品外，还积极开展电子商务，直接面向消费者销售产品，减少中间环节，降低渠道成本。

（3）合理调整生产制造环节成本。

生产外包与协作：对于附加值较低的生产制造环节，企业可以考虑将部分生产任务外包给具有成本优势的供应商，自身专注于核心业务。例如，苹果公司将大部分产品的生产制造外包给富士康等代工厂，自身则集中精力进行产品研发、设计和品牌营销。

智能制造提升效率：通过引入智能制造技术，如工业机器人、自动化生产线等，提高生产制造环节的效率和质量，降低人工成本。例如，富士康在部分工厂引入大量工业机器人，实现了生产过程的自动化和智能化，提高了生产效率，降低了人力成本。

通过以上基于微笑曲线理论的成本布局优化，企业能够提升在价值链高端环节的竞争力，实现成本与价值的最优匹配，从而在市场竞争中获取更大的优势。

第二节　成本预测与预算的制定方法

在当今竞争激烈的商业环境中，成本预测与预算已成为企业进行成本管理和控制的核心环节。精确的成本预测和预算能够为企业提供有力的决策支持，帮助企业更好地规划资源、优化成本结构，从而提高盈利能力和市场竞争力。

一、成本预测的方法与技巧

（一）定义与重要性

成本预测是指根据企业过去和现在的成本资料，结合内外部环境的变化，运用一定的预测方法，对未来成本水平及其变化趋势进行科学的估计。准确的成本预测对于企业的经营决策至关重要。它可以帮助企业提前了解成本变动趋势，为制定合理的价格策略、生产计划和投资决策提供依据。同时，成本预测也有助于企业及时发现潜在的成本风险，采取相应的措施进行防范和控制。

（二）主要方法

1. 定量预测法

（1）时间序列分析。

原理：这种方法通过分析历史成本数据的时间序列，找出成本变化的趋势和规律。时间序列分析通常假设成本数据具有一定的稳定性和周期性，通过对过去数据的统计分析，预测未来的成本水平。例如，企业可以通过分析过去几年的生产成本数据，发现生产成本呈现出季节性波动的规律，从而预测未来不同季节的生产成本。

应用步骤：首先，收集历史成本数据，并对数据进行整理和清洗，去除异常值和噪声。其次，选择合适的时间序列模型，如移动平均法、指数平滑法等，对数据进行建模和预测。最后，对预测结果进行评估和验证，确保预测的准确性和可靠性。

（2）回归分析。

原理：通过建立成本与影响因素之间的数学模型，分析各因素对成本的影响程度，进而预测成本。回归分析可以考虑多个影响成本的因素，如销售量、原材料价格、劳动力成本等。通过建立回归方程，企业可以定量地分析这些因素对成本的影响，并根据未来这些因素的变化情况预测成本。

应用步骤：首先，确定影响成本的因素，并收集相关的数据。其次，选择合适的回归模型，如线性回归、多元回归等，对数据进行建模和分析。最后，根据回归方程预测未来成本，并对预测结果进行评估和验证。

2. 定性预测法

（1）专家判断法。

原理：借助专家的专业知识和经验，对未来成本进行主观判断。专家判断法通常适用于缺乏历史数据或成本变化因素较为复杂的情况。专家可以根据自己的经验和对市场的了解，对未来成本进行预测。例如，在新产品开发过程中，由于缺乏历史数据，企业可以邀请相关领域的专家对新产品的成本进行预测。

应用步骤：首先，确定合适的专家人选，并向专家提供相关的信息和问题。其次，专家根据自己的经验和知识进行判断和预测，并给出预测结果和理由。最后，对专家的预测结果进行汇总和分析，得出最终的预测结论。

（2）市场调查法。

原理：通过市场调查了解相关成本信息，结合市场趋势进行预测。市场调查法可以直接获取市场上的成本信息和消费者需求信息，为成本预测提供参考。例如，企业可以通过对竞争对手的产品价格和成本进行调查，了解市场上的成本水平和竞争态势，从而预测自己产品的成本。

应用步骤：首先，确定市场调查的目标和范围，并设计合适的调查问卷或访谈提纲。其次，选择合适的调查对象，如消费者、供应商、竞争对手等，进行调查和访谈。最后，对调查结果进行分析和整理，得出成本预测的结论。

二、成本预算的制定与实施路径

（一）定义与作用

成本预算是企业根据成本预测的结果，结合企业的战略目标和经营计划，制订的未来一定期间内的成本计划。成本预算可以帮助企业合理分配资源，控制成本，实现经营目标。它为企业提供了一个明确的成本控制目标和标准，使企业能够在日常经营活动中对成本进行有效的监控和管理。同时，成本预算也有助于企业协调各部门之间的工作，提高企业的整体运营效率。

（二）编制流程

1. 确定预算目标

根据企业战略目标和经营计划，明确成本预算的目标和要求。预算目标应该具有明确性、可衡量性和可实现性。例如，企业可以将成本降低一定比例作为预算目标，或者将成本控制在一定范围内作为预算目标。

在确定预算目标时，企业需要考虑内外部环境的变化和影响因素。例如，市场需求的变化、原材料价格的波动、竞争对手的策略等都可能对成本预算目标产生影响。因此，企业需要对这些因素进行充分的分析和评估，制定出合理的预算目标。

2. 收集资料

广泛收集与成本预算相关的历史数据、市场信息等资料。历史数据包括过去的成本数据、销售数据、生产数据等，这些数据可以为成本预算提供参考和依据。市场信息包括原材料价格走势、劳动力市场情况、竞争对手的价格策略等，这些信息可以帮助企业了解市场动态，预测未来成本的变化趋势。

在收集资料时，企业需要确保数据的准确性和可靠性。可以通过多种渠道收集数据，如内部财务报表、市场调研报告、行业数据库等，并对数据进行审核和验证，确保数据的质量。

3. 进行成本预测

运用成本预测的方法和技术，对未来成本进行合理预测。成本预测是成本预算的基础，只有准确地预测未来成本，才能制定出合理的成本预算。在进行成本预测时，企业可以综合运用定量预测法和定性预测法，结合历史数据和市场信息，对未来成本进行全面、准确的预测。

成本预测的结果具有一定的不确定性和风险。因此，企业需要对预测结果进行风险评估和分析，制定相应的风险应对措施。例如，企业可以设置一定的成本预算弹性空间，以应对可能出现的成本超支情况。

4. 编制预算草案

根据成本预测结果，结合企业经营计划，编制成本预算草案。预算草案应该包括各项成本项目的预算金额、预算说明和预算依据等内容。在编制预算草案时，企业需要将成本预算分解到各个部门和环节，明确各个部门和环节的成本控制目标和责任。

预算草案的编制应该遵循科学、合理、可行的原则。企业可以采用自上而下和自下而上相结合的编制方法，充分征求各部门和员工的意见和建议，确保预算草案的合理性和可行性。

5. 审核与调整

对预算草案进行审核，发现问题及时进行调整。审核的内容包括预算草案的合理性、准确性、可行性等方面。审核可以由企业内部的财务部门、审计部门等进行，也可以邀请外部的专业机构进行审核。

在审核过程中，发现问题应该及时进行调整。调整的内容包括预算金额、预算项目、预算说明等方面。调整应该遵循科学、合理、可行的原则，确保调整后的预算草案更加符合企业的实际情况和发展需求。

6. 批准与下达

将审核通过的预算草案提交管理层批准，然后下达给各部门执行。管理层的批准是成本预算的最终决策，只有经过管理层批准的预算草案才能正式生效。在下达预算草案时，企业应该明确各部门的成本控制目标和责任，并建立相应的考核和激励机制，确保预算的有效执行。

（三）编制要点

1. 以企业战略为导向

成本预算应与企业战略保持一致，体现企业的长期发展规划。企业战略是企业未来发展的方向和目标，成本预算应该为企业战略的实现提供支持和保障。例如，企业的战略是成本领先战略，那么成本预算就应该以降低成本为主要目标，通过优化成本结构、提高生产效率等方式实现成本降低。

在编制成本预算时，企业需要充分考虑企业战略的要求和影响因素。例如，企业在进行新产品开发时，需要考虑新产品的成本预算是否符合企业的战略定位和市场需求。如果新产品的成本过高，可能会影响企业的市场竞争力和盈利能力，那就需要在成本预算中进行合理的控制和调整。

2. 全面性原则

成本预算应涵盖企业所有的成本项目，确保不遗漏。成本预算应该包括企业的直接成本和间接成本、固定成本和变动成本、生产成本和非生产成本等所有成本项目。只有全面涵盖企业的所有成本项目，才能确保成本预算的准确性和完整性。

在编制成本预算时，企业需要对所有成本项目进行详细的分析和核算。可以采用成本分类法、成本中心法等方法，将成本项目进行分类和归集，确保每个成本项目都有明确的预算金额和预算说明。

3. 灵活性原则

成本预算应具有一定的弹性，以适应内外部环境的变化。内外部环境的变化是不可避免的，成本预算也需要随之进行调整和优化。因此，成本预算应该具有一定的弹性，能够在一定范围内适应内外部环境的变化。

在编制成本预算时，企业可以设置一定的弹性空间，如成本预算的上下浮动比例、预算调整的条件和程序等。这样，当内外部环境发生变化时，企业可以根据实际情况进行预算调整，确保成本预算的合理性和可行性。

4. 考核与激励相结合

通过建立与成本预算相配套的考核和激励机制，确保预算的有效执行。考核和激励机制是成本预算执行的重要保障，只有建立有效的考核和激励机制，才能确保各部门和员工积极参与成本预算的执行和控制。

在建立考核和激励机制时，企业可以将成本预算的执行情况与各部门和员工的绩效考核挂钩，对成本预算执行情况好的部门和员工进行奖励，对成本预算执行情况差的部门和员工进行惩罚。同时，企业也可以通过设立成本节约奖、成本控制先进个人等激励措施，激发员工参与成本预算执行和控制的积极性和主动性。

三、智能预测技术升级

1. 机器学习在成本预测中的应用

LSTM 时间序列预测：长短期记忆网络（LSTM）是一种特殊的循环神经网络（RNN），能够有效处理和预测时间序列数据。其通过引入门控机制，解决了传统 RNN 在处理长序列数据时的梯度消失问题。在成本预测中，LSTM 可以对历史成本数据进行学习和分析，捕捉数据中的长期依赖关系，从而更准确地预测未来成本变化趋势。例如，通过对过去几年的原材料采购成本数据进行训练，LSTM 模型可以预测未来一段时间内的原材料成本走势，帮助企业提前制定采购策略。

2. 优化滚动预测机制与情景规划结合

滚动预测机制：滚动预测是一种动态的预测方法，它根据实际情况不断调整预测周期和预测内容。企业可以定期更新成本预测模型，使其能够及时反映市场变化、原材料价格波动等因素，从而提高预测的实时性和准确性。例如，企业可以每月或每季度对成本预测模型进行更新，以确保预测结果的时效性和准确性。

情景规划：情景规划是通过构建不同的市场情景，模拟不同环境下的成本变化。企业可以识别潜在的成本风险和挑战，为战略决策提供更多的可能性。例如，企业可以构建原材料价格上涨、市场需求下降等多种情景，分析这些情景下的成本变化，并制定相应的应对策略。

结合应用：将滚动预测机制与情景规划相结合，企业可以更加全面地预测成本变化趋势。通过定期更新成本预测模型，并结合不同市场情景进行模拟分析，企业可以制定出更加灵活和有效的成本控制策略。例如，企业可以在每月更新成本预测模型的基础上，结合原材料价格上涨、市场需求下降等不同情景，进行模拟分析，从而制定出相应的成本控制策略。

第三节　成本控制实施体系

一、控制策略矩阵：精准匹配成本属性与控制手段

（一）构建“成本属性－控制手段”矩阵

成本属性分类与控制逻辑（见表 6–1）是成本控制策略矩阵的基础。对成本的可控性与变动性进行分析，可以将成本划分为刚性成本和柔性成本两类，并针对每类

成本制定相应的控制目标和措施。

刚性成本：这类成本在短期内难以调整，与业务量无关，具有固定性。例如，固定资产折旧、长期租赁费和核心团队薪资等。控制目标是降低单位成本或提升资源利用率，以减少固定成本对企业的负担。

柔性成本：这类成本随业务量或管理决策灵活变动，具有变动性。例如，原材料采购、临时人力和营销费用等。控制目标是优化投入产出比，避免无效支出，以提高企业的运营效率。

表 6-1　成本属性分类与控制逻辑

成本属性	定义与特征	控制目标	典型成本项目
刚性成本	短期内难以调整的固定成本，与业务量无关	降低单位成本或提升资源利用率	固定资产折旧、长期租赁费、核心团队薪资
柔性成本	随业务量或管理决策灵活变动的成本	优化投入产出比，避免无效支出	原材料采购、临时人力、营销费用

（二）控制手段分类与工具选择

根据成本属性的差异，选择结构性控制（长期优化）或运营性控制（短期调整）两种手段进行成本控制，如表 6–2 所示。

表 6-2　控制手段与工具选择

控制手段	定义与作用	适用场景	典型工具/方法
结构性控制	通过优化企业结构、流程或系统实现长期成本控制	刚性成本、战略级成本优化	流程重组、供应链整合、技术升级
运营性控制	通过日常运营调整实现短期成本节约	柔性成本、战术级成本优化	采购议价、库存优化、预算动态调整

结构性控制：通过优化企业结构、流程或系统实现长期成本控制。适用于刚性成本和战略级成本优化。例如，流程重组、供应链整合和技术升级等。这些措施可以从根本上改善企业的成本结构，提高长期竞争力。

运营性控制：通过日常运营调整实现短期成本节约。适用于柔性成本和战术级成本优化。例如，采购议价、库存优化和预算动态调整等。这些措施可以快速响应市场变化，提高短期运营效率。

（三）矩阵化控制策略设计

构建“成本属性－控制手段”矩阵（见表6-3），匹配最优控制方案，实现精准的成本控制。

表6-3　“成本属性－控制手段”矩阵

	结构性控制	运营性控制
刚性成本	1. 优化资产配置：延长设备寿命，提升资产周转率 2. 技术替代：用自动化降低人工依赖（如引入RPA）	1. 提高资源利用率：通过排产优化减少设备闲置 2. 共享资源：多部门共用办公场地或设备
柔性成本	1. 供应链重构：与核心供应商建立战略合作关系 2. 流程标准化：减少非增值环节（如简化审批流程）	1. 动态采购：根据价格波动调整采购计划 2. 弹性用工：按需使用外包或兼职人力

1. 刚性成本的结构性控制

优化资产配置：通过延长设备寿命和提升资产周转率，降低单位成本。例如，通过定期维护和升级设备，延长其使用寿命，从而减少固定资产折旧对成本的影响。

技术替代：用自动化技术降低对人工的依赖，如引入机器人流程自动化（RPA），提高生产效率，减少人力成本。

2. 刚性成本的运营性控制

提高资源利用率：通过优化排产，减少设备闲置时间，提高设备利用率。例如，采用先进的排产算法，合理安排生产计划，确保设备满负荷运行。

共享资源：多部门共用办公场地或设备，降低单位成本。例如，通过共享会议室、办公设备等资源，减少重复投资，降低运营成本。

3. 柔性成本的结构性控制

供应链重构：与核心供应商建立战略合作关系，优化采购流程，降低采购成本。例如，通过与供应商签订长期合作协议，获得更优惠的采购价格和更好的服务。

流程标准化：减少非增值环节，提高流程效率。例如，通过简化审批流程，减少不必要的环节，提高工作效率。

4. 柔性成本的运营性控制

动态采购：根据市场价格波动调整采购计划，降低采购成本。例如，通过实时监控市场价格，选择在价格低点进行采购，减少成本波动。

弹性用工：按需使用外包或兼职人力，降低人力成本。例如，通过灵活用工平台，根据业务需求临时雇佣所需人员，避免固定人力成本的增加。

（四）约束理论在瓶颈环节控制的应用

约束理论（Theory of Constraints，TOC）强调识别和优化生产过程中的瓶颈环节，通过局部优化实现整体成本降低，以提高整体效率。在成本控制中，TOC 可以发挥重要作用。

核心逻辑：识别生产或服务链中的瓶颈环节，通过局部优化实现整体成本降低。瓶颈环节是限制系统产出的关键点，优化瓶颈环节可以提高整体效率。

实施步骤如下：

识别瓶颈：通过数据监控（如设备 OEE、工单完成率）定位产能限制点。例如，通过设备利用率数据，发现某台设备的利用率明显低于其他设备，确定其为瓶颈环节。

瓶颈优化：集中资源提升瓶颈效率，包括增加设备、优化工艺等。例如，通过增加设备数量或改进生产工艺，提高瓶颈环节的产能。

系统协同：调整非瓶颈环节节奏，匹配瓶颈产能，避免库存积压。例如，通过调整生产计划，确保非瓶颈环节的生产与瓶颈环节的产能相匹配，减少库存积压。

案例：某电子企业发现 SMT 贴片机为生产瓶颈，通过设备升级与排产算法优化，单位生产成本下降 18%。通过识别和优化瓶颈环节，企业显著降低了生产成本，提高了生产效率。

二、动态控制机制：PDCA+OODA 双循环模型

（一）PDCA 循环：长期计划与持续改进

PDCA 循环是成本控制的长期计划与持续改进机制。通过计划、执行、检查和行动四个阶段，实现成本控制的持续优化（见表 6–4）。

计划（Plan）：制定成本基线，设定降本目标与优先级。例如，通过成本预测模型，确定成本控制的目标和优先级，为后续执行提供指导。

执行（Do）：执行结构性或运营性控制措施。例如，按照制订的计划，实施具体的成本控制措施，如流程优化、采购议价等。

检查（Check）：监控实际成本与预算偏差，分析差异原因。例如，通过成本差异分析表，监控实际成本与预算的偏差，分析产生偏差的原因，为后续调整提供依据。

行动（Act）：优化控制策略，固化有效举措。例如，根据检查结果，优化控制策略，将有效的措施固化为标准化操作流程，确保持续改进。

表 6-4　PDCA 循环：长期计划与持续改进

阶段	关键动作	工具/输出
Plan	制定成本基线，设定降本目标与优先级	成本预测模型、战略成本矩阵
Do	执行结构性或运营性控制措施	SOP 操作手册、项目管理工具（如甘特图）
Check	监控实际成本与预算偏差，分析差异原因	成本差异分析表、根本原因分析
Act	优化控制策略，固化有效举措	标准化操作流程、成本管理制度修订

（二）OODA 循环：实时响应与敏捷调整

OODA 循环（见表 6-5）是成本控制的实时响应与敏捷调整机制。通过观察、定向、决策和行动四个阶段，实现对突发成本风险的快速响应。

观察（Observe）：实时采集成本数据，如采购价格波动、能耗异常。例如，通过 IoT 传感器和 ERP 数据接口，实时采集成本数据，及时发现异常情况。

定向（Orient）：数据清洗与可视化，识别异常信号。例如，通过成本控制塔（Dashboard）和预警阈值模型，对采集的数据进行清洗和可视化，识别异常信号，为决策提供支持。

决策（Decide）：快速制定应对方案，如切换供应商、调整生产计划。例如，通过决策树模型和应急预案库，快速制定应对方案，确保快速响应。

行动（Act）：执行短期调整，验证措施有效性。例如，通过快速响应团队和成本波动跟踪表，执行短期调整措施，并验证其有效性，确保措施能够有效应对突发成本风险。

表 6-5　OODA 循环

阶段	关键动作	工具/输出
Observe	实时采集成本数据（如采购价格波动、能耗异常）	IoT 传感器、ERP 数据接口
Orient	数据清洗与可视化，识别异常信号	成本控制塔、预警阈值模型
Decide	快速制定应对方案（如切换供应商、调整生产计划）	决策树模型、应急预案库
Act	执行短期调整，验证措施有效性	快速响应团队、成本波动跟踪表

（三）双循环协同：闭环管理与敏捷迭代

PDCA 和 OODA 双循环协同，实现闭环管理与敏捷迭代。PDCA 循环确保长期战略目标的实现，OODA 循环应对突发成本风险，提高成本控制的灵活性和有效性。通过 ERP/MES 整合双循环数据，形成动态成本知识库，实现数据互通，提高成本控制的效率和效果。

（四）数字孪生技术的深度赋能

数字孪生技术在成本控制中具有深度赋能作用。通过创建物理实体的虚拟模型，实现对物理实体的实时监控和优化，提高生产效率，降低生产成本。

应用场景如下。

生产过程仿真：虚拟映射产线运行状态，预判设备故障导致的停工成本。例如，通过数字孪生模型，模拟设备运行状态，提前发现潜在故障，减少停工成本。

供应链模拟：测试不同采购策略对总成本的影响。例如，通过数字孪生模型，模拟不同采购策略对总成本的影响，选择最优策略，降低采购成本。

能耗优化：通过热力学模型优化设备运行参数，降低能源浪费。例如，通过数字孪生模型，优化设备运行参数，减少能源消耗，降低能耗成本。

案例：某汽车零部件厂构建数字孪生模型，模拟不同排产方案的边际成本，最终选择最优方案，单月节约制造成本 12%。通过数字孪生技术，企业显著降低了制造成本，提高了生产效率。

综上所述，控制实施体系结合了传统的管理工具（如 PDCA 循环）和新兴的理论技术（如约束理论、数字孪生技术），为企业提供了一个系统化、动态化的成本控制框架。通过实施这一框架，企业可以更有效地控制成本，提高生产效率，增强市场竞争力。

第四节　成本控制策略的具体实施

成本控制是企业经营管理中的一项核心任务，旨在通过有效的策略和方法降低运营成本，提高经济效益。本节将围绕成本控制的原则、方法及其在实际操作中的应用展开深入讨论。

一、成本控制的核心原则

1. 目标导向原则

明确目标：明确成本控制的目标是成本控制的首要原则。企业应根据自身的发展战略和市场定位，确定具体的成本控制目标，如降低总成本、提高利润率、优化成本结构等。这些目标应具有明确性、可衡量性和可实现性，以便为成本控制工作提供明确的方向和标准。

案例：某汽车零部件企业通过对标行业标杆，设定“三年内采购成本下降15%”的目标，结合供应商分级管理实现目标。

2. 全过程控制原则

贯穿全流程：成本控制应覆盖采购、生产、销售等各个环节。例如，采购环节通过优化流程和供应商管理降低成本，采用集中采购＋供应商协同模式；生产环节通过改进工艺和提高效率降低成本（如丰田JIT模式）；销售环节通过优化渠道和降低费用降低成本，如渠道费用动态监控（线上销售ROI分析）。

案例：某快消品企业引入ERP，实现采购、生产、销售全链路成本可视化，年节省费用超200万元。

3. 预防为主原则

事前规划：通过事前规划和预防措施减少成本浪费，避免事后补救。企业应在项目启动前进行成本预测和规划，制定合理的控制方案，并在实施过程中加强监控和管理；比如零基预算与滚动预算结合、建立成本偏差阈值（如实际成本超预算5%触发预警）。

案例：某建筑企业在项目立项阶段采用BIM技术模拟施工流程，规避设计变更导致的成本超支风险。

4. 持续改进原则

优化流程：成本控制是一个持续改进的过程。企业应定期评估成本控制效果，通过成本分析和审计发现问题并优化流程。一般方法论包括PDCA循环（计划－执行－检查－改进）、Kaizen（改善）文化落地（如员工提案制度）等。

案例：某电子厂每月召开成本分析会，针对能耗、废品率等指标制定改进计划，三年累计降本23%。

二、成本降低的六大实操路径

成本降低的六大实操路径如表 6–6 所示。

表 6–6 成本降低的六大实操路径

路径	实施要点	工具/技术	案例
工艺优化	引入自动化设备、标准化作业流程	TPM（全员生产维护）、六西格玛	某食品企业升级灌装生产线，人工成本降低 40%
采购协同	战略集采 + 供应商深度绑定	供应商绩效评估模型、电子招标平台	某制造企业与核心供应商签订 3 年框架协议，采购成本下降 12%
能效管理	能源审计 + 智能监测系统	IoT 传感器、能源管理平台（EMS）	某化工厂安装智能电表，年电费减少 18%
人力增效	技能培训 + 流程重组	RPA、OKR 目标管理	某物流公司通过 RPA 优化对账流程，人力效率提升 50%
质量降本	减少内部故障成本（如返工、报废）	FMEA（失效模式分析）、SPC 统计过程控制	某机械企业通过 SPC 控制关键工序，废品率从 5% 降至 1.2%
数字化转型	数据驱动成本决策	ERP、BI 数据分析工具	某零售企业通过 BI 分析库存周转数据，滞销品占比下降 30%

三、成本控制的动态平衡策略

在企业的经营管理中，成本控制是一个多维度、多层次的过程，需要企业在保证产品质量、提高生产效率、鼓励创新的同时，寻求成本的最小化。以下详细阐述三种成本控制的动态平衡策略：质量 – 成本平衡（TQC 模型）、效率 – 成本平衡（TOC）、创新 – 成本平衡（价值工程）。

（一）质量 – 成本平衡：TQC

（1）策略。全面质量管理（Total Quality Control，TQC）强调通过全员参与、全过程控制，提高产品和服务的质量，从而降低质量成本。质量成本包括预防成本、鉴定成本和故障成本。预防成本是为了防止不合格品发生而投入的费用，如质量培训、质量规划等；鉴定成本是为了检验和确定产品或服务质量是否符合要求而发生的费用，如检验、测试等；故障成本则是因为产品或服务不合格而产生的损失，如返工、维修、赔偿等。TQC 的核心在于通过优化质量成本管理，使预防成本、鉴定成本和故障成本之和达到最小。

（2）工具。质量成本矩阵用于分析预防成本、鉴定成本和故障成本在总质量成本中的占比，识别成本控制的重点环节。

（3）案例。某医疗器械企业通过实施 TQC，将质量管理的重点从故障处理转向工艺防错设计。具体措施包括加强员工培训、优化生产工艺、引入先进的检测设备等。这些措施有效降低了故障成本，同时预防成本和鉴定成本也有所增加，但总质量成本下降了 28%。这表明运用 TQC，企业可以在保证产品质量的前提下，实现质量成本的有效控制。

（二）效率 – 成本平衡：TOC

（1）策略。TOC 认为，任何系统都存在至少一个约束，即制约系统整体性能的瓶颈环节。在企业的生产过程中，瓶颈环节可能是设备、人力、原材料等。TOC 强调通过识别并优化瓶颈环节，提高整个系统的生产效率，从而降低单位产品的成本。

（2）工具。

瓶颈资源调度算法：用于确定瓶颈资源的最佳利用方案，提高瓶颈环节的生产效率。

产线平衡率分析：用于评估生产线的平衡程度，识别潜在的瓶颈环节。

（3）案例。某服装厂通过 TOC 分析发现裁剪环节是生产瓶颈。由于裁剪环节效率低下，整个生产线的产能无法充分发挥。为了解决这个问题，企业增配了自动化裁床，并对裁剪流程进行了优化。这些措施实施后，裁剪环节的效率显著提高，整个生产线的产能提升了 35%。这表明运用 TOC，企业可以识别并优化生产瓶颈，提高生产效率，降低成本。

（三）创新 – 成本平衡：价值工程

（1）策略。价值工程（Value Engineering，VE）强调以最低的成本实现产品或服务的必要功能。VE 通过对产品或服务的功能进行分析，找出不必要的功能或可以通过更经济的方式实现的功能，从而优化设计成本。例如，通过材料替代、模块化设计等方式，降低材料成本或制造成本。

（2）工具。

功能 – 成本分析矩阵：用于评估产品或服务的功能与成本之间的关系，识别成本优化的潜力。

面向制造与装配的设计（DFMA）：一种设计方法，旨在提高产品的可制造性和可装配性，从而降低制造成本。

（3）案例。某家电企业通过 VE 重新设计了产品结构，在设计过程中，企业充分考虑了产品的功能需求、制造成本和市场接受度。通过材料替代、模块化设计等方式，企业成功降低了单台产品的材料成本。据统计，单台材料成本降低了 22 元，年节约超过 500 万元。这表明运用 VE，企业可以在保证产品功能的前提下实现成本的有效控制。

成本控制的动态平衡策略需要企业在质量、效率和创新之间寻求最佳平衡点。通过实施 TQC、TOC 和 VE，企业可以在保证产品质量、提高生产效率、鼓励创新的同时，实现成本的有效控制。这些策略不仅有助于企业提升竞争力，还有助于企业的可持续发展。

四、成本控制支持体系

在构建高效的成本控制体系过程中，组织保障、技术赋能和文化渗透是三大核心支柱。这些要素相互支撑，共同推动企业成本控制工作的深入实施，为企业创造更大的经济价值。

（一）组织保障

1. 设立成本控制委员会

成本控制委员会是企业成本控制工作的核心领导机构，其设立旨在确保成本控制战略的有效实施。该委员会应由企业高层管理者牵头，成员涵盖财务、业务、生产、采购等多个关键部门的负责人。成本控制委员会的主要职责包括以下几个方面。

制定成本控制战略：根据企业的长期发展战略和市场环境，制定符合企业实际情况的成本控制战略。

监督执行与评估：定期监督成本控制工作的执行情况，评估成本控制效果，并提出改进建议。

协调部门合作：促进各部门之间的沟通与协作，确保成本控制工作在各部门的顺利推进。

2. 财务与业务部门联合考核

成本控制不仅是财务部门的工作，更是企业全部部门共同努力的结果。因此，建立财务与业务部门的联合考核机制至关重要。这一机制要求如下。

成本指标纳入考核：将成本控制指标纳入财务部门和业务部门的绩效考核体系，确保成本控制工作与实际业务紧密结合。

定期联合评估：通过定期的联合评估会议，对各部门在成本控制方面的表现进行客观评价，并根据评估结果进行相应的奖惩。

促进信息共享：加强财务部门与业务部门之间的信息共享，确保成本控制工作的透明度和准确性。

（二）技术赋能

1. 部署智能系统

在数字化时代，智能系统已成为企业成本控制的重要工具。通过部署制造执行系统（MES）、高级计划排程（APS）等智能系统，企业可以实现对生产过程的实时监控和精细化管理，从而提高生产效率、降低生产成本。

MES：通过实时采集生产数据，提供准确的成本分析报告，帮助企业及时发现生产过程中的成本问题并采取措施加以解决。

APS：通过优化生产计划和排程，减少生产过程中的浪费和闲置，提高资源利用率，从而降低单位产品成本。

2. 技术整合与优化

为了充分发挥智能系统在成本控制中的作用，企业还需要对现有技术进行整合和优化。包括以下几个方面。

数据互通与协同：确保各智能系统之间的数据互通和协同，提高数据处理的效率和准确性。

系统升级与维护：定期对智能系统进行升级和维护，确保其稳定性和可靠性，满足企业不断变化的成本控制需求。

（三）文化渗透

1. 将成本意识纳入员工绩效考核

成本意识的培养是企业成本控制工作的基础。通过将成本意识纳入员工绩效考核体系，企业可以激发员工的积极性和创造力，推动成本控制工作的深入开展。具体做法如下。

设定成本节约指标：为员工设定具体的成本节约指标，并将其纳入绩效考核体系。

定期评估与反馈：定期对员工的成本控制表现进行评估和反馈，根据评估结果给予相应的奖励或惩罚。

强化培训与教育：通过定期的培训和教育活动，提高员工的成本意识和成本控制技能。

2. 开展“降本之星”评选

为了激发员工的积极性和创造性，企业可以定期开展“降本之星”评选活动。通过评选出在成本控制方面表现突出的员工或团队，并给予相应的物质和精神奖励，企业可以树立榜样、激励其他员工积极参与成本控制工作。同时，这也有助于营造一种全员参与、共同降本的企业文化氛围。

综上所述，成本控制支持体系是企业实现成本控制目标的重要保障。通过组织保障、技术赋能和文化渗透等多方面的努力，企业可以构建起一个全面、系统的成本控制体系，为企业的可持续发展奠定坚实基础。

第五节　战略成本管理的理念与实践

一、战略成本管理的核心理念

战略成本管理是将成本管理与企业战略深度融合的系统化方法。它不仅是日常成本控制的工具，更是企业实现战略目标、构建竞争优势的关键手段。通过从战略高度审视成本，企业能够更好地应对市场变化，优化资源配置，提升整体效益。

二、战略成本管理的特点与优势分析

战略成本管理将视角扩大到企业整体，具有结果控制和过程控制相结合的特征。它要求会计控制不能仅仅停留在对结果的分析上，而且要通过过程控制将企业生产经营的各个环节和企业的整体目标相联系，以过程控制实现对结果的影响和保证预期结果的实现。战略成本管理具有以下特点与优势。

（一）长远视角

企业不能仅仅满足于短期内成本的降低，而要着眼于长期的可持续发展。这意味着在决策时要考虑未来的市场变化、技术进步、客户需求演变等因素对成本结构的影响。比如，在进行固定资产投资时，不能仅仅基于当前的成本，还要评估其在未来几年甚至更长时间内对企业竞争力和成本的影响。可能需要选择更先进但初期投资较高的设备，以获取长期的效率优势和节约成本。

（二）竞争导向

战略成本管理强调在竞争环境中分析成本。要了解竞争对手的成本水平和成本

策略，以便制定出更具针对性的应对措施。通过成本优势来获得市场份额或实现差异化竞争。例如，竞争对手在成本方面具有较大优势，企业可能需要通过优化生产流程、降低采购成本等方式来缩小差距；或者通过在产品创新、服务质量等方面投入更多成本来实现差异化，避免单纯的价格竞争。

（三）全价值链考量

从原材料采购到产品生产、销售以及售后服务等整个价值链进行全面分析。与供应商建立良好的合作关系，通过谈判降低采购成本或共同改进产品设计来降低成本。同时，关注客户需求，优化销售和服务环节的成本，提高客户满意度和忠诚度。例如，与供应商合作进行联合研发，减少零部件种类以降低成本；或者优化物流配送环节，降低运输和仓储成本。

（四）动态适应

市场环境是不断变化的，如原材料价格波动、技术创新、政策法规调整等。企业的战略成本管理理念必须能够适应这些变化。定期评估成本管理策略的有效性，及时调整和优化。比如，当原材料价格大幅上涨时，企业需要迅速调整采购策略，寻找替代材料或与供应商重新谈判价格；当新的生产技术出现时，要评估其对成本的影响并适时引入。

（五）协同合作

各个部门之间的协同合作对于战略成本管理至关重要。生产部门、采购部门、研发部门、销售部门等需要紧密配合，共同为成本管理目标努力。例如，研发部门在设计产品时要考虑生产的可行性和成本因素；采购部门要与生产部门沟通，确保原材料的供应及时且成本合理；销售部门要反馈市场信息，以便企业调整成本策略。

（六）价值创造

成本管理不仅仅是削减成本，更重要的是通过合理的成本投入来创造更多的价值。这可能包括提高产品质量、提升服务水平、加快产品研发速度等。例如，在研发方面增加投入以推出更具创新性的产品，虽然短期内成本增加，但可以提升产品竞争力和市场份额，从而为企业带来更大的价值；或者在客户服务方面加大投入，提高客户满意度和口碑，促进业务增长。通过这种方式，实现成本与价值的最优平衡，推动企业持续发展。

三、战略成本管理的实施步骤与流程

（一）战略成本管理核心逻辑

战略成本管理以企业战略目标为出发点，借助动态闭环管理模式，达成成本与价值的平衡，最终构建起三层竞争力。

显性竞争力：获取成本领先优势，在市场中以价格优势吸引客户。

隐性竞争力：提高资源配置效率，确保企业资源得到最合理的利用。

战略竞争力：实现可持续价值创造能力，为企业的长期发展奠定基础 。

（二）全流程实施体系

1. 三维度战略成本分析

（1）价值链穿透分析。

内部价值链：对从研发、采购、生产、物流、营销到服务的全流程进行成本解析，找出成本控制的关键点；可以运用价值链分析图、成本树等工具。

案例：某制造企业通过分析发现，售后服务环节的成本占比较高，但对客户满意度的贡献有限。通过优化售后服务流程，减少了不必要的成本支出。

外部价值链：研究供应商成本传导机制，分析客户价值敏感性，从产业链上下游视角优化成本。可以运用供应商成本分析模型、客户价值分析表等工具。

案例：苹果公司通过技术扶持供应商，降低元器件综合成本，同时提升供应商的生产效率和产品质量。

（2）成本结构动态拆解。

建立“战略成本矩阵”：区分战略刚性成本（如核心技术投入）与柔性成本（如营销费用）。将成本分为战略性和非战略性，评估其对战略目标的支持程度。可以运用成本矩阵、成本分类表等工具。

案例：某科技企业将研发投入列为战略刚性成本，确保每年投入一定比例的收入用于研发，以保持技术领先优势。

实施“成本敏感度测试”：模拟关键成本要素波动对利润的影响。通过敏感性分析，评估原材料价格、人工成本等关键因素的变化对利润的影响。可以运用敏感性分析模型、Excel 模拟工具等。

案例：某化工企业通过成本敏感度测试，发现原材料价格波动对利润影响较大，因此采取了套期保值等措施来降低风险。

（3）竞争对手对标分析。

构建“成本对标雷达图”：从规模效应、技术效率、供应链协同等 8 个维度对标。选择行业内的标杆企业，从多个维度进行成本对比分析。可以运用雷达图、对标分析表等工具。

案例：某汽车制造企业通过对标分析发现，竞争对手在供应链协同方面表现优秀，因此优化了自己的供应链管理，提高了效率。

应用波士顿矩阵分析产品组合成本竞争力，将产品分为明星产品、现金牛产品、问题产品和瘦狗产品，评估其成本竞争力。可以运用波士顿矩阵图。

案例：某家电企业通过波士顿矩阵分析，发现部分产品成本过高，竞争力不足，因此调整了产品策略，优化了成本结构。运用波士顿矩阵分析产品组合成本竞争力，为产品战略决策提供依据。

2. 智能型成本动因识别

（1）四层驱动体系。

作业层：关注工单级成本动因，如设备综合效率（OEE），分析每个工单的成本动因，如设备利用率、原材料消耗等，提升生产作业的效率。可以运用工单管理系统、设备 OEE 分析工具等。

案例：某机械制造企业通过分析设备 OEE，发现部分设备利用率低，通过优化生产计划，提高了设备利用率，降低了单位成本。

流程层：优化端到端流程效率，例如缩短订单交付周期，评估从订单接收到交付的全流程效率，识别瓶颈环节，减少流程中的时间成本。可以运用流程图、价值流图等工具。

案例：某服装企业通过价值流图分析，发现裁剪环节是瓶颈，通过引入自动化裁床，缩短了订单交付周期，提高了客户满意度。

结构层：评估企业的产能布局和供应链网络，优化资源配置，降低运营成本。可以运用供应链设计软件、产能布局图等工具。

案例：某电子企业通过优化供应链网络，减少了库存积压和物流成本，提高了整体效率。

战略层：评估企业的技术路线和商业模式，寻找创新机会，从战略高度影响成本结构。可以运用技术路线图、商业模式画布等工具。

案例：某新能源企业通过技术创新，降低了电池成本，提升了产品竞争力。

（2）数字化识别工具。

应用流程挖掘（Process Mining）技术：自动识别成本黑洞。即那些消耗大量成本却没有产生相应价值的环节，如流程中的重复操作、不合理的审批环节等，通过优化这些环节，降低成本。可以运用工具流程挖掘软件（如 Celonis）。

案例：某银行通过流程挖掘技术，发现信用卡审批流程中的多个浪费点，通过优化流程，减少了审批时间，降低了运营成本。

建立成本动因知识图谱：通过机器学习算法，分析大量的成本数据和业务数据，预测潜在动因关联，提前发现影响成本的因素，为成本管理提供决策支持。运用机器学习平台（如 TensorFlow）工具。

案例：某电商企业通过成本动因知识图谱，发现了广告投放成本与销售额之间的非线性关系，优化了广告投放策略，提高了营销效率。

3. 战略导向型目标设定

（1）目标制定双轨制。

防御型目标：依据现有业务设定成本改善基线，如每年降低成本 3%，维持企业成本的稳定控制，根据历史成本数据和行业平均水平，设定年度成本改善目标。运用成本分析报告、行业对标数据等工具。

案例：某制造企业设定每年降本 3% 的目标，通过优化采购流程和生产效率，实现了成本改善。

进攻型目标：对标行业标杆设定突破性目标，如制造费用率赶超特斯拉，激励企业实现成本的大幅优化。选择行业内的标杆企业，设定具有挑战性的成本目标。可以运用标杆分析报告、行业研究报告等工具。

案例：某汽车制造企业对标特斯拉，设定制造费用率降低 10% 的目标，通过引入自动化生产线和优化供应链管理，实现了目标。

（2）目标动态校准机制。

建立“战略－预算－成本”联动模型（SBC 模型），将战略目标、预算计划和成本管理紧密结合，确保目标的动态调整。可以运用的工具有 SBC 模型软件、Excel 模型。

案例：某科技企业运用 SBC 模型，根据市场变化动态调整成本目标，确保战略目标的实现。设置目标弹性区间，根据市场波动动态调整，例如与大宗商品价格指数联动，使成本目标更具灵活性。

设置目标弹性区间：根据市场波动和大宗商品价格变化（如大宗商品价格指数联动）设置目标弹性区间，动态调整确保目标的灵活性。运用工具有价格指数跟踪工具、市场分析报告。

案例：某化工企业根据大宗商品价格指数，动态调整成本目标，确保在价格波动时仍能实现成本控制。

4. 全周期成本效益评估

（1）五维评估体系。

五维评估体系如表 6–7 所示。

表 6–7　五维评估体系

维度	评估要点	工具	案例
财务可行性	净现值、内部收益率测算，评估成本策略在财务上的可行性，判断是否能够为企业带来正的收益	蒙特卡洛模拟	某投资项目通过蒙特卡洛模拟，评估了不同市场情景下的财务回报，确保项目的可行性
战略匹配度	分析成本策略与企业战略地图的契合度，确保成本管理与企业的战略目标一致，能够支持企业战略的实施	平衡计分卡	某企业通过平衡计分卡从财务、客户、内部流程、学习与成长四个维度评估企业绩效，判断成本策略对企业战略目标的支持程度，确保项目符合企业长期战略目标
风险指数	失败概率与损失预估	FMEA 分析表	某制造企业通过 FMEA 分析，评估了新生产线的风险指数，采取了相应的风险控制措施

（续）

维度	评估要点	工具	案例
组织适配性	执行能力评估，判断企业是否具备实施成本策略的能力和资源	变革准备度诊断	某企业通过问卷调查、访谈等方式，了解企业员工对成本管理变革的接受程度和准备情况，为实施成本策略提供组织保障，评估了组织的执行能力
生态影响	供应链稳定性，环境、社会和公司治理（ESG）合规	生命周期评估（LCA 软件）	某环保企业通过 LCA 评估从原材料获取、生产、使用到废弃处理的整个生命周期进行环境影响评估，确保项目符合可持续发展要求

（2）情景规划应用。

建立成本决策沙盘，模拟不同市场情景下的成本策略效果，如市场需求变化、竞争对手策略调整、原材料价格波动等情景，为决策提供参考，帮助企业选择最优的成本策略。成本决策沙盘一般用软件生成。

案例：某企业运用成本决策沙盘，模拟了不同市场情景下的成本策略效果，优化了成本管理策略。

5. 精准化改进计划

（1）改进组合策略。

速赢方案：针对 6 个月内能够见效的改善点，如物流路线优化，通过优化物流配送路线，减少运输里程和时间，降低物流成本，快速实现成本降低，提升企业的短期效益。通常用流程优化工具、库存管理系统等工具。

案例：某制造企业通过优化物流路线，减少了运输时间和成本，提高了客户满意度。

结构性变革：对于 3 年周期的战略投入，如智能制造升级，通过引入先进的智能制造技术，提高生产自动化水平，降低人工成本，提高生产效率和产品质量，从长期角度提升企业竞争力。通常用战略规划工具、项目管理软件等工具。

（2）资源动态配置机制。

建立成本改进资源池：按照项目优先级动态调配资金和人力，确保资源优先分配到对降低成本影响最大的项目中，提高资源利用效率。

实施“红蓝军对抗”模式：设立独立团队验证方案可行性，红军团队提出成本改进方案，蓝军团队从不同角度对方案进行质疑和挑战，通过这种方式提高方案质量，确保成本改进方案的有效性和可行性；通常用项目评估工具。

案例：某企业运用“红蓝军对抗”模式，验证了改进方案的可行性，优化了项目实施计划。

6. 敏捷化实施体系

（1）双轨推进机制。

项目制：成立跨部门成本攻坚小组，由来自不同部门的专业人员组成，集中力量解决重点成本问题，打破部门壁垒，提高沟通效率和协作能力，可以借助项目管理软件协助完成。

案例：某企业通过成立跨部门成本攻坚小组，成功解决了多个关键成本问题，提高了整体效益。

日常化：将成本管理嵌入 KPI 体系，使成本管理成为日常工作的一部分。通过设定成本相关的 KPI 指标，激励员工积极参与成本管理，实现成本控制目标；可以借助绩效考核系统工具。

案例：某企业通过将成本管理嵌入 KPI 体系，提高了全员的成本意识，优化了成本管理效果。

（2）数字化使能工具。

部署成本控制塔：实时监控 200 多个成本关键节点，如原材料采购成本、生产成本、物流成本、营销成本等，及时掌握成本动态，发现成本异常波动并及时采取措施。

案例：某企业通过部署成本控制塔，运用成本控制塔软件实时监控关键成本节点，优化了成本管理流程。

应用 RPA：自动执行重复性降本任务，如数据录入、报表生成等，提高工作效率，减少人工错误，降低人力成本。

案例：某企业通过 RPA 技术，自动执行重复性降本任务，减少了人工操作，提高了效率。

7. 智能化监控系统

（1）三层预警体系。

绿灯指标：表示成本处于日常波动范围，企业可以按照正常的成本管理策略进行运营，无须特殊处理。

黄灯指标：触发原因分析，提示成本出现异常波动，企业需要及时关注成本变化情况，分析原因，采取相应的措施进行调整。

红灯指标：启动应急预案，表明成本问题严重，可能对企业的盈利能力和生存发展造成威胁，企业需要立即采取紧急措施，如削减成本、调整生产计划等，以应对成本危机。

（2）动态调优机制。

每月召开成本作战室会议，由企业高层领导、各部门负责人和成本管理专业人员参加，及时讨论和解决成本问题，制定成本改进措施和行动计划。

每季度更新成本基准数据库，根据市场变化、企业战略调整和成本管理实践经验，对成本基准数据进行调整和优化，保证数据的时效性和准确性，为成本管理提供可靠的依据。

8. 生态化反馈体系

（1）知识沉淀系统。

建立成本案例库：记录成功经验与失败教训，将企业在成本管理过程中遇到的问题、采取的措施和取得的效果进行整理和总结，为后续成本管理提供参考和借鉴。

开发成本决策支持系统（CDSS）：整合成本数据、业务数据和市场数据，运用数据分析和人工智能技术，为成本决策提供科学的支持，帮助企业做出更合理的成本管理决策。

（2）生态协同优化。

开展供应商联合降本工作坊：与供应商共同探讨降低成本的方法和途径，如优化产品设计、改进生产工艺、共享物流资源等，实现供应链整体成本的降低。

实施客户价值共创计划：根据客户需求优化产品和服务，通过与客户的互动和合作，了解客户的痛点和需求，开发出更符合客户需求的产品和服务，提升客户价值，同时也提高企业的市场竞争力和盈利能力。

（三）数字化转型支撑

1. 技术架构

建设成本数据中台：整合企业内部各个系统的成本数据，实现数据的集中管理和共享，为成本分析和决策提供数据支持。

案例：某企业通过数据中台软件建设成本数据中台，整合了企业内外部成本数据，提高了成本管理的科学性和准确性。

部署 AI 成本预测引擎：利用人工智能算法和机器学习技术，对成本数据进行分析和预测，提前预测成本变化趋势，为企业的成本管理和决策提供科学依据。

案例：某企业运用 AI 预测引擎软件部署 AI 成本预测引擎，提高了成本预测的准确性，优化了成本管理策略。

2. 组织保障

设立首席成本官（CCO）岗位：负责整体成本战略规划，制定成本管理目标和策略，协调各部门之间的成本管理工作，推动企业成本管理的持续改进。

构建成本管理卓越中心（COE）：集中专业力量进行成本管理，开展成本管理研究、培训和咨询工作，为企业提供成本管理的专业支持和服务。

（四）实施效果评估

1. 战略成本健康度指数

评估成本管理的整体健康状况：通过战略成本健康度指数，评估成本管理的整体健康状况。

成本弹性系数：反映成本对业务变化的敏感程度，通过计算成本变动率与业务量变动率的比值，评估企业成本在业务变化时的调整能力。通过成本弹性系数，衡量成本对市场变化的敏感度。

战略成本投入回报率：衡量战略成本投入带来的收益，通过计算战略成本投入所产生的经济效益与投入成本的比值，评估企业战略成本管理的效果。

2. 价值创造指标

经济附加值（EVA）改善度：评估企业价值创造能力的提升，通过计算企业的经济附加值在实施战略成本管理前后的变化情况，判断企业是否为股东创造了更多的价值。

客户终身价值（CLV）提升率：体现客户价值的增长情况，通过计算客户在其生命周期内为企业带来的价值在实施战略成本管理前后的提升率，评估企业的客户价值管理效果。

通过以上实施步骤与流程，企业能够系统地推进战略成本管理，实现成本的有效控制与价值创造，从而提升企业的竞争力和可持续发展能力。

第六节 成本分析与决策支持系统构建

在企业管理中，成本分析与决策支持系统是优化资源配置、提升盈利能力的关键工具。通过深入分析成本结构、变化趋势以及与业务决策的关系，企业能够制定出更为明智的战略。本节将详细探讨成本差异分析、成本效益评估以及成本信息在决策中的应用。

一、成本差异分析的方法与技巧

成本差异分析是企业精细化管理的重要工具，它能够精准揭示实际成本与标准成本或预算成本之间的差异，并深入探究这些差异产生的根源。借助成本差异分析，企业可以达成以下目标：

（一）识别成本变动因素

（1）原材料价格波动：原材料价格受多种因素共同影响，包括市场供求关系的动态变化、国际大宗商品价格的起伏波动，以及供应商的定价策略调整等。例如，当全球石油价格上涨时，以石油为主要原料的化工企业，其原材料成本会显著上升。塑料制品企业就是典型代表，由于石油是塑料的关键原料，油价上涨会直接导致塑料颗粒的采购成本大幅增加，进而对产品成本产生连锁反应。

（2）人工费用变化：劳动力市场的供求状况、员工工资水平的调整，以及劳动生产率的改变，都会对人工费用产生重要影响。随着经济的发展和人们生活水平的提高，企业为了吸引和留住优秀人才，往往需要提高员工工资，这无疑会增加人工成本。以互联网企业为例，行业竞争激烈，对高素质技术人才的需求极为旺盛，为了招募和留住核心技术人员，企业可能会大幅提高薪酬待遇，从而导致人工费用迅速攀升。

（3）生产效率波动：生产设备的老化程度、工艺流程的合理性，以及员工技能水平的差异，都直接关系到生产效率的高低，进而影响单位产品的生产成本。例如，一家制造业企业若采用落后的生产设备和工艺，完成相同生产任务可能需要投入更多的人力和物力，生产成本自然会显著增加。传统纺织企业就是很好的例证，若仍使用老旧的纺织设备，不仅生产效率低下，次品率也居高不下，导致单位产品成本远高于采用先进设备的企业。

（二）监控成本控制效果

1. 评估成本控制措施的有效性

成本差异分析是评估成本控制措施有效性的关键手段。通过对比实际成本与标准成本或预算成本之间的差异，企业能够直观地了解成本控制措施是否达到了预期的效果。若差异较大，企业就需要深入分析原因，及时调整成本控制策略。

例如，一家企业实施了一项旨在降低原材料采购成本的控制措施，通过成本差异分析发现，实际原材料采购成本与预算成本之间的差异仍然较大，这可能意味着该成本控制措施并未达到预期效果。企业需要进一步分析原因，可能是供应商选择不当，所选供应商的价格缺乏竞争力；也可能是采购流程不合理，存在烦琐环节和不必要的支出；还可能是市场价格波动超出了预期。针对这些问题，企业可以采取相应的调整措施，如重新筛选供应商、优化采购流程，或者加强市场价格监测等，以确保成本控制措施能够有效实施。

2. 指导未来预算编制

历史成本差异数据是未来预算编制的重要参考依据。通过分析过去的成本差异，企业能够把握成本变动的趋势和规律，从而在预算编制过程中更加合理地预测未来的成本。

例如，一家企业在过去几年中一直存在原材料价格波动导致的成本差异，通过对这些历史数据的深入分析，企业发现原材料价格的波动具有一定的周期性和季节性。在未来的预算编制中，企业就可以依据这些规律，结合市场预测，更加准确地预估原材料价格的变化趋势，合理安排采购计划和预算，避免因成本预估偏差导致预算失衡。

二、成本效益评估的开展与实施

成本效益评估是一种系统的分析方法，旨在衡量投入与产出之间的关系，帮助企业全面评估项目的经济效益。其关键步骤如下。

（一）确定评估目标

1. 明确评估的具体目的和范围

企业需要根据自身的战略目标和业务需求，确定评估的对象和重点。例如，评估新产品的盈利能力、投资项目的回报率或成本控制措施的效果。

2. 选择合适的评估方法和指标

不同的评估目标需要采用不同的评估方法和指标。例如，评估新产品的盈利能力需要考虑市场需求、销售价格和生产成本等因素；评估投资项目的回报率需要考虑投资金额、预期收益和风险水平等因素。

（二）成本估算与分类

详细估算项目或产品的各项成本是成本效益评估的基础。企业需要对直接成本和间接成本进行分类估算，以便全面、深入地了解项目或产品的成本结构。直接成本是指与项目或产品直接相关的成本，如原材料成本、人工成本、设备购置成本等；间接成本是指与项目或产品间接相关的成本，如管理费用、销售费用、研发费用等。以一家开发新产品的企业为例，需要估算的直接成本包括原材料采购成本、生产加工成本、包装成本等；间接成本则涵盖研发费用、市场推广费用、管理费用等。准确分类估算成本，能够为后续的效益评估提供可靠的数据支持，确保评估结果的真实性和可靠性。

（三）效益预测与分析

预测项目或产品带来的预期效益是成本效益评估的核心环节。企业需要对财务效益和非财务效益进行综合分析，以便全面、客观地评估项目或产品的经济价值。财务效益是指可以用货币计量的效益，如销售收入、利润、投资回报率等；非财务效益是指难以用货币计量的效益，如市场份额提升、客户满意度提高、品牌形象提升等。例如，一家企业开发一款新产品，预计可以带来的财务效益包括销售收入的增加、利润的提高等；非财务效益则包括市场份额的提升、客户满意度的提高、品牌知名度的提升等。综合考虑两种效益，能够更全面、准确地评估项目的价值，为企业决策提供更丰富的信息。

（四）成本效益比较

通过对比成本与效益，计算成本效益比率或其他相关指标：成本效益比率是指项目或产品的效益与成本之比，通常用百分比表示。成本效益比率越高，说明项目的经济价值越大。

例如，两个投资项目 A 和 B 的成本分别为 100 万元和 80 万元，预计效益分别为 150 万元和 120 万元。项目 A 的成本效益比率为 150%，项目 B 的成本效益比率为 150%。企业可以根据成本效益比率和其他因素（如风险水平、市场前景）进行综合考虑和选择。

三、成本信息在决策中的应用与价值挖掘

成本信息是企业决策的重要依据，其应用价值体现在多个关键决策领域。

（一）定价决策

成本信息为产品定价提供基础：企业需要了解产品的成本结构，包括直接成本

和间接成本，以便确定产品的最低价格。同时，企业还需要考虑市场需求和竞争状况，制定出既能覆盖成本又能实现预期利润的定价策略。

例如，生产一款产品的直接成本为 50 元，间接成本为 20 元，总成本为 70 元。如果企业希望获得 30% 的利润率，产品的定价应为 91 元。如果市场竞争激烈，企业可能需要通过优化成本结构或提高生产效率来降低成本，以保证产品的盈利能力。

（二）产品组合与投资策略

优化产品组合或调整投资策略：企业可以根据产品的成本效益比率、市场需求和竞争状况等因素，对不同的产品进行评估和排序，选择具有较高盈利能力和市场前景的产品进行重点发展。

例如，企业有 A、B、C 三种产品，成本效益比率分别为 120%、100% 和 80%。如果资源有限，企业可以优先发展产品 A，适当减少对产品 C 的投入，以实现资源的最优配置和利润最大化。

（三）成本控制与预算管理

识别成本控制的关键环节：企业可以通过成本分析，了解成本的构成和变化趋势，找出成本控制的重点和难点。例如，企业发现原材料采购成本占总成本的比重较大，可以通过优化采购流程和加强供应商管理来降低成本。

为预算编制提供准确的数据支持：企业可以根据历史成本数据和未来的业务计划，制定合理的预算目标，并通过成本控制措施确保预算的执行。

例如，企业在编制下一年度的预算时，通过成本分析发现上一年度的销售费用和管理费用较高，可以制定相应的成本控制措施，如优化销售渠道、降低广告宣传费用、加强费用审批管理等，以确保预算目标的实现。

（四）风险管理

识别潜在的成本风险：通过对成本信息的深入分析，企业可以及时发现潜在的成本风险，并采取相应的应对措施，以降低经营风险。

例如，企业发现原材料价格波动较大，可以通过与供应商签订长期合同、建立库存管理系统等方式来降低原材料价格波动带来的风险。同时，企业还可以通过成本保险、套期保值等金融工具来转移成本风险。

四、成本分析与决策支持系统的构建

（一）系统架构设计

数据采集层：这是系统的基础环节，通过与企业现有的 ERP、财务软件等工具进行对接，实现成本数据的实时采集。这些数据源涵盖了企业运营的各个方面，包括采购、生产、销售、财务等环节产生的成本信息，确保数据的全面性和及时性。例如，从ERP中获取原材料采购成本、生产工时等数据，从财务软件中提取各项费用支出数据，为后续的分析提供丰富的数据基础。

数据处理层：运用数据仓库和数据湖技术，对采集到的数据进行清洗、整合和存储。数据清洗主要是去除数据中的噪声、重复数据和错误数据，提高数据质量；数据整合则是将来自不同数据源的数据进行融合，使其具有一致性和连贯性；数据存储采用数据仓库和数据湖相结合的方式，数据仓库用于存储结构化的、经过处理的历史数据，方便进行常规的数据分析和报表生成；数据湖则用于存储原始的、未经处理的各类数据，包括结构化、半结构化和非结构化数据，为机器学习和深度分析提供数据支持。

分析层：在这一层，应用专业的数据分析工具（如 Tableau、Power BI）和机器学习算法，进行成本差异分析、成本效益评估等核心分析工作。数据分析工具以直观的可视化方式展示数据，帮助分析人员快速发现数据中的规律和问题；机器学习算法则能够挖掘数据中的潜在模式和关系，例如应用线性回归算法预测成本与业务量之间的关系，利用时间序列分析算法预测成本的未来趋势，为成本管理和决策提供更具前瞻性的依据。

决策支持层：该层提供可视化界面，将分析层得出的分析结果和决策建议以直观易懂的方式展示给管理层。通过仪表盘、报表、图表等形式，管理层可以快速了解成本状况、成本变化趋势以及不同决策方案的预期效果，从而支持管理层做出科学合理的决策。例如，以可视化图表展示不同产品的成本效益对比，帮助管理层决定产品的生产和销售策略。

（二）工具与技术应用

数据分析工具：Tableau、Power BI 等工具在数据可视化方面具有强大的功能。它们能够将复杂的成本数据转化为直观的柱状图、折线图、饼图等图表形式，以及交互式仪表盘，使管理层能够快速理解成本数据的含义和变化趋势。例如，通过 Tableau 制作的成本趋势图，可以清晰地展示成本在不同时间段的变化情况，帮助管理层及时发现成本异常波动；利用 Power BI 创建的交互式仪表盘，管理层可以根据自己的需求灵活筛选和分析数据，深入了解成本的构成和影响因素。

机器学习算法：线性回归、时间序列分析等机器学习算法在成本预测和效益评估中发挥着重要作用。线性回归算法可以建立成本与相关因素（如产量、销售量、原材料价格等）之间的数学模型，预测成本随着这些因素的变化而发生的变化；时间序列分析算法则可以根据历史成本数据，预测未来成本的发展趋势，帮助企业提前制定成本控制策略。例如，通过线性回归分析，企业可以预测原材料价格上涨对产品成本的影响程度，从而提前调整采购策略；利用时间序列分析预测成本趋势，为预算编制提供参考依据。

财务模型：构建财务模型（如 NPV、IRR 模型）是评估项目经济效益的重要手段。NPV 模型通过计算项目未来现金流量的现值与初始投资之间的差值，判断项目是否具有投资价值；IRR 模型则是计算项目的内部收益率，与企业的要求收益率进行比较，评估项目的盈利能力。例如，在评估一个新的投资项目时，使用 NPV 模型可以确定该项目在经济上是否可行，使用 IRR 模型可以评估项目的投资回报率，为企业的投资决策提供量化的依据。

（三）实施与优化

系统实施：选择合适的供应商是系统实施的关键。企业需要综合考虑供应商的技术实力、产品质量、服务水平、价格等因素，选择能够满足企业需求的供应商。在系统部署过程中，要确保系统与企业现有的信息系统进行无缝集成，避免出现数据孤岛和系统兼容性问题。例如，在与 ERP 集成时，要确保成本数据能够准确地在两个系统之间传递和共享，保证业务流程的顺畅运行。

用户培训：对财务人员和业务人员进行系统操作培训是确保系统有效使用的重要环节。培训内容应包括系统的基本功能、操作方法、数据分析技巧等，使员工能够熟练运用系统进行成本数据的采集、分析和报告。通过培训，员工可以更好地理解成本管理的重要性，掌握成本分析与决策支持系统的使用方法，提高工作效率和质量。例如，组织财务人员参加数据分析工具的培训，使其能够利用工具进行深入的成本分析；为业务人员提供系统操作培训，使其能够及时准确地录入成本数据。

持续优化：根据企业需求和市场变化，持续优化系统功能和分析模型是保证系统长期有效运行的关键。企业的业务模式、市场环境、成本结构等都会随着时间的推移而发生变化，因此系统需要不断地进行优化和升级。例如，随着企业业务的拓展，可能需要增加新的数据采集点和分析维度；随着市场竞争的加剧，可能需要优化成本效益评估模型，以更准确地评估项目的经济效益。通过持续优化，系统能够更好地适应企业的发展需求，为企业的决策提供更有力的支持。

通过构建成本分析与决策支持系统，企业可以充分利用成本信息，将其深度融入各个决策环节，制定出更为科学、合理的决策，从而推动企业的持续发展和盈利增长。

第七节　成本管理与控制的风险防范

一、成本管理与控制的风险识别与评估

在中小企业的成本管理与控制进程中潜藏着诸多风险，这些风险源自内部与外部各个方面，对企业的成本把控及盈利目标构成潜在威胁。

（一）成本与质量的平衡风险

风险表现：中小企业在追求降低成本的过程中，往往容易陷入过度强调成本控制的误区。这可能导致在原材料采购、生产工艺、质量检测等环节减少投入，从而使产品或服务的质量下降。质量下降会直接影响客户的满意度，客户可能会因为产品质量不佳而减少购买或转向竞争对手，进而损害企业的声誉。长期来看，企业的市场份额可能会逐渐缩小，盈利能力也会受到严重影响。

风险成因：一方面，企业管理层可能过于关注短期的成本降低目标，而忽视了质量对企业长期发展的重要性。另一方面，成本控制措施可能没有充分考虑对质量的影响，或者在实施过程中缺乏有效的监督和调整机制。

风险影响：这种风险不仅会影响企业的销售收入和利润，还可能导致企业在市场上失去竞争力，甚至面临生存危机。同时，质量问题还可能引发客户的投诉和法律纠纷，给企业带来额外的成本和损失。

（二）市场变化的不确定性风险

风险表现：市场环境处于不断变化之中，原材料价格的波动、客户需求的变化、竞争对手的策略调整等因素都难以准确预测。这些变化可能会使企业原有的成本控制计划失去有效性，导致成本上升或销售下降。例如，原材料价格突然上涨可能会增加企业的生产成本，如果企业不能及时调整价格或寻找替代材料，就会面临利润下降的风险。客户需求的变化可能要求企业调整产品结构或生产工艺，这也会带来额外的成本。

风险成因：市场变化的不确定性是由多种因素共同作用的结果。国际政治局势、经济形势、行业发展趋势、技术创新等都可能对市场产生重大影响。中小企业由于资源有限，往往缺乏对市场变化的快速反应能力和准确预测能力。

风险影响：这种风险可能使企业的成本控制计划无法顺利实施，影响企业的盈利能力和市场竞争力。如果企业不能及时适应市场变化，可能会被市场淘汰。

（三）员工抵触情绪风险

风险表现：一些员工可能认为成本控制措施会影响他们的工作便利性或福利待遇，从而产生抵触情绪。这种抵触情绪可能表现为不积极配合成本控制措施的实施，甚至故意破坏成本控制计划。例如，员工可能不愿意减少办公用品的使用、不遵守节能规定等。员工的抵触情绪会导致成本控制措施执行不力，影响成本控制的效果。

风险成因：员工对成本控制的认识不足是产生抵触情绪的主要原因之一。他们可能没有意识到成本控制对企业和个人的重要性，或者认为成本控制只是管理层的责任，与自己无关。此外，成本控制措施可能没有充分考虑员工的利益和需求，导致员工感到不公平或不被尊重。

风险影响：员工的抵触情绪会严重影响成本控制的效果，使企业无法实现预期的成本降低目标。同时，员工的抵触情绪还可能影响企业的团队合作和工作氛围，降低员工的工作积极性和效率。

（四）部门间协调困难的风险

风险表现：不同部门在成本控制过程中可能有不同的利益和目标，这容易导致部门间沟通不畅、协调配合不佳。例如，生产部门可能更关注生产效率和质量，而采购部门则更关注采购成本。在成本控制过程中，各部门可能会为了各自的目标而相互推诿责任或争夺资源，影响整体成本控制效果。此外，部门间的信息不对称也可能导致成本控制决策的失误。

风险成因：部门之间的利益冲突和目标差异是导致协调困难的主要原因。此外，企业的组织结构、管理体制、沟通机制等也可能影响部门间的协调配合。如果企业缺乏有效的沟通机制和协调机制，部门间的矛盾和冲突就难以得到及时解决。

风险影响：部门间协调困难会使企业的成本控制计划无法顺利实施，影响企业的整体效益。同时，部门间的矛盾和冲突还可能影响企业的团队合作和工作氛围，降低员工的工作积极性和效率。

（五）技术更新的压力风险

风险表现：为了实现更有效的成本控制，中小企业可能需要引入新的技术和设备。然而，技术更新不仅需要投入大量资金，还存在一定的风险。例如，新技术可能不成熟、不稳定，需要经过一段时间的调试和优化才能正常运行。此外，技术更新还可能导致员工的技能不适应新的要求，需要进行培训和再教育。如果技术更新失败，企业可能会面临巨大的损失。

风险成因：技术更新的压力主要来自市场竞争和企业自身发展的需要。随着科技的不断进步，企业如果不及时更新技术，就会在市场上失去竞争力。然而，技术更新需要投入大量资金和人力资源，而且存在一定的风险，这使得企业在决策时往往面临两难境地。

风险影响：技术更新的压力风险可能使企业陷入资金紧张和经营困境。技术更新失败不仅会使企业损失大量的资金，还可能影响企业的正常生产和经营。此外，技术更新还可能导致企业的组织结构和管理模式发生变化，给企业带来一定的管理风险。

二、成本管理与控制的风险防范措施制定

（一）建立全面的成本管理体系

明确目标与任务：制订详细的成本控制计划和预算，明确成本控制的目标和具体任务。成本控制计划应包括成本控制的范围、方法、步骤和时间安排等内容。预算应根据企业的经营目标和成本控制计划，合理确定各项成本的控制指标和预算额度。

分解目标与责任：将成本控制目标和预算额度分解到各个部门和岗位，明确各部门和岗位的成本控制责任。企业通过分解目标和责任，使每个部门和岗位都清楚自己在成本控制中的任务和要求，从而形成全员参与成本控制的局面。

（二）加强市场预测和供应链管理

1. 提高预测准确性

建立市场监测机制：建立市场监测机制，及时收集和分析市场信息，包括原材料价格走势、客户需求变化、竞争对手策略等。通过市场监测，企业能够提前了解市场变化趋势，为成本控制决策提供依据。

运用数据分析工具：运用数据分析工具，对市场信息进行深入分析和预测。例如，采用时间序列分析、回归分析等方法，对原材料价格、客户需求等进行预测，提高预测的准确性。

2. 强化供应商合作

建立稳定合作关系：加强与供应商的合作与沟通，建立稳定的合作关系。与供应商签订长期合同，确保原材料供应的稳定性和价格的合理性。同时，与供应商共同开展成本控制活动，通过优化采购流程、降低采购成本等方式，实现双方的共赢。

实施供应商评估：实施供应商评估制度，对供应商的产品质量、价格、交货期、服务等进行评估。选择优质的供应商，淘汰不合格的供应商，提高供应链的质量和效率。

（三）提升员工成本意识和参与度

1. 开展培训与教育

组织成本管理培训：组织成本管理培训课程、讲座和研讨会，向员工传授成本控制的知识和方法。培训内容应包括成本管理的基本概念、成本控制的方法和技巧、成本节约的意义和途径等。通过培训，提高员工的成本意识和成本管理能力。

宣传成本控制理念：通过内部宣传渠道，如企业内刊、宣传栏、内部邮件等，宣传成本控制的理念和重要性。让员工了解成本控制对企业和个人的意义，激发员工的成本节约意识和责任感。

2. 建立激励机制

设立成本节约奖励：设立成本节约奖励制度，对在成本控制方面做出突出贡献的员工进行奖励。奖励可以采取物质奖励和精神奖励相结合的方式，如奖金、荣誉证书、晋升机会等。通过奖励，激励员工积极参与成本控制活动，为企业降低成本贡献力量。

鼓励员工提出建议：鼓励员工提出成本控制的建议和意见，对被采纳的建议给予奖励。建立员工建议反馈机制，及时回复员工的建议和意见，让员工感受到自己的价值和贡献。

（四）加强部门间沟通与协作

1. 建立沟通机制

设立沟通渠道：建立跨部门沟通机制，设立沟通渠道，如部门间会议、工作小组、沟通平台等。通过沟通渠道，各部门可以及时交流信息、协调工作、解决问题，提高工作效率和质量。

明确沟通职责：明确各部门在沟通中的职责和义务，确保沟通的顺畅和有效。例如，规定各部门在沟通中的信息提供、问题反馈、决策参与等职责，避免出现沟通不畅或责任不清的情况。

2. 召开协调会议

定期召开会议：定期召开成本控制协调会议，解决部门间的分歧和矛盾。会议由企业领导主持，各部门负责人参加。会议的主要内容包括汇报成本控制工作进展情况、分析存在的问题和不足、协调解决部门间的矛盾和冲突等。

制定解决方案：针对会议中提出的问题和矛盾，制定具体的解决方案和措施。明确责任部门和责任人，规定解决问题的时间节点和要求。通过协调会议，确保各部门在成本控制上形成合力，共同实现成本控制目标。

（五）谨慎对待技术更新

1. 充分测试与试点

进行技术评估：在引入新技术前，进行充分的技术评估和测试。评估新技术的可行性、稳定性、可靠性和成本效益等方面的情况。通过测试，了解新技术的性能和适用范围，为技术更新决策提供依据。

开展试点项目：选择合适的试点项目进行新技术的应用和测试。试点项目应具有代表性和可操作性，能够充分检验新技术的效果和可行性。通过试点项目，及时发现问题和不足，进行调整和优化，降低技术更新的风险。

2. 评估效益与成本

分析长期效益：评估新技术的长期效益，包括提高生产效率、降低成本、提升产品质量等方面的情况。分析新技术对企业未来发展的影响，确定技术更新的战略价值。

考虑短期成本：考虑新技术的短期成本，包括设备采购、安装调试、人员培训等方面的费用。评估技术更新的投资回报率，确保技术更新的合理性和有效性。

（六）建立风险预警和应对机制

1. 密切关注动态

建立风险监测系统：建立风险监测系统，密切关注市场动态和企业内部变化，及时发现潜在风险。风险监测系统应包括市场信息监测、财务数据分析、运营指标评估等功能。通过风险监测系统，提前察觉风险迹象，为风险应对争取时间。

分析风险因素：对监测到的风险因素进行分析和评估，确定风险的性质、程度和影响范围。分析风险因素的成因和发展趋势，为制定风险应对措施提供依据。

2. 制订应对计划

制定应急预案：制订风险应对计划，包括应急预案和处理措施。应急预案应针对不同类型的风险，制定具体的应对措施和操作流程。明确责任人和执行时间，确保在风险发生时能够迅速采取措施进行应对。

定期演练和评估：定期对风险应对计划进行演练和评估，检验计划的可行性和有效性。通过演练，企业能发现问题和不足，及时进行调整和优化。同时，对风险应对计划的执行情况进行评估，总结经验教训，提高企业的风险应对能力。

三、成本管理与控制的持续改进与优化策略

成本管理与控制是一个持续不断的过程，中小企业应不断寻求改进和优化的机会，以提高成本管理的效率和效果。

（一）定期审查成本控制效果

数据分析与评估：定期对成本控制计划进行审查和评估，通过数据分析和成本核算，了解成本控制的实际效果。分析成本控制目标的完成情况、成本结构的变化情况、成本控制措施的有效性等方面的情况。通过评估，发现存在的问题和不足，为改进成本控制措施提供依据。

问题诊断与改进：针对审查和评估中发现的问题，进行深入分析和诊断。找出问题的根源和影响因素，制定具体的改进措施和方案。改进措施应具有针对性和操作性，能够切实解决问题，提高成本控制的效果。

（二）引入先进的成本管理方法和技术

关注行业动态：关注成本管理领域的最新动态和研究成果，了解先进的成本管理方法和技术。通过参加行业研讨会、阅读专业书籍和期刊等方式，及时掌握成本管理的新理念、新方法和新技术。

结合企业实际：结合企业的实际情况，引入适合企业的先进成本管理方法和技术。例如，采用作业成本法、目标成本法、价值工程等先进的成本管理方法，以及利用大数据、人工智能等技术手段进行成本分析和预测。通过引入先进的成本管理方法和技术，提高成本控制的效率和准确性。

（三）加强内部审计和监督

建立审计机制：建立内部审计和监督机制，确保成本控制的合规性和有效性。内部审计应定期对成本控制活动进行审查和监督，检查成本控制制度的执行情况、成本核算的准确性、成本控制措施的落实情况等。企业通过审计发现问题并及时整改，防止成本控制中的违规行为和浪费现象。

强化监督力度：强化对成本控制的监督力度，建立健全监督体系。监督体系应包括内部监督和外部监督两个方面。内部监督主要由企业内部的审计部门、财务部门等进行，外部监督主要由注册会计师、税务机关等进行。企业通过强化监督力度，确保成本控制活动的规范和有效。

综上所述，通过建立全面的成本管理体系、加强市场预测和供应链管理、提升员工成本意识和参与度、加强部门间沟通与协作、谨慎对待技术更新以及建立风险预警和应对机制等措施，中小企业可以有效地防范成本控制风险，实现成本控制与业务发展的良性循环。同时，通过定期审查成本控制效果、引入先进的成本管理方法和技术、加强内部审计和监督等措施，中小企业可以不断推进成本管理与控制的持续改进，提高企业的竞争力和盈利能力。

CHAPTER 07

第七章 财务分析与绩效评估体系

引　言

在当今复杂多变的商业环境中，企业面临着日益激烈的竞争和持续的挑战。财务分析与绩效评估作为企业管理的核心工具，对于企业做出正确的战略决策、提升运营效率以及可持续发展具有至关重要的作用。为了适应数字化转型和市场动态变化的需求，企业需要对财务分析与绩效评估体系进行全面优化和升级。

第一节　财务分析的战略价值与功能定位

一、财务分析的核心价值

（一）决策支持功能

1. 投资决策

（1）评估项目可行性。

现金流量预测：在考虑新投资项目时，首先会对项目的预期现金流量进行预测。这包括估算项目在未来一段时间内的现金流入和流出情况。例如，对于一个新的生产线投资项目，会考虑该生产线投入使用后所带来的销售收入增加、生产成本降低以及其他相关费用的变化。通过对这些因素的分析，可以预测出项目在不同时间段的现金流量，为投资决策提供数据支持。

投资回报率计算：投资回报率是衡量项目盈利能力的重要指标。通过将项目预期的未来现金流量进行折现，计算出项目的 NPV 和 IRR 等指标。NPV 反映了项目在考虑了资金时间价值后的净收益，若 NPV 为正，则表明项目能够为企业带来净收益，值得投资；IRR 则反映了项目的实际报酬率，若 IRR 高于企业的资本成本，则表明项目具有投资价值。此外，还需考虑项目的投资回收期、敏感性分析等因素，以全面评估项目的可行性。

对整体财务状况的影响评估：除了考虑项目本身的盈利能力外，财务分析还会评估项目对企业整体财务状况的影响。例如，一个大型的投资项目可能会导致企业的资产负债率上升、流动比率下降等，从而影响企业的偿债能力和短期资金流动性。因此，在进行投资决策时，管理层需要综合考虑项目的盈利能力和对企业整体财务状况的潜在影响，确保投资决策与企业战略目标相一致。

（2）确定投资规模和时机。

资金状况分析：企业的资金状况是决定投资规模和时机的重要因素之一。分析企业的现金流量表、资产负债表等财务报表，可以全面了解企业目前的资金状况，包括现金余额、应收账款、应付账款等。如果企业的资金状况较为紧张，负债水平较高，那么管理层可能需要推迟投资计划，或者寻找其他融资渠道来筹集资金。相反，如果企业的盈利能力较强，资金状况良好，那么管理层可以考虑加大投资力度，以实现企业的快速发展和扩张。

负债水平考量：负债水平也是影响投资决策的重要因素之一。如果企业的负债水平较高，那么在进行新的投资项目时，需要更加谨慎地考虑项目的风险和回报。高负债水平可能会增加企业的财务风险，一旦项目出现问题，企业可能面临较大的偿债压力。因此，在确定投资规模和时机时，管理层需要综合考虑企业的负债水平和偿债能力，确保投资决策的稳健性。

盈利能力判断：企业的盈利能力是决定投资规模和时机的另一个重要因素。如果企业的盈利能力较强，那么可以考虑加大投资力度，以扩大企业的生产规模和市场份额，进一步提升企业的竞争力。相反，如果企业的盈利能力较弱，那么在进行投资项目时需要更加谨慎，避免过度投资导致企业财务状况恶化。

（3）投资决策矩阵。

全生命周期评估模型：引入项目全周期现金流量折现（DCF）模型，评估项目的长期价值。该模型不仅考虑了项目的财务收益，还增加了环境成本、社会效益等ESG因素评估维度，确保投资决策的全面性和可持续性。

投资组合管理：通过蒙特卡洛模拟进行多项目组合风险对冲分析，优化投资组合的风险和收益。蒙特卡洛模拟可以生成大量可能的市场情景，帮助企业在投资组合管理中进行风险对冲和收益优化。

2. 融资决策

（1）优化资本结构。

负债比率分析：负债比率是衡量企业负债水平的重要指标。通过分析企业的负债比率，可以了解企业的负债情况是否合理。如果企业的负债比率过高，那么可能会面临较大的财务风险；如果负债比率过低，则可能浪费企业的财务杠杆效应。因此，通过财务分析，管理层可以确定一个合理的负债比率，以优化企业的资本结构，降低财务风险并提高资金的利用效率。

利息保障倍数评估：利息保障倍数是衡量企业支付利息能力的重要指标。通过分析企业的利息保障倍数，可以了解企业的盈利能力是否足以支付利息。如果利息保障倍数较低，那么企业可能面临较大的偿债风险；如果利息保障倍数较高，则说明企业的盈利能力较强，支付利息的能力也较强。因此，管理层可以通过评估利息保障倍数来确定企业的负债水平是否合理，从而优化资本结构。

资产负债率考量：资产负债率是衡量企业长期偿债能力的重要指标。通过分析企业的资产负债率，可以了解企业的资产中有多少是通过负债筹集的。如果资产负债率较高，那么企业可能面临较大的长期偿债风险；如果资产负债率较低，则说明企业的长期偿债能力较强。因此，管理层可以通过考量资产负债率来确定一个合理的负债水平，以优化企业的资本结构并降低财务风险。

（2）选择融资渠道。

成本分析：不同的融资渠道具有不同的成本。例如，银行贷款的成本主要包括利息支出和手续费等；发行债券的成本主要包括利息支出和发行费用等；股权融资的成本主要包括股息支出和发行费用等。通过分析不同融资渠道的成本，管理层可以确定哪种融资渠道的成本最低，从而选择最适合企业的融资渠道。

风险评估：不同的融资渠道也具有不同的风险。例如，银行贷款的风险主要包括信用风险和利率风险等；发行债券的风险主要包括信用风险和市场风险等；股权融资的风险主要包括市场风险和控制权风险等。通过分析不同融资渠道的风险，可以确定哪种融资渠道的风险最小，从而选择最适合企业的融资渠道。

期限匹配：企业的融资需求通常具有不同的期限。例如，企业的短期资金需求可以通过银行贷款、商业信用等短期融资渠道来满足；企业的长期资金需求则可以通过发行债券、股权融资等长期融资渠道来满足。通过分析企业的融资需求期限，管理层可以选择与企业融资需求期限相匹配的融资渠道，以降低企业的融资风险并提高资金利用效率。

（3）融资决策优化器。

融资成本动态测算模型：结合利率互换、外汇掉期等金融工具进行融资方案模拟，动态测算融资成本。该模型可以根据市场利率和汇率的变化，实时调整融资方案，降低融资成本。

绿色融资渠道：分析 ESG 债券、碳金融等新型融资工具，评估其对企业融资结构和成本的影响。绿色融资渠道不仅有助于企业降低融资成本，还能提升企业的社会形象和市场竞争力。

3. 生产决策

（1）成本控制。

成本结构分析：通过分析企业的成本结构，可以了解企业的成本主要由哪些部分组成。企业的成本可能包括直接材料成本、直接人工成本、制造费用等。通过分析这些成本项目的占比情况，管理层可以找出成本控制的重点领域。例如，企业的直接材料成本占比较高，那么可以通过与供应商谈判降低采购价格、优化采购流程等方式来降低直接材料成本。

成本变动趋势分析：通过分析企业的成本变动趋势，可以了解企业的成本是在上升还是在下降，以及成本变动的原因是什么。例如，企业的成本在上升，那么可能是由于原材料价格上涨、人工成本增加等原因导致的。通过分析成本变动的原因，管理层可以采取相应的措施来降低成本。如果是原材料价格上涨导致的成本上升，那么可以通过寻找替代材料、与供应商谈判降低采购价格等方式来降低成本。

具体措施实施：在找出成本控制的重点领域和分析成本变动趋势的基础上，管理层可以采取具体的措施来降低成本。例如，可以通过优化生产流程、提高生产效率、减少浪费等方式来降低直接材料成本和直接人工成本；可以通过加强设备管理、降低维修费用等方式来降低制造费用。

（2）产品定价。

成本因素考虑：产品定价的一个重要因素是成本。通过分析企业的成本，管理层可以确定产品的最低价格。如果产品的价格低于成本，那么企业将面临亏损。因此，在进行产品定价时，管理层需要考虑产品的成本因素，以确保产品的价格能够覆盖成本并实现盈利。

市场需求分析：市场需求也是影响产品定价的重要因素之一。如果市场需求较为旺盛，那么企业可以适当提高产品价格以获取更高的利润；如果市场需求较为疲软，那么企业可能需要降低产品价格以刺激需求。通过分析市场需求的变化情况，管理层可以确定产品的价格策略，以满足市场需求并实现企业利润最大化。

竞争对手价格比较：竞争对手的价格也是影响产品定价的重要因素之一。如果竞争对手的价格较低，那么企业可能需要降低产品价格以提高产品的竞争力；如果竞争对手的价格较高，那么企业可以适当提高产品价格以获取更高的利润。通过分析竞争对手的价格情况，管理层可以确定产品的价格定位，以在市场竞争中占据有利地位。

（3）生产决策智能平台。

成本－产能弹性模型：引入机器学习预测不同产量下的边际成本曲线，帮助企业优化生产计划。该模型可以根据市场需求和生产成本的变化，动态调整生产计划，提高生产效率。

动态定价算法：结合实时市场数据的价格敏感度分析，实现动态定价。该算法可以根据市场需求和竞争状况，实时调整产品价格，提高市场竞争力和盈利能力。

（二）绩效诊断功能

1. 盈利能力

分层分析：从毛利率、净利率到 ROE 进行分层分析，全面评估企业的盈利水平。毛利率反映企业销售收入减去销售成本后的盈利能力，是衡量企业产品竞争力的重要指标。净利率反映企业扣除所有成本和费用后的盈利能力，是衡量企业整体盈利水平的重要指标。ROE 反映企业利用所有者权益创造利润的能力，是衡量企业为股东创造价值的重要指标。

案例分析：某制造企业发现其毛利率较高，但净利率较低，经过分析发现其管理费用和销售费用过高，导致整体盈利能力下降。该企业随后采取措施优化费用管理，提高净利率。

2. 运营效率

周转率指标体系：建立周转率指标体系，如存货周转天数、现金转换周期，衡量企业资产的运营效率。存货周转天数反映企业存货的周转速度，是衡量企业存货管理效率的重要指标。现金转换周期反映企业从采购到销售再到收款的整个过程所需的时间，是衡量企业资金运营效率的重要指标。

案例分析：某零售企业发现其存货周转天数显著增加，经过分析发现部分商品滞销，导致存货积压。该企业随即调整了采购策略，优化了存货管理，缩短了存货周转天数。

3. 风险预警

流动性压力测试：通过流动性压力测试，评估企业在面临突发财务压力时的短期偿债能力。流动性压力测试可以帮助企业提前发现潜在的流动性风险，采取相应的措施加以应对。

财务弹性评估：通过财务弹性评估，衡量企业在面临市场变化和经济波动时的财务适应能力。财务弹性评估可以帮助企业了解自身的财务健康状况，提前制定应对策略。

案例分析：某企业发现其流动比率较低，经过分析发现其流动资产不足以覆盖流动负债。该企业随即采取措施增加流动资产，如加快应收账款回收、减少存货积压等，提高了流动性。

4. 绩效诊断三维模型

（1）盈利能力诊断。

产品线 EVA 分析矩阵：按产品线计算 EVA，评估各产品线的盈利能力。该矩阵可以帮助企业识别高价值产品线，优化资源配置。

结构性损益分析：区分经常性损益与非经常性损益对 ROE 的影响，评估企业的盈利质量和可持续性。结构性损益分析可以帮助企业识别盈利的稳定性和可持续性，优化盈利结构。

（2）运营效率监测。

供应链数字孪生系统：实时监控存货周转、订单交付等核心指标，提高供应链的透明度和可控性。该系统可以通过实时数据采集和分析，优化供应链管理，降低运营成本。

人效比动态分析：结合 OKR 的部门 / 岗位效率评估，提高人力资源的利用效率。人效比动态分析可以帮助企业识别高效部门和岗位，优化人力资源配置。

（三）风险预警体系

财务压力测试平台：模拟黑天鹅事件下的流动性危机场景，评估企业的财务风险。该平台可以通过模拟极端市场情景，帮助企业制定应对策略，降低财务风险。

合规性风险雷达：实时监控财税政策变动影响，确保企业合规运营。合规性风险雷达可以帮助企业及时了解政策变化，调整运营策略，避免合规风险。

二、财务分析的演进趋势

（一）从单一报表分析到业财融合分析

业财融合分析：随着企业信息化程度的不断提高，财务分析与业务数据的融合成为必然趋势。业财融合分析强调将财务数据与业务数据相结合，提供更全面、深入的决策支持。这种分析模式不仅关注财务数据的表面现象，而且深入挖掘其背后的业务逻辑和动因，能帮助企业更好地理解财务业绩与业务运营之间的内在联系。

案例分析：某企业发现其某业务部门的收入增长迅速，但成本也大幅增加，导致利润率下降。传统的财务分析可能仅停留在收入、成本和利润等财务指标的层面，而业财融合分析则进一步探究了收入增长和成本增加的具体原因。通过结合业务数据，企业发现该部门在市场推广方面投入了大量资金，虽然有效提升了品牌知名度和市场份额，但成本控制措施未能同步跟上，导致成本失控。针对这一问题，该企业随后采取了优化成本管理、提高运营效率等措施，成功提升了该部门的盈利能力。

（二）从历史数据回溯到预测性分析

预测性分析：在大数据和人工智能技术的推动下，财务分析不再局限于对历史数据的回顾和总结，而是更加注重对未来趋势的预测和分析。预测性分析利用 AI 驱动的预测模型，整合企业内外部数据资源，为企业提供前瞻性的决策依据。这种分析模式可以帮助企业提前预测未来的财务状况和市场趋势，从而制定相应的战略和计划，降低经营风险，提高市场竞争力。

案例分析：某企业计划在未来季度推出新产品，为了确保生产计划的合理性和市场需求的满足度，企业利用 AI 预测模型对未来季度的销售收入和成本进行了预测。预测结果显示，未来季度的销售收入将增长 20%，而成本将增加 15%。基于这一预测结果，企业随即调整了生产计划，增加了原材料采购和生产投入，以确保新产品的顺利推出和市场份额的扩大。同时，企业还根据预测结果制定了相应的市场推广和销售策略，以进一步提高产品的市场接受度和盈利能力。

（三）从财务指标考核到价值创造评估

价值创造评估：传统的财务分析往往侧重于财务指标的考核，如收入、利润、资产负债率等，而现代财务分析则更加注重企业价值的创造和评估。EVA 模型作为一种先进的价值评估工具，逐渐被越来越多的企业所采用。EVA 模型不仅考虑了企业的债务资本成本，还考虑了权益资本成本，从而更准确地衡量了企业创造的经济价值。

案例分析：某企业在评估其新项目的可行性时，采用了 EVA 模型进行分析。通过计算项目的预期现金流量和资本成本，企业发现该项目的 EVA 为正，说明该项目在扣除资本成本后仍然能够为企业创造经济价值。与传统的财务指标考核相比，EVA 模型更加注重项目的长期经济效益和价值创造能力，从而为企业提供了更加科学、合理的决策依据。基于 EVA 模型的分析结果，企业决定投资该项目，并制定了相应的运营和管理策略，以确保项目能够顺利实施并取得预期的经济效益。

第二节　财务分析的系统框架与方法论升级

在数字化转型的浪潮中，传统财务分析方法已难以满足企业对精准决策、高效运营和战略规划的需求。构建全面且创新的财务分析系统框架，升级方法论，成为企业洞察经营状况、应对市场变化的关键举措。

一、三维分析框架构建

财务分析的三维框架包括垂直分析、横向分析和动态分析，每个维度都有其独特的分析工具和输出成果，共同为企业提供全面的财务洞察，如表 7-1 所示。

表 7-1　三维分析框架

分析维度	核心工具	输出成果
垂直分析	结构百分比法	资产 / 负债 / 权益构成图谱
横向分析	同业对标矩阵	竞争力坐标定位图
动态分析	时间序列模型	关键指标趋势雷达图

（一）垂直分析

核心工具：结构百分比法是垂直分析的核心工具，它以总体为 100%，计算各组成项目占总体的百分比，以此剖析企业财务结构的合理性。在资产负债表中，将资产总计设为 100%，计算流动资产、固定资产、无形资产等各项目占总资产的比例；负债与权益方面，分别计算短期负债、长期负债、股东权益等占总负债与权益的比重。

输出成果：通过结构百分比法的分析，输出资产 / 负债 / 权益构成图谱。这一图谱以直观的图表形式呈现，如饼图、柱状图等。例如，一家制造企业通过结构百分比法分析发现，其固定资产占总资产的比重高达 60%，流动资产占比仅 30%，表明企业资产的流动性较差，资金周转可能面临挑战。基于此，企业可考虑优化资产配置，适当增加流动资产比例，提高资产运营效率。

（二）横向分析

核心工具：同业对标矩阵是横向分析的有力工具。它收集同行业主要竞争对手的关键财务指标，如毛利率、净利率、资产负债率、存货周转率等，与本企业对应指标进行对比。在构建同业对标矩阵时，需确保选取的对标企业具有可比性，考虑企业规模、业务模式、市场定位等因素。

输出成果：通过同业对标矩阵分析，生成竞争力坐标定位图。该图以关键财务指标为坐标轴，将本企业与竞争对手在图上进行定位。例如，在分析毛利率时，若本企业毛利率为 25%，同行业平均毛利率为 30%，行业领先企业为 35%，那么在坐标定位图上，本企业处于行业平均水平之下，与领先企业存在差距。企业可据此深入分析原因，如成本控制不力、产品附加值低等，进而制定针对性的改进措施，提升市场竞争力。

（三）动态分析

核心工具：时间序列模型是动态分析的关键工具，它基于历史数据，通过统计方法、数学模型等对时间序列数据进行分析和预测。常用的时间序列模型包括移动平均法、指数平滑法、ARIMA 模型等。在财务分析中，可运用时间序列模型对营业收入、净利润、资产负债率等关键指标进行分析。

输出成果：借助时间序列模型分析，输出关键指标趋势雷达图。该图以时间为横轴，关键指标数值为纵轴，直观展示指标随时间的变化趋势。例如，一家零售企业通过时间序列模型分析营业收入，发现过去五年营业收入呈现逐年上升趋势，但在最近一年增速放缓。通过趋势雷达图，企业可清晰了解指标变化态势，提前预测未来发展趋势，为制定战略规划提供依据。

二、创新方法体系

现代财务分析不仅依赖传统的分析方法，还集成了智能财务分析系统、场景化分析模型和战略财务分析工具，以提升分析的深度和广度。

（一）智能财务分析系统

智能财务分析系统通过自动化报表生成和实时仪表盘监控，显著提升了财务分析的效率和准确性。

1. 自动化报表生成

RPA 技术在自动化报表生成中发挥着重要作用。RPA 技术通过模拟人类操作，按照预设的规则自动从各类业务系统中提取数据，进行数据清洗、转换和计算，最终生成财务报表。某大型企业财务部门以往编制月度财务报表，需要人工从多个业务系统中收集数据，整理核对后再进行报表编制，整个过程耗时 3~5 天。采用 RPA 技术后，设定好数据提取规则和报表模板，系统自动在规定时间从销售系统、采购系统、库存系统等抓取数据，经过数据处理后生成财务报表，整个过程仅需数小时，大大提高了报表生成效率，同时减少了人工操作可能出现的错误，提高了数据的准确性。

2. 实时仪表盘监控

利用 Power BI 等工具构建实时仪表盘监控系统，可实现对关键财务指标的实时监控。Power BI 具有强大的数据可视化功能，能够将财务数据以直观的图表、图形等形式展示在仪表盘上。企业管理层通过实时仪表盘，可实时查看销售收入、成本、利润、现金流等关键指标的动态变化。当销售收入出现异常波动，如某一天销售额大幅下降，仪表盘会立即发出预警提示。企业可根据实时监控数据，及时发现经营过程中的问题，迅速采取措施加以解决，如调整营销策略、优化成本结构等。

（二）场景化分析模型

场景化分析模型针对特定的业务场景，提供深入的财务分析和决策支持。

1. 供应链金融风险模型

供应链金融风险模型综合考虑供应链各环节的多种因素，评估潜在风险，助力企业优化供应链管理。该模型涵盖供应商信用风险、应收账款回收风险、库存风险、市场波动风险等多个维度。在评估供应商信用风险时，考虑供应商的财务状况、经营历史、行业地位等因素；针对应收账款回收风险，分析客户信用评级、付款习惯、账龄分布等。例如，一家汽车制造企业通过供应链金融风险模型评估发现，某主要零部件供应商近期财务状况恶化，信用风险较高。企业立即采取措施，增加备用供应商，调整采购计划，降低对该供应商的依赖程度，有效降低了供应链中断风险。

2. 产品生命周期损益模型

产品生命周期损益模型对产品从研发、生产、销售到退市的全过程进行财务分析，帮助企业优化产品生命周期管理。在产品研发阶段，模型关注研发成本、时间投入以及预期收益；生产阶段分析生产成本、质量控制成本；销售阶段评估销售收入、营销费用、市场份额等；退市阶段考虑剩余库存处理成本等。例如，一家电子产品企业通过产品生命周期损益模型分析发现，某款产品在研发阶段投入过高，且上市后市场表现不佳，销售收入未能覆盖成本。企业据此优化研发流程，加强市场调研，提高研发决策的科学性，避免在后续产品研发中出现类似问题。

（三）战略财务分析工具

战略财务分析工具将财务分析与企业战略相结合，提供更全面的决策支持。

1. BSC 与财务指标联动

BSC 将企业战略目标转化为具体的绩效指标，从财务、客户、内部流程、学习与成长四个维度进行全面评估，实现财务与非财务绩效的平衡。在财务维度，关注收入增长、成本控制、盈利能力等指标；客户维度以客户满意度、市场份额、客户忠诚度等为关键指标；内部流程维度注重业务流程效率、质量控制、创新能力等；学习与成长维度强调员工培训、技能提升、组织文化建设等。例如，一家服务型企业通过 BSC，将财务指标与客户满意度指标紧密结合。设定财务目标为年度利润增长 15%，同时将客户满意度目标设定为 90% 以上。为实现这两个目标，企业优化内部服务流程，加强员工培训，提高服务质量，从而提升客户满意度，促进业务增长，最终实现财务目标。

2. 价值链成本分析法

价值链成本分析法将企业视为一系列相互关联的活动集合，分析各环节的成本构成和价值创造能力，以优化成本结构，提高成本管理效率。企业的价值链活动包括基本活动（如采购、生产、销售、售后服务等）和支持活动（如人力资源管理、技术开发、企业基础设施等）。通过对价值链各环节的成本分析，找出成本高、价值创造低的环节。例如，一家服装制造企业通过价值链成本分析法发现，其物流配送环节成本较高，占总成本的 15%。进一步分析发现，物流路线不合理、配送效率低下是导致成本高的主要原因。企业通过优化物流路线，与专业物流供应商合作，降低了物流配送成本，提高了企业整体竞争力。

三、关键指标深度解析

财务分析中的关键指标提供了对企业发展状况的深入洞察，包括现金流质量指标和成长性复合指标。

（一）现金流质量指标

现金流质量指标评估企业的现金流动状况，确保企业有足够的现金流支持运营和发展。

1. 经营性现金流 / 净利润

该比值是评估企业现金流健康状况的重要指标，比值大于 1 通常被认为是良好的信号。经营性现金流反映企业经营活动实际产生的现金流入和流出情况，净利润则是按照权责发生制计算的经营成果。当经营性现金流 / 净利润的值大于 1 时，表明企业经营活动产生的现金流入充足，净利润有实实在在的现金支撑，企业盈利质量较高。

例如，一家企业在过去一年中，经营性现金流为 5000 万元，净利润为 4000 万元，该比值为 1.25。这说明企业在经营过程中，不仅实现了盈利，而且经营活动产生的现金能够较好地覆盖净利润，企业资金回笼顺畅，财务状况较为稳健。若比值小于 1，可能存在应收账款回收困难、存货积压等问题，企业需关注并分析原因，采取措施改善现金流状况。

2. 自由现金流生成能力

自由现金流是企业在满足了维持现有生产经营和必要投资后可自由支配的现金，它可以衡量企业内部资金的充裕程度。自由现金流 = 经营性现金流 − 资本性支出。企业拥有正的自由现金流，意味着有足够的资金用于偿还债务、进行分红、开展新项目投资等，为企业的持续发展提供有力保障。

例如，一家企业在某年度经营性现金流为 8000 万元，资本性支出为 3000 万元，其自由现金流为 5000 万元。这表明企业内部资金较为充裕，可利用这笔资金进行技术研发投入，开拓新市场，提升企业核心竞争力。相反，若自由现金流为负，企业可能面临资金短缺问题，需要通过外部融资来满足发展需求，增加了财务风险。

（二）成长性复合指标

成长性复合指标预测企业的未来增长潜力，帮助企业制定长期发展战略。

1. 可持续增长率

可持续增长率（SGR）是预测企业未来增长潜力的重要指标，计算公式为 SGR= ROE × 留存收益率。其中，ROE 反映企业运用自有资本获取收益的能力，留存收益率则是企业留存利润占净利润的比例。

例如，一家企业的 ROE 为 15%，留存收益率为 60%，通过计算可得其 SGR 为 9%。这表明在不改变现有经营和财务政策的情况下，企业能够保持 9% 的年增长率。若企业希望实现更高的增长速度，可通过提高 ROE（如优化资产运营效率、提高产品盈利能力等）或留存收益率（合理调整分红政策等）来提升可持续增长率。

2. 研发投入转化率

研发投入转化率用于评估企业研发投入的效率，计算公式为研发投入转化率 = 专利数 / 研发支出。该指标反映了企业在研发方面的投入产出情况，转化率越高，说明研发投入产生的创新成果越多，研发效率越高。

例如，一家科技企业在过去一年研发支出为 1000 万元，获得专利 200 项，其研发投入转化率为 20%。通过与同行业其他企业对比，若行业平均研发投入转化率为 15%，则该企业在研发效率方面表现较为突出。企业可进一步分析研发投入转化率高的原因，总结经验，持续优化研发管理，提高创新能力。若转化率较低，企业需查找原因，如研发方向是否准确、研发资源配置是否合理等，针对性地进行改进。

第三节　绩效评估体系的重构与实践

在市场环境日益复杂多变的当下，企业要想保持竞争优势并实现可持续发展，必须构建科学且适应时代需求的绩效评估体系。通过对绩效评估体系的重构，企业能够更精准地衡量经营成果，有效引导战略实施，提升运营效率与管理水平。

一、指标体系创新

（一）战略解码技术

1. 战略导航罗盘

开发“战略导航罗盘”：集成战略地图与 BSC，通过数字化仪表盘实现战略目标动态监控；支持战略目标与财务指标、客户指标、流程指标、创新指标的实时联动分析。

具备预警功能：当某维度指标偏离目标阈值时自动触发警报（如客户满意度下降 10%）。

案例：某半导体企业通过战略导航罗盘发现研发投入转化率低于行业标杆，随即调整技术路线，6 个月内专利授权量提升 40%。

2. 构建目标传导网络

实现公司层到岗位层的自动指标分解，确保每个岗位的绩效指标与公司战略目标保持一致。目标传导网络可以通过自动化工具，将公司战略目标分解为具体的岗位指标，提高目标管理的效率和准确性。例如，某企业通过目标传导网络，将公司的 ROE 目标分解到各个部门和岗位，确保每个员工都清楚自己的工作如何贡献于公司的整体目标。

案例：某制造企业目标分解周期从 45 天缩短至 7 天，指标对齐度从 68% 提升至 92%。

（二）分层指标体系

1. 概念

分层指标体系是将绩效指标按层级分解，如表 7–2 所示，确保各层级的目标和绩效指标一致，形成协同效应。

表 7–2　分层指标体系

层级	指标类型	示例
公司层	EVA、市场占有率	行业排名提升度
业务单元层	客户留存率、新品占比	区域市场渗透率
岗位层	人均产出、提案实施率	技术专利转化数

公司层：关注企业的整体价值创造和市场表现，如 EVA 和市场占有率。这些指标反映了企业的整体绩效和市场竞争力。例如，企业通过提升市场占有率，确保在行业中的领先地位，同时通过 EVA 评估企业的价值创造能力。

业务单元层：关注具体业务单元的绩效，如客户留存率和新品占比。这些指标反映了业务单元的市场表现和创新能力。例如，企业通过提高客户留存率，确保客户满意度和忠诚度，同时通过新品占比评估业务单元的创新能力。

岗位层：关注具体岗位的绩效，如人均产出和提案实施率。这些指标反映了员工的工作效率和创新能力。例如，企业通过提高人均产出，提升员工的工作效率，同时通过提案实施率评估员工的创新能力和执行力。

2. 实施步骤

明确公司层战略目标：如提高盈利能力、扩大市场份额等。

分解业务单元层绩效指标：将公司层战略目标分解到各个业务单元，形成业务单元层的绩效指标，如客户留存率、新品占比等。

制定岗位层绩效指标：将业务单元层绩效指标进一步分解到各个岗位，形成岗位层的绩效指标，如人均产出、提案实施率等。

3. 案例

某企业构建了分层指标体系，将公司层战略目标分解为EVA、市场占有率、行业排名提升度等绩效指标；将业务单元层绩效指标分解为客户留存率、新品占比、区域市场渗透率等；将岗位层绩效指标分解为人均产出、提案实施率、技术专利转化数等。通过实施分层指标体系，企业成功实现了战略目标的层层分解和绩效指标的量化考核。

二、动态评估机制建设

（一）四维评估模型

四维评估模型是从财务、客户、流程和创新四个维度全面评估企业的绩效，确保企业绩效的全面性和平衡性，形成的四维评估立方体如图7-1所示。

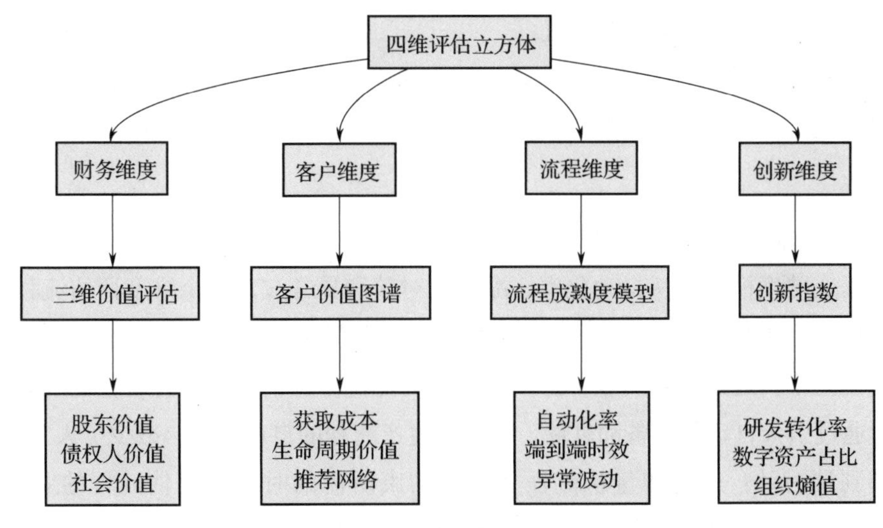

图7-1　四维评估立方体

1. 财务维度：三维价值评估

三维价值评估：从股东价值、债权人价值和社会价值三个维度评估企业的财务绩效。这种评估方法能够全面反映企业的财务状况，确保企业在追求股东利益的同时，考虑到债权人和社会责任。

股东价值：通过计算股东权益回报率、股息收益率等指标，评估企业为股东创造的价值。例如，某企业通过优化资本结构和提高盈利能力，实现了股东价值的持续增长。

债权人价值：通过分析资产负债率、利息保障倍数等指标，评估企业对债权人的保障能力。例如，某企业通过降低负债水平和提高利息保障倍数，增强了债权人的信心。

社会价值：通过评估企业的社会责任履行情况，如环保投入、公益捐赠等，衡量企业对社会的贡献。例如，某企业通过增加环保投入和参与公益活动，提升了社会价值和企业形象。

2. 客户维度：客户价值图谱

客户价值图谱：从获取成本、生命周期价值和推荐网络三个维度评估客户价值。这种评估方法能够帮助企业更好地理解客户的需求和行为，优化客户管理策略。

获取成本：通过计算客户获取成本（CAC），评估企业获取新客户的成本效率。例如，某企业通过优化营销策略，降低了客户获取成本，提高了营销效率。

生命周期价值：通过预测客户在整个生命周期内为企业带来的总收益（CLV），评估客户的长期价值。例如，某企业通过提高客户满意度和忠诚度，延长了客户生命周期，增加了客户生命周期价值。

推荐网络：通过分析客户的推荐行为，如净推荐值（NPS），评估客户的口碑和影响力。例如，某企业通过提升客户满意度，增强了客户的推荐意愿，扩大了客户群体。

3. 流程维度：流程成熟度模型

流程成熟度模型：从自动化率、端到端时效和异常波动三个维度评估流程效率。这种评估方法能够帮助企业优化内部流程，提高运营效率。

自动化率：通过计算流程中自动化步骤的比例，评估流程的自动化程度。例如，某企业通过引入自动化设备和软件，提高了生产流程的自动化率，减少了人工干预。

端到端时效：通过测量从流程开始到结束所需的时间，评估流程的效率。例如，某企业通过优化供应链管理，缩短了从采购到交付的端到端时效，提高了客户的满意度。

异常波动：通过分析流程中的异常情况，如生产事故、延误等，评估流程的稳定性。例如，某企业通过建立异常预警系统，及时发现并处理流程中的异常，减少了生产事故的发生。

4. 创新维度：创新指数

创新指数：从研发转化率、数字资产占比和组织熵值三个维度评估创新能力。这种评估方法能够帮助企业衡量和提升创新能力，推动企业持续发展。

研发转化率：通过计算研发成果转化为实际产品的比例，评估研发活动的有效性。例如，某企业通过优化研发流程和提高研发效率，提高了研发转化率，加速了新产品上市。

数字资产占比：通过计算数字资产在总资产中的比例，评估企业的数字化程度。例如，某企业通过增加数字资产投资，提高了数字资产占比，增强了企业的竞争力。

组织熵值：通过计算组织内部的复杂性和不确定性，评估组织的创新能力和灵活性。例如，某企业通过简化组织结构和提高决策效率，降低了组织熵值，提升了创新能力。

（二）预警响应系统

1. 红黄绿灯预警机制

（1）概念。红黄绿灯预警机制是一种对关键指标进行实时监控和预警的系统。通过设定不同的预警阈值（如红色表示严重异常，黄色表示轻微异常，绿色表示正常），对关键指标进行实时监控和预警。

（2）实施步骤。

设定预警阈值：根据企业的实际情况和战略目标，设定合理的预警阈值。

实时监控关键指标：通过智能财务分析系统，对关键指标进行实时监控。

触发预警机制：当关键指标超过预警阈值时，触发预警机制，向管理层发送预警信息。

（3）案例。某企业通过红黄绿灯预警机制，对销售收入、库存周转率等关键指标进行实时监控。当销售收入连续两个月低于预警线（红灯）时，企业立即启动了促销活动，调整了商品结构，提高了销售收入。

2. 应急预案库

（1）概念。应急预案库是一种涵盖各种典型场景和应急措施的数据库。通过对应急预案库的构建和完善，企业可以提高自身的风险应对能力。

（2）实施步骤。

识别典型场景：根据企业的实际情况和行业经验，识别出可能发生的典型场景，如市场需求骤降、原材料价格暴涨等。

制定应急措施：针对每个典型场景，制定相应的应急措施，如调整生产计划、寻找替代原材料等。

构建应急预案库：将典型场景和应急措施整理成应急预案库，供企业在需要时查阅和使用。

（3）案例。某企业构建了应急预案库，涵盖了 20 种典型场景（如市场需求骤降、原材料价格暴涨、供应链中断、重大政策调整、自然灾害等）和相应的应急措施。当原材料价格大幅上涨时，企业依据应急预案库中的措施，与供应商协商价格、寻找替代原材料、优化生产工艺等，成功降低了成本影响，保障了企业的正常运营。

三、标杆实践案例解析

（一）科技企业案例

研发投入与产品毛利率：苹果公司的研发投入强度达到 5.5% 的营收占比，产品毛利率维持在 42.5%。这得益于苹果公司对研发创新的持续投入和高效管理。通过研发创新，苹果公司不断推出具有竞争力的新产品，提高了产品的附加值和毛利率。

数据中台与实时绩效看板：苹果公司通过数据中台采用实时绩效看板系统，对研发进度、产品销售情况等关键指标进行实时监控和分析。这使得苹果公司能够及时了解市场动态和客户需求，快速响应市场变化，确保战略目标的实现。

案例启示：苹果公司的案例表明，持续的研发创新和高效的数据管理是企业保持竞争优势和实现可持续发展的关键。

（二）制造业转型案例

数字化转型之路：宁德时代通过系统升级、万物互联、数据赋能和 AI 助力等步骤，成功实现了从“制造”到“智造”的转型。公司引入了先进的信息技术和自动化设备，提高了生产效率和产品质量；通过物联网技术实现设备与系统的互联互通，实时数据采集和传输；利用大数据和人工智能技术优化资源配置，预测性维护减少设备停机时间；在电池设计、制造和回收环节引入 AI 技术，提升了电池性能和安全性。

绩效提升与财务表现：数字化转型后，宁德时代的生产效率显著提升，产品质量和客户满意度也得到了大幅提高。同时，公司的财务状况也得到了显著改善，毛利率和净利率均有所提升，资本回报率保持在较高水平。

案例启示：宁德时代的案例表明，数字化转型是制造业企业提升竞争力和实现可持续发展的重要途径。通过引入先进技术和优化管理流程，企业可以提高生产效率和产品质量，降低运营成本，实现财务表现的显著提升。

第四节　系统落地实施路径

数字化浪潮的席卷下，企业推进财务分析与绩效评估体系的落地实施，是一场全方位的数字化转型变革。这一过程不仅重塑企业财务管理模式，更是提升整体运营效能、增强市场竞争力的关键之举。下文将详细阐述数字化转型路线图以及常见实施障碍与应对策略。

一、数字化转型路线图

（一）基础建设期（6 个月）

1. ERP 升级

这一阶段的关键在于对企业核心业务流程进行全面梳理与整合。通过升级 ERP，将原本分散在各个部门的财务、采购、销售等业务流程进行有机融合。例如，以往采购部门与财务部门可能因为系统独立，在采购订单的财务处理上存在延迟或信息误差，升级后的 ERP 能够实现采购到付款的全流程无缝对接和数据实时共享，确保财务数据的及时性和准确性，为后续的财务分析提供可靠基础。

同时，数据集中管理的实现意味着企业不再需要在多个系统之间来回切换获取数据，大大提高了数据处理效率。以一家制造企业为例，过去生产部门的数据存储在生产管理系统中，销售数据在销售管理系统中，财务部门要获取这些数据进行成本核算和利润分析时，需要花费大量时间进行数据整合，而在数据集中管理后，财务人员可以在 ERP 中一站式获取所需数据，快速开展工作。

2. 数据治理

统一数据标准是数据治理的首要任务。企业内部往往存在各种数据格式和定义不一致的情况，如日期格式，有的部门使用“YYYY－MM－DD”，有的使用“MM/DD/YYYY”，这会给数据分析带来巨大困扰。通过制定统一的数据标准，规范所有数据的格式、编码规则等，确保数据的一致性和可比性。

数据清洗工作则是对现有数据进行深度清理，去除重复、错误、不完整的数据。例如，在客户数据中可能存在同一客户因多次注册而出现多个不同信息的记录，数据清洗能够识别并合并这些重复记录，保证每个客户信息的准确性和完整性，从而为后续基于数据的决策提供高质量的数据支持。

（二）能力构建期（12 个月）

1. 财务分析模型开发

成本预测模型的开发能够帮助企业提前预知成本变化趋势。例如，一家电商企业通过收集历史销售数据、市场原材料价格波动数据等，利用成本预测模型可以预测在不同销售规模和原材料价格情况下未来的成本，为企业制定价格策略和成本控制措施提供依据。

风险评估模型则用于识别和量化企业面临的各种风险。以金融机构为例，分析市场风险、信用风险、操作风险等多维度数据，构建风险评估模型，能够实时监测风险水平，当风险指标超过预设阈值时，及时发出预警信号，使企业能够提前采取风险应对措施，降低潜在损失。

2. 财务分析人才梯队培养

内部培训方面，企业可以定期组织财务分析专业课程，邀请行业专家或内部资深财务人员进行授课，内容涵盖财务分析理论、数据分析工具使用、行业案例分析等。例如，针对新入职的财务人员，开展基础财务分析培训，包括财务报表解读、基本财务比率分析等课程；对于有一定经验的财务人员，提供高级财务分析培训，如财务建模、风险评估高级方法等课程，逐步提升他们的专业能力。

外部引进则是根据企业的战略需求和业务发展情况，从外部招聘具有丰富财务分析经验的人才，如对特定行业有深入了解的财务分析师、数据科学家等。这些外部人才不仅能够带来新的理念和技术，还能与内部人员相互交流学习，加速企业财务分析团队整体能力的提升。

（三）价值实现期（持续优化）

1. 智能决策支持系统应用

管理层借助智能决策支持系统，能够实时获取数据分析结果。例如，在一家零售企业中，系统可以根据实时销售数据、库存数据、市场趋势数据等，为管理层提供关于商品采购、促销活动、店铺布局等方面的决策建议。当某一商品销量突然下降时，系统能够迅速分析出是因为季节变化、市场竞争加剧还是其他原因，并为管理层提供相应的应对策略，如调整采购量、推出针对性促销活动等，从而实现资源的优化配置，提高企业的运营效率和盈利能力。

2. 生态伙伴协同

与供应商协同方面，企业可以通过共享数据与供应商建立更紧密的合作关系。例如，制造企业与原材料供应商共享生产计划和库存数据，供应商能够根据这些数据提前安排生产和配送，减少企业的库存成本和缺货风险。同时，企业也可以获取供应商的生产进度、质量控制等数据，确保原材料的及时供应和质量可靠。

与客户协同则体现在更好地满足客户需求和提升客户满意度上。以软件服务企业为例，通过与客户共享使用数据和反馈信息，企业能够及时了解客户对软件功能的需求和使用体验，快速优化产品和服务。同时，客户也能够参与到产品改进过程中，增强对企业的忠诚度，实现企业与客户之间的互利共赢，持续创造价值。

二、常见实施障碍与对策

（一）数据质量

1. 典型表现

企业内部各业务系统相互独立，如同一个个“信息孤岛”。例如，由于生产部门的生产管理系统、销售部门的客户关系管理系统、财务部门的财务管理软件之间没有数据交互接口，数据无法自动流通和共享。这导致在进行数据分析时，需要人工从各个系统中提取数据，不仅效率低下，而且容易出现数据口径不一致的情况。比如，生产部门记录的产品成本可能只考虑了直接材料和人工成本，而财务部门在核算成本时还包括了间接费用分摊，这种口径差异使得数据无法有效整合分析，影响决策的准确性。

2. 解决方案：主数据管理系统（MDM）

MDM 系统的核心作用是建立统一的数据标准和规范。它首先对企业内的主数据，如客户数据、产品数据、供应商数据等进行识别和定义，明确每个主数据的唯一标识符、属性和关系。例如，在客户数据管理中，MDM 系统规定客户编号是唯一标识符，客户名称、地址、联系方式等为基本属性，并且明确了这些属性的数据格式和更新规则。

MDM 系统还负责数据的集中存储和管理。它将来自各个业务系统的主数据集中存储在一个数据中心，确保数据的一致性和准确性。当业务系统需要使用主数据时，通过 MDM 系统提供的接口获取统一的数据，避免了数据重复存储和不一致的问题。例如，当销售部门在客户关系管理系统中录入新的客户信息时，这些信息会自动同步到 MDM 系统中的客户数据中心，其他部门如财务部门在使用该客户信息进行开票等操作时，能够获取到最新的、准确的数据，从而有效解决了数据孤岛和口径不一的问题，提高了数据质量，为数据分析和决策提供可靠的数据基础。

（二）组织惯性

1. 典型表现

部门之间存在明显的壁垒，各自为政。例如，在财务分析与绩效评估体系实施过程中，财务部门希望获取各部门的业务数据以进行准确的财务分析和绩效评估，但销售部门可能担心业务数据暴露会影响其在公司内部的业绩表现，而生产部门则可能因为数据整理工作增加而抵触提供数据，导致财务部门难以获取全面、及时的数据，影响财务分析与绩效评估体系的有效实施。各部门在工作流程上也缺乏协同，信息传递不及时、不准确，工作效率低下。

2. 解决方案：跨部门敏捷小组机制

跨部门敏捷小组由来自不同部门的成员组成，这些成员具有不同的专业背景和技能，如财务人员、业务人员、技术人员等。小组的成立打破了部门界限，以项目或任务为导向进行工作。例如，在财务分析与绩效评估项目中，跨部门敏捷小组成员共同参与数据收集、分析和评估工作。销售部门成员负责提供销售数据并解释数据背后的业务情况，生产部门成员提供生产数据并说明生产过程中的问题，财务部门成员则利用这些数据进行财务分析和绩效评估，技术人员提供技术支持，确保数据的准确传输和分析系统的正常运行。

敏捷小组采用敏捷的工作方法，强调快速响应和持续改进。小组定期召开会议，及时沟通项目进展和问题，通过迭代的方式不断完善财务分析与绩效评估体系。例如，在项目初期，小组可能先确定关键的财务指标和绩效评估标准，然后在后续的工作中根据实际数据情况和业务变化不断调整和优化这些指标和标准。这种跨部门协作的方式促进了信息共享和协同工作，提高了工作效率，有效克服了组织惯性对财务分析与绩效评估体系实施的阻碍。

（三）技术瓶颈

1. 典型表现

内部团队由于技术能力有限，开发的财务分析模型往往存在诸多问题。例如，在成本预测模型中，可能只考虑了简单的线性回归方法，没有充分考虑市场动态变化、季节性等复杂因素的影响，导致预测结果与实际成本偏差较大。在风险评估模型中，可能缺乏对新型风险的识别和量化能力，如网络安全风险、供应链中断风险等，无法为企业的风险管理提供全面、准确的支持，无法满足企业日益复杂的业务需求。

2. 解决方案：引入外部专家联合开发

外部专家团队通常具有丰富的行业经验和先进的技术知识。他们能够带来最新的数据分析方法、模型构建技术和工具。例如，在与外部专家联合开发成本预测模型时，外部专家可能会引入机器学习算法，如神经网络、支持向量机等，这些算法能够处理更复杂的非线性关系，更准确地预测成本变化。同时，外部专家还能够结合企业的业务特点和行业趋势，对模型进行定制化开发，确保模型的实用性和有效性。

内部团队与外部专家在联合开发过程中可以相互学习和交流。内部团队可以向外部专家学习先进的技术和方法，提升自身的技术能力；外部专家也可以深入了解企业的内部业务流程和数据特点，更好地为企业提供针对性的解决方案。这种合作方式有助于企业借鉴先进技术和经验，提升分析模型的准确性和实用性，突破技术瓶颈，为企业数字化转型提供有力的技术支持。

总之，通过明确数字化转型路线图并有效应对实施过程中的常见障碍，企业能够顺利推进系统落地实施，实现数字化转型目标，提升企业的竞争力和价值创造能力。

CHAPTER 08

第八章 税务规划与合规管理

引　言

在全球化与数字化交织的现代商业环境中，税务规划与合规管理已成为企业战略决策中不可或缺的一环，它不仅关乎税负优化与成本控制，更承载着推动企业可持续发展、助力国家政策落实及社会价值实现的重要使命。本章系统探讨了税务规划的核心框架与实践路径，从基础概念、核心特征到多维价值分析，明确了税务规划的合法性与战略意义；通过流程拆解与实施路径的详述，揭示了从信息准备、目标设定到动态优化的完整闭环；结合组织形态、交易结构及国际规划等策略案例，呈现了税务规划的灵活性与创新性。同时，针对税收政策的变化、国际税基侵蚀等挑战，提出了风险应对体系的构建方法，并前瞻性地展望了数字化统筹、透明化监管等未来趋势。本章内容旨在为企业提供兼具合规性与前瞻性的税务管理指南，助力其在复杂环境中实现稳健经营与价值创造。

第一节　税务规划概览

一、税务规划的概念与本质

税务规划是在法律框架下的系统性税负优化，兼具“合规性”与“战略性”，是财务管理的重要分支。它通过巧妙设计和合理安排企业经营活动和财务活动，降低税负、增加收益，力求实现企业整体财务效益最大化，贯穿于企业决策全过程。

与偷税 / 避税的本质区别：以某企业滥用税收洼地被稽查和合理利用区域性政策为例，强调税务规划的合法性。偷税是故意违反税收法规，采用欺骗、隐瞒等方式逃避纳税；避税虽不违法，但可能违背税收立法意图；而税务规划是在合法的前提下，对经营、投资、理财等活动进行事先规划和安排，以达到节税目的。

二、税务规划的六大核心特征

税务规划具有合法性、事先性、目的性、协作性、专业性和风险性等特征，这些特征共同构成了税务规划的核心理念和实践框架。

（一）合法性

合法性是税务规划的基石和根本原则。所有税务规划活动必须严格遵守国家税法及相关法律法规。企业不得采取任何违法或违规手段以减少税负或增加收益，如虚假申报和偷逃税款等行为均被禁止。只有在合法前提下，税务规划才能持续稳定地进行，并为企业创造真正价值。例如，企业可根据国家针对特定行业或地区的税收优惠政策，合理调整业务布局或经营模式，以享受相应税收减免。这种做法是合法的税务规划方式。合法性确保了企业的合规运营，规避了法律风险，维护了税收秩序和社会公平，是税务规划的基础。

（二）事先性

事先性强调税务规划应在企业的经济活动发生之前进行规划和安排。因为一旦业务发生，纳税义务通常已确定，此时再进行规划，效果有限甚至可能违法。企业应在投资、融资、生产和销售等活动前，充分考虑税收因素并制定相应的税务规划方案。例如，在进行重大投资项目决策时，应事先评估不同方案的税收成本和收益，选择最优方案，从而优化税负并提升经济效益。事先性要求企业具备前瞻性和敏锐的税收意识，能够提前预测和规划，为经营活动创造良好的税收环境。

（三）目的性

税务规划具有明确的目的，即降低税负和增加收益。这是企业进行税务规划的核心驱动力。降低税负可以减少现金流出，增加可支配资金，提高资金使用效率；增加收益可以提升企业的盈利能力和市场竞争力。企业通过合理利用税收政策、优化业务流程、调整财务结构等方式实现这一目的。例如，企业通过合理安排成本费用的扣除时间和金额，最大限度地减少应纳税所得额，从而降低企业所得税负担；或者通过选择合适的税收优惠项目进行投资，获取额外的税收收益。目的性使税务规划具有明确的方向和目标，确保企业在规划时能围绕这一核心目标制定具体策略和措施，提高规划的有效性和针对性。

（四）协作性

税务规划涉及企业的多个部门和领域，需要各方面的协作配合才能顺利实施。它不仅仅是财务部门的工作，还与企业的管理层、业务部门、法务部门等密切相关。管理层需要在战略层面给予支持和决策，业务部门在开展业务活动时要按照税务规划方案执行，法务部门要确保规划方案的合法性和合规性。例如，在制定一项涉及跨境业务的税务规划方案时，财务部门需要与业务部门共同分析业务流程和交易模式，确定合理的定价策略和利润分配方式；同时，法务部门要对相关的合同条款和法律文件进行审核，确保符合国内外的税收法规和法律要求。协作性要求企业建立良好的内部沟通和协调机制，打破部门之间的壁垒，形成合力，共同推动税务规划工作的开展，实现企业整体利益的最大化。

（五）专业性

税务规划是一项专业性很强的工作，需要具备丰富的税收知识、财务知识、法律知识以及对企业经营管理的深入了解。专业的税务规划人员能够准确把握税收政策的变化和趋势，深入分析企业的财务状况和经营特点，制定科学合理的税务规划方案。他们还能够根据企业的实际情况，灵活运用各种筹划方法和技巧，应对复杂的税收环境和税务问题。例如，专业人员可以通过对企业的产业链进行分析，发现其中的税收优化空间，提出合理的业务重组建议，实现税负的降低和资源的优化配置。同时，随着税收法规的不断完善和更新，税务规划人员还需要持续学习和研究，不断提升自己的专业素养和能力水平，以适应不断变化的市场环境和税收政策要求。专业性为税务规划的质量和效果提供了保障，是企业成功进行税务规划的关键因素之一。

（六）风险性

税务规划虽然可以为企业带来诸多好处，但也存在一定的风险。税收政策的变化、法律法规的调整、税务机关的监管力度等因素都可能对税务规划方案的实施效果产生影响，导致规划失败或面临税务风险。例如，国家可能会根据宏观经济形势的变化调整税收政策，取消或调整某些税收优惠，使原本依赖这些优惠政策的税务规划方案不再可行；或者税务机关在对企业进行税务检查时，对企业的税务规划行为提出质疑，认为其不符合税法规定，从而引发税务争议和风险。此外，企业自身在执行税务规划方案时，如果操作不当或对政策理解有误，也可能导致风险的发生。因此，企业在进行税务规划时，必须充分认识到其中的风险，并采取有效的风险防范措施，如建立风险预警机制、加强与税务机关的沟通协调、定期对规划方案进行评估和调整等，以降低风险发生的概率和损失程度，确保税务规划活动的安全和稳定。

综上所述，税务规划的特征与企业决策密切关联，如表 8-1 所示。

表 8-1　税务规划的特征与企业决策关联矩阵

特征	企业决策关联
合法性	企业在进行战略规划、业务布局等决策时，需确保税务规划方案符合税法规定，避免因违规而面临法律风险和声誉损失，从而影响企业的长期发展和市场竞争力
事先性	企业在进行投资、融资、生产经营等重大决策前，需提前进行税务规划，如投资决策前模拟不同投资方案的税收成本和收益，选择最优方案，以实现税负最小化和经济效益最大化
目的性	企业在制定财务预算、成本控制、利润分配等决策时，以降低税负、增加收益为目的，通过合理安排收入和成本费用，优化税务结构，提高企业的盈利能力和资金使用效率
协作性	企业在进行组织架构调整、部门职责划分、业务流程优化等决策时，需考虑税务规划的协作性，加强财务、业务、法务等部门之间的沟通与协作，确保税务规划方案的顺利实施
专业性	企业在进行税务规划决策时，需依赖专业的税务规划人员或外部专业机构，他们能够准确把握税收政策，运用专业技巧和方法，为企业制定科学合理的税务规划方案，提高规划的成功率和效益
风险性	企业在进行税务规划决策时，需充分评估和应对潜在的税务风险，如政策风险、操作风险等，制定相应的风险防范措施，如建立风险预警机制、加强内部控制等，确保税务规划的安全性和稳定性

三、税务规划的价值维度

（一）直接价值

1. 减少税负

企业可以通过选择在税收优惠政策区域设立公司，利用当地的税收优惠政策，如减免企业所得税、增值税等，减少应纳税额。例如，一些经济开发区、高新技术产业区等，为企业提供了较为优惠的税收环境。同时，企业还可以利用税收抵扣政策，如增值税的进项税额抵扣，以及争取税收减免政策，如节能环保产业的税收优惠等，进一步降低税负。

2. 控制成本

税务规划有助于企业优化资源配置，降低运营成本。通过合理安排经营活动和财务结构，企业可以减少不必要的税务支出，提高资金使用效率。例如，企业可以通过优化供应链管理，降低采购成本，同时合理安排成本费用的扣除，减少应纳税所得额，从而实现成本控制。

3. 增加现金流

减少税款支付可以使企业有更多资金用于生产经营和投资活动，增强企业的资金流动性。例如，企业可以通过合理利用税收优惠政策，延迟税款缴纳时间，获取资金的时间价值，改善企业的现金流状况。

（二）战略价值

1. 支持国际化战略

在经济全球化的背景下，企业的国际化经营日益普遍。税务规划可以帮助企业利用不同国家的税收优惠政策，如外国直接投资的税收减免和税收协定带来的好处，合理安排跨国交易、投资和利润分配，降低跨国经营成本。例如，跨国企业可以在低税负国家设立子公司，将利润合理转移，减少全球税负。同时，企业还可以通过税务规划优化全球业务布局，提高国际竞争力。

2. 支持创新战略

创新是企业发展的动力源泉。税务规划可以合理规划研发支出和投资结构，最大化利用税收优惠政策，降低研发成本，促进技术创新。例如，政府为鼓励企业创新，提供了研发费用加计扣除、高新技术企业税收优惠等政策。企业可以通过加大研发投入，享受这些税收优惠，提高创新能力，推动产品升级和技术进步。

3. 支持并购战略

企业并购是企业扩张和资源整合的重要手段。在并购过程中，税务规划可以优化交易结构，降低并购成本和税务风险。例如，企业可以选择合适的并购方式，如股权收购、资产收购等，合理安排交易价格和支付方式，利用税收优惠政策，减少并购过程中的税务负担。同时，税务规划还可以帮助企业合理规划并购后的整合，提高并购效益。

（三）社会价值

1. 推动社会公益事业发展

助力公益慈善：企业通过公益捐赠、救灾捐款等在所得税方面的优惠抵减政策，鼓励企业和员工积极从事公益慈善行为，主动承担社会责任，加大企业在教育、扶贫、社区发展等方面的资金支持，助力实现社会共同富裕，提升企业社会声誉。

促进员工福利提升：企业利用员工福利费用加计扣除的税收优惠政策，积极开展员工教育培训业务和体育文化活动，为员工缴纳医疗保险，提高企业员工的幸福感和归属感，促进社会和谐。

2. 促进社会公平与和谐

优化税收分配：税务规划能帮助企业理解和遵守税收政策，确保税收的公平分配。企业通过合理安排经营活动和财务结构，避免因税务不合规导致的不公平竞争，促进社会公平。

减少社会矛盾：良好的税务规划能减少企业与税务机关之间的矛盾和争议，降低税务风险，维护社会稳定。企业通过合规的税务规划，避免因税务问题引发的法律纠纷和社会负面影响。

3. 推动社会创新与进步

激励企业创新：政府通过税收优惠政策鼓励企业创新，如研发费用加计扣除、高新技术企业税收优惠等。企业通过税务规划，合理利用这些政策，加大研发投入，推动技术创新和产品升级，促进社会经济发展和进步。

促进产业升级：税务规划引导企业向高新技术产业、绿色产业等方向发展，推动产业结构优化升级。企业通过享受相关税收优惠政策，降低经营成本，提高市场竞争力，带动整个产业的发展和升级。

4. 增强企业社会责任感

提升企业形象：企业通过税务规划履行社会责任，如绿色规划、公益捐赠等，提升企业的社会形象和声誉。良好的企业形象能吸引更多的投资者、客户和优秀人才，增强企业的市场竞争力。

促进企业可持续发展：税务规划与企业的可持续发展密切相关。企业通过合理的税务规划，降低税负，促进环境保护、社会和谐和公司治理，实现经济效益与社会效益的双赢，为企业的长期发展奠定基础。

5. 推动 ESG 理念的落实

环境方面（Environmental）：企业的税务策略影响企业的绿色行为。企业通过合理优化税务策略，减少对高碳能源的依赖，有助于进行绿色投资和创新。例如，企业财务部门可利用税收抵免、减免等优惠政策，投资于可再生能源、减排等环保项目，减少碳排放，提高企业环保形象。

社会方面（Social）：税务规划在社会方面发挥重要作用。企业通过优化税务策略，可以更好地履行社会责任，提高社会形象。例如，公益捐赠、救灾捐款等在所得税方面的优惠抵减政策可以鼓励企业和员工积极从事公益慈善行为，主动承担社会责任。

公司治理方面（Governance）：税务规划与公司治理密切相关。良好的税务治理有助于保障企业依法纳税，为社会发展提供资金支持。同时，通过优化税务策略，企业可以提高税务透明度，加强税务风险管理，提升公司治理水平。

第二节　税务规划的流程与实施

在企业的运营管理中，税务规划是一项极具专业性和系统性的工作，其流程与实施方法直接影响着筹划的效果和企业的经济效益。税务规划五步法（如表 8–2 所示）清晰展示了税务规划从信息准备到动态优化的全过程，使流程一目了然。

表 8–2　税务规划五步法

阶段	核心动作	输出成果
信息准备	三表分析（资产负债表、损益表、现金流量表）+ 税种图谱 + 政策雷达	《企业税务画像报告》
	深入剖析资产结构，选择适宜的折旧和存货计价方法	全面展示企业税务状况，识别筹划空间
	梳理各类税种及税率，明确税率特点和适用范围	清晰呈现税种分布和税率结构

（续）

阶段	核心动作	输出成果
信息准备	收集并整理相关税收优惠政策，形成政策雷达	汇总优惠政策，便于快速匹配和应用
目标设定	SMART 原则量化目标（如降税 5%）+ 规划目标优先级矩阵	规划目标优先级矩阵
	设定具体、可衡量、可达成、相关性强、时限明确的税务规划目标	明确目标优先级，指导筹划方向
	制定规划目标优先级矩阵，确保目标与企业战略一致	确保目标合理可行，符合企业实际情况
方案设计	多方案比选 + 跨部门协作 + 可选方案效益对比表	可选方案效益对比表
	设计多种税务规划方案，进行比选	对比各方案效益，选择最优方案
	跨部门协作，确保方案的可行性和合规性	明确各部门职责，形成合力
	形成可选方案效益对比表，展示各方案优缺点	提供决策支持，优化方案选择
风险评估	红黄绿灯预警模型 + 风险热力图	风险热力图
	采用红黄绿灯预警模型对筹划方案进行风险评估	直观展示风险高低和分布情况
	生成风险热力图，识别关键风险点	提供风险预警，指导风险应对
动态优化	PDCA 循环机制（计划 – 执行 – 检查 – 行动）+《季度规划健康体检报告》	《季度规划健康体检报告》
	运用 PDCA 循环机制对筹划方案进行持续改进和优化	定期评估方案实施效果，提出改进建议
	定期生成《季度规划健康体检报告》，监测筹划效果	确保筹划方案持续有效，适应环境变化

税务规划详细步骤如下。

一、信息准备

（一）财务报表分析

对企业财务报表（资产负债表、损益表、现金流量表）进行深入分析，梳理各类税种及税率，关注相关税收优惠政策。

1. 资产负债表分析

资产负债表是企业财务状况的直观体现，通过剖析资产结构，能清晰洞察固定资产、流动资产等的分布状况。资产负债表分析主要分析资产结构，选择适宜的折旧方法（如直线法、加速折旧法）和存货计价方法（如先进先出法、加权平均法），以优化税务规划。

2. 损益表分析

损益表反映了企业在一定时期内的收入、成本和利润格局，恰似企业经营成果的"动态画卷"。通过损益表分析收入和成本结构，探究税收优惠政策的应用，关注可扣除成本项目。

3. 现金流量表分析

现金流量表关乎企业的资金命脉，宛如企业资金流动的"实时监控图"。现金流量的状况不仅直接影响税款缴纳的时间安排，还是企业财务健康状况的重要指标。现金流量表分析主要评估资金流动状况，以合理规划纳税时间，优化融资结构。

（二）税种及税率梳理

1. 全面梳理各类税种

企业在进行税务规划时，除了增值税、企业所得税等常见税种，还需关注个人所得税、消费税、土地增值税、资源税、车船税、城镇土地使用税和印花税等，这些税种涉及员工薪酬、特定消费品、房地产开发、资源开采、车辆船舶使用、土地管理和合同经济活动等多个方面，对企业的财务规划和经营决策有着重要影响，因此企业必须合理规划和应对，以优化税负和提升经济效益。

2. 深入分析税率特点及影响

了解各税种税率对企业的影响，合理规划业务布局。增值税的多样性要求企业准确识别适用税率，并理解其对供应链和销售的影响，特别是对于兼营不同税率业务的企业，需要合理核算以避免高税率的误用。企业所得税的稳定性则强调了收入和成本管理的重要性，通过规划收入确认和成本扣除来优化税负。关税受国际贸易和政策影响，企业需关注税率变化，利用贸易协定和减免政策来调整供应链和定价策略。对于其他税种，企业应根据业务特点进行研究，开展税务规划，以适应税率特点和适用范围。

3. 关注税种间的关联与互动

企业在进行税务规划时，必须关注不同税种间的相互影响和关联性，以制定出协同性的税务规划策略。例如，增值税的进项税额抵扣会直接影响企业所得税的成本核算，而企业所得税的税前扣除政策也可能对增值税的计税基础产生影响。在房地产领域，土地增值税的计算与企业所得税、增值税紧密相关，土地成本的扣除在不同税种中有不同的规定和处理方式。此外，消费税的征收可能影响产品的销售价格和市场需求，进而对企业的增值税和企业所得税产生连锁反应。因此，企业在进行税务规划时，应综合考虑各税种之间的相互作用，以实现整体税务成本的降低和税务效益的最大化。

（三）相关税收优惠政策

1. 研发费用加计扣除政策

研发费用加计扣除政策是政府鼓励企业创新的有力举措。企业要充分利用这一政策，首先需准确界定研发活动的范围，确保所进行的研发项目符合政策要求。同时，要密切关注政策的动态变化，如加计扣除比例的调整等。企业要及时根据政策变化调整研发投入策略和费用核算方法，以最大限度地享受政策红利。

2. 小微企业税收优惠政策

小微企业税收优惠政策旨在降低税收负担，支持企业发展。企业需确认是否符合小微企业标准，关注资产总额、从业人数、年度应纳税所得额等关键指标，并了解政策适用的行业范围。要充分利用低税率或减免税政策，同时留意政策的延续性和调整，合理规划经营规模和发展节奏，规范财务管理，确保财务指标的准确核算和申报，以持续享受税收优惠。

3. 出口退税政策

出口退税政策对出口型企业至关重要，它直接影响企业的国际竞争力和资金周转效率。企业需要深入了解出口货物的退税范围、退税率，并根据产品特点和市场需求合理安排出口业务的产品结构和市场布局，以最大化享受退税政策的利益。熟悉退税申报流程是确保顺利办理退税的关键，企业要及时了解退税率的变化、退税申报期限和所需资料等要求，严格按照规定准备和提交相关申报材料，确保申报的及时性和准确性。同时，企业应加强出口业务的风险管理，建立健全内部控制制度，防止因税务违规行为导致退税受阻或面临税务处罚。此外，企业还需关注国际市场动态和贸易政策变化，及时调整出口策略，以适应不断变化的外部环境，保障出口退税工作的顺利进行。

4. 其他税收优惠政策（部分列举）

高新技术企业优惠政策：高新技术企业可以享受 15% 的企业所得税优惠税率以

及研发费用加计扣除等多项税收优惠，促进企业技术创新和提升核心竞争力。

环保节能税收优惠政策：政府为鼓励环保节能生产，提供所得税减免、增值税即征即退等优惠，企业可通过加大环保节能投入，优化生产工艺，降低税务成本，实现经济与环境效益双赢。

西部大开发税收优惠政策：符合条件的西部地区企业享受企业所得税 15% 的优惠税率，企业可利用这些政策拓展市场，促进区域经济发展。

涉农税收优惠政策：涉农企业如农业生产、农产品加工等可享受增值税免税、所得税减免等优惠，企业需了解政策细节，规范业务流程，减轻税务负担，支持农业产业发展。

借助最终形成的《企业税务画像报告》，企业可全面了解自身的税务状况。通过对财务报表的分析，企业可以清晰地了解自身的财务状况和税务负担，为后续的税务规划提供基础数据。同时，梳理税种及税率，关注税收优惠政策，可以帮助企业发现潜在的税务规划空间和机会。

二、税务风险评估与管理的开展与实施

（一）风险识别

1. 内部审计

定期进行内部审计是企业识别税务风险的重要手段。内部审计人员通过对企业的财务账目、税务申报资料、内部控制制度等进行全面审查，可以发现潜在的税务风险点。

2. 外部咨询

聘请税务顾问或咨询公司进行专业风险评估可以为企业提供独立、客观的意见。专业的税务顾问或咨询公司具有丰富的税务知识和实践经验，他们能够深入了解企业的行业特点、经营模式和财务状况，运用专业的方法和工具对企业进行全面的税务风险评估。

（二）风险评估

1. 使用风险评估模型

企业可以采用风险评估模型来量化各风险项的严重程度和发生概率。常见的风险评估模型包括定性评估模型和定量评估模型。定性评估模型主要通过专家判断、

问卷调查等方式，对风险进行主观的评估和分类，如将风险分为高、中、低等级。定量评估模型则运用数学方法和统计数据，对风险进行更精确的量化分析。

2. 考虑风险与收益的平衡

在进行税务风险评估时，企业必须综合考量税务规划方案的潜在收益与风险，以做出明智的决策。对于存在风险的方案，企业应评估其收益是否足以覆盖风险，同时制定相应的风险降低措施，如建立专项风险监控机制、加强与税务机关的沟通等。在追求税收收益的同时，企业要避免过度冒险，确保方案的合法性和可持续性，符合长期发展战略。此外，企业还需根据风险的严重程度和发生概率确定风险优先级，对高风险事项优先投入资源进行管理和控制，以保障企业的稳健运营和长期利益。

（三）风险控制

1. 合规教育

加强税务合规培训，提升全员税务意识是防范税务风险的基础措施。企业可以定期组织内部培训课程，邀请税务专家或专业培训机构为员工讲解税法法规、税务政策变化以及企业的税务管理制度等内容。培训对象应涵盖企业的各个部门和层级，包括高层管理人员、财务人员、业务人员等。对于高层管理人员，要使其了解税务风险对企业战略决策的影响，增强其对税务合规的重视和支持。

2. 内部流程改进

优化税务处理流程是减少人为错误、降低税务风险的关键环节。企业应建立健全税务管理制度和流程，明确税务核算、申报、缴纳等各个环节的操作规范和标准。企业可以引入税务管理软件，实现税务数据的自动化采集、处理和分析，提高税务工作的效率和准确性，减少人为操作风险。

3. 外部专家咨询

定期咨询税务专业人士是企业应对复杂税务问题和获取最新税务信息的重要保障。税务专业人士包括注册税务师、会计师事务所的税务专家等，他们具有丰富的实践经验和专业知识，能够为企业提供及时、准确的税务政策解读和建议。企业可以与税务专业人士建立长期合作关系，定期就企业的税务规划方案、税务风险评估等事项进行咨询和交流。在遇到重大税务事项或政策变化时，及时获取专业意见，确保企业的税务决策符合法律法规要求。

三、税务规划方案的制定、优化与实施路径

（一）策略设计

1. 根据企业目标和风险评估结果

（1）降低税负策略：若企业目标是降低税负，且风险评估显示增值税进项税额抵扣不足，可优化供应链，加强与供应商合作，以获取更多合规增值税专用发票，增加进项税额抵扣；分析是否适用增值税简易计税方法或其他特殊税收政策。

（2）优化现金流策略：若企业目标是优化现金流，且风险评估发现税款缴纳时间安排存在较大风险，可合理规划纳税申报期，利用税收递延政策，在合法合规的前提下推迟税款缴纳时间，缓解资金压力；提前做好符合条件税收优惠政策的申报准备工作，加快资金回流。

（3）提高税后利润策略：综合考虑企业所得税扣除政策，如加大研发投入享受研发费用加计扣除、合理安排职工薪酬和福利支出等，降低应纳税所得额；根据业务布局和市场情况，调整业务结构、优化利润分配方式，如跨地区经营企业合理分配业务利润；结合风险评估结果，避免因追求利润最大化而忽视潜在税务风险，确保策略的可行性和稳定性。

2. 考虑不同税种间的相互影响

国内税种关联：全面分析不同税种之间的相互作用，如增值税和企业所得税的关联。在进行增值税规划时，考虑销售方式或定价策略对企业所得税收入确认的影响；考虑企业所得税成本费用扣除政策对增值税进项税额转出和销项税额计算的间接影响，避免只关注单一税种而忽视整体税负优化。

跨国业务税收：对于跨国业务企业，关注国际税收协定适用，合理安排跨境交易架构和定价策略，避免双重征税，降低跨境税务风险；综合考虑不同国家的所得税、关税、预提税等多种税种的影响，制定整体税务规划方案，实现全球范围内税负优化。

（二）方案实施

1. 操作流程

（1）税务规划方案的分解与细化。

按税种、业务环节或时间阶段分解：将整体方案细化为具体可操作的子任务。例如，涉及增值税、企业所得税和个人所得税的方案，分别制定各税种的操作步骤；明确采购环节获取合规进项发票的流程、企业所得税成本费用核算方法、个人所得

税员工薪酬结构优化方式等。

细化跨部门操作流程：确保各部门清晰理解并执行规划措施。如调整业务模式降低税负的方案，销售部门负责与客户签订符合税务要求的合同，采购部门选择合适的供应商并核算采购成本，财务部门记录、核算和申报税务数据，监督各部门合规操作。

引入项目管理方法：对子任务编号、排序，明确先后和依赖关系；设定责任人、完成时间和质量标准，进行有效跟踪管理。

（2）关键操作节点的确定与控制。

识别关键操作节点：如税收优惠政策申请的材料提交时间、审核节点，增值税发票的领用、开具、保管等环节。

制定控制措施和标准操作程序（SOP）：规定税收优惠申请材料准备和提交的时间，建立多层审核机制；制定发票开具规范，定期检查核对。

建立监控机制：利用信息化系统实时跟踪操作执行情况，及时发现偏差并纠正；定期分析监控数据，优化操作流程和控制措施。

进行风险评估和制定应急预案：评估关键操作节点风险类型和影响，如税收优惠申请材料审核不通过，立即启动应急预案，分析整改并重新提交。

2. 责任分配

（1）明确各部门在税务规划中的职责。

财务部门：负责税务数据收集、分析、核算和申报；制定财务部分方案，监督其他部门税务操作的合规性，提供咨询指导。

业务部门：销售部门在签订合同时，考虑影响增值税和企业所得税计算的税务因素；采购部门选择能获取合规发票的供应商；研发部门准确记录和归集研发费用，实施研发费用加计扣除政策。

法务部门：审查方案的合法性，提供合同签订、业务模式调整等法律意见，防范法律风险。

高层管理人员：决策和总体协调方案，确保与企业战略一致，提供资源支持和政策保障。

人力资源部门：协助组织税务培训，提高员工的税务意识和业务水平；设计符合税务要求的员工薪酬体系。

（2）设立跨部门的税务规划协调小组。

小组构成与职责：由财务、业务、法务等部门代表组成，统筹协调方案实施，制订实施计划和时间表，沟通解决实施问题，跟踪评估实施效果，提出调整建议。

工作机制与沟通：建立小组工作流程和决策机制，利用信息化手段加强沟通协作，明确领导和成员职责分工，确保信息被及时传递并共享，高效推进工作。

3. 时间表

（1）制订详细的实施计划时间表。

阶段划分与任务安排：将方案实施过程划分为前期准备、方案实施和效果评估等阶段，为每个阶段设定起止时间和工作任务。如前期准备阶段进行信息收集分析、方案制定审批；方案实施阶段按税种和业务环节推进规划方案措施；效果评估阶段进行全面评估总结。

细化任务与缓冲时间预留：在各阶段内细化工作任务和时间安排，如增值税规划部分逐月推进供应商筛选、采购合同优化、发票管理培训等。为各阶段和任务预留缓冲时间，应对意外情况和风险因素。

（2）设定关键里程碑和检查点。

关键里程碑：设定方案实施的重要阶段性成果里程碑，明确验收标准和时间节点，如税收优惠政策申请获批、主要业务环节税务优化调整完成等。

定期检查点：设置阶段性检查和评估，核对工作任务完成情况，分析进度偏差原因，及时调整措施；根据实际情况动态调整时间表，确保方案顺利实施和目标实现。

沟通反馈机制：及时通报时间表调整情况和原因，鼓励反馈问题和建议，优化时间表。

（三）方案优化

税务规划方案的实施是一个持续的过程，需要根据实际情况进行动态调整和优化，以确保其长期有效。优化策略主要包括以下几个关键步骤。

1. 效果评估

定期对税务规划方案的执行效果进行评估，这包括但不限于税负降低的程度、现金流改善情况、合规性风险的控制以及整体经济效益的提升。比较实施前后的企业财务状况，可以直观地看到规划方案的效果。定期开展全面而深入的效果评估是优化的基础。

2. 风险重估

随着市场环境、税法政策的变化，企业可能面临新的税务风险。因此，需要对风险进行持续评估，包括合规风险、操作风险和市场与政策风险，确保规划方案在新的环境下依然有效。例如，税法对于某些税收优惠政策的适用条件可能发生变化，若企业未及时调整，可能导致原本合规的规划变为违规。操作风险不容忽视，如税务申报流程中的失误可能引发税务问题。市场与政策风险也需密切留意，市场波动可能影响企业的经营状况，进而影响税务规划效果，政策调整更是直接关系到规划方案的可行性。定期全面评估这些风险，能提前预警，确保规划方案在复杂环境中安全运行，避免法律纠纷和财务损失。

3. 策略调整

基于效果评估和风险重估的结果，调整税务规划策略。这可能涉及改变税收优惠的利用方式、优化税务流程、调整成本费用的分摊策略等。同时，也需要考虑企业战略的变化，确保税务规划策略与企业目标一致。优化税收优惠利用方式，可能包括拓展符合企业实际情况的新优惠项目，或更充分地利用现有优惠政策的各项条款。改进税务流程可以简化烦琐环节，提高办税效率，降低操作成本。调整成本费用的分配策略要结合企业经营特点，合理分配各项费用，以达到最优的税务效果。同时，税务规划策略必须紧密契合企业的长期战略目标，为企业的可持续发展提供有力支持。例如，企业若计划扩大市场份额，税务规划策略应侧重于促进销售增长相关的税收优惠利用和成本控制。

4. 技术应用

利用先进的财务管理工具和技术，如自动化税务申报系统、大数据分析、云计算等，可以提高税务规划的效率和准确性。定期评估现有技术的应用效果，并考虑引入新技术以优化规划方案。例如，通过分析企业历年的税务数据和经营数据，发现某类成本的增加与税负降低存在关联，从而优化成本结构。云计算则提供了强大的计算和存储能力，方便企业随时随地管理税务信息。定期评估现有技术应用效果，不断探索引入新技术，如人工智能在税务风险预警中的应用，能进一步提升规划效率和精确度，推动企业税务管理水平升级。

5. 合规性审查

确保税务规划方案始终符合最新的税法规定和政策要求。这包括定期审查税法变化、参与行业研讨会和培训，以及与税务专家合作，以保持对最新法规的了解和适应能力。保持对最新税法规定和政策动态的敏锐关注是确保合规性的关键。企业应积极参与行业研讨会，与同行交流经验，了解最新的税务政策趋势和实践案例。参加专业培训课程，提升内部税务团队的专业素养和政策解读能力。与税务专家建立合作关系，获取权威的政策解读和规划建议。例如，在新税法出台或政策调整时，及时邀请税务专家进行内部培训和解读，确保企业的规划策略能够迅速适应变化，始终在合规的轨道上运行并持续创新。

6. 内部沟通与培训

强化内部沟通，确保所有相关人员对税务规划方案的理解一致。定期组织培训，提高员工对税务政策和规划策略的认识，增强全员的税务合规意识。例如，开展税务知识培训讲座，详细讲解最新税收政策及对企业的影响，分享实际案例，增强员工的税务合规意识，使全体员工在日常工作中自觉遵循税务规划要求，形成全员参与的良好氛围。

7. 外部合作与资源利用

与其他企业、行业组织或专业税务服务机构合作，共享最佳实践和经验，利用外部资源提升税务规划能力。这有助于企业获取更广泛的信息和资源，从而优化税务策略。与其他企业交流可借鉴成功经验，如学习同行业企业在成本费用扣除方面的创新做法。行业协会能提供行业动态和政策解读，帮助企业把握行业趋势。专业税务服务机构则具备专业知识和丰富经验，可为企业提供专业建议和解决方案。通过共享最佳实践和行业动态，利用外部资源，企业能不断优化税务规划能力，提升自身在市场中的竞争力。

通过持续的评估、调整和优化，企业可以确保税务规划方案不仅在当前环境下有效，还能在未来变化的环境中保持竞争力，最大限度地实现税务效益和风险管理。

（四）实施与监控

执行税务规划方案时，应遵循以下关键步骤。

1. 执行流程

严格按照预先设定的计划和步骤执行税务规划方案。在执行过程中，明确各环节的责任人和时间节点，确保每项措施都能得到精准落实。例如，对于某项税收优惠的申请环节，指定专人负责收集整理相关资料，并在规定时间内提交申请，保证整个流程有条不紊地进行，避免出现疏漏或延误。

2. 效果评估

建立常态化的定期评估机制。持续监测税负变化，观察其是否按照预期趋势下降。关注现金流优化情况，如资金周转速度是否加快、资金占用成本是否降低。同时，确保始终保持合规性，任何违规行为都可能导致严重的后果。还要全面评估经济效益提升情况，包括对企业盈利能力、市场份额等方面的影响。通过多维度的持续监测，及时发现方案执行中的问题，为后续调整提供依据。

3. 动态调整

根据执行反馈和市场环境变化灵活调整策略。当市场形势发生重大变化，如行业竞争加剧导致产品价格下降时，企业需重新评估税务规划方案对利润的影响，并相应调整成本控制和税收筹划措施。若新的税收政策出台，企业应及时分析政策对自身的影响，如某项税收减免政策扩大了适用范围，企业应迅速调整业务布局，以充分享受政策红利，确保规划方案始终适应新情况，保持有效性。

4. 合规性监控

构建健全的内部控制体系。定期对税务规划活动进行全面检查，从税务申报的准确性到税收优惠享受的合法性，不放过任何一个细节。例如，每月对税务申报数据进行内部审核，确保数据真实准确、申报流程符合规定。同时，加强对发票管理的监督，防止虚开发票等违法行为。通过严格的合规性监控，筑牢企业税务合规的防线，防范潜在法律风险。

5. 风险管理

持续识别和评估税务规划过程中的潜在风险。对于可能出现的税务风险，如税务政策调整导致规划方案失效、企业经营异常引发税务稽查等，制定针对性的应对策略。例如，建立风险预警机制，当税负波动超出一定范围或出现税务违规风险迹象时，及时启动应急预案，采取调整规划措施、与税务部门沟通等方式，确保企业能够有效应对突发情况，维护税务的合规性，保障企业的稳健发展。

通过对税务规划方案的优化与实施监控，企业能够在复杂多变的经济环境中，充分发挥税务规划的优势，实现税务效益与企业发展的双赢。

第三节　税务规划的策略与案例分析

税务规划策略是企业实现税负优化、提升经济效益的关键手段。随着市场环境的日益复杂和税收政策的不断调整，企业需要不断升级和创新税务规划策略，以迎接新的挑战和机遇。

一、组织形态策略

（一）决策树模型下的企业组织形式选择

企业在不同发展阶段，组织形式的选择对税务成本和经营管理有着深远影响。借助决策树模型，企业可以依据自身发展特点和战略目标，做出更为科学合理的组织形式决策。

个体工商户：通常适用于业务规模较小、经营活动相对简单的创业初期企业。个体工商户的税务处理较为简单，一般只需缴纳个人所得税，无须缴纳企业所得税，这在一定程度上减轻了创业者的税务负担。对于一些小型的零售店铺、手工作坊等，个体工商户形式能够降低税务申报的复杂性，便于集中精力开展业务。个体工商户的经营者需对经营债务承担无限责任，这意味着一旦经营出现问题，个人资产可能面临风险。

合伙企业：随着业务的拓展，当创业者需要与他人合作，整合资源和优势时，合伙企业可能是一个较好的选择。合伙企业同样无须缴纳企业所得税，而是由合伙人按照各自的份额缴纳个人所得税。合伙人之间可以根据各自的专长和资源进行分工协作，共同经营企业。在一些专业服务领域，如律师事务所、会计师事务所等，合伙企业能够充分发挥专业人士的优势，实现资源共享和风险共担。合伙企业在决策过程中可能面临合伙人意见不一致的情况，影响决策效率。同时，合伙人对企业债务承担连带责任，这也增加了合伙人的风险。

有限责任公司：当企业规模进一步扩大，业务逐渐复杂时，有限责任公司成为更为合适的组织形式。有限责任公司具有独立的法人资格，股东以其出资额为限对公司承担责任，这有效降低了股东的风险。在税务方面，有限责任公司需要缴纳企业所得税，股东在获得股息、红利时还需缴纳个人所得税。但有限责任公司可以享受更多的税收优惠政策和税收筹划空间，如研发费用加计扣除、高新技术企业税收优惠等。有限责任公司在融资方面相对更容易，能够吸引更多的投资者，为企业的发展提供资金支持。

集团公司：对于大型企业或多元化经营的企业集团来说，通过设立集团公司，可以实现资源的优化配置和协同效应。集团公司可以通过内部的业务整合、资产重组等方式，实现税务规划的最大化。集团公司通过合理安排集团内各子公司的业务范围和利润分配，利用不同地区的税收政策差异，降低集团整体税负。集团公司还可以通过集中采购、共享服务等方式，降低运营成本，提高经济效益。但集团公司的组织架构和管理模式相对复杂，需要建立完善的内部控制和财务管理体系，以确保集团的正常运营。

（二）案例分析：某跨境电商企业通过香港子公司降低跨境支付税负

某跨境电商企业在全球开展业务，随着业务规模的不断扩大，跨境支付税负成为企业成本的重要组成部分。为了降低税负，该企业利用香港地区的税收政策优势，设立了香港子公司。

香港作为国际金融中心，拥有较为优惠的税收政策。香港的利得税税率较低，且对跨境电商业务有一定的税收优惠。该企业将部分业务转移至香港子公司，通过香港子公司进行跨境支付结算。这样一来，税负得到了有效降低。

在具体操作上，香港子公司与境外供应商签订采购合同，将商品采购至香港，再通过香港子公司将商品销售给国内的电商平台或消费者。在这个过程中，香港子公司作为中间环节，合理利用香港的税收政策，减少了跨境支付过程中的税负。该企业还通过合理的定价策略，将利润合理分配到香港子公司，进一步降低了整体税负。通过设立香港子公司，该企业成功降低了跨境支付税负，提高了企业的盈利能力和市场竞争力。

二、交易结构策略

（一）价格拆分技术的运用

在企业的交易活动中，价格拆分技术是一种有效的税务规划方法。合理拆分交易价格，利用不同业务的税率差异，可以降低企业的整体税负。

以服务费与产品销售的税率差异为例，在增值税方面，产品销售通常适用较高的税率，而服务费可能适用较低的税率。企业可以根据自身的业务特点，将产品销售价格中的一部分合理拆分为服务费，从而降低增值税税负。一家销售大型设备的企业，将设备销售价格拆分为设备价款和安装调试服务费。设备销售适用 13% 的增值税税率，而安装调试服务适用 6% 的增值税税率。通过这种价格拆分，企业在实现销售收入的同时，降低了增值税的缴纳金额。

在实际操作中，企业需要确保价格拆分的合理性和真实性。价格拆分应当基于实际的业务活动和成本构成，避免被税务机关认定为不合理的避税行为。企业还需要完善相关的合同条款和财务核算，以证明价格拆分的合法性。

（二）案例分析：软件企业“产品 + 服务”组合定价节省增值税

某软件企业主要从事软件产品的开发和销售，并为客户提供软件安装、调试、维护等服务。在税务规划前，该企业将软件产品和服务合并定价，按照软件产品销售适用 13% 的增值税税率缴纳税款。

为了降低增值税税负，该企业采用了“产品 + 服务”组合定价策略。将软件产品的价格适当降低，同时提高软件服务的价格。软件产品销售适用 13% 的增值税税率，而软件服务适用 6% 的增值税税率。通过这种组合定价，企业在不影响客户满意度和销售收入的前提下，降低了增值税的缴纳金额。

在具体实施过程中，该企业与客户签订详细的合同，明确软件产品和服务的具体内容、价格和交付方式。在财务核算上，分别对软件产品和服务的收入进行核算，确保税务申报的准确性。通过“产品 + 服务”组合定价策略，该软件企业成功节省了增值税，提高了企业的经济效益。

三、政策响应策略

（一）优惠政策动态跟踪表的建立与应用

税收优惠政策是国家为了鼓励特定行业、企业或活动而制定的，企业及时了解和应用这些政策，可以有效降低税负。建立优惠政策动态跟踪表是企业实现政策响应的重要手段。

优惠政策动态跟踪表应包含政策名称、发布部门、发布时间、适用范围、优惠内容、有效期等信息。对于 2023 年新出台的留抵退税政策，企业应在跟踪表中详细记录政策的具体内容和申请条件。留抵退税政策允许符合条件的企业将增值税留抵税额退还，缓解企业的资金压力。企业通过优惠政策动态跟踪表，及时了解政策的变化和调整，确保自身符合政策要求，并按时申请退税。

为了确保优惠政策动态跟踪表的有效性，企业需要建立专门的团队或指定专人负责跟踪和更新。及时关注国家税务总局、地方税务局等官方渠道发布的政策信息，确保优惠政策动态跟踪表的信息准确无误。企业还需要对优惠政策动态跟踪表中的政策进行分类整理，便于查找和应用。

（二）案例分析：制造企业通过智能改造享受研发加计扣除 + 节能设备抵税双重优惠

某制造企业为了提高生产效率和产品质量，进行了智能改造。在智能改造过程中，该企业充分利用税收优惠政策，享受了研发加计扣除和节能设备抵税双重优惠。

在研发方面，该企业投入大量资金用于智能生产技术的研发。根据研发加计扣除政策，企业的研发费用可以在计算应纳税所得额时加计扣除。该企业准确核算研发费用，及时申报研发加计扣除，降低了企业所得税税负。

在节能设备购置方面，该企业采购了一系列节能设备，如节能电机、智能控制系统等。根据节能设备抵税政策，企业购置的节能设备可以按照一定比例抵免企业所得税。该企业在购置节能设备时，保留好相关的发票和凭证，及时申请节能设备抵税，进一步降低了企业所得税税负。

通过智能改造和税收优惠政策的应用，该制造企业不仅提高了生产效率和产品质量，还降低了企业的税负，实现了经济效益和环境效益的双赢。

四、国际税务规划策略

（一）转移定价合规框架的构建（BEPS 行动计划应对）

随着经济全球化的发展，跨国企业的税务规划面临着越来越严格的监管。为了应对税基侵蚀和利润转移问题，国际社会推出了 BEPS 行动计划。跨国企业需要构建转移定价合规框架，确保自身的税务规划符合国际税收规则。

转移定价是指跨国企业在关联方之间进行交易时，确定交易价格的行为。为了避免被税务机关认定为不合理的利润转移，企业需要遵循独立交易原则，即关联方之间的交易价格应与非关联方之间的交易价格相同。企业可以通过参考市场价格、可比非受控价格法、再销售价格法等方法，确定合理的转移定价。

企业还需要建立完善的转移定价文档，包括主体文档、本地文档和特殊事项文档。这些文档应详细记录企业的组织架构、业务运营、关联交易、转移定价方法等信息，以备税务机关的检查和审计。企业还需要加强与税务机关的沟通和协商，及时了解税收政策的变化和要求，确保转移定价的合规性。

（二）案例分析：某出口企业通过自贸区海外仓规避双重征税

某出口企业在海外市场拓展过程中，面临着双重征税的问题。为了规避双重征税，该企业利用自贸区海外仓的优势，进行了税务规划。

自贸区海外仓具有一系列的税收优惠政策和便利措施。该出口企业在自贸区设立海外仓，将货物存储在海外仓中，再根据海外市场的需求进行销售。在这个过程中，企业可以享受自贸区的出口退税政策，降低出口成本。

由于海外仓所在国家与中国签订了税收协定，企业可以利用税收协定中的相关条款，避免被双重征税。根据税收协定，企业在海外仓所在国家缴纳的税款可以在中国进行抵免，从而避免了同一笔收入在两个国家重复缴税的情况。

通过自贸区海外仓的建设和运营，该出口企业成功规避了双重缴税，降低了税务成本，提高了企业在海外市场的竞争力。

第四节　风险挑战与应对体系

一、税务规划面临的挑战与问题

税务规划作为企业财务管理的重要组成部分，旨在通过合法合规的手段降低税务负担，优化税务结构，从而提升企业的经济效益。然而，在实际操作过程中，企业往往面临诸多挑战，这些问题不仅增加了税务规划的难度，还可能给企业带来潜在的税务风险。

（一）税收政策的变化频繁

当下税收政策处于动态更新状态，新法规、新条例接连出台，旧规亦时有调整。企业往往刚依据现有政策精心制定税务规划方案，政策的风向一转，便可能使这个方案陷入不合规或低效境地。例如，某企业根据当时的税收优惠政策制定了详细的税务规划方案，但在方案实施过程中，相关政策突然调整，导致该企业的规划方案部分失效，不得不重新调整筹划策略，增加了时间和成本的投入。

（二）信息不透明

部分企业对于税收政策的了解不够深入，或者由于信息获取渠道的限制，导致在税务规划过程中存在信息不对称的情况，影响了筹划的准确性和有效性。例如，一些企业由于未能及时获取最新的税收政策信息，错过了享受税收优惠的机会，增加了税务负担。此外，信息不透明还可能导致企业在税务规划过程中做出错误的决策，增加税务风险。

（三）国际税基侵蚀

随着经济全球化的发展，跨国企业的税务规划变得更加复杂。国际税基侵蚀和利润转移等问题，要求企业在跨国筹划时更加谨慎和合规，否则可能面临国际税务调查和双重征税风险。例如，跨国企业如果未能合理安排跨境交易的定价策略，可能会被税务机关认定为转移定价行为，从而面临税务调查和处罚，增加企业的税务风险和合规成本。

（四）企业战略变化的挑战

企业战略调整，如业务重组、并购、分立等，往往对税务规划产生重大影响。这些变化可能要求企业重新评估税务策略，以适应新的业务结构和市场环境。然而，快速的战略变化和不确定性使得税务规划难以及时跟上，可能导致税务规划的滞后或不合规。例如，企业在进行并购时，如果未能充分考虑税务因素，可能会导致并购后的税务整合出现问题，增加税务风险和合规成本。

（五）税务人员专业性不足

部分企业未设立专职税务岗位，由财务人员兼管税务规划事务。财务工作侧重账目处理、资金核算，税务规划所需的专业知识储备、实践经验积累与之有别。这易引发对政策理解偏差、筹划操作失误等风险，给企业带来潜在损失。例如，财务人员可能由于缺乏税务规划的专业知识和经验，在制定税务规划方案时出现错误，导致企业税务规划失败，增加税务负担和风险。

二、对策建议

为了应对上述挑战，企业可以采取以下对策。

（一）实时监测政策变化

企业应密切关注税收政策的更新和变化，及时获取最新的税收政策和法规信息，以便准确调整税务规划策略。组建专门团队或指定专人，密切关注国家税务总局、地方税务局等官方渠道发布的政策更新信息，订阅专业税务资讯平台，参加行业研讨会，确保第一时间掌握税收政策动态，精准、迅速调整税务规划策略，适应政策新要求。例如，企业可以建立政策追踪机制，及时了解税收政策的变化，调整税务规划方案，确保规划方案的合规性和有效性。

（二）提高信息透明度

企业内部强化跨部门沟通协作，定期组织税务政策分享会，打破部门壁垒，让业务、采购、研发等部门了解税务规划要点；对外拓宽信息获取途径，与税务顾问、同行企业交流，构建信息共享网络，保障筹划全程信息精准、透明。例如，企业可以建立内部税务信息共享平台，定期发布最新的税收政策信息和税务规划要点，提高各部门对税务规划的认识和理解，确保税务规划信息的准确性和透明度。

（三）调整跨国布局

为有效应对国际税基侵蚀和利润转移等挑战，企业应深入研究各国税收政策、产业优惠及双边税收协定，结合全球战略与业务流程，合理调整跨国布局，如在低税负国家设立运营中心或研发基地以优化资源配置。通过精准管控利润流向和完善内部税务管理，企业能够进一步优化全球税务结构，显著降低跨境税务风险。例如，跨国企业可以在低税负国家设立子公司，将利润合理转移，降低整体税负，同时确保跨国税务规划的合规性，避免国际税务调查和双重征税风险。

（四）企业战略变化的应对策略

企业应建立灵活的税务规划机制，确保税务规划能迅速响应并同步于企业战略调整。同时，加强战略与税务的协同，制定或调整战略时充分考虑税务因素，并邀请税务专家参与讨论，以保证税务规划与企业战略的一致性。此外，企业还需定期对税务规划进行评估，及时调整税务策略，确保其与企业当前战略的匹配性和有效性。例如，企业在进行业务重组、并购、分立等战略调整时，应提前评估税务影响，制定相应的税务规划方案，确保税务规划与企业战略的协同和匹配。

（五）加强税务专业培训

制订系统的税务培训计划，定期邀请业内专家、资深税务官员为财务及税务人员授课，内容涵盖最新政策解读、实战案例剖析、筹划技巧分享；设立激励机制，鼓励员工考取注册税务师、国际注册税务分析师等专业证书，提升团队整体专业素养。例如，企业可以定期组织税务培训课程，邀请税务专家讲解最新的税收政策和税务规划技巧，提高税务人员的专业水平和实践能力，确保税务规划的专业性和有效性。

三、构建完整的风险应对体系

在复杂多变的税收环境下，企业税务规划面临着诸多风险挑战，构建全面且有效的风险应对体系对企业的稳健发展至关重要。接下来，我们将从多个关键维度深入剖析如何搭建这一体系。

（一）风险矩阵构建

构建并优化风险矩阵（见表 8–3）是关键举措，通过明确不同风险类型、典型场景及应对策略，提升企业税务风险管理能力。

表 8–3 风险矩阵

风险类型	典型场景	应对策略
政策风险	优惠目录调整导致方案失效	建立政策追踪 + 弹性备选方案机制。安排专人每日关注国家税务总局官网、地方税务机关公众号等政策发布平台，设置政策变动提醒。一旦政策有变动，立即启动备选方案评估流程，从多个备选方案中筛选出最符合新政策要求的方案，确保税务规划的连续性和有效性

（续）

风险类型	典型场景	应对策略
操作风险	进项票管理疏漏引发抵扣争议	企业应全面推行数字化电子发票（数电发票）系统，实现发票全流程的电子化管理，确保发票信息的真实性和唯一性。在此基础上，可结合区块链技术的不可篡改性和可追溯性，构建发票全生命周期管理平台，记录发票开具、流转、报销等关键节点信息，进一步提升数据透明度和可信度。同时，利用人工智能和大数据技术实现发票信息的自动采集、比对和审核，系统可自动识别异常发票（如重复报销、虚假抵扣等）并及时预警，减少人工疏漏。此外，企业需完善内部发票管理制度，明确各环节责任人及操作规范，并定期开展税务合规培训，提升财务人员的专业能力和风险意识。通过数电发票与区块链技术的结合，企业可实现发票管理的全流程数字化、透明化和自动化，有效避免因进项票管理疏漏引发的税务争议，降低合规风险，提升财务管理效率
道德风险	为降税虚构交易	植入伦理审查委员会机制。由企业内部的法务、审计、财务等部门骨干组成伦理审查委员会，对税务规划方案进行事前伦理审查。审查内容包括方案是否符合商业道德、是否存在法律风险等，防止不正当筹划行为，维护企业良好形象和声誉
国际风险	CFC 规则导致的海外利润课税	构建全球税务共享服务中心。在全球设立多个区域税务中心，集中管理全球税务事务。通过大数据分析和专业团队支持，实时监控海外利润情况，优化全球税务布局，合理利用税收协定和优惠政策，降低国际税务风险

（二）构建风险防范体系

搭建完备的税务规划风险防控架构，是企业抵御税务风险的第一道防线。

1. 前置风险预警环节

借助大数据分析技术，深度挖掘企业税务数据，结合行业标准和企业自身特点，精准设定一系列科学合理的风险指标，如税负率波动阈值、成本费用列支合理性指标等。实时监测这些税务规划关键点，一旦指标出现异常波动，系统立即自动预警，为企业争取应对风险的宝贵时间。

2. 引入专业风险评估工具

定期运用专业的风险评估模型，如蒙特卡洛模拟、风险价值模型（VaR）等，对税务规划方案进行全面“体检”。从政策合规性、财务可行性、风险可控性等多个维度进行量化评估，提前发现潜在风险隐患，为筹划方案的优化提供数据支持。

3. 制定详细应对预案

企业针对识别出的各类风险，依据风险类型、严重程度和可能造成的影响，制定详细且具有高度可操作性的应对预案。明确不同风险场景下的责任主体、应对措施和资源调配方案，确保风险一旦发生，企业能够迅速响应，有效控制和化解风险。例如，当企业税负率超出预警阈值时，自动触发应对预案，税务部门立即对筹划方案进行重新评估和调整，财务部门配合进行资金筹备，以应对可能的税负增加。

（三）建立全面的危机管理机制

税务危机管理是风险应对体系的关键保障，旨在有效应对企业可能面临的各类重大税务危机。

1. 科学的危机识别与评估

当企业遭遇税务稽查、巨额税务处罚、重大税务诉讼等危机时，应迅速启动危机识别与评估流程。依据预先设定的危机识别标准，从危机事件的性质、涉及金额、影响范围等多个维度进行综合判断，将危机精准划分为轻度、中度、重度三个等级。轻度危机如一般性税务申报错误，可通过内部自查整改解决；中度危机如涉及一定金额的税务违规行为，需与税务机关积极沟通协调；重度危机如重大税务欺诈指控，则需全面动员企业资源，联合外部专业机构共同应对。

2. 72 小时应急响应流程

第一阶段（0~24 小时）：危机发生后，即刻成立由企业高层领导挂帅，税务专家、法务人员、公关人员等多领域专业人才组成的危机应对小组。迅速启动内部紧急沟通机制，通过专门的沟通平台和渠道，确保信息在企业内部及时、准确、全面传达，统一对外口径，避免因信息混乱引发更大的危机。同时，全面收集与危机相关的各类证据和资料，包括财务报表、税务申报记录、业务合同、沟通函件等，为后续应对工作提供坚实的数据支撑。

第二阶段（24~48 小时）：危机应对小组主动与税务机关取得联系，积极沟通，如实说明情况，深入了解税务机关的关注点、要求和调查方向，全力配合调查工作。依据收集的翔实资料和与税务机关沟通的结果，组织专业团队进行深入分析，制定初步应对方案。明确应对策略，如解释说明、补缴税款、申请听证等，并细化责任分工，确保各项应对措施落实到人。

第三阶段（48~72 小时）：对初步应对方案进行全面完善和优化，充分考虑各种可能的情况和风险因素，确保方案的科学性、可行性和有效性。组织实施应对方案，密切关注实施过程中的每个环节和效果，及时调整优化。加强与利益相关者的沟通，如股东、合作伙伴、客户等。通过定期发布公告、召开线上会议等方式，及时通报危机处理进展，稳定各方信心，维护企业形象。对危机处理过程进行全面总结评估，分析应对措施的优点和不足，为后续类似危机的应对积累经验。

3. 危机复盘与改进

危机解除后，组织开展全面深入的复盘工作。从危机的源头、发展过程、应对措施、处理结果等多个角度进行剖析，总结经验教训，找出企业税务管理和风险防控体系中存在的漏洞和薄弱环节。针对这些问题，制定切实可行的改进措施，完善税务管理制度，优化风险防控体系，提升企业应对危机的能力，为后续税务规划工作筑牢根基。

（四）强化税企沟通与合作

税企沟通是税务规划风险应对的关键桥梁，预约定价安排等方式能够有效降低税务规划的不确定性。

1. 深入了解与准备

企业应深入剖析自身业务模式、关联交易情况和行业特点，运用专业的数据分析工具和行业研究报告，精准分析转让定价政策和方法，全面找出潜在问题和风险点。同时，密切关注税务机关预约定价政策和程序的动态变化，收集整理同行业企业的成功案例和经验教训，为与税务机关的沟通协商做好充分准备。

2. 积极沟通协商

在与税务机关沟通协商时，始终保持积极诚恳的态度，运用扎实的专业知识和灵活的沟通技巧，清晰、准确、有条理地阐述企业的业务情况、转让定价策略和税务规划思路。提供翔实的数据支持和具有说服力的案例参考，增强沟通的可信度和说服力。尊重税务机关的意见和建议，积极寻求双方都能接受的解决方案，实现合作共赢。

3. 协议执行与沟通

签订预约定价协议后，企业要严格按照协议内容执行，建立健全内部执行监督机制，确保各项条款得到有效落实。同时，建立定期沟通机制，与税务机关保持密切联系，及时汇报协议执行情况，共同解决协议执行过程中出现的问题。通过持续的沟通与合作，确保税务规划的稳定与合规，有效降低税务风险。

（五）持续优化风险管理策略

持续优化风险管理策略是企业适应不断变化的税收环境，确保风险应对体系长期有效的关键。

1. 定期评估与调整

企业应设定固定的评估周期，如每季度或每半年，对风险应对策略进行全面评估。密切关注税收政策的更新变化，及时解读新政策对企业税务规划的影响；跟踪企业战略调整动态，分析战略变化对税务风险的潜在影响；结合实际操作中遇到的问题和经验教训，运用数据分析和案例研究等方法，对风险矩阵和应对措施进行及时调整和优化。例如，当税收政策发生重大调整时，立即对风险矩阵中的政策风险部分进行更新，调整相应的应对策略和备选方案。

2. 加强内部培训

定期组织内部培训活动，邀请税务专家、学者和税务官员为员工授课，培训内容涵盖最新税收政策解读、税务规划技巧、风险案例分析等。通过线上线下相结合的培训方式，如举办专题讲座、开展在线课程、组织模拟演练等，提升员工的税务风险意识和专业能力，确保全体员工能够准确理解和执行企业的税务风险管理策略。

3. 全员参与协同应对

鼓励企业各部门积极参与税务风险管理，打破部门壁垒，形成协同应对的良好氛围。建立跨部门的税务风险管理小组，定期召开会议，共同讨论和解决税务风险问题。各部门在日常工作中，及时发现和反馈潜在的税务风险点，为企业的税务规划和风险防控贡献智慧和力量。例如，业务部门在签订合同前，邀请税务部门进行税务风险评估，确保合同条款符合税务法规要求，避免潜在税务风险。

综上所述，全面认识税务规划面临的挑战，合理构建和优化风险矩阵，建立健全涵盖风险防范、危机管理、税企沟通和策略优化的风险应对体系，是企业在复杂多变的税收环境中实现稳健发展的关键。通过不断完善和强化风险应对措施，企业能够有效降低税务风险，保障税务规划的顺利进行，提升自身的经济效益和市场竞争力。

第五节　未来趋势与适应性变革

随着税收环境的不断变化和技术的飞速发展，企业税务规划面临着前所未有的挑战与机遇。为了在未来保持竞争优势，企业需要前瞻性地布局，适应并引领税务规划的新趋势，方能在复杂多变的环境中占据优势。

一、趋势应对矩阵

针对企业在未来税务规划中需要关注的趋势方向、应对动作及实施路径案例，形成趋势应对矩阵，如表 8–4 所示。

表 8–4　趋势应对矩阵

趋势方向	应对动作	实施路径案例
数字化税管	部署 AI 税务机器人	某企业使用 RPA（机器人流程自动化）自动申报，节省 200 小时 / 年
		自动化重复性税务任务，如数据录入、报表生成等
		利用 AI 进行数据分析，预测税务风险和优化筹划策略
全球合规强化	搭建国别税务手册库	跨国公司建立覆盖 53 个国家的税收百科数据库
		整合各国税法、政策、案例等，形成知识管理系统
		定期更新，确保信息的时效性和准确性
可持续发展导向	设计 ESG 关联型税管方案	新能源企业碳税与补贴平衡模型
		分析碳税成本、政府补贴、节能减排效益等，制定综合税务规划方案
		促进企业绿色转型，提升品牌形象和市场竞争力
透明化监管	建立 XBRL（可扩展商业报告语言）格式税务数据舱	上市公司建立税务数据可视化驾驶舱
		标准化税务数据格式，便于监管机构和投资者查阅
		提供实时数据监控和分析，提高税务管理的透明度和效率

（一）数字化税管

趋势背景：随着人工智能、大数据、云计算等前沿技术的不断成熟，数字化浪潮正席卷各行各业，税务领域也不例外。传统税务规划工作依赖人工操作，不仅效率低下，在数据整理、计算和申报过程中还极易出现人为错误。例如，在处理大量税务数据时，人工录入可能会因疲劳或疏忽导致数据错误，进而影响整个税务规划的准确性。而且，传统方式难以对海量的税务政策和复杂的业务数据进行深度分析，无法及时为企业提供精准的税务决策支持。因此，数字化工具的应用成为提升税务管理水平、优化税务规划流程的关键。

企业应对动作：部署 AI 税务机器人，借助 RPA 技术，实现税务申报、数据整理、合规性检查等重复性工作的自动化处理。AI 税务机器人能够模拟人类操作，按照预设的规则和流程，自动从企业财务系统、业务系统中提取相关数据，并进行分类、整理和计算，最终完成税务申报工作。同时，它还能实时监控税务政策的变化，自动更新税务规划策略，确保企业始终符合最新的税收法规要求。

实施路径案例：某大型制造企业的业务范围广泛，涉及多个税种和复杂的业务流程，以往每年的税务申报工作需要投入大量人力和时间。引入 RPA 自动申报系统后，系统可在财务系统结账后，自动获取增值税、企业所得税等相关数据，按照当地税务机关的申报格式和要求进行整理和填报。经统计，使用 RPA 后，每年节省了 200 小时的人力工时，相当于节省了一名全职员工近一个月的工作量。此外，RPA 对政策变化的响应速度极快，在一次增值税税率调整政策发布后的首个申报期，RPA 自动按照新税率计算并申报，避免了人工因对政策理解不及时而导致的申报错误，有效降低了税务风险，提升了税务规划的准确性和效率。

（二）全球合规强化

趋势背景：随着经济全球化的深入发展，跨国企业的业务范围不断扩大，涉及的国家和地区日益增多。然而，各国税收监管日益严格，国际税收规则也在不断更新，不同国家的税收政策、申报要求和合规标准差异巨大。例如，一些国家对特定行业有特殊的税收优惠政策，而另一些国家则对跨境交易设置了严格的税收限制。跨国企业在开展业务时，如果不能及时了解并遵守当地的税收法规，稍有不慎就可能面临税务风险，如补缴税款、滞纳金、罚款，甚至可能影响企业的声誉和市场形象。

企业应对动作：搭建国别税务手册库，系统收集、整理和更新各个国家和地区的税收政策、法规解读、申报流程、合规要点等信息，形成一个全面且易于查询的知识库。手册库不仅要涵盖各国现行的税收政策，还要对政策的变化趋势进行跟踪和分析，为企业的跨国业务决策提供及时、准确的税务信息支持。

实施路径案例：一家业务遍布全球 53 个国家的跨国公司，为应对复杂的国际税务环境，建立了税收百科数据库。该数据库由专业的税务团队负责维护，团队成员密切关注各国税收政策的动态，及时更新数据库内容。每当公司有新的业务拓展计划，如在某新兴市场国家设立子公司或开展新的投资项目时，相关人员可迅速在数据库中查询到该国的详细税务信息，包括企业所得税税率、税收优惠政策、税务申报截止日期等。例如，在进入某东南亚国家时，通过查询数据库，公司了解到该国对制造业企业有设备投资加速折旧的税收优惠政策，公司及时调整投资策略，加大设备采购力度，享受了税收优惠，同时避免了因对当地政策不熟悉而可能产生的合规风险。

（三）可持续发展导向

趋势背景：在全球倡导可持续发展的大趋势下，越来越多的国家和地区将可持续发展理念融入税收政策中，鼓励企业践行环保、社会责任等可持续发展理念。企业的可持续发展表现不仅影响其社会形象，还与税务成本密切相关。例如，一些国家对高污染、高能耗企业征收高额的环境税，而对绿色环保、节能减排的企业给予税收优惠。此外，投资者和消费者也越来越关注企业的可持续发展表现，这对企业的市场竞争力产生了重要影响。

企业应对动作：设计 ESG 关联型税务规划方案，将企业的环境、社会责任和公司治理实践与税务规划相结合，通过合理利用税收政策，实现可持续发展目标与税务优化的双赢。企业可以从多个方面入手，如在环境方面，加大环保技术研发投入，购置环保设备，以享受相关的税收减免政策；在社会方面，积极参与公益事业，招聘残障人士等特殊群体就业，获取税收优惠；在公司治理方面，完善内部治理结构，提高企业运营的透明度，增强投资者信心，间接降低融资成本。

实施路径案例：一家新能源企业以碳税与补贴平衡模型为核心设计税务规划方案。一方面，企业持续加大在新能源技术研发和生产设备升级方面的投入，通过采用更先进的生产工艺和技术，降低碳排放，从而减少碳税支出。另一方面，积极关注并申请政府给予新能源企业的税收补贴和优惠政策，如可再生能源发电补贴、新能源汽车购置补贴等。通过精确计算碳税成本和补贴收益，企业在实现自身可持续发展的同时，优化了税务结构。例如，在某年度，企业通过技术升级使碳排放降低了 10%，减少碳税支出 500 万元，同时获得政府补贴 300 万元，有效提升了企业的经济效益和环境效益，实现了可持续发展与税务规划的良性互动。

（四）透明化监管

趋势背景：为了加强税收征管，防范税收风险，税务机关对企业税务数据的透明度要求不断提高。传统的税务数据管理方式存在数据分散、格式不统一、难以共享等问题，不利于税务机关对企业税务情况的全面监控和分析。透明化监管有助于减少税收漏洞，营造公平的税收环境，促使企业更加规范地进行税务规划和纳税申报。

企业应对动作：建立 XBRL 格式税务数据舱，将企业的税务数据以标准化、结构化的方式进行存储和管理。XBRL 格式具有良好的兼容性和可扩展性，能够使不同系统之间的数据实现无缝对接和共享。企业建立税务数据舱，不仅便于税务机关查询和监管，还能为企业内部税务分析和决策提供支持，实现税务数据的价值最大化。

实施路径案例：一家上市公司建立了税务数据可视化驾驶舱，基于 XBRL 格式税务数据舱，将企业的各项税务数据进行可视化展示，包括纳税总额、各税种缴纳情况、税收优惠享受情况、税务风险指标等。管理层可以通过驾驶舱实时了解企业税务状况，直观地发现潜在风险和优化机会。例如，通过可视化图表，管理层可以清晰地看到某个税种的缴纳金额在过去几个季度的变化趋势，及时发现异常波动并进行深入分析。税务机关也能够通过该系统快速获取企业税务数据，提高监管效率。在一次税务检查中，税务机关通过可视化驾驶舱迅速调取了企业近三年的税务数据，企业积极配合解释，顺利完成检查，展示了良好的合规形象，同时也为今后的税企合作奠定了良好基础。

二、长远税务规划能力路线图

为了在未来保持竞争力，企业需要制定长远的税务规划能力路线图，以下是针对 2030 年的一个概括性规划。

（一）2030 年税务规划能力路线

1. 短期规划（1~2 年）

加强数字化工具应用：企业应全面评估现有的税务工作流程，确定哪些环节可以引入数字化工具进行优化。例如，在发票管理方面，引入电子发票系统，实现发票的开具、接收、存储和查验的数字化，提高发票处理效率，减少人工操作带来的错误。同时，为员工配备必要的数字化办公设备，确保他们能够顺利使用各类税务软件。

全员普及税务数字化培训：制订详细的培训计划，针对不同岗位的员工设计不同层次的培训课程。对于财务人员，重点培训税务软件的高级功能和数据分析技巧；对于业务人员，培训税务基础知识和与业务相关的税务合规要点。通过线上线下相结合的方式，如举办专题讲座、开展在线课程、组织实操演练等，确保员工熟练掌握基础税务软件和自动化工具，提升全员的税务数字化意识和能力。

建立基础税务风险预警机制：结合企业的业务特点和税务管理需求，确定关键税务指标，如税负率、成本费用列支比例、发票合规率等。利用数字化工具，实时监控这些指标的变化情况，设定合理的预警阈值。一旦指标超出预警范围，系统会自动发出警报，提醒税务管理人员及时进行风险排查和应对，将潜在的税务风险消灭在萌芽状态。

2. 中期规划（3~5 年）

打造智能税务规划平台：集成 AI 税务机器人、大数据分析、云计算等先进技术，构建一体化的智能税务规划平台。AI 税务机器人负责处理日常的税务申报、数据整理等重复性工作，大数据分析模块对企业的税务数据、业务数据以及外部税收政策数据进行深度挖掘和分析，为税务规划提供数据支持和决策建议。云计算技术则确保平台的高效运行和数据的安全存储，实现税务规划的智能化、自动化和精准化。

深入研究国际税收政策：随着企业国际化进程的加快，国际税收政策对企业的影响日益显著。组建专业的国际税收研究团队，密切关注国际税收规则的变化，如 BEPS 行动计划的最新进展、各国税收协定的修订情况等。定期组织团队成员进行研讨和培训，提升团队对国际税收政策的理解和应用能力，为企业的跨国业务提供专业的税务规划服务。

组建跨国税务规划团队：选拔具有国际税务经验、精通多国语言和文化的专业人才，组建跨国税务规划团队。团队成员不仅要熟悉各国税收政策，还要具备良好的沟通协调能力和跨文化交流能力。团队负责制定和实施企业的跨国税务规划策略，协调各子公司之间的税务安排，优化全球税务布局，降低企业的国际税务成本，防范国际税务风险。

3. 长期规划（6~10 年）

成为行业税务规划标杆：通过持续的创新和实践，在税务规划领域形成独特的竞争优势，成为行业内的标杆企业。积极参与行业标准的制定和修订，分享企业在税务规划方面的成功经验和创新做法，引领行业的发展方向。例如，在可持续发展导向的税务规划实践方面，探索出一套可复制、可推广的模式，为其他企业提供借鉴。

引领可持续发展导向的税务规划实践：将可持续发展理念深度融入企业的税务规划战略，不断创新 ESG 关联型税务规划方案。加大在环保、社会责任等领域的投入，通过税务规划实现企业经济效益、社会效益和环境效益的有机统一。同时，积极参与国际可持续发展税收政策的研讨和制定，提升企业在国际税务领域的话语权和影响力。

建立全方位税务生态系统：与税务机关、金融机构、行业协会、科研院校等建立紧密的合作关系，共同推动税务规划行业的发展。与税务机关加强沟通与协作，及时了解税收政策的变化动态，积极参与税收政策的制定和反馈，争取更有利的税收政策环境。与金融机构合作，开展税务金融创新，如利用税收优惠政策开展绿色金融业务。与行业协会和科研院校合作，开展税务规划领域的学术研究和人才培养，为企业的发展提供智力支持和人才保障。

（二）中小企业税务数字化转型成本收益分析

对于中小企业而言，税务数字化转型虽然需要一定的初期投入，但长期来看，将显著提高税务管理的效率和准确性，降低税务风险，增强企业的市场竞争力。因此，中小企业应根据自身情况，合理规划税务数字化转型的路径和预算，逐步实现税务管理的现代化和智能化。中小企业税务数字化转型成本收益分析表如表 8-5 所示。

表 8-5 中小企业税务数字化转型成本收益分析表

项目	成本	收益
硬件与软件	购买服务器、税务软件、AI 工具等费用	提高税务处理效率，减少人工错误，节省人力成本
数据迁移与整合	数据清洗、转换、迁移等费用	实现数据集中管理，便于分析和决策
人员培训	员工税务数字化技能培训费用	提升员工数字化能力，增强团队竞争力
咨询与服务	外部税务咨询、技术支持等费用	获取专业建议，降低税务风险，优化规划策略
维护与升级	系统维护、软件升级等费用	确保系统稳定性和安全性，适应法规变化
透明化监管	建立 XBRL（可扩展商业报告语言）格式税务数据舱	上市公司税务数据可视化驾驶舱
总成本	各项成本之和	总收益：提高税务管理效率，降低风险，增强竞争力；长期来看，数字化转型将带来持续的成本节约和效益提升

CHAPTER 09

第九章 风险管理与应对策略实施

引　言

在当今复杂的商业环境中，风险管理是企业抵御不确定性、实现可持续发展的核心能力。本章以风险管理与应对策略实施为主线，系统整合理论框架与实践路径，从基础认知、评估方法到应对策略层层递进。通过解析风险管理的定义、核心角色及其与企业的战略关联，揭示中小企业在经营化风险管理中的独特挑战；结合定性与定量分析工具、风险评估模型及数字化预警技术，构建全流程风险识别与监控体系；重点探讨风险转移（合同、保险）、延迟（储备计划）等策略，并针对中小企业特色场景，提出创始人风险隔离、黑天鹅事件应急预案等定制化工具。同时，融入战略协同视角，强调风险定价能力、资本化配置及数字化工具对价值创造的驱动作用，推动风险管理从被动防御转向主动赋能。本章通过理论与案例结合，为企业提供兼具系统性与实操性的指导，助力其在不确定环境中构建韧性，实现稳健增长。

第一节　风险管理基础认知

一、风险管理的定义与核心角色

风险管理是企业战略管理的核心环节，涵盖风险识别、评估、优先级设定、应对和持续监控。中小企业由于资源和市场影响力有限，更需重视风险管理，以增强抗风险能力和提升决策质量。

二、风险管理与企业生命周期的关联性分析

（一）企业不同发展阶段的风险管理策略

初创期：此阶段企业资源极度匮乏，产品或服务尚处于市场验证的关键阶段，生存成为首要任务。资金短缺风险犹如高悬的达摩克利斯之剑，随时可能切断企业的运营命脉，而市场需求的高度不确定性则极易导致产品滞销积压。以一家专注于移动应用开发的初创互联网科技公司为例，其前期投入大量资金用于技术研发，期望打造一款具有创新性的社交类 App。然而，由于缺乏有效的市场推广策略，用户增长极为缓慢，资金回笼严重滞后，企业一度濒临资金链断裂的绝境。因此，初创期企业应将核心业务的可行性验证作为重中之重，确保产品或服务能够精准满足市场的基本需求。同时，精心规划每笔资金的流向，积极拓展稳定的资金来源，如引入天使投资、申请政府扶持资金等。

成长期：企业步入成长期后，业务呈现快速扩张态势，市场份额逐步提升。此时，市场竞争的加剧以及管理能力与业务发展的不匹配成为主要风险点。新的竞争对手可能凭借独特的竞争优势迅速抢占市场份额，而内部管理的混乱则会导致运营效率低下，成本大幅增加。例如，某共享出行企业在成长期为迅速扩大市场份额，大量投放车辆，但由于运营管理体系不完善，车辆损坏后维修不及时，用户体验满意度急剧下降，市场份额逐渐被竞争对手蚕食。在这一阶段，企业需要深入开展市场分析，制定差异化的竞争策略，突出自身产品或服务的独特价值。同时，持续完善内部管理体系，优化业务流程，加强团队建设，提升组织的协同能力和执行效率。

成熟期：企业在市场中站稳脚跟后，业务相对稳定，但技术更新换代和市场饱和的风险逐渐凸显。新技术的涌现可能使企业现有的产品或服务瞬间失去竞争力，

市场饱和则会导致增长乏力。如曾经辉煌一时的传统胶卷相机企业，在数码技术兴起的浪潮中，未能及时跟上技术变革的步伐，市场份额急剧萎缩，最终走向衰落。成熟期企业需要加大研发投入，密切关注行业技术发展趋势，积极探索新的业务增长点，实现多元化发展。同时，通过精细化管理，优化成本结构，提高运营效率，提升企业的综合竞争力。

案例：某跨境电商企业的汇率风险案例

案例背景：某跨境电商企业（以下简称企业）在扩张期，业务覆盖多个国家和地区，主要以美元和欧元结算。由于忽视汇率风险管理，202× 年美元和欧元兑人民币汇率大幅波动，导致企业利润缩水 20%。

风险分析：企业在扩张过程中，未能及时建立汇率风险管理机制，导致汇率波动对企业财务状况产生重大影响。

具体表现：①由于汇率波动，外币收入兑换成人民币后减少，直接影响企业利润，导致收入减少。②成本增加：外币采购成本因汇率波动而增加，进一步压缩了利润空间，导致成本增加。

解决方案：企业应建立汇率风险管理机制，通过远期结售汇、外汇期权等金融工具锁定汇率，减少汇率波动对企业财务的影响。

（二）中小企业适配：轻量化风险管理

对于中小企业而言，由于资源和市场影响力相对有限，全面实施复杂的风险管理体系可能并不现实。因此，实施轻量化风险管理，旨在通过聚焦核心风险，实现资源的最优配置和风险管理效果的最大化。

1. 核心风险聚焦法

中小企业应采用“核心风险聚焦法”，即遵循 80/20 法则，将有限的资源集中投入影响企业生存的 3~5 种关键风险上。这些关键风险在不同的发展阶段可能有所不同。

（1）初创期。

资金短缺：初创企业资金有限，资金链断裂是致命风险。

市场验证失败：产品或服务未能满足市场需求，导致市场接受度低。

产品接受度低：即使产品上市，也可能因定位不准、功能不足等问题而不被市场接受。

（2）成长期。

市场竞争加剧：随着企业规模扩大，市场竞争愈发激烈，需要应对更多竞争对手。

资金需求增加：业务扩张带来资金压力，融资难度和风险增加。

组织管理复杂化：随着团队扩大，内部管理、沟通协调等问题凸显。

（3）成熟期。

市场饱和：市场份额增长放缓，甚至可能下降。

技术迭代：新技术不断涌现，现有产品或服务可能迅速过时。

政策变化：政府政策调整可能对企业经营产生重大影响。

2. 实施步骤

为了有效实施轻量化风险管理，中小企业应遵循以下步骤。

（1）风险识别。

方法：采用历史分析、行业分析、专家访谈和风险问卷调查等多种方法，全面识别企业可能面临的风险。

目标：确保识别出所有可能对企业生存产生重大影响的关键风险。

（2）风险评估。

方法：结合定性和定量方法，评估每种风险的概率和影响程度。

工具：可以使用风险矩阵等工具，将风险划分为高、中、低三个等级。

目标：为风险应对提供数据支持，明确风险管理的优先级。

（3）风险应对。

策略：根据风险评估结果，制定针对性的风险应对策略。对于高风险，应采取积极措施进行规避或降低；对于中低风险，可以采取监控或接受策略。

实施：确保应对策略得到有效执行，及时调整策略以应对变化的风险状况。

（4）持续监控。

机制：建立风险监控机制，定期评估风险状况，及时发现新的风险点。

反馈：根据监控结果，及时调整风险管理策略，确保风险管理体系的有效性和适应性。

通过实施轻量化风险管理，中小企业可以在资源有限的情况下，实现风险管理的有效性和高效性，为企业的可持续发展提供有力保障。

3. 案例分析

案例 1：初创期企业

背景：某初创科技企业专注于开发人工智能芯片，面临资金短缺和市场验证失败的风险。

实施步骤：

风险识别：通过历史分析和行业分析，识别资金短缺和市场验证失败为关键风险。

风险评估：使用风险评估矩阵，确定资金短缺为高风险，市场验证失败为中风险。

风险应对：制订风险应对计划，通过引入战略投资者解决资金短缺问题，同时加强市场调研和用户反馈，优化产品设计。

持续监控：建立风险监控机制，定期评估资金状况和市场反馈，及时调整策略。

结果：企业成功获得战略投资，产品通过市场验证，市场认可度显著提升。

案例 2：成长期企业

背景：某成长期制造企业面临市场竞争加剧和资金需求增加的风险。

实施步骤：

风险识别：通过行业分析和专家访谈，识别市场竞争加剧和资金需求增加为关键风险。

风险评估：使用风险评估矩阵，确定市场竞争加剧为高风险，资金需求增加为中风险。

风险应对：制订风险应对计划，通过技术创新和市场拓展提升竞争力，同时优化资金管理，引入银行贷款解决资金需求。

持续监控：建立风险监控机制，定期评估市场动态和资金状况，及时调整策略。

结果：企业成功推出新产品，市场份额显著提升，资金状况得到改善。

案例 3：成熟期企业

背景：某成熟期制造企业面临市场饱和和技术迭代的风险。

实施步骤：

风险识别：通过行业分析和风险问卷调查，识别市场饱和和技术迭代为关键风险。

风险评估：使用风险评估矩阵，确定市场饱和为高风险，技术迭代为中风险。

风险应对：制订风险应对计划，通过市场多元化和技术创新应对市场饱和，同时加强技术研发，保持技术领先。

持续监控：建立风险监控机制，定期评估市场动态和技术趋势，及时调整策略。

结果：企业成功进入新市场，技术保持领先，市场竞争力显著提升。

三、风险管理在中小企业实践中的重要性

（一）保护企业资产

企业的资产是其运营和发展的基础，包括有形资产如固定资产、流动资产，以及无形资产如知识产权、品牌价值等。风险管理能够通过对各种风险的识别和应对，确保企业资源的安全。例如，在面对市场波动导致的原材料价格上涨风险时，通过合理的采购策略和库存管理，企业可以避免因原材料成本过高而造成资产损失。对于可能的自然灾害、盗窃等风险，企业可以通过购买保险、加强安保措施等方式来保护资产的安全，防止资产流失或受损，从而维持企业的正常生产经营活动。

（二）优化决策

在企业的日常运营和战略规划中，决策的质量直接关系到企业的成败。风险管理通过全面的风险评估，为企业提供了关于潜在风险的详细信息。在进行投资决策时，企业可以通过对市场风险、技术风险、财务风险等的评估，了解不同投资项目的风险水平和潜在回报。基于这些信息，企业能够做出更加明智的决策，避免盲目投资和陷入高风险的业务领域，从而提高决策的科学性和合理性，降低决策失误带来的损失，为企业的长期发展奠定坚实的基础。

（三）增强客户信任

在当今竞争激烈的市场环境中，客户对企业的信任是企业赢得市场份额和保持竞争优势的重要因素之一。有效的风险管理策略能够向客户传递企业的稳健性和可靠性信号。当企业能够有效地管理各种风险，确保产品质量的稳定性、交货期的准时性以及服务的连续性时，客户会对企业产生更高的信任度。例如，在食品行业，企业通过严格的质量管理体系和食品安全风险管理，确保产品符合相关标准和法规要求，能够让消费者放心购买其产品，从而强化品牌形象，提高客户忠诚度，为企业带来长期的经济效益和市场份额的增长。

（四）提高财务稳定性

企业的财务状况是其生存和发展的关键指标之一。通过对财务风险的有效管理，如资金流动性风险、汇率风险、信用风险等的识别和应对，可以帮助企业保持财务状况的稳定。例如，通过合理的资金预算和融资安排，企业可以避免因资金短缺而导致的财务危机；通过套期保值等工具应对汇率风险，能够减少因汇率波动带来的汇兑损失，稳定企业的财务收益。风险管理能够降低不确定性对企业财务的影响，

减少财务波动，使企业在经济环境变化中保持稳健的财务状况，为企业的持续发展提供可靠的资金支持。

第二节　风险识别与评估方法论

一、风险识别的流程、技巧与实践指南

（一）历史分析

企业的发展历程中积累了丰富的经验和数据，通过对过去发生的事件和情况进行深入分析，可以识别出可能重复出现的风险。例如，回顾企业过去在产品质量方面出现的问题，分析其原因是原材料供应不稳定、生产工艺缺陷还是质量管理体系不完善等，从而识别出在当前和未来生产运营中可能再次面临的产品质量风险。同时，对过去的市场波动、竞争对手的策略调整以及宏观经济环境变化对企业的影响进行分析，也能够发现潜在的市场风险和竞争风险。历史分析为企业提供了宝贵的经验教训，帮助企业在当前的风险管理中更加敏锐地识别出类似的风险因素。

（二）行业分析

不同行业具有各自独特的特点和发展趋势，行业内的竞争格局、市场需求变化、技术创新等因素都会给企业带来潜在风险。企业需要密切关注行业动态，研究行业趋势、竞争对手行为和市场变化，以预测潜在风险。例如，在新兴技术行业，技术更新换代迅速，如果企业不能及时跟上技术发展的步伐，就可能面临产品被淘汰的风险；对于传统制造业，原材料价格的波动、环保政策的严格执行以及市场需求的逐渐饱和等都是常见的风险因素。通过对行业的深入分析，企业可以提前了解到这些潜在风险，并结合自身情况进行针对性的风险识别和应对策略制定。

（三）专家访谈

行业内专家、顾问以及企业内部的团队成员具有丰富的专业知识和实践经验，他们对行业的发展趋势、市场动态以及企业的内部运营情况有着深入的了解。与他们进行交流和访谈，可以获取专业见解，帮助企业识别那些可能被忽视的风险。专家访谈可以采用面对面会议、电话访谈、问卷调查等形式，围绕企业的战略规划、业务流程、市场拓展等方面展开讨论。例如，邀请市场营销专家对企业的新产品推广策略进行评估，可能会发现市场定位不准确、竞争对手反应激烈等潜在风险；与

技术专家交流，可以了解到企业在技术研发过程中可能面临的技术难题、技术替代风险等。通过专家访谈，企业能够充分利用外部和内部的专业资源，更全面地识别风险。

（四）风险问卷调查

风险问卷调查是一种广泛收集员工对潜在风险看法和经验的有效方法。企业可以设计一套涵盖各个业务领域和职能部门的问卷，发放给不同岗位的员工进行填写。问卷内容包括员工对工作中可能遇到的风险的认知、风险发生的频率和影响程度的估计以及对现有风险管理措施的评价等。通过对问卷结果的统计和分析，企业可以发现一些共性的风险问题以及不同部门之间对风险的认知差异。例如，生产部门的员工可能会关注设备故障、原材料供应中断等风险；销售部门的员工则可能更关注市场需求变化、客户信用风险等。风险问卷调查能够调动员工参与风险管理的积极性，提高风险识别的全面性和准确性。

（五）风险识别工具应用

1. 引入“风险登记表”标准模板

风险登记表（见表 9–1）是一种标准化的工具，用于记录和跟踪企业面临的风险。

表 9–1　风险登记表

风险编号	风险类别	风险描述	责任人	应对策略
R001	市场风险	竞争对手推出新产品，市场份额下降	张三	加强市场调研，提前布局新产品研发
R002	技术风险	关键技术人才流失，项目进度受阻	李四	建立人才储备计划，加强技术培训

（1）模板结构。

风险编号：为方便管理与快速检索，可采用顺序编号，如从“R – 001”开始依次编排；也可根据风险类别分类编号，如市场风险以“MR – 001”开头，财务风险以“FR – 001”开头。这确保每个风险都有独一无二的标识，方便后续分类管理。

风险类别：清晰划分战略风险、市场风险、财务风险、运营风险、技术风险等。例如，市场份额被竞争对手抢占属于市场风险，而资金流动性不足则归为财务风险。通过明确分类，便于企业系统分析不同类型风险的特征和规律。

风险描述：详细记录风险的具体表现，如“因供应商 A 的生产设备突发故障，

导致原材料 × 供应中断，预计影响本季度 50% 的生产订单交付”，同时阐述其潜在影响，如“可能造成违约赔偿 [×] 万元，以及客户满意度下降，后续订单量减少 [×]%”，让风险的全貌一目了然。

责任人：指定具体的部门或个人负责跟进该风险，如市场风险由市场部经理负责，财务风险由财务总监负责，明确责任主体，增强风险管控的执行力。

应对策略：针对每种风险初步规划应对方法，如对于原材料供应中断风险，可制定“与供应商 B 建立紧急供应协议，在供应商 A 出现问题时，确保一周内恢复原材料供应”的策略，为后续风险管理提供明确方向。

（2）使用方法。

一旦识别出风险，相关人员应立即按照模板要求，将详细信息录入风险登记表。企业需定期（如每月或每季度）对登记表进行全面审查和更新，确保风险信息的时效性和准确性。各部门在记录风险时遵循统一模板，方便汇总整合，促进跨部门的风险沟通与协作。

2. 1 小时风险头脑风暴法

针对中小企业资源有限、时间紧迫的特点，提出一种快速有效的风险识别方法——1 小时风险头脑风暴法。

（1）操作流程。

每月由创始人或企业核心领导牵头组织头脑风暴会议。会议开始前，为核心团队成员发放便利贴和笔。在 1 小时内，成员们将各自在工作中发现的风险点写在便利贴上，无须过多阐述，力求快速记录。比如，技术部门成员可能写下“关键技术人员离职，影响项目进度”。然后，将所有便利贴收集起来，贴在白板上进行分类整理，共同讨论风险的优先级和应对方向。

（2）优势与注意事项。

这种方法高效快捷，能充分调动核心团队成员的积极性，在短时间内收集大量风险信息。注意会议氛围要轻松自由，鼓励成员畅所欲言，不要批评他人观点。同时，要合理把控时间，确保会议按计划进行。

案例：SAAS 初创公司的数据安全风险识别

某 SAAS 初创公司在与客户进行访谈时，发现客户对数据安全存在担忧。该公司随即组织技术团队进行风险评估，发现确实存在数据泄露的风险。为了避免潜在的数据泄露风险和可能的法律诉讼，该公司提前部署了数据加密技术，并加强了数据访问权限的管理。

启示：客户反馈是识别风险的重要途径之一。企业应重视并及时响应客户的担忧和需求，通过风险评估和应对措施来降低风险。同时，企业还应加强内部风险管理意识，确保所有员工都能认识到风险管理的重要性。

二、风险评估的方法、工具与实施路径

（一）定性分析

定性分析主要基于主观判断来评估风险的严重性和紧迫性。在进行定性分析时，通常会邀请相关领域的专家、企业管理层以及熟悉业务的员工组成评估小组，对识别出的风险进行深入讨论和评估。评估过程中会考虑风险发生的可能性、对企业目标的影响程度、风险的可控性等因素。例如，对于一项新的市场拓展计划，评估小组可能会认为由于市场竞争激烈，该计划成功的可能性较低，且一旦失败可能会对企业的市场份额和品牌形象造成较大影响，同时由于市场环境复杂多变，企业对该风险的可控性相对较弱。基于这些判断，评估小组可以将该风险定性为高风险或中高风险。定性分析的优点在于能够快速地对风险进行大致的分类和评估，为后续的风险管理决策提供初步的依据，但它的主观性较强，可能会受到评估人员经验和判断的影响。

（二）定量分析

定量分析则借助统计模型、风险矩阵等工具，对风险进行更为精确的量化计算。风险矩阵是一种常用的定量分析工具，它将风险发生的可能性和影响程度分别划分为不同的等级，形成一个矩阵表格。企业对每个识别出的风险因素在风险矩阵中进行定位，从而直观地了解其风险水平。例如，将风险发生的可能性分为高（0.8~1.0）、中（0.4~0.79）、低（0~0.39）三个等级，将影响程度分为重大（10~8）、较大（7~5）、中等（4~3）、较小（2~1）、微小（0）五个等级（数值范围仅为示例，可根据企业实际情况设定）。然后，根据具体的评估结果将风险因素对应到矩阵中的相应位置。如果一种风险发生的可能性为 0.6，影响程度为 6，则该风险位于风险矩阵的中风险区域。

除了风险矩阵，企业还可以使用统计模型进行更深入的定量分析。例如，通过建立概率分布模型，根据历史数据和相关因素预测风险事件发生的概率；利用回归分析模型分析风险因素与企业目标之间的量化关系，计算风险发生可能导致的损失金额等。定量分析能够为企业提供更客观、准确的数据支持，有助于企业进行风险优先级排序和资源分配，但它需要大量的数据支持和专业的统计知识，实施难度相

对较大。

（三）简易风险评估模型

简易风险评估模型是一种简化的定量分析工具，适用于中小企业快速评估风险。公式：

风险值 = 发生概率（1~5）× 影响程度（1~5）× 企业脆弱性（1~3）

说明：

发生概率：1 表示极不可能发生，5 表示极可能发生。

影响程度：1 表示影响极小，5 表示影响极大。

企业脆弱性：1 表示企业对风险的抵抗力强，3 表示企业对风险的抵抗力弱。

例如，某小微企业面临原材料价格上涨风险，经评估，发生概率为 3（中等），影响程度为 4（较大），企业脆弱性为 2（一般），则风险值 = 3 × 4 × 2 = 24。

应用场景：适用于小微企业在资源有限的情况下，快速对风险进行量化评估。通过计算风险值，企业可以直观地了解不同风险的严重程度，从而确定风险管理的重点。比如，企业在考虑是否拓展新市场时，利用该模型评估市场竞争风险、政策风险等，依据风险值判断是否值得投入资源。

三、风险评估误区

（1）过度依赖历史数据，忽视新兴风险：企业在风险评估时，往往习惯于参考历史数据，但随着市场环境的快速变化和技术的不断创新，新兴风险可能迅速出现。例如，在电商行业，过去主要关注物流配送和客户服务风险，但随着直播带货等新兴营销模式的兴起，主播违约、虚假宣传等新风险不断涌现，若企业仅依据历史数据评估风险，可能会忽视这些新兴风险。

（2）将可能性误判为必然性：风险评估中，不能将风险发生的可能性等同于必然性。比如，某企业预测市场需求下降的可能性为 30%，但在评估时却将其视为必然发生的情况，从而过度调整生产计划，导致产品供应不足，错失市场机会。

（3）忽视风险关联性（蝴蝶效应）：风险之间往往存在关联性，一个风险的发生。可能引发一系列连锁反应。例如，某制造企业的原材料供应商出现生产事故，导致原材料供应中断，这不仅影响企业的生产进度，还可能导致企业无法按时交付产品，引发客户投诉和索赔，进而影响企业的声誉和市场份额。企业在风险评估时，应充分考虑风险之间的关联性，避免因忽视这种关联而造成更大损失。

第三节　风险应对策略体系

一、风险规避的策略与实施

1. 风险规避的本质与条件

风险规避是指企业识别出潜在风险后，通过改变自身的行为或策略，避免与该风险相关的一切活动，从而彻底消除风险对企业造成的不利影响。这是一种较为激进但有效的风险应对策略，强调在风险发生之前采取预防措施，而不是在风险发生后进行补救。

风险规避策略的实施需要满足以下条件。

风险可识别性：企业必须能够准确识别出潜在的风险，明确风险的来源、性质和可能的影响范围。只有在充分了解风险的情况下，才能制定有效的规避策略。

风险不可控性：当企业通过其他方式（如风险降低、风险转移等）难以有效降低或控制风险时，风险规避成为一种必要的选择。例如，某些政策风险可能具有高度的不确定性和不可预测性，企业无法通过内部管理或外部合作来降低其影响，这时就需要考虑规避策略。

业务灵活性：企业需要具备一定的业务灵活性和适应性，能够在不失去核心竞争力的前提下调整业务模式、市场定位或产品结构。这要求企业具有灵活的组织架构、创新的思维和快速的决策机制。

2. 风险规避策略的实施步骤

（1）识别风险：通过各种风险识别方法（如历史分析、行业分析、专家访谈等），全面、深入地识别企业面临的各类风险。在这个过程中，需要重点关注那些可能对企业造成重大影响的风险，尤其是那些具有高度不确定性和不可控性的风险。

（2）评估风险：对识别出的风险进行定性和定量的评估，确定其发生的可能性、影响程度以及对企业目标的潜在威胁。这有助于企业更好地理解风险的性质和程度，从而为制定规避策略提供依据。

（3）定性评估：通过专家判断、团队讨论等方式，对风险的严重性和紧迫性进行主观评价。例如，可以使用风险矩阵来评估风险的优先级，将风险分为高、中、低三个等级。

（4）定量评估：利用统计模型、风险价值模型等工具，对风险进行量化计算。例如，可以通过建立概率分布模型，预测风险事件发生的概率和可能造成的损失金额。

（5）制定规避策略：根据风险评估的结果，制定相应的规避策略。这可能包括改变业务模式、市场定位或产品结构等。在制定策略时，需要考虑以下因素。

替代方案：寻找能够替代当前业务模式或市场定位的可行方案。例如，如果一个市场存在巨大的政策风险，企业可以考虑进入另一个具有稳定政策环境的市场。

成本效益分析：评估规避策略的成本和预期收益，确保策略的实施具有经济合理性。这需要考虑规避风险所需的资金、时间和资源，以及规避风险后可能带来的收益和竞争优势。

利益相关者的影响：考虑规避策略对利益相关者（如股东、员工、客户、供应商等）的影响，确保策略的实施能够得到各方的支持和理解。

实施与监控：将规避策略付诸实施，并对其效果进行持续监控。在实施过程中，企业需要密切关注市场动态、政策变化和其他外部因素，以便及时调整策略。同时，企业还需要建立有效的沟通机制，确保所有利益相关者都能够及时了解策略的实施情况和预期效果。

3. 工具应用：业务连续性评估表

（1）定义与作用：业务连续性评估表是一种用于评估企业在规避风险时可能面临的业务中断风险和机会成本的工具。它可以帮助企业全面了解风险规避策略对企业业务的潜在影响，从而更好地权衡规避风险与业务机会成本之间的关系。

（2）内容。

业务单元与流程：明确企业的各个业务单元和关键流程，如销售、生产、采购、研发等。

业务中断可能性：评估每个业务单元和流程在风险发生时中断的可能性，分为高、中、低三个等级。

业务中断影响程度：评估业务中断对企业的财务、声誉、客户关系等方面的影响程度，分为重大、较大、一般和轻微四个等级。

恢复时间：预计在风险规避策略实施后，企业恢复正常业务运营所需的时间。

成本效益分析：综合考虑规避策略的成本（如转型成本、市场推广成本等）和预期收益（如收入增加、市场份额扩大等），评估策略的经济合理性。

（3）使用方法。

数据收集：收集企业的业务数据、市场数据和财务数据，了解企业的业务运营状况和市场环境。

评估与分析：根据收集的数据，对每个业务单元和流程进行评估和分析，确定业务中断的可能性和影响程度。

制定策略：根据评估结果，制定相应的规避策略和业务连续性计划，确保企业在风险发生时能够迅速恢复正常运营。

持续监控：在策略实施过程中，持续监控企业的业务运营状况和市场环境，及时发现和解决问题，确保业务的连续性和稳定性。

风险规避策略是企业应对风险的重要手段之一，尤其在风险的不可控性和不确定性较高的情况下。通过提前识别和评估风险，制定和实施有效的规避策略，企业可以在一定程度上减少风险对企业造成的不利影响。

二、风险降低策略的落地措施

风险降低策略侧重于通过采取一系列措施来减少风险发生的可能性和影响程度。企业可以从改进内部流程、加强内部控制、提高员工素质、购买保险等多个方面入手实施风险降低策略。

（一）改进内部流程

对企业的业务流程进行全面梳理和优化，消除不必要的烦琐环节，提高工作效率和质量。例如，在生产流程中，通过引入先进的生产技术和设备，优化生产布局，加强生产过程中的质量控制，减少因生产失误导致的产品质量问题和生产延误风险。同时，优化供应链管理流程，加强与供应商的合作与沟通，确保原材料的稳定供应和质量可靠，降低供应链中断的风险。

（二）加强内部控制

建立健全的内部控制体系，规范企业的财务管理、人力资源管理、市场营销等各个方面的操作流程。加强对财务审批、资金使用、合同签订等关键环节的监督和管理，防止内部舞弊和操作风险的发生。例如，制定严格的财务管理制度，明确财务审批权限和流程，定期进行财务审计，确保财务数据的真实性和准确性；加强对合同的管理，规范合同签订、履行和变更的流程，防范合同纠纷带来的风险。

内部控制优化清单：通过具体的控制措施，进一步细化和优化内部控制，确保风险降低策略的有效实施。例如：

财务审批：单笔超 5 万元需双签，确保大额资金使用的审批严格性和透明度。

库存管理：每月循环盘点差异率 <0.5%，通过定期盘点和差异分析，及时发现和纠正库存管理中的问题。

客户信用：新客户首单预付 50%，降低应收账款的信用风险，确保资金回笼的稳定性。

（三）提高员工素质

员工是企业运营的核心力量，提高员工的专业素质和风险意识对于降低风险至关重要。企业可以通过开展培训、教育活动，提升员工的业务技能和知识水平，使其能够更好地应对工作中的各种风险。例如，组织安全生产培训，提高员工的安全意识和操作技能，减少生产事故的发生；进行风险管理培训，让员工了解企业面临的各种风险以及相应的应对措施，增强员工在日常工作中的风险防范意识和能力。

（四）购买保险

保险是一种常见的风险转移和降低手段。企业可以根据自身面临的风险情况，购买财产保险、责任保险、员工保险等各种保险产品，将可能发生的损失转移给保险公司。例如，购买财产保险可以在企业的固定资产如房屋、设备等遭受损失时获得相应的赔偿，减少财产损失对企业财务的影响；购买责任保险可以在企业因产品质量问题、环境污染等原因面临法律诉讼和赔偿责任时，由保险公司承担部分或全部赔偿金额，降低企业的法律风险和财务风险。

三、风险转移的方式与操作

风险转移是通过合同、保险或其他形式的协议将风险转移给第三方的策略。对于一些企业难以自行承担或管理的风险，风险转移可以是一种有效的应对方式。

（一）合同转移

在商业合同中，企业可以通过合理设置合同条款，将部分风险转移给合同对方。例如，在采购合同中，规定供应商对所提供产品的质量负责，并在一定期限内承担质量保证责任。如果产品出现质量问题，企业可以依据合同要求供应商进行赔偿或更换。在服务合同中，明确服务提供商的服务标准和违约责任，当服务未达到约定标准时，企业可以要求服务提供商承担相应的损失。通过合同转移风险，需要企业在签订合同前进行充分的风险评估和合同条款的协商，确保合同条款的合理性和有效性。

（二）保险转移

保险是风险转移的重要工具之一。企业可以根据自身的风险状况和保险需求，选择适合的保险产品进行投保。除了常见的财产保险和责任保险外，还有一些针对特定风险的保险，如信用保险、货运保险、职业责任保险等。信用保险可以在客户违约时为企业提供赔偿，降低应收账款的信用风险；货运保险可以保障货物在运输过程中的安全，减少因运输事故导致的货物损失风险；职业责任保险则可以为企业在提供专业服务过程中可能产生的责任风险提供保障。在选择保险产品时，企业需要仔细评估保险条款、保险费率、保险公司的信誉和理赔能力等因素，确保保险能够有效地转移风险。

（三）其他形式的转移

除了合同和保险，企业还可以通过其他方式将风险转移给第三方。例如，企业可以将某些非核心业务外包给专业的服务提供商，由外包商承担相应的业务风险。在信息技术领域，企业可以将 IT 运维服务外包给专业的 IT 公司，将数据安全风险、系统故障风险等转移给外包商。此外，企业还可以通过合作协议、战略联盟等方式与其他企业共同承担某些风险，实现风险的分担和转移。例如，在研发新产品时，企业可以与合作伙伴共同投资、共享技术和资源，同时也共同承担研发失败的风险。

四、风险接受的决策与准备

风险接受是在权衡成本与风险后，企业选择接受风险并制定相应的应对计划的策略。当某些风险发生的可能性较低，或者虽然风险发生的可能性较高，但潜在的损失较小，且企业采取其他应对策略的成本过高时，可以考虑采用风险接受策略。在采用风险接受策略时，企业并非对风险置之不理，而是需要制订应急计划或风险储备，以应对风险事件的发生。

（一）制订应急计划

应急计划是企业在风险发生时采取的一系列紧急应对措施的方案。它包括风险事件的识别和预警机制、应急响应流程、资源调配方案、沟通协调机制等内容。例如，对于可能发生的自然灾害导致的生产中断风险，企业可以制订应急生产计划，提前确定备用生产场地、储备必要的原材料和设备、建立应急救援队伍等，以便在灾害发生后能够迅速恢复生产，减少损失。应急计划需要定期进行演练和修订，以确保其有效性和可操作性。

（二）建立风险储备

风险储备是企业为应对可能发生的风险损失而提前预留的资金或其他资源。风险储备可以从企业的利润中提取，按照一定的比例进行积累。例如，企业可以设立专项的风险储备金账户，用于应对突发的财务风险、市场风险等。当风险事件发生导致企业遭受损失时，可以动用风险储备金进行弥补，从而减轻风险对企业财务状况的影响。建立风险储备需要企业根据自身的风险承受能力和风险评估结果，合理确定储备金的规模和使用方式。同时，企业还需要对风险储备金进行有效的管理和监督，确保其安全和合理使用。

风险管理是一个动态的过程，企业需要根据内外部环境的变化不断调整和完善风险应对策略。通过综合运用风险规避、风险降低、风险转移和风险接受等策略，并结合有效的风险监控与调整机制，企业能够更好地应对各种风险挑战，实现可持续发展的目标。

第四节　风险动态监控与迭代机制

一、风险监控的重要性及实施方法

风险监控是风险管理过程中不可或缺的持续环节，其重要性在于能够实时跟踪风险状况的变化，确保企业及时发现新出现的风险因素以及原有风险的演变情况。通过有效的风险监控，企业可以验证风险应对策略的有效性，及时调整策略以适应不断变化的内外部环境，从而保障风险管理目标的实现。风险监控的方法多种多样，以下是一些常见的工具和手段。

（一）风险报告

定期向管理层和董事会提交详细的风险报告是风险监控的重要方式之一。风险报告应涵盖风险的现状、风险应对措施的进展情况、风险指标的变化趋势等关键信息。例如，每月或每季度编制风险报告，详细分析各类风险的发生频率、影响程度是否在预期范围内，以及已采取的风险降低措施所取得的成效。对于重大风险事件，应及时进行专项报告，提供深入的分析和建议。通过风险报告，管理层能够全面了解企业面临的风险态势，为决策提供有力支持。

（二）风险预警系统

建立风险预警系统能够帮助企业在风险事件发生前及时察觉潜在风险，并采取相应的措施进行防范。该系统设置了一系列敏感的风险指标和阈值，当风险指标达到或超过预设的阈值时，自动触发警报。例如，对于财务风险，可以设定资金流动性指标、资产负债率指标等，当企业的资金流动性低于一定水平或资产负债率超过安全范围时，预警系统发出警报。风险预警系统需要结合企业的实际情况和行业特点进行设计，确保指标的合理性和有效性。同时，要建立相应的响应机制，确保一旦收到预警信号，能够迅速采取行动，如启动应急计划、调整业务策略等。

（三）关键绩效指标监控

将风险相关的关键绩效指标纳入企业的日常监控体系，通过对这些指标的持续跟踪和分析，及时发现风险的端倪。例如，对于市场风险，可以关注市场份额、销售额增长率、客户满意度等指标；对于信用风险，可以监控应收账款周转率、逾期账款比例等。通过定期对比这些关键绩效指标的实际值与目标值或历史数据，企业可以判断风险的变化趋势，及时发现异常情况。如果某一时期市场份额突然下降或应收账款周转率明显降低，可能意味着企业面临着市场竞争加剧或客户信用状况恶化等风险，需要进一步深入分析原因并采取相应的措施。

二、适应性调整的必要性与策略探讨

（一）适应性调整的必要性

企业所处的内外部环境处于不断变化之中，风险监控的结果往往需要促使企业对风险管理策略进行适应性调整。这种调整是确保风险管理策略始终与企业实际情况相契合，有效应对风险挑战的关键。

（二）策略探讨

1．市场变化

市场需求、竞争格局、价格波动等市场因素的变化可能导致企业面临的风险状况发生改变。例如，新兴竞争对手的出现可能加剧市场竞争，使企业原有的市场份额面临威胁，此时企业需要重新评估市场风险，并调整市场营销策略和竞争应对措施。如果市场需求出现转向，企业则需要及时调整产品结构或研发方向，以适应市场变化，降低因市场需求变化带来的风险。

2．政策调整

政府的宏观经济政策、产业政策、税收政策等的调整对企业的经营和发展具有重要影响。例如，税收政策的变化可能直接影响企业的税负成本，产业政策的导向可能决定企业所处行业的发展前景。企业应密切关注政策动态，及时分析政策调整对自身的影响，并相应地调整风险管理策略。例如，当政府出台鼓励环保产业的政策时，从事相关行业的企业可以加大环保投入，享受政策优惠，同时降低因环保不达标而面临的政策风险；而对于受到政策限制的行业，企业可能需要考虑业务转型或多元化发展，以分散政策风险。

3．技术进步

快速发展的技术创新可能使企业面临技术替代风险、技术研发失败风险等。如果企业不能及时跟上技术进步的步伐，可能会在市场竞争中处于劣势。因此，企业需要持续关注行业技术发展趋势，提高对技术研发的投入和管理水平，评估技术进步对企业现有业务和未来发展的影响。当新技术出现可能对企业产生重大影响时，企业应及时调整技术战略，如加大研发投入、开展技术合作、引进先进技术等，以降低技术风险，把握技术创新带来的机遇。

4. 企业内部变化

企业自身的战略调整、组织架构变革、人员变动等内部因素也可能影响风险状况和风险管理策略的有效性。例如，企业实施扩张战略，进入新的市场领域或开展新的业务项目，可能会面临新的市场风险、运营风险等。此时，企业需要对新业务进行全面的风险评估，制定相应的风险管理措施，并整合到企业的整体风险管理体系中。组织架构的变革可能影响风险管理的职责分工和沟通协调效率，企业需要相应地调整风险管理流程和机制，确保风险管理工作的顺利开展。人员变动尤其是关键岗位人员的流失可能导致风险管理经验和知识的缺失，企业需要加强人才培养和知识传承，保障风险管理团队的稳定性和专业性。

（三）实现适应性调整的策略

1. 建立定期评估机制

定期对风险管理策略进行全面评估，包括风险识别的完整性、风险评估的准确性、风险应对措施的有效性等方面。评估周期可以根据企业的行业特点、经营规模和风险状况等因素确定，一般建议每半年或每年进行一次全面评估。在评估过程中，充分收集内外部信息，广泛征求各部门和相关利益者的意见，确保评估结果的客观性和全面性。

2. 强化沟通与协作

风险管理涉及企业的各个部门和层面，需要建立良好的沟通与协作机制。加强不同部门之间关于风险信息的共享和交流，确保风险管理部门能够及时了解企业内部的变化情况以及各部门面临的风险问题。同时，促进风险管理部门与其他部门在制定和实施风险应对策略时的协作配合，形成合力应对风险。例如，财务部门与风险管理部门共同制定财务风险应对措施，市场营销部门与风险管理部门协同应对市场风险等。

3. 培养风险意识与应变能力

通过培训、宣传等方式，提高全体员工的风险意识，使员工认识到风险管理的重要性，并了解自身在风险管理中的职责和作用。同时，注重培养员工的应变能力，鼓励员工在面对风险变化时积极提出建议和解决方案。企业可以开展风险管理培训课程、案例分析研讨会等活动，提升员工的风险识别和应对能力。此外，建立激励机制，对在风险管理工作中表现出色的员工给予适当奖励，激发员工参与风险管理的积极性和主动性。

4. 借助外部专业力量

当企业面临复杂的风险问题或重大的战略决策时，可以考虑借助外部专业机构的力量，如咨询公司、会计师事务所、律师事务所等。这些专业机构具有丰富的行业经验和专业知识，能够为企业提供客观、专业的风险评估和建议。例如，在企业进行跨国并购或重大投资项目时，聘请专业的财务顾问和法律顾问，对项目中的财务风险、法律风险等进行全面评估，并制定相应的风险管理方案。通过与外部专业力量的合作，企业可以获取更广阔的视角和更先进的风险管理理念与方法，提升风险管理水平。

通过持续的风险监控与适应性调整，企业能够不断优化风险管理策略，提高风险应对能力，增强企业在动态环境中的适应性和竞争力，实现可持续发展的目标。在风险管理过程中，企业应将风险监控与调整视为一个有机的整体，不断完善风险管理体系，确保风险管理工作的有效性和及时性，为企业的稳定运营和发展保驾护航。

第五节　战略协同与价值创造

一、风险定价能力构建

风险调整后的资本回报率（RAROC）应用：RAROC 是衡量风险调整后收益的指标，通过将风险因素纳入资本回报率计算，帮助企业评估投资项目或业务活动的真实收益。中小企业可运用 RAROC 分析不同业务的风险与回报，优化业务组合，将资源分配到风险调整后收益较高的领域。

风险溢价在定价策略中的量化体现：风险溢价是投资者因承担风险而要求的额外回报，企业在定价策略中应考虑风险溢价因素。对于高风险产品或服务，适当提高价格以补偿潜在风险；对于低风险产品或服务，定价可相对较低。通过量化风险溢价，企业能更合理地制定价格，实现风险与收益的平衡。

二、风险资本优化配置

经济资本模型在小微企业的简化应用：经济资本模型用于衡量企业为应对风险所需持有的资本量，小微企业可简化应用该模型，根据自身风险状况和风险承受能力，确定合理的经济资本水平。通过优化经济资本配置，企业可在保证风险可控的前提下，提高资本使用效率。

风险加权资产回报率（RoRWA）分析：RoRWA 是衡量企业风险资产盈利能力的指标，通过分析 RoRWA，企业可评估不同业务或资产的风险与回报关系，优化资产配置，提高整体盈利能力。

三、风险价值传递机制

通过风险披露提升资本市场估值：及时、准确地向投资者披露风险信息，展示企业对风险的有效管理，可增强投资者信心，提升企业在资本市场的估值。中小企业应建立健全风险披露制度，定期发布风险报告，向投资者传递企业风险管理的透明度和有效性。

风险对冲策略创造的套期会计价值：风险对冲策略如套期保值，可降低企业面临的风险，同时创造套期会计价值。通过合理运用套期会计方法，企业可了解套期保值活动对财务状况和经营成果的影响，提高财务报表的准确性和透明度。

第六节　风险管理工具箱

一、基础工具

（一）风险矩阵

风险矩阵是一种极为实用的基础风险管理工具，它将风险发生可能性和影响程度这两大关键维度紧密结合，构建出一个简洁直观的风险分析框架。在实践中，对风险发生可能性的判定通常分为高、中、低三个等级。高可能性意味着风险事件在近期内有较大概率发生，比如在一个竞争激烈且市场需求不稳定的行业中，竞争对手推出极具竞争力的新产品这一风险事件，发生可能性较高；低可能性则表示风险事件发生的概率极低，如在一个受严格政策保护、市场格局稳定的行业，新的强大竞争对手突然进入的可能性就较低。影响程度的划分则需充分结合企业自身的规模、财务状况、市场地位等具体情况，一般可分为严重、较大、一般、较小等多个等级。

严重影响可能致使企业遭受重大财务损失，如资金链断裂、巨额亏损等，甚至可能使企业声誉严重受损，面临生存危机，例如，一家食品企业因食品安全问题被曝光，导致产品大量滞销、品牌形象崩塌；较大影响会对企业的运营和发展产生显著阻碍，像企业因关键技术人员大量流失，导致产品研发进度滞后，市场份额被竞争对手抢占；一般影响是在一定程度上影响企业的业务开展，比如原材料价格的小幅波动，会增加企业的生产成本，但通过合理的成本控制措施尚可应对；较小影响对企业的干扰相对轻微，如办公设备的偶尔故障，对整体业务影响不大。通过风险矩阵，企业能够清晰直观地看到不同风险在矩阵中的分布位置，快速聚焦重点风险。例如，处于高可能性和严重影响交叉区域的风险，无疑是企业当下最为紧迫、需要优先处理的，企业可据此合理分配风险管理资源，制定精准有效的风险应对策略。

（二）SWOT 分析

SWOT 分析作为一种被广泛应用的战略分析工具，通过对企业内部的优势（Strengths）、劣势（Weaknesses）和外部的机会（Opportunities）、威胁（Threats）展开全面且系统的剖析，助力企业全方位、深层次地认识自身处境，精准识别面临的风险与机遇。从风险识别角度来看，企业可从劣势和威胁两个维度深入挖掘。企业内部劣势可能涵盖技术短板，例如，在高新技术产业中，部分企业缺乏自主研发核心技术的能力，过度依赖外部技术引进，在技术更新换代时容易受制于人；资金不足使得企业在市场拓展、研发投入、设备更新等方面有心无力；人才短缺导致企业创新能力不足、业务执行效率低下；管理不善则可能引发内部沟通不畅、决策失误、运营成本增加等问题，这些劣势会使企业在市场竞争中处于明显的不利地位，极大地增加风险发生的可能性和影响程度。威胁主要源于外部环境，如竞争对手的新策略，可能是推出更具性价比的产品、开展大规模的市场推广活动等，抢占企业的市场份额；市场需求的突然变化，如消费者偏好转向新兴产品，会使企业现有产品滞销；政策法规的调整，像环保政策趋严，对高污染企业的生产经营造成限制；技术的快速更新换代，让技术落后的企业面临被淘汰的风险。通过对这些风险因素的细致分析，企业能够制定出极具针对性的战略，充分发挥自身优势，如利用自身的品牌优势加强市场推广；克服劣势，如加大研发投入弥补技术短板；抓住机会，如借助政策扶持拓展新业务领域；有效应对威胁，如通过差异化竞争策略应对竞争对手的挑战。

（三）流程图法

流程图法以图形化的方式，将企业复杂的业务流程清晰直观地展示出来，使企业能够一目了然地把握各个业务环节之间的内在关系和运作顺序。在绘制流程图时，务必详细描述每个环节的输入、输出、操作步骤以及涉及的人员和部门。例如，在一个电子产品制造企业的生产流程中，原材料采购环节的输入是采购需求计划，输出是合格的原材料，操作步骤包括供应商筛选、采购合同签订、货物验收等，涉及采购部门、质量检验部门等；生产环节的输入是原材料，输出是成品，操作步骤涵盖零部件加工、产品组装、质量检测等，涉及生产车间、质检部门等。通过对流程图的深度剖析，企业能够精准识别流程中的风险点和潜在问题。在原材料采购环节，可能存在供应商交货延迟，导致生产停滞；供应商提供的原材料质量不合格，影响产品质量。生产环节可能出现设备故障，造成生产中断；工艺缺陷导致产品次品率上升。销售环节可能面临客户信用风险，如客户拖欠货款；订单流失，可能是因为竞争对手的低价策略或更好的服务。一旦识别出这些风险点，企业就可以有的放矢地优化业务流程，如在原材料采购环节增加供应商审核环节，对供应商的生产能力、信誉、产品质量等进行严格评估；加强设备维护保养，制订定期维护计划，降低设备故障率；完善客户信用评估体系，对客户的信用状况进行全面调查和评估，降低信用风险。流程图法还能帮助企业敏锐发现流程中的冗余环节和不合理之处，通过简化和优化流程，减少不必要的操作步骤和资源浪费，提高资源利用效率，降低运营成本。

二、进阶工具

（一）蒙特卡洛模拟

蒙特卡洛模拟是一种基于概率统计原理的强大风险量化评估工具。它通过构建复杂而精准的数学模型，对风险事件的发生概率和影响程度进行逼真模拟。在实际应用时，首先要全面梳理影响风险的各类因素，并为每个因素合理设定概率分布。以投资项目风险评估为例，可能涉及市场需求，其波动受到消费者偏好、经济形势、竞争对手产品等多种因素影响；产品价格会因市场供需关系、原材料成本、行业竞争等因素而变化；原材料成本受原材料市场价格波动、供应商议价能力等因素制约；利率受宏观经济政策、金融市场波动等因素影响。这些因素的变化均具有不确定性，企业需收集大量的历史数据、市场调研信息以及行业研究报告，运用数据分析方法，为这些因素设定合理的概率分布，如正态分布适用于一些受多种随机因素影响且波动相对稳定的变量，均匀分布则适用于在一定范围内等概率取值的变量。然后，借助计算机程序进行海量的随机模拟，每次模拟都依据设定的概率分布随机生成各个因素的值，进而精确计算出风险事件的结果。通过多次模拟，企业能够得到风险事件各种可能结果的概率分布，从而对风险进行全面、精准的量化评估。蒙特卡洛模拟的显著优势在于它能够充分考虑多种风险因素之间的相互作用，突破了传统风险评估方法只能孤立分析单个因素的局限。例如，在评估一个化工项目的投资风险时，原材料价格的波动不仅会直接增加或降低生产成本，还可能通过影响产品价格，改变市场需求，进而间接影响项目的收益。蒙特卡洛模拟可以综合考量这些因素之间错综复杂的关系，为企业提供更全面、准确的风险评估结果，助力企业做出更为科学合理的决策。

（二）压力测试

压力测试是一种评估企业在极端市场条件或风险事件下风险承受能力的关键工具。通过模拟各种极端情况，如市场暴跌，可能是由于经济危机、重大政策调整等原因导致股市、房地产市场等大幅下跌；利率大幅波动，可能是央行货币政策调整、国际金融市场动荡等因素引起；原材料价格飙升，可能是原材料产地发生自然灾害、国际政治局势变化等导致供应减少；重大自然灾害，如地震、洪水、台风等对企业的生产设施、供应链造成严重破坏，企业可以全面检验自身的财务状况、业务运营和风险管理体系在这些不利情况下的应对能力。在进行压力测试时，首先要精心确定测试的情景和指标。测试情景应具有高度的代表性和挑战性，能够真实反映企业可能面临的最恶劣情况。指标可以涵盖财务指标，如资产负债率反映企业的债务负担和偿债能力；流动性比率衡量企业资产迅速变现以偿还债务的能力；净利润体现企业的盈利能力。业务指标如销售额反映企业的市场表现；市场份额展示企业在行业中的竞争地位；生产能力利用率体现企业生产资源的利用程度。然后，根据设定的测试情景，运用专业的数据分析软件和模型，对企业的相关数据进行模拟计算，深入分析在极端情况下企业的各项指标变化情况。例如，一家银行在进行压力测试时，模拟了房地产市场崩溃的情景，详细分析了该情景下银行的房地产贷款违约率、不良贷款率、资本充足率等指标的变化。通过压力测试，企业可以精准发现自身存在的潜在风险和薄弱环节，提前制定应急预案。例如，企业可以储备足够的现金或流动性资产，如短期国债、高流动性的理财产品等，以应对资金紧张的情况；优化业务结构，降低对单一市场或产品的过度依赖，开展多元化经营；加强风险管理体系建设，完善风险预警机制，提高风险应对能力。

三、中小企业特色风险管理工具应用

（一）针对创始人风险的管理工具应用

1. 关键人风险缓释

对于中小企业而言，创始人或关键人物往往在企业的发展进程中扮演着核心角色，他们的离开极有可能对企业的运营产生重大冲击。因此，制订科学合理的继任计划是关键人风险缓释的重要举措。继任计划应提前深入挖掘潜在的继任者，通过内部选拔、外部招聘等方式，选出具有潜力和能力的人才。为他们提供系统、全面的培训和发展机会，制定个性化的培训方案，涵盖领导力培训、业务技能培训、战略规划培训等，使其具备胜任关键岗位的综合能力。同时，建立完善的知识管理体系至关重要。通过建立知识库，将创始人或关键人物的经验、技术、客户资源等知识以文档、视频、案例等形式进行存储和分类管理；开展内部培训课程，由创始人或关键人物亲自授课，传授实践经验和专业知识；实施导师制度，让创始人或关键人物与潜在继任者建立一对一的指导关系，进行言传身教。例如，一家技术型中小企业的创始人掌握着核心技术，为了降低创始人离开带来的风险，企业提前在内部选拔了几位有潜力的技术骨干，安排他们参与重要项目，由创始人亲自指导，在项目实践中积累经验、提升能力。企业定期组织技术交流和培训活动，邀请行业专家进行技术讲座，分享最新技术动态和研发经验。同时，建立了详细的技术文档和知识库，记录了企业的技术研发过程、关键技术要点和解决方案，方便后续人员查阅和学习，确保企业的核心竞争力不会因人员变动而受到影响。

2. 个人资产与企业风险隔离策略

中小企业的创始人通常将大量的个人资产投入企业中，使得企业风险与个人资产紧密相连。为了切实保障创始人的个人财产安全，需要通过合理的法律和财务安排，将个人资产与企业资产进行有效隔离。在法律方面，精心选择合适的企业组织形式，如有限责任公司，股东以其认缴的出资额为限对公司承担责任；股份有限公司，股东以其认购的股份为限对公司承担责任，这些组织形式能够在一定程度上限制创始人的个人责任。同时，签订完善的股东协议，明确股东之间的权利和义务，规定利润分配方式、决策权行使、股权退出机制等，避免因企业经营问题引发的股东纠纷。在财务方面，建立独立的个人财务账户和企业财务账户，严格区分个人收支和企业收支。例如，创始人的个人消费支出不得从企业账户中列支，企业的经营收入也应及时转入企业账户，避免公私账户混用。避免将个人资产随意用于企业的债务担保或其他风险活动。例如，创始人可以将个人房产、存款等资产进行合理的规划和管理，不将其直接与企业的债务挂钩。同时，在企业融资时，谨慎选择担保方式，尽量避免以个人资产提供无限连带责任担保，可采用资产抵押、保证担保等相对风险较小的方式。

（二）针对非对称风险的管理工具应用

1. 黑天鹅事件应急预案

黑天鹅事件是指那些具有意外性、重大影响且难以预测的风险事件。为了有效应对黑天鹅事件，中小企业首先需要精准测算最低可持续运营的现金储备。通过对企业的运营成本（包括原材料采购成本、员工工资、水电费、租金等）、固定支出（如设备折旧、贷款利息等）、业务周期（如产品生产周期、销售回款周期）等因素进行详细分析，确定企业在面临突发事件时有一定的局限性。企业在使用敏感性分析时，需要结合实际情况进行综合判断。

2. 生态化风险共担

参与产业集群风险池建设，与其他企业共同出资设立风险储备基金，应对共同面临的风险；加入行业协会联合避险方案，共享风险信息和应对资源，提高行业的整体抗风险能力。

CHAPTER 10

第十章
战略财务管理的实施与全面保障体系

引　言

在如今竞争激烈的商业环境中，中小企业想要实现可持续发展，战略财务管理发挥着至关重要的作用。战略财务管理并非孤立的活动，而是一项系统工程，它需要有条不紊、分步骤地推进，并且深度融入企业的日常运营中，成为企业发展的强大助力。

第一节　实施战略财务管理的步骤与核心流程

战略财务管理的实施需要明确的步骤和核心流程，以确保企业能够将财务管理与战略目标紧密结合，实现资源的高效配置和风险的有效管控。

一、明确战略定位与目标设定

（一）宏观视角与市场洞察

企业需要从宏观视角出发，深入剖析市场趋势，洞察竞争对手的策略调整与市场布局。通过市场调研、行业分析和竞争对手情报收集，结合自身优势，明确长远发展方向。例如，通过 SWOT 分析来评估企业与竞争对手的相对位置，从而确定差异化竞争优势。

（二）具体且可量化的财务目标

结合企业整体战略，设定具体且可量化的财务目标，如利润增长率、成本控制目标和资本结构优化比例。这些目标应既有挑战性又能实现。例如，设定未来三年内利润增长率达到 15%，成本控制在收入的 30% 以内，资产负债率控制在 50% 以下。目标的设定需要基于市场环境、企业资源和战略重点，确保目标的合理性和可行性。

二、构建风险识别与管理体系

（一）专业工具与风险识别

使用专业工具识别市场风险（如汇率波动、利率变化）、信用风险（如客户违约）和流动性风险（如资金短缺）。例如，通过风险矩阵、敏感性分析、情景分析等工具，对各类风险进行系统识别和评估。

（二）预防和应对措施

制定针对性强的预防和应对措施，包括风险规避（如避免高风险投资）、减轻（如通过保险转移风险）、转移（如通过金融衍生品对冲风险）和接受（如预留风险准备金）策略。

（三）风险监控机制

建立完善的风险监控机制，实时跟踪风险因素的变化。通过实时监控系统和定期风险评估报告，确保风险在可控范围内。例如，设立风险预警指标，当指标达到阈值时及时发出警报。

三、优化资源配置与提升效率

（一）合理分配财务资源

依据战略目标，合理分配财务资源，优先支持高增长潜力和竞争优势的项目。例如，对于研发项目给予充足的资金支持，以推动技术创新；对于市场拓展项目提供必要的资金保障，以扩大市场份额。

（二）资源配置效率评估机制

建立定期的资源配置效率评估机制，通过 ROI、EVA 等指标，评估资源配置的效率，及时调整低效投资。例如，对长期亏损的业务进行战略调整或剥离，将资源重新分配到更有潜力的领域。

四、建立绩效评估与反馈机制

（一）综合绩效指标体系

构建包含财务和非财务指标的绩效指标体系，全面反映战略执行效果。财务指标包括净利润、现金流、资产负债率等；非财务指标包括客户满意度、员工满意度、市场份额等。例如，采用平衡计分卡方法，从财务、客户、内部流程和学习成长四个维度进行评估。

（二）定期绩效评估与反馈

实施定期绩效评估，及时反馈评估结果，并根据评估结果调整战略执行策略。例如，通过绩效面谈和绩效改进计划，帮助员工提升工作绩效；根据部门绩效评估结果，优化资源配置和业务流程。

五、强化持续学习与创新驱动

（一）持续学习与知识更新

鼓励团队成员持续学习，关注新知识、新技术。提供培训机会、学习资源和学习时间，例如组织内部培训课程、邀请外部专家讲座、提供在线学习平台，帮助员工不断提升专业技能和综合素质。

（二）财务管理创新与数字化工具应用

鼓励财务管理创新，应用数字化工具提高决策效率。例如，通过智能财务分析工具，快速生成财务报表和分析报告；利用大数据分析预测市场需求和销售趋势；通过人工智能工具进行智能审计和风险预警。

第二节　构建战略财务管理的保障措施与机制

战略财务管理的实施需要完善的保障措施和机制，以确保各项策略能够有效落地并持续优化。

一、组织结构与职责保障

（一）战略财务管理团队建设

建立专门的战略财务管理团队，明确财务分析师、风险管理人员、预算编制人员等的职责分工。例如，设立战略规划经理、风险管理专员等岗位，确保团队成员各司其职，协同工作。

（二）跨部门协作机制

建立跨部门协作机制，确保财务部门与业务部门之间的信息共享和协同工作。例如，定期召开跨部门会议，共同讨论战略目标、预算执行情况和风险管理措施，确保各部门之间的目标一致性和行动协同性。

二、制度规范与流程保障

（一）完善预算管理制度

完善预算管理制度，加强成本控制和风险管理制度，强化内部审计制度。例如，制定全面预算管理制度，包括预算编制、执行、调整和考核等环节；采用零基预算方法，从零开始编制预算，确保预算的合理性和有效性。

（二）强化内部控制体系

建立预算管理、风险管理、合规审计等环节的内部控制体系，通过内部控制制度，确保财务活动的合规性和安全性。例如，建立授权审批制度，明确各级管理人员的审批权限；定期进行内部控制审计，发现和纠正内部控制缺陷。

（三）常态化审查合规性

定期审查财务活动，确保合规性。例如，聘请外部审计机构进行合规性审计，出具审计报告并提出改进建议；建立内部合规性审查机制，定期检查财务活动是否符合法律法规和内部制度要求。

三、信息系统与技术保障

（一）财务管理信息系统建设

构建先进的财务管理信息系统，实现数据的实时共享与分析。例如，采用 ERP 实现财务、采购、销售、生产等业务模块的集成，提高数据处理效率和信息共享水平。

（二）新兴技术应用

应用 ERP、云计算、大数据和人工智能技术提升效率。例如，利用云计算技术实现财务数据的存储和备份；利用大数据技术进行数据分析和预测；通过人工智能工具进行智能审计和风险预警。

四、企业文化与理念保障

（一）企业文化培育

营造数据驱动、风险管理、团队协作的企业文化。通过内部宣传、培训和团队建设活动，使全体员工树立数据意识、风险意识和团队合作意识。例如，定期组织数据分析培训课程，推广数据可视化工具；设立风险管理培训日，定期开展风险管理知识竞赛。

（二）全员意识提升

提升全员的成本意识和风险管理意识，通过内部宣传和培训，使全体员工认识到成本控制和风险管理的重要性，主动参与成本控制和风险管理活动。例如，通过内部宣传栏、企业内刊和培训课程，宣传成本控制和风险管理的成功案例和经验教训。

第三节　完善与优化财务管理体系与流程

财务管理体系与流程的完善与优化是战略财务管理实施的重要基础，通过标准化、制度化和信息化手段，提升财务管理的效率和质量。

一、推进财务流程标准化建设

（一）流程识别与分析

细致梳理现有流程，识别瓶颈和冗余环节，确保流程的合规性和高效性。例如，通过流程图分析，找出财务审批流程中的冗余环节；通过时间分析，确定各环节的处理时间，找出处理时间过长的环节。

（二）流程优化

简化不必要的环节，采用自动化工具，提高流程效率。例如，采用电子审批系统，减少纸质文件的传递时间；通过自动化财务软件，实现财务数据的自动采集和处理。

（三）标准化文档制定

制定流程图、操作指南和常见问题解答，确保操作规范。例如，制定详细的财务报销流程标准，明确报销的条件、流程和审批权限；编制财务核算操作指南，规范财务核算流程。

（四）培训与执行

对员工进行标准化流程培训，确保新流程得到有效执行。例如，通过内部培训课程和在线学习平台，对新入职员工进行流程培训；定期组织流程培训复习，确保员工熟悉并能够严格执行标准化流程。

二、制定并执行相关制度与政策

（一）财务政策制定

明确预算管理、成本控制、资金使用和会计核算的方法。例如，制定资金集中管理制度，统一管理企业资金；制定成本控制政策，明确成本控制的具体措施和方法。

（二）内部控制体系建立

建立预算管理、风险管理、合规审计等环节的内部控制体系，通过内部控制制度，确保财务活动的合规性和安全性。例如，建立授权审批制度，明确各级管理人员的审批权限；建立内部审计制度，定期进行内部审计，发现和纠正财务违规行为。

（三）合规性审查常态化

定期审查财务活动是确保企业合规经营的重要手段。企业要建立健全合规性审查机制，明确审查的内容、标准和流程。审查内容包括财务报表的编制是否符合会计准则和相关法律法规的要求，税务申报是否准确、及时，资金使用是否符合企业的财务政策和审批程序等。例如，在税务申报方面，企业要定期对税务申报数据进行审查，确保申报数据的准确性，避免因税务违规而面临罚款、滞纳金等风险。同时，要关注国家税收政策的变化，及时调整企业的税务规划策略，确保企业在合法合规的前提下降低税务成本。

第四节　财务管理团队的建设、能力提升与激励设计

在当今复杂多变的商业环境中，战略财务管理的成功实施离不开一个高素质、高效率的财务管理团队。这个团队不仅要具备扎实的财务专业知识，更要拥有敏锐的战略洞察力、卓越的问题解决能力以及良好的团队协作精神。

一、引进与培养专业财务管理人才

（一）招聘策略

制定针对性招聘标准，注重候选人的战略思维和解决问题的能力。对于战略财务管理岗位，要求应聘者不仅具备扎实的财务专业知识，还需对市场动态、行业趋势有敏锐的洞察力，能够从战略层面为企业的财务决策提供支持。例如，在招聘财务经理时，除了考察其财务分析、预算管理等常规技能外，还可通过案例分析、情景模拟等面试环节，评估其在复杂市场环境下制定财务战略的能力。

（二）持续培训与发展

为员工提供定期培训，帮助他们及时关注行业动态，不断提升管理技能。培训内容可涵盖财务管理的前沿理论、最新的税收政策解读、数字化工具在财务领域的应用等。例如，组织员工参加 CMA 培训课程，提升其管理会计知识水平；开展关于财务数据分析工具如 Python、R 语言的培训，增强员工的数据处理和分析能力，使其能够更好地应对数字化时代的财务管理需求。

二、设计并实施有效的激励机制

（一）绩效奖金

建立科学合理的绩效奖金制度，将员工的工作绩效与奖金挂钩。明确绩效评估的指标和标准，确保评估过程公平、公正、透明。及时反馈绩效结果，让员工清楚了解自己的工作表现与奖金的关系。例如，对于在成本控制方面表现出色，成功降低企业运营成本的团队或个人，给予相应的绩效奖金奖励，激励员工积极为企业创造价值。

（二）职业发展路径

为员工提供多样化的职业晋升渠道，根据员工的兴趣、能力和职业规划，为其制定个性化的职业发展路径。例如，设立财务分析师、财务经理、财务总监等不同层级的职位，明确每个职位的职责和晋升要求，让员工看到自己在企业中的发展前

景。同时，为员工提供跨部门轮岗的机会，拓宽其业务视野，提升综合能力，为晋升到更高的管理岗位奠定基础。

（三）灵活的工作安排

推行弹性工作制度，允许员工在一定范围内自主安排工作时间，提高员工的工作满意度和生活质量。例如，采用压缩工作周、远程办公等方式，让员工在完成工作任务的前提下，更好地平衡工作与生活。这不仅有助于提高员工的工作积极性和忠诚度，还能吸引更多优秀人才加入企业。

三、塑造积极向上的财务文化

（一）数据驱动文化

培养员工的数据意识，让他们认识到数据在财务管理中的重要性。鼓励员工利用数据分析工具，对财务数据进行深入挖掘和分析，为企业决策提供有力支持。例如，定期组织数据驱动决策的案例分享会，邀请优秀员工分享如何通过数据分析发现企业的成本控制关键点、优化资源配置等，激发员工运用数据的积极性。

（二）风险管理文化

增强员工的风险意识，建立完善的风险管理机制。通过培训、案例分析等方式，让员工了解企业面临的各类风险以及相应的应对措施。例如，开展风险管理培训课程，讲解市场风险、信用风险、流动性风险等的识别、评估和应对方法；定期组织风险案例研讨会，分析企业内部或行业内的风险事件，从中吸取经验教训，提高员工的风险防范能力。

（三）团队协作文化

促进团队成员之间的合作与交流，打破部门壁垒，提高工作效率。例如，组织团队建设活动，增强团队凝聚力；建立跨部门项目小组，共同完成企业的重要财务项目，如年度预算编制、财务战略规划等，在项目实施过程中加强团队协作，培养员工的团队合作精神。

第五节　信息化、数字化在财务管理的深度融合

在当今快速发展的商业环境中，信息化与数字化已成为企业提升核心竞争力的关键驱动力。尤其对于中小企业而言，通过有效实施信息化与数字化策略，不仅能够降低成本、提高效率，还能够增强决策的科学性与精准度，从而更好地应对市场挑战。

一、深入实施数字化转型战略

（一）系统整合与优化

进一步整合 ERP、CRM、供应链管理（SCM）等系统，确保数据在不同系统之间的标准化和一致性。通过数据接口和中间件技术，实现各系统之间的数据实时传输和共享，避免数据重复录入和不一致的问题。例如，将销售订单数据从 CRM 系统自动同步到 ERP 和 SCM 系统，实现销售、生产、采购等环节的协同运作，提高企业整体运营效率。

（二）自动化流程的拓展

不断扩展自动化工具的应用范围，推动更多的财务管理流程实现自动化。除了财务机器人处理发票录入、费用报销审核等常规工作外，还可将自动化应用于财务报表生成、财务分析报告撰写等环节。例如，利用自动化报表工具，根据预设的模板和数据规则，自动生成月度、季度和年度财务报表，能大大缩短报表的编制时间，提高数据准确性。

（三）实时数据分析的深化

持续优化数据分析模型，提高数据分析的准确性和时效性。运用机器学习、深度学习等人工智能技术，对海量的财务数据和业务数据进行实时分析和预测。例如，建立销售预测模型，结合历史销售数据、市场趋势、促销活动等因素，预测未来一段时间的销售额，为企业制订生产计划、采购计划和销售策略提供科学依据。

二、深化智能工具的应用与拓展

（一）预测性分析的强化

预测性分析是利用机器学习算法等智能技术对企业未来的财务状况和市场趋势进行预测的重要手段。充分利用大数据和人工智能技术，进一步强化预测性分析能力。通过对市场数据、行业数据、企业内部运营数据等多维度数据的分析，预测企业未来的财务状况和经营成果。例如，预测企业的现金流状况，提前发现潜在的资金缺口，为企业的融资决策提供预警；预测原材料价格走势，帮助企业合理安排采购计划，降低采购成本。

（二）智能审计的广泛应用

智能审计作为数字化时代审计工作的创新模式，不仅可以提高审计效率和准确性，还能为企业的风险管理和合规性检查提供有力支持。广泛应用智能审计工具能提高审计的效率和准确性。智能审计工具可以自动对财务数据进行实时监控和分析，发现异常交易和潜在的风险点。例如，通过智能审计软件对企业的财务报表进行审计，自动检查报表数据的勾稽关系、异常波动等，快速发现可能存在的财务造假行为或内部控制缺陷。

（三）个性化推荐的定制化

随着企业管理的精细化和个性化需求的不断增长，个性化财务建议成为智能工具应用的一个重要方向。智能工具能根据企业的战略目标、财务状况和业务需求，为管理层提供定制化的财务建议。利用人工智能技术对企业的财务数据和业务数据进行深度分析，挖掘数据背后的潜在信息，为企业的投资决策、融资决策、成本控制等提供个性化的解决方案。例如，为企业推荐合适的投资项目，分析每个项目的风险和收益，结合企业的资金状况和战略规划，给出投资建议。

三、全面推进移动化办公模式

（一）移动应用开发的创新

移动化办公已成为现代企业管理的必然趋势，而移动应用的开发是实现移动化办公的关键。不断创新移动应用开发，丰富移动应用的功能和服务；除了基本的费用报销、审批查询等功能外，还可开发移动财务分析、移动预算监控等功能。例如，员工可以通过手机 App 随时随地查看企业的关键财务指标，进行财务数据分析和对比；管理层可以通过移动应用实时监控预算执行情况，对预算偏差进行及时调整。

（二）实时通讯与协作的深化

实时通讯与协作是移动化办公的重要组成部分，它能够打破时间和空间的限制，提高团队协作效率和远程工作的便利性。利用移动应用深化实时通讯与协作功能，打破时间和空间的限制；团队成员可以通过移动应用进行实时沟通、文件共享和协作办公。例如，在财务项目实施过程中，项目成员可以通过移动应用随时交流项目进展、遇到的问题和解决方案，提高项目协作效率。

（三）移动支付与报销的普及

移动支付和报销功能的普及是移动化办公在财务管理领域的重要应用场景之一。它能够极大地提高财务流程的效率和透明度，为员工和企业带来便利。普及移动支付和报销功能，提高财务流程效率。员工可以通过移动支付完成差旅费、办公用品采购等费用的支付，然后通过移动应用上传支付凭证和报销申请，实现费用报销的全程电子化。例如，员工在出差过程中使用手机支付酒店费用、交通费用等，回到公司后通过移动应用一键提交报销申请，系统自动进行审核和支付，大大缩短了报销周期。

第六节 建立持续改进、优化与创新的长效机制

在战略财务管理的实施与保障过程中，持续改进与优化机制是确保财务管理活动始终与企业战略目标保持一致、适应内外部环境变化的关键。

一、定期开展审计与评估工作

（一）检查流程合规性

流程合规性是企业财务管理的基石，确保所有财务活动都遵循既定的政策和法规要求是企业稳健运营的关键。企业应定期对财务流程进行审计，确保财务活动符合相关法律法规、行业规范以及企业内部制度的要求。检查内容包括财务审批流程、报销流程、资金使用流程等。例如，审查费用报销是否按照规定的审批权限和流程进行，资金的使用是否符合预算安排和企业的财务政策。

（二）评估风险管理

风险管理是战略财务管理的核心内容之一，有效的风险管理能够帮助企业在面对不确定性时保持稳定发展。对企业的风险管理策略和措施进行评估，分析风险管理的有效性；评估内容包括风险识别的全面性、风险评估的准确性、风险应对措施的合理性和有效性等。例如，评估企业针对市场风险制定的套期保值策略是否有效降低了风险损失，针对信用风险建立的客户信用评估体系是否准确识别了潜在的信用风险。

（三）评估效率与效果

评估财务管理体系的效率和效果是定期审计的重要任务之一，其目的在于衡量企业财务管理活动是否实现了预期的目标，是否以合理的成本为企业创造了最大的价值。定期评估财务管理的效率和效果，分析财务工作是否达到了预期的目标；评估指标包括财务报表编制的及时性和准确性、预算执行的偏差率、资金使用效率等。例如，通过对比实际财务数据与预算数据，分析预算执行过程中存在的问题，评估预算管理的效果；通过计算资金周转率、投资回报率等指标，评估资金的使用效率。

（四）提供改进建议

根据审计和评估结果，提出具体的改进建议。针对发现的问题，制订详细的整改计划，明确整改责任人和整改时间节点。例如，审计发现财务审批流程存在漏洞，导致审批效率低下，可建议优化审批流程，减少不必要的审批环节；评估发现风险管理措施效果不佳，可建议调整风险管理策略，加强风险监控和预警。

二、加强标杆学习与外部交流合作

（一）分析标杆企业

深入研究行业内领先企业的财务管理策略和实践经验，找出自身与标杆企业的差距。例如，分析标杆企业在财务数字化转型、成本控制、风险管理等方面的成功做法，学习其先进的管理理念和技术应用。

（二）参与行业论坛

积极参与各类行业论坛和研讨会，与同行交流财务管理的最佳实践。在论坛上分享自己的经验和见解，同时学习其他企业的先进经验和创新思路。例如，参加财务管理行业峰会，了解行业最新动态和发展趋势，与其他企业的财务管理人员共同探讨财务管理面临的挑战和解决方案。

（三）寻求专业咨询

在复杂多变的商业环境中，企业有时可能面临一些自身难以解决的财务管理问题或需要专业的战略规划建议。此时，聘请外部咨询公司或顾问是一个明智的选择。外部咨询机构通常拥有丰富的行业经验和专业知识，能够为企业提供客观、全面的财务管理和战略规划建议；聘请外部咨询公司，借助其专业知识和经验为企业提供财务管理咨询服务。咨询公司可以对企业的财务状况进行全面诊断，提出针对性的改进建议和解决方案。例如，邀请咨询公司对企业的财务流程进行优化设计，对财务战略进行规划和调整。

（四）建立合作伙伴关系

在当今全球化的商业环境中，企业与供应商、客户和其他利益相关者之间的关系日益紧密。建立紧密的合作伙伴关系不仅可以实现资源共享、优势互补，还可以共同优化财务流程，提升整个供应链的效率和竞争力。例如，与供应商合作开展供应链金融业务，优化企业的资金流；与客户建立良好的沟通机制，及时了解客户需求，优化应收账款管理；与金融机构合作，获取更多的融资渠道和金融服务，降低融资成本。

三、实施适应性调整与策略优化

（一）持续监测市场动态

市场环境如同多变的天气，时刻影响着企业的战略财务管理。因此，企业必须保持敏锐的市场洞察力，持续监测行业趋势、经济政策和技术创新等动态变化，及时调整财务战略，以适应市场的风云变幻。例如，当行业出现新的技术变革时，企业需要评估其对自身财务状况和经营模式的影响，提前做好财务规划和资源配置；

当经济政策发生调整时，企业需要分析政策变化对企业税收、融资等方面的影响，及时调整税务规划和融资策略。

（二）政策敏感性

政策法规是企业经营活动必须遵循的准则，其变化对企业财务管理有着直接且重要的影响。企业要保持高度的政策敏感性，建立有效的政策跟踪和分析机制，确保财务操作始终符合法规要求，防范因政策变化带来的潜在风险；及时解读国家和地方出台的相关政策，分析政策对企业的影响，并制定相应的应对措施。例如，当国家出台新的税收优惠政策时，企业要及时了解政策内容，评估自身是否符合享受政策的条件，积极申请税收优惠，降低企业税负。

（三）技术应用

在当今数字化时代，新兴技术的快速发展为企业财务管理带来了前所未有的机遇。企业应积极拥抱技术变革，利用新兴技术优化财务流程，提高效率和决策质量。人工智能技术在财务管理中的应用前景广阔，企业可以利用人工智能算法实现财务预测、风险评估、智能决策等功能。例如，通过机器学习算法对历史财务数据和市场数据进行分析，预测企业的销售收入、成本费用等财务指标，为预算编制和经营决策提供参考；利用人工智能技术进行风险识别和预警，实时监测企业的财务风险状况，及时发现潜在的风险因素并采取相应的应对措施。再如，随着区块链技术的发展，企业可以探索将区块链技术应用于财务领域，如在供应链金融中利用区块链技术实现信息共享和信用传递，提高融资效率和降低风险。

（四）灵活调整

企业的内外部环境是不断变化的，因此财务管理策略和实践也需要具备足够的灵活性，以适应各种变化并确保财务管理活动与企业战略紧密衔接。根据内外部环境的变化，灵活调整财务管理策略；当面临市场竞争加剧、经济形势下行等不利情况时，企业可以采取收缩战略，优化成本结构，加强资金管理；当面临市场机遇时，企业可以采取扩张战略，加大投资力度，拓展业务领域。例如，在经济形势不景气时，企业可以通过削减不必要的开支、优化供应链降低采购成本等方式，提高抗风险能力；在市场需求旺盛时，企业可以加大研发投入，推出新产品，扩大市场份额。

通过实施战略财务管理的系统步骤与核心流程，构建全面的保障措施与机制，完善财务管理体系与流程，加强财务管理团队的建设与激励，深度融合信息化与数字化技术，以及建立持续改进与创新的长效机制，中小企业能够全面提升其财务管理的科学性、有效性和竞争力。这不仅有助于企业在当前复杂的市场环境中稳健发展，更为其长远的可持续发展奠定了坚实的基础，使其能够在不断变化的商业浪潮中立于不败之地。

参考文献

[1] 理查德 A. 布雷利，斯图尔特 C. 迈尔斯，弗兰克林·艾伦 . 公司财务原理（原书第 8 版）[M]. 方曙红，译 . 北京：机械工业出版社，2008.

[2] 晋自力 . 财务战略：基于现代企业资本经营的新视野 [M]. 上海：上海财经大学出版社，2012.

[3] 唐俐，等 . 财务战略研究 [M]. 北京：经济科学出版社，2021.

[4] 鲁思·本德，基思·沃德 . 公司财务战略 [M]. 杨农，邱南南，译 . 3 版 . 北京：清华大学出版社，2013.

[5] 彭娟 . 战略财务管理 [M]. 上海：上海交通大学出版社，2008.

[6] 理查德·派克，等 . 公司财务与投资：决策与战略 [M]. 孔宁宁，译 . 北京：中国人民大学出版社，2006.

[7] 付小平 . ROE 预算管理：培养经营干部 [M]. 北京：中信出版社，2021.

[8] 迈克·尔波特 . 竞争战略 [M]. 陈丽芳，译 . 北京：中信出版社，2014.

[9] 邹志英 . 玩转全面预算魔方 [M]. 北京：机械工业出版社，2014.

[10] 丁元霖 . 税务会计 [M]. 上海：立信会计出版社，2010.